U0138774

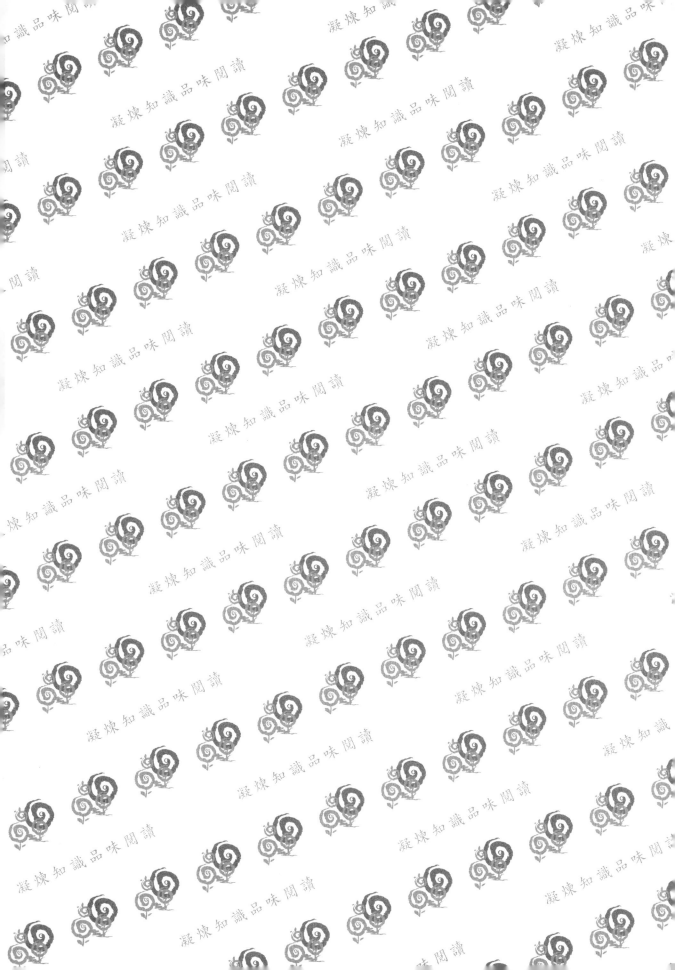

# 1MCF 貨幣銀行學 勘誤表

| 更正前 | 更正後 |
|---|---|
| **P.427**<br>二、次級房貸風暴<br>　(二)次級房屋貸款風暴：房價下跌是由地區（例如舊金山市的西部）逐漸蔓延到全國，首當其衝的二胎房貸（美國稱為次級房屋貸款，sub-prime）違約層出不窮。承辦二手房貸的大都是金融公司，把貸款包裝，透過信用貸款證券化方式，以活化資產方式取得資金以承接新貸款。 | **P.427**<br>二、次級房貸風暴<br>　(二)次級房屋貸款風暴：房價下跌是由地區（例如舊金山市的西部）逐漸蔓延到全國，首當其衝的次級房貸（美國稱為次級房屋貸款，sub-prime）違約層出不窮。承辦次級房貸的大都是金融公司，把貸款包裝，透過信用貸款證券化方式，以活化資產方式取得資金以承接新貸款。<br><br>(註：<br>次級房貸指的是借款人信用評分很低。二胎房貸指的是已經做為其他擔保的房屋，設定為第二順位的抵押。即第一次房屋貸款完畢，辦理第二次增貸，充分利用房屋價值。也就是第二次貸款。) |

# 貨幣銀行學

## ——最新金融科技與理論

葉秋南、麥朝成、伍忠賢 著

五南圖書出版公司 印行

# 作者序

　　貨幣銀行學是商、管理學院學生畢業後進銀行或證券投資公司、公司財務部工作的基本知識，很重要，所以本書寫得易懂且實用。

　　管理學院、商學院大部分科系、經濟系等，都必須學一學「貨幣銀行學」。如同 2007 年 6 月美國蘋果公司推出觸控螢幕的智慧型手機 iPhone，引發智慧型手機的革命。觸控螢幕、應用程式 (APP) 成為標準；本書力求作「貨銀」領域中的 iPhone，而且是 2017 年 9 月上架的 iPhone 8。

## 一、本書的用途：實用

　　本書的特色為「易懂實用」，「實用」指下列四個領域。

　　（一）第一部分（第二～四章）支付

　　企管系、行銷系、流通管理系等畢業生經常到服務業（尤其其中第一大行業－批發零售業、第四行業－餐飲業）上班。如何快速正確處理顧客的「付款」，是促成交易的關鍵。「金流」也是銀行的天職之一。

　　（二）第二部分（第五～十二章）銀行經營管理

　　經濟系、金融系等畢業生常至銀行上班，此部分詳細說明「銀行實務」，包括授信、各種風險管理。

　　（三）第三部分（第十三～十八章）財務管理、個人與家庭理財

　　財務管理系、企管系等畢業生不少進公司財務部工作，本書第三部分說明金融市場，尤其是銀行存款、貸款相關事宜。另第十五、十六章屬於個人與家庭理財範疇。

　　（四）第四部分（第十九～二十六章）在債、股市投資運用

　　國際企管系、國際貿易系、財稅系等畢業生，多到證券暨期貨業、房仲相關行業上班。本書第四部分以中央銀行貨幣政策為主、金管會健全銀行經營為輔，說明「量化寬鬆」、「低利率」等貨幣政策對房屋、股票市場的影響。

　　限於篇幅，針對中國大陸的銀行業、人民銀行的貨幣政策無法兼顧。

　　限於篇幅，有關支付（第二、三章）、金融科技（第六、七章）、數位銀行（第十一、十二章）只能點到為止，詳見伍忠賢著《圖解金融科技與數位銀行》（五南，2017 年 10 月）。

　　（五）理論來自實務的歸納

　　人類知識的累積絕大部分來自實務的歸納，經濟學也是如此，理論是為了

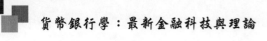

協助我們化繁爲簡，解釋與預測現實生活。

## 二、本書特色：易懂

五南圖書出版公司對書的要求爲「易懂實用」，在「易懂」方面，本書做了兩方面的努力。

（一）美國谷歌的座右銘：Don't be evil.

爲了讓本書淺顯易懂，本書不做三件事。

1. 複雜圖形：例如：IS-LM, AS-AD 曲線的推導，而改以簡明扼要的敘述。

2. 複雜公式推導與數字計算：例如：貨幣乘數。

3. 太偏狹的實務：例如：每家銀行每旬繳交存款法定準備金，40 家銀行 15 萬位員工，約只有 400 人會負責此事。

（二）説白話，講故事

1. 説白話：inflation 一般譯爲通貨膨脹，本書譯爲物價上漲，同理可推。

2. 講故事：美國的相關法案、理論，皆有時空背景，知其所以然，便可鑑往知來。

本書於 2017 年年中出版，爲了延長使用時間，針對相關數字，本書以自行預估 2017 年底值爲準。

## 三、感謝

資料來源：基於版面平衡詳見內文第 3 頁。

由於中央銀行二個處、金管會銀行局的資料數字不同，各表圖下會註明資料來源。

作者們的兩本書是本書基本素材：

・葉秋南、麥朝成，貨幣銀行學，五南圖書公司，1998 年 9 月。

・伍忠賢，圖解貨幣銀行學，五南圖書公司，2014 年 4 月。

本書的完成，歸功於許多人的鼎力相助，作者們深深感謝。

三位作者皆感謝賢內助的扶持，葉老師感謝李秀琴、麥院士感謝林素貞、伍忠賢感謝盧景蒂。

葉秋南　　　　美國加州

麥朝成　謹誌於　臺灣臺北市

伍忠賢　　　　臺灣新北市

2017 年 8 月

# 目　錄

作者序　　　　　　　　　　　　　　　　　　　　　　　i

## 第一章　弄懂貨幣銀行學很有用　　　　　　　　　1

1-1　為什麼必須懂貨幣銀行學？　　　　　　　　　　1

1-2　貨幣總數在股市買賣點的運用──兼論資金行情　3

1-3　貨幣與融資方式的演進　　　　　　　　　　　　6

1-4　貨幣的發展進程　　　　　　　　　　　　　　　8

1-5　人民為何接受貨幣？　　　　　　　　　　　　　10

1-6　銀行提供的支付工具　　　　　　　　　　　　　12

1-7　貨幣功能　　　　　　　　　　　　　　　　　　14

1-8　交易動機的貨幣供需　　　　　　　　　　　　　16

1-9　貨幣需求動機、貨幣功能與貨幣總數　　　　　　18

## 第二章　支付 I：支付公司、電子貨幣　　　　　23

2-1　鳥瞰全國的支付系統　　　　　　　　　　　　　23

2-2　支付的期間與地點　　　　　　　　　　　　　　25

2-3　各種支付方式的適用時機　　　　　　　　　　　27

2-4　三種小額支付的優劣比較　　　　　　　　　　　29

2-5　電子票證 I：導論　　　　　　　　　　　　　　32

2-6　電子票證 II：市場結構　　　　　　　　　　　　34

2-7　陸臺在專營支付公司的差異　　　　　　　　　　35

**第三章　支付 II：行動支付　　41**

3-1　行動支付 I：顧客的需求　　41

3-2　行動支付 II：支付工具　　43

3-3　行動支付 III：顧客資金來源　　47

3-4　跨境支付：以中國大陸為例　　49

**第四章　間接融資時代　　53**

4-1　資金借貸的歷史演進　　53

4-2　銀行的發展進程　　55

4-3　銀行的融資中介貢獻　　57

4-4　銀行的融資中介角色　　59

4-5　資金需求　　62

4-6　銀行的存款創造功能　　64

4-7　銀行對經濟的重要性　　66

**第五章　銀行業分析　　71**

5-1　銀行的業務　　71

5-2　商業銀行的分類　　73

5-3　孟加拉的鄉村銀行　　75

5-4　專業銀行　　78

5-5　政府對銀行業的政策　　80

5-6　銀行業自由化——以開放銀行經營為例　　82

5-7　兩次金融改革　　84

**第六章　銀行業的威脅——金融科技公司　　89**

6-1　金融科技的源頭　　89

6-2　金融科技的分類　　91

6-3　金融科技公司的分類　　93

6-4　金融科技業　95

6-5　針對網路金融的法令與政策　97

6-6　網路金融公司中的銀行業務　99

6-7　搶銀行生意的網路金融公司　102

## 第七章　網路金融公司　107

7-1　網路放款仲介平台對中小企業的放款　107

7-2　金融科技的產品之一：數位貨幣──從比特幣談起　109

7-3　各國政府對數位貨幣的措施　111

7-4　政府對數位貨幣的態度　113

## 第八章　銀行經營管理　117

8-1　影響銀行獲利的三大因素　117

8-2　商業銀行的市場定位　119

8-3　銀行的組織設計──以臺灣銀行為例　122

8-4　銀行的經營狀況　124

8-5　放存款利率差　126

8-6　放存款比率　129

8-7　銀行貸款的倒帳風險管理　131

8-8　銀行的授信審核過程　133

8-9　公司借款審核過程　135

8-10　債權管理　136

8-11　銀行的呆帳率──「放款類」資產品質　138

## 第九章　銀行業風險管理 I──導論與信用風險管理　141

9-1　風險管理的重要性　141

9-2　金融業風險種類　144

9-3　銀行的營運風險管理　146

9-4　風險管理的組織設計　148

| 9-5 | 銀行總行的風險管理部 | 150 |
|---|---|---|
| 9-6 | 銀行風險的衡量 | 153 |
| 9-7 | 銀行總行董事會稽核處 | 155 |
| 9-8 | 內部控制以降低風險 | 158 |
| 9-9 | 狹義風險管理手段：以授信業務為例 | 160 |
| 9-10 | 信用風險管理 I：導論 | 163 |
| 9-11 | 信用風險管理 II：隔離 | 165 |
| 9-12 | 信用風險管理 III：區域分散 | 167 |
| 9-13 | 信用風險管理 IV：產業分散 | 169 |
| 9-14 | 信用風險管理 V：損失控制 I | 171 |
| 9-15 | 信用風險管理 VI：損失控制 II | 174 |

| 第十章 | 銀行業風險管理 II ——流動性、市場、法律與作業風險管理 | 177 |
|---|---|---|
| 10-1 | 銀行的風險移轉 | 177 |
| 10-2 | 銀行分行的流動性風險管理 | 179 |
| 10-3 | 銀行總行的市場風險管理 | 181 |
| 10-4 | 法律風險管理：銀行的法令遵循 I | 184 |
| 10-5 | 法律風險管理：銀行的法令遵循 II | 186 |
| 10-6 | 法律風險管理：銀行的法令遵循 III | 188 |
| 10-7 | 作業風險管理 I：導論 | 192 |
| 10-8 | 作業風險管理 II：資訊系統安全的維護 | 194 |

| 第十一章 | 數位銀行 I | 199 |
|---|---|---|
| 11-1 | Bank 3.0 的沿革 | 199 |
| 11-2 | 第一版銀行仍很強 | 201 |
| 11-3 | 第二版銀行：網路銀行業務——電腦化 | 204 |
| 11-4 | 數位銀行：手機上網的銀行業務 | 206 |
| 11-5 | 減少實體分行與員工數 | 209 |

11-6　行政院金管會的政策　211

11-7　玉山銀行迎接數位銀行的做法　213

## 第十二章　數位銀行 II　217

12-1　銀行的大數據分析　217

12-2　銀行的網路授信──臺灣的花旗銀行的做法　219

12-3　網路商業銀行　221

12-4　中國大陸的網路商業銀行──以浙江網路商業銀行為例　224

## 第十三章　金融市場與金融機構──論直接融資　227

13-1　金融市場　227

13-2　金融機構的分類　229

13-3　直接 vs. 間接融資　232

13-4　直接融資的資格　234

13-5　直接融資方式　236

13-6　票券市場──狹義貨幣市場　238

13-7　債券市場──資本市場融資 I　240

13-8　股票市場──資本市場融資 II　242

## 第十四章　公司資金需求──財務管理導向的貨幣銀行學　245

14-1　公司的資金需求　245

14-2　公司資金來源──直接 vs. 間接融資　247

14-3　企業為什麼要向銀行貸款？　249

14-4　公司借款利率的決定──差別定價的應用　252

14-5　銀行授信審核項目　255

14-6　授信標準　258

14-7　銀行往來──如何取得優惠借款條件　260

## 第十五章　家庭融資資金需求　263

15-1　家庭資金需求　263

15-2　家庭融資管道　265

15-3　家庭房屋貸款需求　267

15-4　房屋修繕、汽車貸款　269

15-5　家庭消費貸款需求──兼論貸款保證人　272

15-6　家庭信用卡融資需求　274

15-7　信用卡的循環利率──兼論利率上限　276

## 第十六章　資金供給──利率理論　279

16-1　資金供給──兼論預防動機　279

16-2　資金的報酬──利率相關理論　281

16-3　影響資金供給的因素──專論投資動機　283

16-4　存款種類　285

16-5　存款保險──如何挑選銀行去存款　288

16-6　存款保險公司的金融監理功能　290

## 第十七章　資金市場均衡　293

17-1　資金市場均衡　293

17-2　銀行放款的客戶　295

17-3　放款種類Ⅰ：導論　297

17-4　銀行放款組合　299

17-5　放款種類Ⅱ──產業集中與金額　302

17-6　放款跟存款的期間調和　304

17-7　銀行的流動（資產）管理　305

## 第十八章　利率期限結構──兼論利率風險結構　309

18-1　利率期限結構　309

18-2　解釋利率期限結構的理論　311

| 18-3 | 利率期限結構的成因 | 312 |
|------|------|------|
| 18-4 | 利率曲線型態 | 314 |
| 18-5 | 利率曲線進階課程——利率曲線的移動 | 317 |
| 18-6 | 利率的風險結構 | 318 |

**第十九章　貨幣政策在投資之運用 I——貨幣政策導論　321**

| 19-1 | 經濟政策目標與經濟政策 | 321 |
|------|------|------|
| 19-2 | 實體面政策目標和經濟政策 | 323 |
| 19-3 | 金融面經濟政策目標 | 325 |
| 19-4 | 貨幣政策相關議題 | 327 |
| 19-5 | 經濟政策有效與無效的爭辯——凱恩斯學派 PK 新古典學派 | 329 |
| 19-6 | 經濟狀況與需求管理政策 | 332 |
| 19-7 | 貨幣政策的相關角度 | 334 |
| 19-8 | 貨幣政策的目標：以物價上漲為例 | 337 |
| 19-9 | 2008 年起，貨幣政策的極致 | 338 |
| 19-10 | 資金寬鬆程度的衡量——以寬鬆型貨幣政策為例 | 340 |
| 19-11 | 貨幣政策的功過 | 343 |

**第二十章　貨幣政策在投資之運用 II——美國貨幣政策　347**

| 20-1 | 美國聯準會的政策目標發展進程 | 347 |
|------|------|------|
| 20-2 | 貨幣政策目標之一：貨幣政策的「投入——轉換——產出」 | 349 |
| 20-3 | 貨幣政策目標之二：效率與公平的兩難——導論 | 352 |
| 20-4 | 貨幣政策目標之三：充分就業 | 353 |
| 20-5 | 貨幣政策目標之四：維持物價穩定 | 356 |
| 20-6 | 物價穩定的衡量 | 358 |
| 20-7 | 美國的聯邦公開市場委員會 | 361 |
| 20-8 | 聯邦公開市場委員會中的鴿派、鷹派 | 363 |
| 20-9 | 美國聯邦公開市場操作 | 365 |
| 20-10 | 中性利率 | 367 |

20-11　美國經濟狀況與貨幣政策 I：2001～2008 年　369

20-12　美國經濟狀況與貨幣政策 II：2009～2017 年　371

20-13　對聯準會的績效評估　373

20-14　失業種類與菲利普曲線──以美國 2009～2017 年情況　375

第二十一章　貨幣政策在投資之運用 III ──臺灣貨幣政策　379

21-1　貨幣政策目標　379

21-2　利率讓央行有用武之地──兼論貨幣政策傳遞過程　382

21-3　貨幣政策的主管部會──中央銀行　384

21-4　中央銀行的功能與組織設計　386

21-5　貨幣政策工具　389

21-6　央行維持中性時的央行功能──兼論貨幣數量學派　391

第二十二章　貨幣政策在投資之運用 IV ──價格型貨幣政策　395

22-1　價格型貨幣政策工具　395

22-2　央行對銀行的短期融通　397

22-3　貼現　399

22-4　重貼現　401

22-5　央行重貼現率的適用時機　404

22-6　歐日零利率政策　406

22-7　貨幣政策的分析圖形 IS-LM 曲線
　　　──以 2018 年美國聯準會縮減資產負債表為例　409

第二十三章　數量型貨幣政策工具　413

23-1　數量型貨幣政策適用時機　413

23-2　法定準備率　415

23-3　法定準備率水準　418

23-4　公開市場操作　420

23-5　防禦性公開市場操作──兼論沖銷政策　422

23-6　公開市場操作的實施　　424

23-7　美國聯準會量化寬鬆政策「遠因」──次貸風暴與金融海嘯　　426

23-8　美國聯準會量化寬鬆政策「近因」　　429

23-9　美國聯準會的量化寬鬆操作──兼論貨幣政策傳遞過程　　431

## 第二十四章　選擇性貨幣政策工具　　435

24-1　信用管制政策工具導論　　435

24-2　房地產信用管制──總統、行政院的考量　　437

24-3　從道德說服到玩真的　　439

24-4　房地產信用管制　　441

24-5　銀行的房地產貸款業務　　444

24-6　房地產信用管制結果　　446

## 第二十五章　金融穩定　　449

25-1　金融穩定的重要性　　449

25-2　金融穩定的定義　　451

25-3　金融監理的部會　　453

25-4　美國維持金融穩定的部會與政策　　455

25-5　金融穩定政策與金融監理制度──兼論銀行的主管機構　　458

25-6　金融穩定的架構　　460

25-7　銀行分業經營──美國的經驗　　462

25-8　金融業分業經營專論──防火巷與防火牆　　464

25-9　金融控股公司法與 16 家金控公司　　466

25-10　影子銀行　　468

25-11　中國大陸政府「金融維持穩定」措施　　471

## 第二十六章　金融穩定專論──巴塞爾協定遵循　　473

26-1　銀行經營健全程度的衡量　　473

26-2　巴塞爾協定　　474

貨幣銀行學：最新金融科技與理論

| 26-3 | 巴塞爾協定的第一支柱——最低資金比率要求 | 476 |
| 26-4 | 資金適足率 I ——分子：自有資金的分類 | 478 |
| 26-5 | 資金適足率 II ——分母：風險性資產 | 480 |
| 26-6 | 資金適足率的用途 | 483 |
| 26-7 | 巴塞爾協定與金管會的要求 | 485 |
| 26-8 | 銀行資產品質——呆帳覆蓋率 | 486 |
| 26-9 | 銀行的壓力測試 | 487 |

# 弄懂貨幣銀行學很有用

## 1-1 為什麼必須懂貨幣銀行學？

任何一本書一開始時，宜開門見山的告訴讀者「為何必須讀本書」，本書以前面兩個單元來說明此書的三個用途——「工作、生活與投資」，貨幣銀行學在投資方面的運用，則留待 Unit 1-2 說明。本單元僅先說明貨幣銀行學的焦點是「利率預測」。

### 一、負債面

向銀行借款的人（本書稱為借款人，borrower），貸款利息來自貸款（餘額）乘上貸款利率，因此貸款利率愈低，利息負擔也較輕。

（一）200 萬戶借房屋貸款：2017 年底全臺 860 萬戶（註：普通戶 800 萬戶，扣除中低收入戶、老人戶）擁有 870 萬間房屋，其中有 192 萬戶（註：金融業務統計輯要，第 132 頁，2015、2016 年數字皆一樣）向銀行借款（不含房屋修繕貸款 0.14 兆元）買屋，總額 6.52 兆元（詳見 Unit 15-3），一戶約 340 萬元。利率降低 0.1 個百分點，以 15 年房貸為例，一年約減少 3,400 元的利息負擔。如果預期未來利率高，可考慮選擇前六年固定利率（例如 2.5%），先把房貸利率固定住，省得房貸利率飆高而房貸利息壓得自己喘不過氣來。

（二）高負債比率公司：高「負債比率」（公司負債除以資產）的行業公司，利率的變動嚴重影響利息費用，進而侵蝕公司盈餘。像營建、飯店、鋼鐵業，常會在利率走高之前，先下手為強，逢低發行固定利率的公司債，以取代每月機動計息的銀行貸款。因此在管理學院、商學院大二《財務管理》課程中，利率跟匯率是雙率管理的重點。

## 二、資產面

當你手上有 1 萬元，去銀行存一年期定期儲蓄存款，銀行職員詢問你：「你選固定利率（1.07%）或機動利率（依每月底利率計息）？」這時，你面臨「利率預測」問題。1 萬元的利息是小錢，但台積電有 5,400 億元，國泰人壽保險費收入中至少有 1 兆元放在定存。縱使利率只差個 0.1 個百分點，差距就很大。

---

小博士解說

### 五大銀行放款總計

中央銀行為了掌握貨幣政策的效果、了解市場業務面的變動，專門針對購屋貸款、資本支出貸款、周轉金貸款和消費者貸款，進行個別與總量統計，負責協助央行統計此數據的主要銀行，共計五家（five lending domestic banks），均為公股銀行。統計的項目包括每月的餘額與利率的變動。2008 年 11 月起，五大銀行是指臺灣、合庫、第一、華南和土地銀行。

---

表 1-1 資產負債表上跟利率連動的資產、負債

| 資產負債表 | |
| --- | --- |
| 資產 | 負債 |
| （一）流動資產 1. 現金與定存 2. 固定收益<br>　　　證券（債、票券）3. 應收票據 | （一）銀行貸款 |
| （二）非流動資產 | （二）債（票）券 |
| | （三）應付票據 |
| | 業主權益 |

---

### 2016 年第 3 季房屋貸款平均數 670 萬元

時：2016 年第 3 季

地：臺灣

人：52,170 個家庭

事：臺灣 845 萬個家庭，自有房屋率 84%，根據內政部編製「住宅資訊統計彙報」，全臺購屋中位數 982 萬元、貸款近七成，平均 670 萬元。

---

臺灣貨幣銀行資料來源

1. 貨幣、銀行相關資料：中央銀行研究處「金融統計月報」。

2. 銀行經營績效：中央銀行金融業務檢查處「本國銀行營運績效季報」。

3. 信用卡數目等：行政院金管會銀行局編製「基本金融資料」、「金融業務統計輯要」。

---

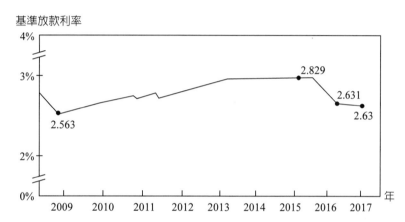

圖 1-1　五大銀行基準放款利率

# 1-2　貨幣總數在股市買賣點的運用──兼論資金行情

　　貨幣銀行學在投資方面的主要運用首推票券、債券的投資，但這些比較深一些，本處舉一個比較淺的情況，即貨幣總數（monetary aggregate，詳見 Unit 1-9），在股票市場中判斷買點、賣點。

## 一、快速線、慢速線形成的交叉

　　在進入本文以前，先說明來自股市技術分析中常見的名詞如下。

　　（一）黃金交叉：指變動速度較快的曲線（簡稱快速線，例如 M1B），由下往上穿越變動速度較慢的曲線（簡稱慢速線，如 M2）。

　　（二）死亡交叉：指快速線如飛機失速般，由上往下貫穿慢速線；兩條線的死亡交叉現象出現賣出股票訊號（簡稱賣訊）。

## 二、黃金交叉作為股市買點訊號

「黃金交叉」顧名思義，兩條線出現向上交叉，買進股票便可望賺錢。

（一）黃金交叉落後股市約三～六個月：1990 年以來，臺股出現五次資金黃金交叉，發現交叉前、後，加權指數的平均漲幅分別為 40% 與 24%，也就是交叉後的大盤漲幅，明顯比交叉前小，可見貨幣總數的黃金交叉是股市上漲的落後指標。

（二）與利率搭配看更準：M1B 與中央銀行重貼現率關係密切，當央行引導利率下降，期望把資金從銀行體系逼出時，M1B 多呈上揚。2009 年一年期定存利率不到 1%（只有 0.89%），加上不少上市櫃公司（簡稱上市公司）現金股息殖利率超過 5%，且 2010 年經濟成長率將優於 2009 年等許多因素均會使投資人定存解約，轉往股市賺取較高的報酬率。1991 年 1 月、1999 年 6 月等二次黃金交叉發生之際，都是重貼現率的波段最低水準，這三次股市的波段漲幅，也多優於 1994 年 2 月及 2001 年 12 月兩次，尤其是黃金交叉後的延漲時間也較久，因此，低利率搭配黃金交叉是資金行情最重要的兩大指標。2007 年 2 月，黃金交叉，重貼現率 3.375% 屬中高水準，但指數仍上漲 24%。2012 年 10 月，黃金交叉，重貼現率 1.875%，股市呈多頭。

## 三、死亡交叉作為股市賣點訊號

2011 年 11 月 25 日，央行公布 10 月貨幣總數數據，M1B、M2 成長率出現「死亡交叉」。但股市在 8 月因歐債和二次衰退（註：一次衰退是指 2009 年）疑慮已下跌，這是 1990 年來第六次死亡交叉。M1B 下滑、但 M2 上揚，是因為活期存款流向定期存款所致。此舉反映民眾對投資股票市場沒信心，所以把資金轉到較為穩當的定存。10 月定存餘額為 12.86 兆元，單月增加 1,148 億元，外幣存款也同步增加 627 億元達 2.63 兆元，雙雙創下歷史新高，至於活期存款減少為 10.49 兆元。

2017 年 5 月，M1B（成長率 3.92%）、M2（成長率 4.07%）出現「死亡交叉」。但 5 月底，臺灣加權指數突破萬點。有中央銀行央員認為根據「黃金交叉」及「死亡交叉」做為股市參考的價值已不明顯。（摘自工商時報，2017 年 6 月 23 日，A1 版，呂清郎）

2017 年 6 月，M1B 與 M2 年增率線出現黃金交叉。

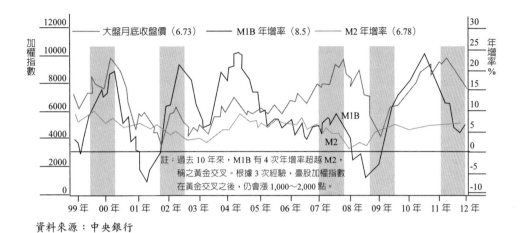

資料來源：中央銀行

由上圖可見，上一次 M1B、M2 成長率曲線出現「黃金交叉」是在 2009 年 10 月，但在 2008 年 11 月達到 3,955 點波段新低後，即一路翻升，尤其是 2009 年農曆年後，加權指數由 4,200 餘點漲到 6,700 點，漲幅超過 57%。

圖 1-2　貨幣總數在股市買賣點的運用

表 1-2　貨幣總數黃金交叉與股市關係

| 日期 | 加權指數<br>（當月收盤） | 重貼現率<br>（位置） | 當月<br>漲幅 | 發布月<br>漲幅 | 隔月<br>漲幅 | 交叉後<br>續漲期間 |
|---|---|---|---|---|---|---|
| 1994 年 2 月 | 5,414 | 5.5%（仍續降） | −11.45% | −3.6% | 9.3% | 3 個月 |
| 1997 年 1 月 | 7,283 | 5%（底部區） | 5.04% | 8.13% | 1.64% | 7 個月 |
| 1999 年 6 月 | 8,467 | 4.5%（底部區） | 15.73% | −13.47% | 11.34% | 8 個月 |
| 2001 年 12 月 | 5,551 | 2.125%（仍續降） | 25% | 5.78% | −3% | 4 個月 |
| 2007 年 2 月 | 7,901 | 2.75%（底部區） | 2.63% | -0.22% | -0.11% | 8 個月 |
| 2009 年 4 月 | 5,995 | 1.25%（底部區） | | | | 持續 |
| 2012 年 10 月 | 7,438 | 1.875%<br>（比底部區高） | −2.26% | -2.45% | 5.17% | 持續 |

知識補充站——股票市場的資金行情

　　股票市場中的多頭行情主要有二個力量，一個是上市公司業績，稱為業績行情，此屬於必要條件；一是股市中的「錢滿為患」，資金堆砌出高股價，稱為「資金行情」，可說是股價上漲的充分條件。在房地產、金融市場中，也有資金行情。

# 1-3　貨幣與融資方式的演進

　　任何人造「物」（包括制度、理論）絕大部分是累世演化出來，只是到了某一時代，由某位學者提出著名理論或某位企業家創立知名企業罷了。本書非常強調「為什麼」，每個經濟觀念都有其歷史背景、適用時機。本書只是扮演電影「海角七號」、「賽德克·巴萊」導演魏德聖，把故事書盡量說得生動、完整。從看故事來學經濟學系列，會覺得很有趣，有趣的事才會想學習、想記住。本書名為「貨幣」（money）、「銀行」（bank）學，在本單元中，即先開宗明義說明本書的重點在於「資金融通」（financing，簡稱「融資」），簡單說明如下。

## 一、通貨的發展進程

　　火的發現、輪子的發明，大幅改善人類的生活，至於通貨（currency，本書稱為現金）的發明，取代了物物交換（barter），顯著促進交易活動的進行，稱為貨幣經濟，詳見 Unit 1-4。

## 二、間接融資時代

　　在貨幣出現之前，人與人之間會有借貸行為，但是這跟「物物交換」一樣，執行效率極低。貨幣普遍流通之後，貨幣對借貸行為的進行極具效率，最常聽到的說法便是「欠債還錢」。16 世紀以來，銀行扮演著資金中介角色（詳見 Unit 4-4），連歐洲國王打仗，都必須向銀行借款以買武器、付士兵薪水。此即間接融資（indirect financing），間接、直接融資的定義詳見 Unit 13-3。

### 三、直接融資時代

　　向銀行借款會讓銀行賺一手，因此下列兩個大組織，依序向人民直接募集資金，稱為直接融資（direct financing）。

　　（一）國家發行公債：到了 16 世紀，歐洲有些國家的政府發現直接發行政府債券（簡稱公債）向百姓融資，應該會比向銀行借款更省，即省得讓銀行賺一手。

　　（二）公司發行股票募資：股票交易市場遠溯到 1602 年，荷蘭人開始在阿姆斯特河橋上買賣荷屬東印度公司股票，這是全世界第一支公開交易的股票，而阿姆斯特河大橋是世界最早的股票交易所。在那裡擠滿了等著跟股票經紀人交易的投資人，甚至驚動警察進場維持秩序。荷蘭的投資人在第一個股票交易所投資上百萬荷幣，只為了求得擁有這家公司的股票，以彰顯身分的尊榮。

　　股票市場起源於美國，紐約證券交易所是美國最大、最老、最有人氣的市場，大部分歷史悠久的「財富 500 大」（Fortune 500）公司都在紐約證券交易所掛牌。在紐約證交所，經紀人在場內走動叫喊來尋找最佳買賣主。

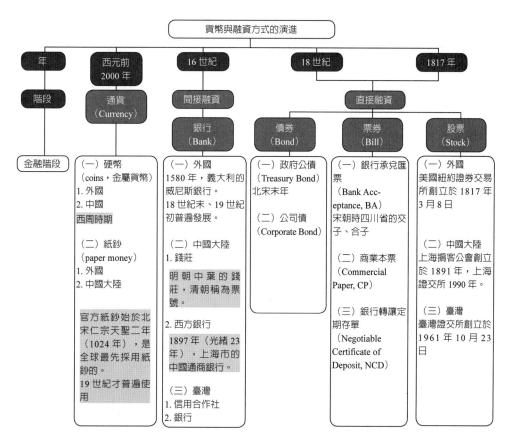

**圖 1-3　貨幣與融資方式的演進**

# 1-4　貨幣的發展進程

　　了解貨幣、通貨（currency）的發展歷史，可以知道貨幣型態的演變，一般分成硬幣、紙鈔、無實體貨幣三階段，表 1-3 詳載中國通貨——實物貨幣、紙鈔這兩階段的發展進程。

## 一、實物貨幣

　　貨幣的最初型態是稀有的商品，例如只產於海邊的特殊稀有貝殼，將其演進簡單說明如下。

　　（一）商品貨幣（commodity money）：西元 3000 年前，用動物（牛羊豬與其毛皮）、米等商品作為貨幣，好處是其本身就有價值，缺點是商品不易儲存（即商品會腐敗）、攜帶。

　　（二）金屬貨幣（metallic money）：西元 500 年迄 19 世紀，後來才改用金屬貨幣，金屬本身有商品的性質，例如鐵可鑄成犁、銅可製成刀、白銀與黃金有裝飾功能。

## 二、紙鈔

　　我們由表 1-3 可見中國紙鈔的發行，主要是取代笨重的金屬貨幣。中國紙鈔的演進過程簡要說明如下。

　　（一）紙鈔前身：唐朝時，因為飛錢攜帶便利又有官方承諾兌現，有時就被直接用作支付手段，在市場上流通轉讓，發揮著有限的紙幣作用。大唐飛錢不是紙幣，但它成為宋元紙幣產生的淵源。

　　（二）宋朝的紙幣交子：北宋時，由於鑄錢的銅料緊缺，政府為彌補銅錢的不足，在一些地區大量地鑄造鐵錢。但因鐵錢笨重不便，紙幣交子就在四川地區應運而生，交子原來只是私人發行的信用兌換券。「交子」是四川方言，「交」即相交，相會合。「子」是語尾音。交子的出現，是中國古代貨幣史上由金屬貨幣邁向紙幣的一次重要演變。交子是中國最早的紙幣，也是世界上最早的紙幣。

　　（三）元朝「鈔」：正式發行廣泛流通的紙幣是在元朝，被稱為「鈔」，在元末至正年間，由於印紙鈔過量，造成嚴重的物價上漲。明代發行大明寶鈔。

　　（四）清朝「鈔票」：1853 年清朝發行了兩種紙幣，一種大清寶鈔，一種叫戶部官票，合起來就叫「鈔票」，鈔票名稱就是從那時叫起的。

### 三、無實體貨幣

20 世紀，支票成為支付工具，1950 年代，信用卡在美國紐約市推出。

有很多公司強調「無紙張」辦公室，一切以電腦檔案紀錄、儲存。同樣地，隨著塑膠貨幣（詳見 Unit 1-6）、電子貨幣的逐漸流行，有些以未來為主題的科幻片中，未來人民已不用實體貨幣了。

表 1-3　中國貨幣的發展進程

| 大分類 | 通貨 | 說明 |
|---|---|---|
| 一、實物貨幣 | （一）實物貨幣 | 在考古發掘中，夏代、商代遺址出土過大量天然貝，貝作為實物貨幣一直沿用到春秋時期，因此中國漢字中跟財富、價值有關的字，大多與「貝」有關。 |
| | （二）金屬貨幣 | 中國是世界上最早使用鑄幣的國家，西元前一千年殷商晚期墓葬出土了不少「無文銅貝」，為最原始的金屬貨幣。 |
| 二、鈔票 | （一）紙鈔前身 | 唐朝的飛錢 |
| | （二）宋朝的紙幣「交子」 | 1. 民間發行紙鈔：北宋時，由於鑄錢的銅料緊缺，政府為彌補銅錢的不足，在一些地區大量地鑄造鐵錢。據《宋史》記載，四川所鑄鐵錢，一貫就重達 25 斤 8 兩。在四川買一匹「絲織品」要付 130 斤重的鐵錢。經常要用車子拉錢，十分不便，鐵如此笨重不便，紙幣交子就在四川地區應運而生。印刷的交子，券上有密碼花押，但金額是臨時填寫的。交子可以兌換成現錢，也可以直接用於流通。<br>(1) 個別商行發行：紙質「交子」，先是由個別商人自行開出收據式的手寫票券，稱為「私交子」。<br>(2) 商行聯合發行：宋真宗景德（1004 ～ 1007 年）年間由成都 16 家富商聯合發行銅版套印的交子。<br>2. 官方發行紙鈔：私交子因信用危機而被廢，宋仁宗天聖元年（1023 年），政府設益州交子務，由國家壟斷發行官交子，天聖二年（1024 年），中國誕育了最早的國家紙幣。官交子一切技術規定均仿自私交子，用紅、青（藍）、黑三色銅版套印，有密碼花押，並加蓋本州州印。官交子有固定票面金額，有一定的流通期限，三年為期（界），期滿即以新換舊。發行限額為每期 1,256,340 貫，並有發行準備金（鈔本）。官交子可以兌現成金、銀、錢以及度牒；度牒原是政府發給和尚的身分證，因做和尚可以免除許多捐稅，所以度牒能賣錢，而流通範圍只限於四川、陝西、河東（今山西一帶），一度流行。在宋末年，出現濫發交子而造成交子嚴重貶值的現象。 |
| | （三）元朝「鈔」 | 正式發行廣泛流通的紙幣是在元朝，而稱為「鈔」。<br>明代發行大明寶鈔。 |
| | （四）清朝「鈔票」 | 清朝發行了兩種紙幣→大清寶鈔<br>　　　　　　　　　　→戶部官票 } 合起來就叫「鈔票」 |

# 1-5 人民爲何接受貨幣？

綽號「陶喆」的學生問我：「老師，千元鈔只是一張紙，爲什麼人們會當眞接受？」這個問題問得眞棒，這可得分兩種通貨來分析。貫穿本單元的是表1-4中第三列的貨幣本位制度，分成三層，打「✓」處是臺灣採取的制度。

## 一、跟貨幣本位制度連結

硬幣屬金屬本位制度下的單本位制，紙鈔屬於紙幣制度下的純粹紙幣本位，本處說明本位制度。

（一）本位貨幣（standard of money）：本位貨幣指的是貨幣的價值計算方式，大多爲十進位，例如臺幣、歐元、美元，元、角、分三個級距。

（二）貨幣「本位制度」（standard system）：有關本位貨幣的全套規定（例如硬幣的重量、成色、鑄造與紙幣發行準備等），稱爲本位制度，表中說明貨幣本位制度的大分類、中分類、小分類。

（三）貨幣單位：貨幣單位大都爲十進位，分成元、角、分，極少是十二進位，例如一英鎊等於十二便士。

## 二、硬幣

硬幣主要是由鐵與鎳所鑄成，鎳的作用在於防鏽。

以 10 元硬幣來說，成本約 9 元（主要視鎳的市價而定）。一旦硬幣內在價值超過面額（價格），偶爾會有不肖之徒搜集硬幣去融化，以金屬方式銷售。雖然此屬於毀損國幣罪，但是 1978 年時曾發生一次，出現「10 元荒」，只好用一元硬幣硬湊。

硬幣背後隱涵著金屬本位制度。

## 三、紙鈔

你去文具店買玩具鈔票，50 元可以買到千元鈔 50 張，但你父親一個月上班 24 天，領到 50 張千元鈔（即 5 萬元），其實玩具鈔跟眞鈔的印刷成本沒差多少。千元鈔印刷成本約 10 元，因爲加了防偽線、浮水印等，印刷成本比玩具鈔高。

人們接受紙鈔是因爲相信中央銀行有所「本」，不會浮濫印鈔票。雖然人民不可以拿紙鈔向央行兌換黃金，但是央行三不五時說明展示黃金存量（放在

新北市新店區文園）。由表 1-4 可見，臺灣或全球採取純粹紙幣本位，也就是人民不能拿紙鈔向央行要求兌換黃金。

但是為了強化人們持有紙鈔的信心，臺灣採取十足保證準備發行制度，央行手上有約 4,400 億美元外匯存底，以 1 美元兌 30 元，約可支撐 13 兆元通貨發行，只流通 1.8 兆元的通貨（currency held by the public）。

表 1-4　貨幣型態與貨幣本位制度

| 項目　　貨幣種類 | 商品貨幣（commodity money） | 信用貨幣 | | | |
|---|---|---|---|---|---|
| | | 硬幣 | 紙幣 | 支票 | 塑膠貨幣 |
| 一、年代 | 5000 年以前 | 500BC～1883 年明、清時代 | 1884 年以後 | 信用卡，1950 年代 | |
| 二、貨幣本位制度（money standard system） | 或稱實體貨幣（material money） | | | | |
| （一）第一層（大類） | | 一、金屬本位制度（metallic money） | 二、紙幣本位制度（paper money） | | |
| （二）第二層（中類） | | ✓1. 單本位制黃金或白銀等<br>2. 複本位制黃金、白銀等 | 1. 黃金準備<br>✓2. 純粹紙幣本位 | | |
| （三）第三層（小類） | | | ✓1. 十足準備發行（100% reserve issue system）<br>2. 固定保證準備發行制度（fixed fiduciary issue system） | | |
| 三、貨幣的內在價值（100%） | 貨幣的價格跟其金屬成分的價值呈一定關係。 | 100%｜　　　這又基於「黃金準備」1,300 萬英兩 ×1,300 美元 ×30 元＝5,070 億元 | 50%｜　　　　0%<br>紙幣的價值來自於人們對中央銀行發行紙鈔的信心。 | | |
| 四、發行者 | 民間約定俗成 | 中央銀行 | | | |

*2017 年 5 月，央行持有黃金（註：長期大抵此數）約 423.6 萬噸（1 英兩 31.1 公克）約 1,300 萬英兩，資料來源：世界黃金協會（WGC）

# 1-6 銀行提供的支付工具

　　貨幣交易媒介的功能，隨著銀行、科技的發展，銀行作爲「銀貨兩訖」等交易付款的支付系統（payment system）角色愈來愈重要。簡單地說，在美國以現金作爲付款方式的商業約只占 5%，其餘都被銀行開發出的「付款類金融創新（payment financial innovation）」所取代。

## 一、付款類金融創新

　　銀行爲了提供支付服務給客戶，因此從匯款、兌款（Unit 1-4 中的唐朝的飛錢），逐漸提出與時俱進的服務，也取代了九成以上的現金功能，詳見表 1-5。底下依兩種客戶分別說明。

## 二、對公司

　　銀行一開始的客戶是公司，公司因支付金額大，需要安全（防搶防偷）、迅速的付款方式，因此銀行針對公司客戶依序推出幾款支付工具。

　　（一）支票：支票本質上是一種付款人請銀行代爲（在銀行存款金額內）付款給持票人的支付憑證。

　　（二）電匯：銀行提供電匯服務，針對立即須付現的一定金額的款項移轉，臨櫃幾分鐘便可解決，銀行賺電匯費用。

　　（三）金資轉帳：1997 年 10 月起，財政部成立金融資訊服務公司，公司透過銀行連結金資中心電腦，可以把薪資付給員工（俗稱薪資轉帳）、款項付給供貨公司的銀行帳戶，此方式可說是公司的「ATM 轉帳」。

## 三、對個人

　　由表 1-5 下半部可見，銀行針對個人所提供支付工具主要有五種，其中較主要的有下面兩種。

　　（一）信用卡：簽帳卡（debit card）跟愛金卡（icash）等儲值卡（value-added card）比較像，每次你消費刷卡時，透過網路連線到你銀行戶頭立刻扣款。信用卡（credit card）是銀行替客戶墊款給商店，有授信功能，銀行向請款商店賺刷卡手續費與持卡人信用卡未償金額的循環利息，詳見 Unit 15-7。

　　（二）自動提款機：銀行一方面是爲了節省臨櫃交易成本（顧客一人約 37

元），一方面是提供無所、無時不在的服務，以賺取收入（跨行轉帳 15 元、跨行領款 5 元），因此從 1960 年開始，英國巴克萊銀行率先推出自動櫃員機（automatic teller machine, ATM，臺灣俗稱提款機，teller 是銀行出納員）。2015 年起，每年交易金額約 10 兆元（資料來源：中央銀行金融統計月報）。

表 1-5　支付系統交易金額

| 年<br>客戶 | 1960 年代 | 1970 年代 | 1980 年代 | 1990 年代 | 21 世紀 |
|---|---|---|---|---|---|
| 一、公司 | | | | | |
| （一）支票 | | | | | ➣ 6 兆元 |
| （二）電匯 | | | | ➣ 118 兆元 | |
| （三）金資轉帳 | | | | ➣ 1997 年 10 月<br>稱為電子資金移轉<br>（electronic fund transfer） | |
| | | | | 2016 年 34.63 兆元，包括電匯、ATM 轉帳與其他 | |
| 二、個人 | 下列總稱為塑膠貨幣（Plastic Money） | | | | |
| （一）簽帳卡 | ➣ 1974 年中信銀發行第一張簽帳卡 | | | | |
| （二）自動提款機（ATM） | | | ➣交易金額 7.69 兆元 | | |
| 1. 提款卡（ATM Cards） | | | | | |
| 2. 轉帳、繳費 | | | | | |
| （三）電話語音轉帳 | | | | | 1.91 兆元 |
| （四）信用卡 | | | ➣ 1974 年<br>中信銀發<br>行第一張<br>萬事達卡 | | 2.5 兆元 |
| 1. 信用卡 | | | | | |
| 2. 刷卡機 | | | | | |
| （五）行動支付（NFC） | | | | | ➣功能類似簽帳卡<br>2016 年銀行推出 |

資料來源：金額來自中央銀行金融統計月報。

# 1-7 貨幣功能

　　人類發明很多東西以省時省力，發明輪子，才有車子，以載貨載人；發明發電，才能用於照明。同樣的，在人類百大發明中，以「錢」對經濟的貢獻最大。

## 一、四個觀念兩件事

　　經濟學中談到貨幣供給、貨幣需求，至少涉及四個觀念，基於「兩個就可以作表，三個就可以分類」的治學原則，整理如表1-6，才比較容易看出彼此關係。

　　（一）貨幣 vs. 資金：表中關鍵在於第三欄「本質」，二分法分為「貨幣」與「資金」，因此在第十四章中，討論五種生產因素之一的「資金」，這跟公司財務管理中的資金管理是同一件事。

　　（二）需求 vs. 供給：在市場中，誰是買方（需求端）、誰是賣方（供應端），對均衡價量影響很大。

## 二、貨幣的四種功能

　　（一）交易媒介：物物交換是相當不容易成交的，但一旦有了貨幣，則一方可先把甲物換取其等值的貨幣量，然後再從第三者處，依一定價格（以貨幣表示）購買想要的乙物。同理，另一方也能藉由貨幣的媒介，在市場上把丙物換成丁物。如此，以貨幣作為交易媒介或支付工具，會使交易活動進展得更為順利和快速。

　　（二）計價單位：有了貨幣之後，就可以按一定的標準，設計出貨幣的基本單位，定義出更小的單位名稱，如分、角、元等，以貨幣的單位（元）來清楚地把商品的單價標出來，也便於帳目的登錄。每種商品的單價都以貨幣的單位來表示時，那麼任何兩種商品之間的交換比例可以容易地由其單價的比值來獲得，以作為消費者或公司下決策時的重要依據。

　　（三）價值儲存的功能：如果一種商品能在持有一段時間後，還能跟其他商品進行交換，表示這商品仍儲存有相當價值。例如，有些易腐敗的魚肉蔬果，在沒有冷凍技術前，其價值的儲存便相當困難，一個可行的方式是把商品轉換成貨幣形式來保有。要是貨幣的購買力相當穩定時，保有貨幣也等於把商品的

表 1-6　貨幣功能／貨幣總數跟貨幣／資金供需關係

| 貨幣四功能 | 貨幣總數 | 本質 | 需求 | 供給 |
|---|---|---|---|---|
| 一、延期支付的標準（standard of deferred payment） | M2，尤其是準貨幣，即定存部分。<br>M2 ＝ M1B<br>＋<br>準貨幣 | 資金 | 資金需求<br>1. 家庭占 49%<br>2. 公司占 45%<br>3. 政府占 6% | 資金供給<br>1. 投資動機（speculative motive）<br>「個體」把資產分配在定存等五項資產之一。 |
| 二、價值儲蓄的功能（store of value, SOV）<br>1,000 元紙鈔 10 年後面額還是 1,000 元 | M1B 中活儲部分<br>↓<br>M1B ＝ M1A<br>＋<br>活儲 | | | 2. 預防動機（precautionary motive）<br>俗語「積穀防飢」所指「救命錢」。 |
| 三、計價單位（standard of value）或支付工具（means of payment）<br><br>四、交易媒介（medium of exchange） | M1A：即「錢」，包括通貨、支票存款、活期存款。 | 貨幣 | 貨幣需求<br>即交易動機（transaction motive）<br>1. 家庭：每天過生活皆需要「錢」以支持「買東西」。<br>2. 公司：公司開門做生意，需要「錢」才能做買賣。<br>3. 政府 | 貨幣供給<br>有下列幾個來源：<br>1. 中央銀行發行局，發行「通貨」。<br>2. 連鎖商店<br>3. 銀行 |

一項支付工具是表示一項可以清算債務的物件，只要把這一物件足額付給對方，則能夠把雙方交易所發生的債務加以結清。因此，貨幣必然具有下述四種功能：作為交易的媒介物和計價單位是屬於貨幣的基本功能；而作為價值的儲存和延期支付的標準只是貨幣的引申功能，並不專屬於貨幣的功能，其他物品（例如黃金、外幣、股票）也可能具有這兩項功能。

價值儲存起來。反過來說，如果貨幣的購買力（或價值）難以儲存時，則將很難被大家接受爲貨幣了；例如，物價上漲時期，貨幣的購買力或其幣值持續快速降低，大家也就不願意把商品轉換成貨幣形式來保有，而貨幣就失去其作爲貨幣或支付工具的意義。因此，如果存在一種東西叫貨幣，其必然具有價值儲存功能。

（四）延期支付的標準：有許多交易活動跨越兩個（以上）時期，因此，交易雙方的決策依據中，對於其收入和成本的評估仍一致以現有的貨幣單位來表示，因而有關延期支付的標準，也通常是以現有貨幣單位來作爲約定金額大小的單位。

# 1-8　交易動機的貨幣供需

貨幣基本、原始功能是交易媒介，在本單元中說明整個經濟需要多少貨幣，以及錢從哪裡來。

## 一、交易動機貨幣需求定義

交易動機（Transaction Motive）的貨幣需求，就是爲了「買東西，賣東西」而需準備的通貨，公車上掛著「自備零錢，恕不找零」，就是一個需要硬幣交易的貨幣需求例子。

## 二、影響持有現金需求的因素

影響貨幣需求有三個因素，在經濟學中，家庭消費一章中說明影響「需求」的是所得（與財富）、影響「需求量」的是價格；在本處，還要另外加上「制度因素」、「金融創新因素」（Unit 1-6 說明）。

（一）制度因素：貨幣是法律明定的支付工具，因此，任何交易活動都得使用貨幣。在一定的制度性因素下，家庭、政府消費活動或公司生產活動所需的正常開支，必須用到的貨幣受下列因素而水漲船高。至少有三種制度影響社會的貨幣需求金額，詳見表 1-7，我們分成三個組織層級來討論。「制度因素」是指付款日期（例如公司每月五號發薪水，政府一年數個月徵稅）、付款方式等。

（二）所得效果：因爲所得增加，其從事的消費活動（購買量）也比較多，

所以其用於交易所需的貨幣必定增加；另一方面表示整個社會的生產活動（生產量）提高了，所以公司用於生產上的周轉金也必然增加。

（三）價格效果：當物價上漲（例如排骨飯從 70 元漲到 75 元）表示在購買量不變下，所需支付金額增加，所以每個人身上需要帶比較多錢才行。

表 1-7　交易動機的貨幣供需

| 組織層級 | 說明 |
|---|---|
| **一、國家**<br>例如生產活動的迂迴程度 | 根據美國經濟學者費雪（Irving Fisher, 1867～1947）1911 年的交易方程式（另見圖 21-3）<br><br>$$PT = MV$$<br><br>P（Price）：平均價格<br>T（Transaction）：商品及勞務交易量<br>M（Money）：貨幣數量<br>V（Velocity）：貨幣的流通速度<br><br>當產品從原料、零件、半成品到成品，以至於經由行銷管道到消費者手中，其迂迴程度加長；由於過渡到每一階段都表示增加一次的交易，因而需要比較多的貨幣量，才能完成整個生產和消費的過程。當產業分工愈細時，那麼每生產一塊錢的國內生產毛額，其中間過程成長的結果，需要更多的現金作為交易媒介之用。 |

右述公式，以 2017 年的一個數字來舉例說明：
PT 用國內生產毛額 17.5 兆元來代
M 用 M1A 6.2 兆元來代

$$PT = M \times V$$
17.5 兆元 = 6.2 兆元 $\times V$

V = 2.82 倍，即 1「元」一年周轉 2.82 次，以支應交易需求。

| 組織層級 | 說明 |
|---|---|
| **二、公司**<br>公司現金收入一方面取決於顧客付款方式 | 1. 不必保有太多現金的公司<br>　　例如便利商店以現金交易為主的生意，而且每日收入大於支出，所以不必保有太多現金。<br>2. 需要多留一些現金的公司<br>　　因為有些公司一個月才結算一次，例如百貨公司專櫃向百貨公司請款、派報社向統一超商某分店請款，因此帳上得多留一點錢，以應付一個月內每日支出。 |
| **三、家庭**<br>日期會影響家庭的現金支出 | 家庭每月、每兩個月（水費、電費）、每半年（房屋的土地稅、房屋稅、汽車的牌照稅、燃料稅、子女的學費）、每年（汽車與房屋的保險費、5 月繳所得稅），這些家庭支出的日期都是外界規定的，其日期會影響家庭的現金支出的時程。 |

小博士解說

### 瑞典幾乎不用現金

2013 年 12 月 8 日法新社報導，瑞典幾乎可說是「無現金社會」，從熱狗攤到繳稅都透過銀行簽帳卡或簡訊線上繳費，許多公車拒收現金，阿巴合唱團博物館只收信用卡或簽帳卡。瑞典央行表示，「零售商或銀行沒有義務收現金。」

一名顧客說：「我從不帶現金出門，這年頭再也沒有人這樣做了。」

在瑞典首都斯德哥爾摩，連街頭賣雜誌的遊民都有讀卡機接受刷卡。遊民彼得拿著他賴以為生的兩種東西：一疊雜誌和一臺讀卡機，他靠販售一本 230 元的「斯德哥爾摩情勢」雜誌，賺取微薄收入。

## 1-9　貨幣需求動機、貨幣功能與貨幣總數

　　1936 年，英國學者、總體經濟學之父凱恩斯（John Keynes, 1883～1946）在流動性偏好理論（Liquidity Preference Theory，或稱變現力）中的貨幣需求（money demand, Md）認為人們至少因為交易、預防和投資三種需求動機而需要「貨幣」，由於幾乎一網打盡所有情況，所以八十年來，也沒有人能出其右。但是由圖 1-4 第三、四欄可見，這三個貨幣需求動機指的是兩件事，一是現鈔需求（詳見 Unit 1-8），二是資金供給（詳見第十六章）。

### 一、貨幣的範圍：貨幣總數

　　中央銀行每個月公布貨幣總數（monetary aggregate，央行譯為貨幣總計數），本段深入淺出的說明貨幣總數，並且採取快速記憶法，套用心智地圖（mind map）的記憶原理，教你如何迅速記得住 M1A、M1B、M2、M3。套句某記憶中心的廣告詞：「你給我一分鐘，我保證你記得住 M1A 到 M2」。

　　（一）貨幣總數是什麼東西？有些國家的貨幣總數涵蓋 M0（指 M1 中的「通貨」）M1、M2、M3、M4 等。臺灣央行的貨幣總數要簡單得多，貨幣總數只有 M1A、M1B、M2 三種。M2 中「準貨幣」（quasi money）中有一項須額外說明，貨幣市場共同基金（money market fund）是以票券或債券附買回交易為主的共同

基金，2017 年底 0.17 兆元，是可略而不計的。

（二）簡單易記的口訣：由圖 1-5 可見，用圖形來記憶 M1A、M1B、M2 最容易，跟洋蔥一樣，最內層是 M1A，最外層是 M2。外面一層是內一層再加上一部分而得。

> M1A：錢，這包括三項，即通貨（currency）、支票存款、活期存款。
> M1B：錢＋活儲（自然人的活期存款稱為活儲）。
> M2：M1B＋準貨幣（六成是定存與定儲）。

我們是這麼記得 M1A 6、M1B 15、M2 41（兆元），只記四捨五入的數字，剩下圖中的「活儲」、「定存」金額，自然如同小學一年級的數學填空格。

## 二、貨幣總數與貨幣需求動機

圖 1-4 與圖 1-5 要上下對照，三種貨幣總數跟凱恩斯所稱的貨幣需求動機幾乎一一對應。

> M1A ─────────────────────────→ 交易動機
> M1B 中的活儲 ───────────────────→ 投資動機
> M2 中的準貨幣（即定存）─────────→ 預防動機

> **知識補充站──什麼是貨幣總數（Monetary Aggregate）？**
>
> Monetary Aggregate 這個英文名詞譯為貨幣總計數，這個字很難望文生義，Monetary 是 Money 的形容詞，貨幣的；Aggregate(n)：集合體、集成；Monetary Aggregate 宜譯為貨幣總數。就跟 2017 年臺灣人口「總數」2,360 萬人、汽車「總數」785 萬輛一樣。

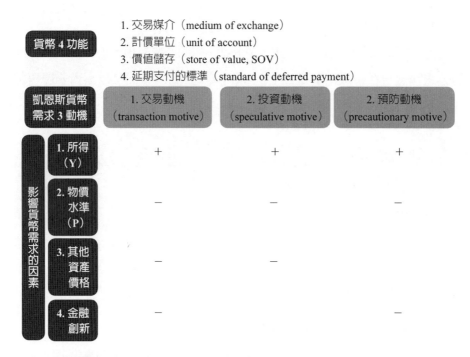

圖 1-4　貨幣需求動機、貨幣功能與貨幣總數

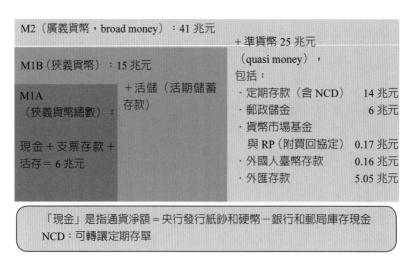

圖 1-5　3 種貨幣總數（2017 年底預估數為例，四捨五入）

---

### 知識補充站

依「中央銀行法」第 13 條規定，貨幣由中央銀行發行。中央銀行發行之貨幣為國幣，對於中華民國境內之一切支付，具有法償效力。貨幣之印製及鑄造，由中央銀行設廠專營並管理之。

# 討論問題

一、「貨幣銀行學」拆開來是「貨幣」、「銀行」學,在圖1-6中,至少有五大領域的運用,你還有哪些角度?

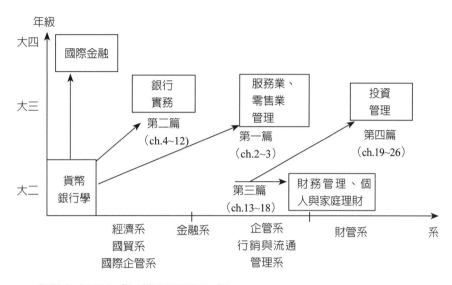

圖1-6　貨幣銀行學跟各系相關課程關係

二、從漢朝起迄 1483 年的絲路通商交易,使用什麼貨幣?(提示:2017 年 5 月 20 日 23:00 播出的「中天夢想驛站」,像 1 世紀時,使用貴霜帝國的貴霜幣,1023 年起,使用宋朝「交子」)

三、列出你家(或你)的資產負債表,哪些科目受利率影響?

四、列出一家公司(例如台積電)財務報表,分析利率上升 0.25 個百分點,對損益表的影響?

五、M1B、M2 成長率曲線的黃金交叉、死亡交叉用在股票買進訊號、賣出訊號有何盲點?

六、根據財政部 2017 年 4 月的房屋稅戶數 1,021 萬戶,這跟內政部營建署的 870 萬間房不一樣,怎會這樣?

# 2

# 支付 I：支付公司、電子貨幣

## 2-1　鳥瞰全國的支付系統

俗語說：「錢不是萬能，沒有錢萬萬不能」貼切形容「有錢好辦事」，在貨幣經濟學（monetary economic，主要在研究跟貨幣有關的總體經濟現象）中，精準形容「貨幣」在促進交易，甚至「交易以外」效率的重要性。

本單元以廣角鏡頭先拍個全景，讓你鳥瞰全局，Unit 2-2～2-7 拍個近景，第三章是特寫，談小額支付方式中行動（尤其是手機）支付方式。

### 一、支付者的身分與動機

誰在支付、人爲什麼「支付」（payment），本段依序回答這問題。

### （一）支付者的身分

國者，人之積也；在個體經濟中，把「人」分成三大類：家庭（臺灣 860 萬個家庭）、公司（138 萬家營利事業，其中公司約 62 萬家）、政府（中央與地方縣市）。

### （二）支付者的動機

三個個體支付，套用「80：20 原則」與經濟的實體、金融面來分類。

・實體經濟占 20%

實體經濟分成兩個市場：生產因素市場（即國民所得帳的分配面）、商品市場（即需求結構，最簡單的說：家庭消費、公司投資、政府支出與國外淨需求）。商品市場包括商品與服務（例如看電影）。

・金融交易占 80%

實體經濟的金額有限，金融交易的餘額很大，例如台積電 2017 年營收 1 兆元，以此來說，買方會支付 1 兆元給台積電。台積電資產負債表上現金及約當現金（註：主要是定期存款）5,400 億元，假設每個月提現一次，每年支付 7.2 兆元，就比營收大很多。

## 二、支付服務者

一般把支付服務業者（payment services company）二分法，分成銀行、銀行以外，以家庭消費支付金額比重來說，是天與地的差別。

### （一）銀行占 99.9% 以上

銀行（頂多加上中華郵政公司）是支付服務的主要提供者，例如台積電每月透過銀行薪資轉帳進員工銀行帳戶，支付 100 億元薪資給 4.7 萬名員工。

### （二）銀行以外占 0.1% 以內

電子票證、第三方支付、行動支付是三個支付公司（俗稱銀行以外支付）方式，比較侷限於家庭消費支出，一年金額 1,000 億元以內，占家庭消費支出 0.1%。以 2017 年為例，消費支出 9.238 兆元。

$$總產值 \times 消費比率 = 17.5 \text{ 兆元} \times 52.79\%$$

以 2016 年國內生產毛額（GDP，簡稱總產值）17 兆元來說，由表 2-1 可見，債券市場交易額 70 兆元，是總產值的 4.1 倍。

### （三）基礎設施

把銀行視為「客戶」，至少有兩個機構替銀行間電子交割清算。

‧財金公司 135 兆元

由表 2-1 可見，有三項都是透過財金公司，其中 88% 是「跨行匯款」，例如台積電付款給晶圓供貨公司。跟家庭較近的是，透過自動櫃員機轉帳 7.7 兆元；其他 9 兆元，主要包括你跟銀行約定從銀行帳戶自動扣款總稅（房屋稅、汽車牌照和燃料稅）、費（水電費）等。

‧中央銀行 447 兆元

中央銀行扮演「銀行中的銀行」，資金移轉 447 兆元（包括銀行間的支票交換 16 兆元），主要透過「同業資金移轉系統」（interbank funds transfer system），簡稱同資系統。

表 2-1　2016 年臺灣的支付系統的金額　　　　　　　　　　　　　　　單元：兆元

| 交易動機 | 銀行間 | 銀行 | 個體 | | |
| --- | --- | --- | --- | --- | --- |
| | | | 政府 | 公司 | 個人 |
| 一、金額交易 | | | | | |
| （一）外匯市場 | 央行<br>同業資金系統<br>447 | 6 | | | |
| （二）債券市場 | 票據交換 16 | 70 | | * 跨行匯款 | |
| （三）股票市場 | | 17 | | 118 | |
| （四）其他 | | | | | |
| 二、商品／服務交易 | | | | | |
| （一）政府 | | | | | |
| （二）公司生產 | | | | | |
| （三）消費家庭 | | | B2C 消費支出約 9<br>　* 其他 9 | ・信用卡 2.42<br>・電子票證等 0.12<br>　* 自動櫃員機轉帳 7.69 | |

* 這三個標示的皆透過財金公司
資料來源：整理自金融統計月報
註：銀行外匯匯出金額 3,382 億美元、匯入 2,690 億美元。

# 2-2　支付的期間與地點

交易型態會影響支付的型態，本單元以家庭消費為例說明。

為了簡單起見，本單元不討論家庭兩大耐久品支出，這兩種人生第一、二大金額的支出，大都是現場、多期支付。

・房地產，一年移轉棟數約二十六萬戶，成交值約 4 兆元，屋主大抵是向銀行貸款二十年，占房價六成。

・汽車，新車一年出售四十二萬輛，成交約 0.60 兆元，許多是向銀行或汽車融資公司（例如裕隆資融公司）辦理五年、車價九成的分期付款。

## 一、X 軸：支付期數

本處指的是交易期數，分成兩類。

### （一）單期交付占 90%

以頻率來說，九成的消費都是現場「一次付清」，「銀貨兩訖」對買賣雙方的交易安全最有保障。至於買方付款後，想「退換貨」，消費者保護法另有法令保障。

### （二）多期支付占 10%

像房地產交易是最常見的多期交易，約在一個月內買方至少支付給賣方三筆款：訂金（約二十萬元）、第一期款（一百萬元），賣方讓買方辦理房產過戶，以向銀行申請房產貸款（約四百八十萬元），這是第三期款。

跟買屋情況接近為「室內裝潢」，業主（即屋主）常分三次付款。

・期初款（約 10%）：以便承包商安心接案。

・期末款（約 80%）：整個工程結束，業主大致檢查無誤。

・尾款（約 10%）：業主接收一週以上、一個月以內，碰到裝潢小瑕疵，叫承包商修飾。符合契約後，付尾款。

## 二、Y 軸：支付的地點

依個人角度，支付的地點分成兩處。

### （一）現場（有人稱「近端」）

你到統一超商買一杯城市咖啡，當場付 45 元才能把咖啡帶走。

### （二）不是現場（有人稱「遠端」）

無店鋪販售時，賣家在遠端，2012 年起流行的「線上下單，線下消費」（online to offline, O2O）也是，個人上網向星巴克訂一杯咖啡，透過手機錢包付款，一小時後到店取咖啡。在支付時，稱為「線上儲值，線下支付」。

## 三、比重分析

套用「90：10 原則」把圖 2-1 中四種情況分成兩類。

（一）單期現場支付占消費 90%：大部分的交易都是買賣雙方在現場「銀貨兩訖」，這可大幅降低雙方的交易風險，詳見表 2-2。

（二）高交易風險情況：圖 2-1 其餘三種支付情況，對買方、賣方皆有風險，最好經由第三方等介入，以降低交易風險。

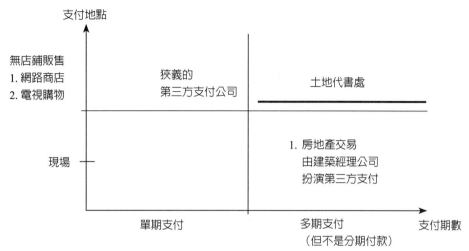

**圖 2-1　支付的期間與地點**

表 2-2　消費支出的支付方式　　　　　　　　　　　　　2017 年 3 月

| 大分類 | 中分類 | 小分類 | 開辦銀行 |
|---|---|---|---|
| 一、現金<br>占 67% | | | |
| 二、* 電子支付<br>占 33%<br>金管會目標是<br>2020 年 52% | （一）金融卡 10.35 兆元<br><br><br>（二）信用卡 2.42 兆元<br><br><br>（三）電子票證 646 億元<br><br>（四）第三方支付 600 億元 | 手機支付<br>支付型態<br>1. 以行動支付為例<br>　(1) 短場通訊手機<br>　　信用卡（OTA）<br><br>2. 行動 X 卡<br>　金融卡、信用卡融入<br>　SD 卡<br>3. QR Code<br>4. 行動收單（mPOS） | 20 家銀行<br><br><br>- TSM<br>20 家<br>- HCE<br>15 家<br>1 家，凱基<br><br><br>15 家<br>7 家 |

*33% 的計算方式如下：上述（二）、（三）小計 3 兆元，除以消費 9 兆元

# 2-3　各種支付方式的適用時機

　　生活中有很多工具（例如筷子、湯匙）各有其「適用時機」，沒有什麼優點、缺點，這是我們寫書幾個原則之一。

　　人類有紙鈔貨幣以來，自 1980 年代由於資訊科技導入，1990 年代由於網路

科技（屬於通訊技術之一）導入，支付工具種類越來越多，以適用於不同金額、商店；詳見表 2-3，本單元說明。

## 一、大分類：依支付金額區分

　　支付金額分成大中小三個級距，這有三個劃分標準；在表 2-3 第二欄支付方式依每次金額大小由上往下排列。

### （一）大金額：三萬元以上

　　以自動櫃員機「非約定帳戶」每日轉帳上限三萬元，對個人來說，每日三萬元以上的支付就算「大金額」。

　　以自己消費為例，大部分成人皆採信用卡付款方式，2016 年 1 月 18 日起，台新銀行跟新光三越百貨聯名卡，電子發票記錄可存於信用卡內。

### （二）中金額：一～三萬元

　　介於一到三萬元的支付屬於中金額支付。

### （三）小金額：一萬元以下

　　小額支付有明確的標準，以「電子票證發行管理條例」來說，指的是每筆一萬元以下的。

## 二、中分類：依支付者身分區分

　　最常見的依人的身分區分為法人（主要是 138 萬家營利事業）、自然人（常稱為個人或家庭）。

### （一）公司等法人

　　由表 2-3 第二欄可見，在大額支付方式，公司比個人多三項：媒體轉帳、財金資訊轉帳、公司轉帳（或稱電匯，這跟個人使用自動櫃員機轉帳是同一管道）與支票。

### （二）個人

　　個人的單筆大額支付常採電子匯款方式（基本情況是郵局的信匯），最低匯款 25 元，約 5 分鐘內便可匯入對方帳戶，由於雙方都有銀行的匯款憑證，有利於保障雙方權益。

個人可以申請支票簿（一本 100 張支票），商業慣例較少如此做；做生意的人用公司的支票簿便可。

表 2-3　支付金額與支付方式　　　　　　　　　　　　　　　　2016 年

| 金額 | 支付方式 | 適用情況 |
|---|---|---|
| 一、大：<br>每筆三萬<br>元以上 | （一）公司<br>1. 媒體轉帳<br>2. 財金資訊轉帳<br>3. 電匯<br>4. 支票<br>（二）個人電匯 | 數十名以上員工薪資轉帳、對供貨公司匯款<br>常見於對國外熟悉供貨公司<br><br><br>單筆（例如三萬元）買開放型基金 |
| 二、中：<br>每筆一～<br>三萬元 | （一）銀行自動扣款<br>（二）自動櫃員機<br>一年 10.36 兆元，詳見 Unit 11-2<br>（三）信用卡<br>· 國內 2.42 兆元（成長率 3%）<br>· 國外 1,846 億元（成長率 29%） | 1. 定期定額買基金、買股票、付房貸<br>2. 付水電費、繳稅（綜所稅、汽機車稅）<br><br>3. 繳保險費<br>4. 付卡費<br>· 正卡：二十歲以上，普通卡限額十二萬元<br>· 副卡：十五歲以上，限額兩萬元 |
| 三、小：<br>每筆一萬<br>元以下 | （一）鈔幣與硬幣<br>（二）電子票證<br>詳見 Unit 2-5～2-6<br>儲值上限：一萬元<br>法源：電子票證發行管理條例<br>1. 電子錢包<br>· 手機版<br>2. 塑膠卡<br>· 交通卡<br>· 商店卡<br>（三）第三方支付<br>儲值上限五萬元<br>法源：電子票證支付機構管理<br>　　　條例 | 「財不露白」帶太多錢在身上易被搶、偷；<br>太多硬幣則太重，找零花時間，為了怕遺<br>失、被偷，記名式儲值上限一萬元，商店必<br>須準備「刷」卡機以扣款。<br><br>俗稱手機支付<br>支付速度快（電子感應式）且免找零<br><br>臺北市悠遊卡、高雄市一卡通<br>愛金卡（icash）<br>網路購物時，貨到且無虞，第三方支付公司<br>替買方付款給賣方 |

# 2-4　三種小額支付的優劣比較

每天生活中「食衣住行育樂」的支出，每筆支出常在百元（統一超商平均客單價 72 元），這些小額支出大都以表 2-3 中三種小額支付方式解決。由圖 2-2

的方塊面積可見，三種方式的金額差距懸殊，依序說明。

## 一、就交易成本來說，商店喜歡顧客支付現金

對一般商店來說，現金交易是交易成本較低的收款方式，缺點有二：怕收到假鈔、怕被偷（員工）、怕被搶。2016 年 4 月 18 日，立法委員質詢中央銀行副總裁可否分辨假鈔，以突顯一旦商店收到千元偽鈔，當天白忙了。

信用卡的一般請款手續費為 1.5% 左右，顧客消費 1,000 元，商店向銀行當天請款，第二天獲款 985 元。

電子票證支付一樣，商店需支付電子票證公司手續費。

## 二、顧客往往只能牽就對方

個人使用現金付款，主要是為了「僅收現金」的商店；少數原因是因為自己沒有電子票證（雙北市以外的人 1,750 萬人沒有悠遊卡）或沒有手機以進行手機付款（15 歲以上的人才有信用卡副卡、950 億元）。

由中央銀行發行 1.8 兆元紙鈔硬幣，以個人來說，小額支付中約有 74% 是靠錢解決。以 2017 年 1 月 27 日農曆過年為例，最後一個營業日（1 月 26 日）鈔票發行額達 2 兆元，歷史新高。以紙鈔來說，2007～2016 年平均成長率12%，是經濟成長率 3.5 倍，很合理，其中千元鈔占紙鈔八成。

## 三、現金有可能成為治安漏洞

2014 年 5 月，美國哈佛大學經濟學教授、公共政策講座教授，曾任國際貨幣基金三年經濟分析部主任 Kenneth Rogoff（1953～）投稿到英國《金融時報》，兩大重點之一是地下經濟交易均使用現金，而非法活動也以現金清算，因此政府宜努力減少經濟中現金的發行。

### （一）地下經濟

由於現鈔可以隱名交易、不易追蹤的優點，從而不用繳營業稅、所得稅等，所以無牌攤販等地下經濟以現金交易為主。以 2016 年為例，美國「現金」餘額約 1.548 兆美元，是美國國內生產毛額的 8.6%，這比率是 1950 年代初期以來最高，許多流通是國外人士非法交易。

### （二）非法活動

2014 年 2 月落網的全球第一大毒梟矮子古茲曼（Guzman），警察在其墨西哥的墨西哥市寓所中搜出 2 億美元現金，學者認為少印鈔票可增加犯罪集團的交易成本。

### （三）美國情況

美國聯邦準備銀行數據顯示，自 1993 至 2013 年，經濟成長率 65%，而 50 元以下鈔券發行金額僅成長 19%。

## 四、零現金經濟

人類普通使用紙鈔貨幣近 200 年，隨著塑膠貨幣（2016 年提款卡 10.35 兆元、信用卡 2.42 兆元）、電子貨幣（電子票證、手機支付等），現金在家庭 10 兆元消費支出交易支付的地位占三分之二，由圖 2-3 可見，大約到 2025 年，臺灣可能現金支付占個人支出比率降到 50% 以下。

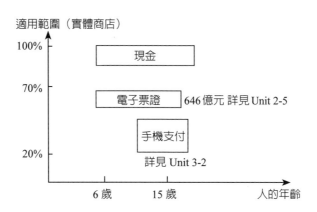

圖 2-2　三種小額支付的優劣勢比較

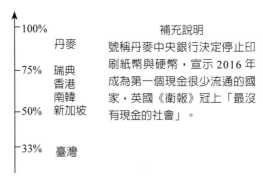

圖 2-3　個人消費支出「現金以外支付」比率

資料來源：Euromonitor

---

**自動櫃員機（ATM）每日帳戶上限三萬元小檔案**

詐騙猖獗，達官顯要或是市井小民都有被騙或接到詐騙集團的經驗。主要詐騙手法都是要求民眾到自動櫃員機操作，聽其指示將錢轉入指定帳戶，由於有些人對提款機功能並不了解，加上沒有限制轉帳金額，在詐騙集團操控下，幾個按鍵就把大金額轉到詐騙集團人頭戶裡，損失慘重。

政府宣導，但詐騙案件層出不窮，政府釜底抽薪，從犯罪工具，也就是金融卡轉帳功能著手。2015 年 4 月 13 日，內政部為達反詐騙目的，公布實施 ATM 非約定帳戶每日帳戶上限為三萬元。（摘自中國時報，2015 年 4 月 13 日，A14 版，蕭承訓）

---

# 2-5　電子票證 I：導論

支付工具中電子票證，以大易輸入法的拆字概念來看：

| | 電子　　　＋ | 票　　　＋ | 證 |
|---|---|---|---|
| 說明 | 主要是指塑膠卡片 | 主要是車「票」，<br>另外像是電影「票」 | 主要是月票的證 |

由上面說明可知，電子票證有下列名稱：

· 塑膠貨幣之一：把儲值、交易紀錄皆儲存於晶片中。

· 電子錢包之一：電子票證、第三方支付儲值等屬於此。

## 一、賣方推動的支付方式

行銷管理等書把「推」、「拉」分成兩種情況：

· 買方牽引（buyer pull）；

· 賣方推動（seller push）。

以電子票證的悠遊卡為例，大抵是捷運公司、公車公司為了加速付款速度，以接觸式電子票證作為支付工具。在對顧客宣傳時，強調悠遊卡可以不用先換零錢、帶一堆零錢等缺點；詳見表 2-4。

## 二、電子票證，一年金額 750 億元

2016 年臺灣約 8,332 萬張（成長率 19%）電子票證，66.43% 是悠遊卡；一年交易金額約 750 億元（成長率 16%），約是全家便利商店的營收；單筆交易金額極小。

### （一）無記名式電子票證，每筆交易金額 100 元以下

以悠遊卡為例，99% 都是無記名式，遺失了就跟鈔票掉了一樣。大部分人為了避免掉卡損失，眾數是儲值 500 元，快到底了，再儲值。主要以搭捷運為主，一天最多 120 元，再加上去便利商店買東西，一天加總 200 元。

### （二）記名式電子票證不普及

在悠遊卡上加上照片，類似健保卡，儲值上限 10,000 元。但是一個月都花不到這麼多錢，去餐廳吃飯、去屈臣氏買東西，可以刷卡，延後一個月付款且有刷卡紅利。信用卡的好處比記名式悠遊卡多太多。

### （三）儲值 500 元

法國益普索（Ipsos）市場研究公司臺灣公司每年 8 月 31 日公布電子票證使用行為調查，以 2015 年儲值金額為例。

・500 元以下占 35%、500 元占 50%。

・年齡分布：30 歲以下、500 元以下占 50% 以上，40 歲以上、500 元以上占 60%。（工商時報，2015 年 9 月 1 日，B5 版，邱莉玲）

表 2-4　電子票證的用途　　　　　　　　　　　2017 年 2 月　單位：%

| 用途 | 發行公司與卡名 | 卡數比重 | 消費比重 |
|---|---|---|---|
| 一、交通 | | | |
| 1. 捷運 | 臺北市悠遊卡 | 66.43 | 78.1 |
| | 高雄市一卡通 | 13.34 | 8.4 |
| 2. 其他 | 遠鑫的有錢卡（Happy Cash） | 1.31 | — |
| | 臺灣通 3.0 | — | — |
| 二、購物 | | | |
| 1. 商店 | 統一超商旗下愛金卡公司（i cash） | 18.94 | 13.5 |
| 2. 線上遊戲 | | — | — |
| 三、其他 | | | |

註：益普索（Ipsos）每年 8 月 31 日公布，本處資料取自行政院金管會。

# 2-6 電子票證 II：市場結構

「利之所在，勢之所趨」，電子票證跟人每天「食衣住行育樂」息息相關，看似商機無限，但因每筆交易金額小，市場值小，本單元說明此產業的公司。

## 一、法令

電子票證實務領先法令，美國人的說法：「馬車跑到馬前面」。

### （一）2009 年電子票證發行管理條例

2002 年 6 月悠遊卡上市，2009 年立法院通過電子票證發行管理條例。

### （二）2015 年 5 月大幅修正

2015 年 5 月，管理條例修正，允許銀行發行，但銀行分行有限（合庫銀行280 家最多），卡數（合庫 24 萬張）、儲值（永豐銀行 0.27 億元）極小。

### （三）從電子票證到電子支付帳戶

2015 年 12 月 21 日，金管會發布規定，個人電子票證餘額可以移轉到自己電子支付帳戶，以支付購買線上遊戲的費用。

· 方向：從電子票證轉到自己的電子支付帳戶。

· 幣別：臺幣。

· 金額：每日 3 萬元、每月 30 萬元以內。

## 二、電子票證公司的身分

電子票證公司分為專「職」經營與銀行兼營兩種。

### （一）專營：四家約 8,200 萬張卡，儲值約 65 億元

四家公司專職經營電子票證，悠遊卡公司儲值額占八成，卡數占七成，市場結構屬於獨占市場。

### （二）銀行兼營，約 35 萬張卡，儲值 0.43 億元

合庫、永豐、玉山銀行兼營電子票證。

## 三、市場結構

先看小檔案的結果，電子票證中的悠遊卡卡數約 5,500 萬張，刷卡可行區域

（香港、新加坡與中國大陸的中速鐵路）、商店多，市場結構可說是獨占，詳見悠遊卡小檔案。

### 四、商機展望

2016 年四家電子票證公司的交易金額約 750 億元（2015 年 646 億元）。由於臺灣人口數停滯，因此公司「往外看」，分成兩種情況。

### （一）觀光旅客

許多票證公司在桃園機場設櫃，一卡通在中國大陸設網站，線上售卡。

### （二）臺灣出國旅客

以悠遊卡公司來說，還跟香港、新加坡與中國大陸鐵路公司（中速火車，時速 230 公里以下的動車）合作，可以跨國使用。

---

**悠遊卡小檔案**

公司成立：2000 年

啓用：2002 年 6 月

公司：（臺北）悠遊卡公司

品牌：Easy Cash

卡數：悠遊卡 5,468 萬張（2017 年）

　　　悠遊聯名卡：1,200 萬張，主要是學生悠遊卡、銀行悠遊卡

每日交易：550 萬筆

　　消費：80 萬筆（2010 年 4 月起約定商店）

---

# 2-7　陸臺在專營支付公司的差異

中國大陸手機付款非常普及，臺灣在 2016 年 10 月才上路，延後了 11 年，2017 年支付金額約 180 億元。本單元說明經營環境的差異是主因，沒有誰進步，或誰落伍這回事。

## 一、用詞說明：銀行以外支付

中國大陸用詞跟臺灣有些用詞不同。

中國大陸的「第三方支付」，在臺灣稱為「銀行以外支付」（這包括電子票證、第三方支付和支付業者）。

## 二、人之不同，各如其面

臺灣一年有 600 萬人次去中國大陸，親眼所見，在許多城市的商店手機付款非常普及，電視新聞也喜歡作這方面的專題，由表 2-5 可見，中國大陸手機支付蓬勃發展，是少數必要、充分條件兼具的國家。

1. 必要條件：顧客的「拉力」、商店的「推力」

支付方式取決於買方的「拉力」、賣方（主要是商店）的推力，大勢所趨下，支付方式和支付公司會應運而生。

由表 2-5 可見，中國大陸的經營環境非常適合手機支付，這讓支付公司有「市場商機」這個必要條件。

2. 充分條件：支付公司有利可圖

由表 2-5 第三欄可見，支付公司有利可圖才百家爭鳴。

・人民銀行「不管」或低度管理給支付公司蓬勃發展空間

中國大陸的經濟從 1979 年以來，皆傾向於地方（省市）推動，地方政府為了拚經濟，對「灰色」地帶業務往往寬容。

中央政府常是扮演「出面善後」的角色，2004 年 12 月，阿里巴巴集團旗下成立支付寶（Alipay）擔任消費性電子商務的第三方支付，隨後擴大到消費支付。電信公司中的通訊軟體一哥騰訊 2005 年 9 月推出財付通（tenpay），2010 年一些支付公司「落跑」，2011 年 5 月起，人民銀行實施「非銀行支付機構網路支付業務管理辦法」，要求支付公司必須申請核准才可營業。

・支付公司賺利差

顧客的儲值金，支付公司把它放在銀行賺利息，由於存款利率高（3% 以上），再加上金額大，利息收入是支付公司 80% 營收來源。有些支付公司甚至貼錢給商店以買讀卡機等，刷卡手續費 0.6%，比信用卡低，商店樂於使用。

表 2-5　陸臺在「專業支付公司」發展差異分析

| 項目 | 臺灣 | 中國大陸 |
|---|---|---|
| **一、充分條件** | | |
| （一）政策 | 行政院金管會遲不下決策，2015 年 5 月 3 日實施「電子支付機構管理條件」，由銀行局信託票券組管理。2016 年 10 月 7 日歐付寶 5 家專營公司投入營運。 | 2004 年起支付寶成立，但沒有政府部會擔任主管機關，2011 年 5 月起，人民銀行介入，5 月 3 日到 2015 年 3 月 26 日，分八批共發放 270 家支付業務牌照，但此後就未再發放新的牌照。 |
| （二）法令 | 1. 價金保管機構<br>上述條例第 16 條「專用存款帳戶」<br>2. 價金保<br>上述條例第 21 條，儲值金孳息等由支付公司享有，但金管會有權指示提撥一定比率孳息回饋給儲值戶。 | 支付業者 90% 以上的營收來自「吃利差」，即把顧客「儲值」（陸稱備付金）拿去存銀行，賺 3% 的利息收入，以支付寶儲值人民幣 1,600 億元來說，年收入人民幣 48 億元。<br>2016 年 10 月國務院發布「網路金融風險專項整治工作實施方案」（簡稱國發 21 條），顧客儲值金應存在人民銀行或符合要求銀行。<br>2017 年 1 月 13 日，人民銀行公布「顧客儲金存管制度」。 |
| **二、必要條件**<br>（一）商店角度 | | |
| 1. 手機支付 | 支付業者向商店收 1.5% 支付手續費，美國貝寶（PayPal）約收 3%，所以商店也喜歡信用卡、現金。 | 支付公司有「利息收入」（3%），所以對商店的刷卡手續費收 0.6%，甚至許多支付公司「補貼」（例如讀卡機）商店。 |
| 2. 紙鈔 | (1) 偽鈔極少<br>商店接受紙鈔意願高（200、2,000 元面額例外）<br>(2) 鈔票品質高 | (1) 偽鈔多<br>人民幣值最高人民幣 100 元，因印刷技術中等，偽鈔多，許多商店對大鈔敏感。<br>(2) 鈔票品質差<br>因人民鈔票使用習慣等因素，紙鈔污損等，許多商店很挑剔（不收）。 |
| （二）消費者角度 | | |
| 1. 信用卡 | 4,080 萬張，2016 年刷卡 2.42 兆元，約占消費 27.4% | 信用卡申請資格嚴，信用卡詐騙多。 |
| 2. 自動櫃員機 | 2.73 萬台，以 2,360 萬人來說，865 人有 1 台<br>跨行轉帳手續費 15 元，幾乎全球最低 | 以 2013 年來說，42 萬台，13 億人，3,000 人 1 台<br>2015 年 82 萬台，13.3 億人，1,622 人有 1 台<br>跨行手續費高，依地區分，人民幣 2～50 元 |

## 三、手機支付金額

從兩個角度來分析手機支付規模。

1. 手機支付金額人民幣 35.33 兆元

由「小博士解說」可看出 2016 年中國大陸手機支付金額人民幣 35.33 兆元（臺幣 158 兆元），看似很大，但從全國支付系統角度來看，可說九牛一毛。

2. 全國支付系統角度

在全國支付系統的角度，臺灣消費支付約占 1.5%。在中國大陸，根據人民銀行的統計，專營支付公司約占支付總額的 0.166%（人民幣 33.53 兆元除以人民幣 20,085 兆元）。

---

小博士解說

### 2016 年手機支付金額

時：每季公布一次「第三方支付移動支付市場監測報告」，例如 2017 年 4 月 2
日公布 2016 年第 4 季資料。

人：市調公司易觀國際（Analysys International），是大數據分析公司，成立於
2000 年。

事：易觀資料來源有三：

· 對支付公司訪談

· 易觀自有監測

· 易觀研究模型

2016 年人民幣 35.33 兆元。

---

## 四、市場結構

寡占的情況在第三方支付時也適用，根據易觀的統計，2016 年底市占率如下。

1. 支付寶占 43.3%，到 2016 年底，有 3.58 億人透過手機購物，用戶比美國人口 3.2 億還多。支付寶公司有關係企業淘寶網的業績支撐，在中國大陸第三方支付市占率 54%。

2. 騰訊公司旗下財付通公司占 16.9%、銀聯商務 15.4%、快錢 7.4%、匯付

天下 6.9%，其它 10.1%。

3. 第一、二大公司市占率 91%

## 五、暴利時代逐漸過去

2017 年 1 月 13 日，人民銀行公布「顧客儲值金存管制度」，2017 年 4 月 17 日開始實施，依支付公司規模分 6 級，小型 24%、大型公司 12%。逐年調高存款比率到 100%。

根據陸方報刊的預估，支付公司主收入會大縮水。

# 討論問題

一、從你自己舉例，哪些交易是即期付款，哪些是多期支付（例如信用卡付款分三期零利率）？

二、政府為了防止洗錢，你到銀行電匯，單筆多少金額以上便須提示身分證明文件？

三、為了防止洗錢，國民出國帶多少金額以上臺幣、美元或黃金，便須申報，否則海關有權沒入？

四、臺灣對第三方支付的儲值有 3 萬元等限制，你認為該規定嗎？（提示：跨國比重）

五、臺灣的第三方支付為什麼前景有限？（提示：實體商店便利性）

六、美國的銀行以外支付金額為什麼不大？（提示：銀行大力推信用卡促銷）

七、2017 年 7 月 28 日，中國大陸人民銀行清算總中心、財付通、支付寶、銀聯商務等在內的 45 家支付公司，簽署《網聯清算有限公司設立協議書》，共同發起成立網聯。2017 年 8 月 4 日人民銀行通知各銀行和支付公司針對手機支付等，在年底由網聯負責跨行清算；與之前支付公司各自跟銀行單獨清算相較，人民銀行著眼點是什麼？

# 3

# 支付 II：行動支付

## 3-1 行動支付 I：顧客的需求

電子票證（electronic ticket）主要是商店以票證接觸方式，免找零以加快結帳速度。至於行動支付，則買賣雙方皆有強烈的方便動機，本單元討論客戶需求。

### 一、手機支付的優勢

以行動支付中占 95% 的手機支付為例，由表 3-1 可見，似乎優點比自動櫃員機、現金多，因此可以主導。套用美國蘋果公司曾宣稱人們出門只要帶一支 iPhone 手機即可，有三個用途。

　　‧手機本身兼具筆電上網、手機通訊、可攜式電子遊戲主機功能；

　　‧手機作為汽車鑰匙；

　　‧2014 年起，手機 Apple Pay 有手機支付功能。

手機支付還可把電子票證內建在手機內，看似功能比電子票證廣。

### （一）網路購物「大大好用」

2014 年起，手機超越電腦，成為顧客主要上網購物工具，因此手機付款需求大增，畢其功於一役。

### （二）以線上線下為例

萬事達卡跟臺灣連鎖咖啡店 cama 合作，民眾在家打開「Master Café」APP，找到公司附近的咖啡店，在線上點餐、付款、預定取貨時間；一到了咖啡

店、憑 APP 提供的代碼領咖啡，分秒不浪費。（天下雜誌，2015 年 12 月 9 日，第 173 頁）

## 二、手機支付的劣勢

手機支付有其缺點。

．手機體積大（螢幕 5 吋）、重量 160 公克，比不上電子票證、現金的輕薄短小。

．商店接受度低：電子票證有通用讀卡機，手機支付時，商店需另外購買手機讀卡機相關設備（註：2017 年 4 月以信用卡刷卡機 32 萬台來說，43% 為感應式）且須支付服務費，不划算。

## 三、商機

國際市場研究機構顧能（Gartner）報告指出，全球各種行動支付交易金額，2014 年 3,200 億美元，2017 年 7,200 億美元，預估其中用於智慧型手機的短場通訊技術（NFC）的手機交易金額，居所有行動支付之冠。

## 四、滲透率

信用卡在 1974 年臺灣由中國信託銀行上市，2016 年全體銀行流通 4,070 萬張，占個人消費支付金額 27%（2.42 兆元除以 8.84 兆元）。由圖 3-1 可見，行動支付的滲透率會非常緩慢，雖然手機在成人普及率 100%，但針對手機內含信用卡等功能，仍會擔心手機遺失被偷與交易安全等，手機支付市場滲透率（market penetration rate）緩慢。

表 3-1　四種支付方式的適用時機　　　　　　　　　　　　　　　　　　單位：億元

| 支付方式 | 生活繳費 | 轉帳 | 網路購物 | 線上線下（O2O） |
|---|---|---|---|---|
| 行動支付 | ✓ | ✓ | ✓ | ✓ |
| 信用卡 | ✓ | | ✓ | ✓ |
| 自動櫃員機 | ✓ | ✓ | | |
| 現金 | ✓ | | | |

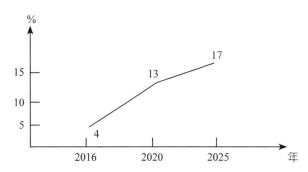

圖 3-1　行動支付在小額消費滲透率

資料來源：美國商業智能（Business Intelligence, BI）

---

**螞蟻金服集團旗下的花唄信用支付**

‧成立時間：2014 年 12 月 28 日

‧地點：中國大陸

‧對象：用戶無須提交申請和做個別審核，用大數據和消費紀錄評估個人信用額度

‧授信額度：人民幣 3 萬元

‧消費者在阿里巴巴旗下的淘寶網、天貓商城購物下單後，可以選擇使用「花唄」
　來付款。並可以在確認收貨後的下個月 10 日，再進行還款，期間不計利息。（摘
　自經濟日報，2016 年 1 月 30 日，專 11 版）

---

# 3-2　行動支付 II：支付工具

　　站在銀行等支付公司角度，總希望個人不必帶皮夾（錢包）便可出門，而
且「一事不煩二主」，最好行動支付工具跟人的日常用品連結，由表 3-2 可見，
常見的用於扮演行動支付「載具」（carrier 這字源自航空母艦，它是飛機的海上
載具）。

## 一、跟「行動」的相關名詞

　　2009 年起，隨著智慧型手機流行以來，再加上 2013 年谷歌手錶（Google
Watch）等穿戴式裝置逐漸上市，智慧型手錶也有簡易的手機等功能，合稱行動
裝置（mobile device），詳見表 3-2。由此衍生幾個相關服務。

### （一）行動運算（mobile computing）

這是指透過行動裝置上網，透過伺服器等運算，又稱雲端運算。

### （二）行動支付（mobile payment）

這是透過行動裝置以支付款項。

表 3-2　行動○○的相關名詞

| 行動（mobile） | ＋ |
| --- | --- |
| 行動 | 運算（computing） |
| 行動 | 支付（payment） |
| 行動 | 裝置（device）<br>1. 手機<br>2. 穿戴式裝置 |

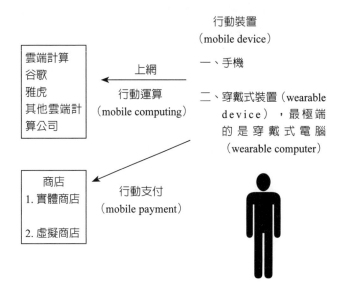

圖 3-2　顧客端行動支付的工具

## 二、95% 比 5%

在財富分配的「十等分分類」中，常用另一種極端值，即前 5% 富有家庭擁

有 60% 財富，後 95% 家庭擁有 40% 財富，以此來突顯財富分配惡化。

在銀行經營時，我們兩次發現此情況。

### （一）行動支付 95% 是靠手機

由表 3-3 可見，全球智慧型手機（簡稱手機）數目約 36 億支，多而且功能強大，可說是縮小版的筆記型電腦。支付腕帶大抵適用於遊樂園等，比較像儲值「卡」，手錶最大的威脅是手機，成人有戴手錶比例低於二成。

### （二）手機支付中 95% 是靠母卡虛擬方式

詳見 Unit 2-6。

表 3-3　顧客端行動支付工具

| 支付載具 | 數量 | 說明 |
|---|---|---|
| 一、智慧型手機（簡稱手機） | 國際數據公司（IDC）數字<br>1. 2016 年銷量 15 億支存量約 36 億支 | 詳見 Unit 3-2<br>1. 2012 年以前手機綁 SIM 晶片<br>2. 2013 年起，手機加雲端的信用卡密碼 |
| 二、穿戴式裝置 | 1. 2015 年 0.457 億件<br>2. 2019 年（預估）1.26 億件 | |
| （一）衣 | 1. 智慧型手錶（smart watch） | 1. 2014 年 AppleWatch，安卓支付和三星付款，以及其他數位錢包支援智慧型手錶支付。<br>2. 2015 年瑞士斯沃其（Swatch）公司，包括在歐洲和中國大陸的 UnionPay 支付，支付寶（Alipay）是最大的行動支付服務提供者。 |
| | 2. 支付腕帶（payment wristband） | 美國迪士尼的 MagicBand 是成功的支付和購票解決方案，發行超過 1100 萬支。<br>英國巴克萊銀行的 bpay 支付，也有付款腕帶版。 |
| （二）樂 | 健身追蹤器 | |

資料來源：整理自工商時報，2015 年 8 月 21 日，D4 版，丁瑞慧。

## 三、說「行動」太抽象

許多人講話為了求其周延，因此創造一些難以望文生義的集合名詞，例如。

· 大眾運輸工具：我們用「捷運公車」（頂多加火車）來代替；

· 雨具：我們用「雨傘雨衣」（頂多加雨鞋）來替代。

同樣的，下列這兩個名詞，我們會這麼說。

· 行動運算：我們會說透過「手機上網的運算」，即雲端運算之一。

· 行動支付：在 95% 情況下，我們會使用「手機支付」或「手機錢包」等，碰到穿戴式裝置支付，再例外處理。

### 股市成交額影響銀行支付金額

金融交易（股市、債市與匯市）影響支付金額，遠大於實體交易，其中股市成交情況如下表所述。

表 3-4　臺灣股市價與量

| 臺灣股票市場變化 | | | |
|---|---|---|---|
| 年 | 本益比（價） | 成交值（兆元） | 周轉率（%） |
| 2006 | 18.98 | 73.70 | 142.20 |
| 2007 | 15.31 | 33 | 153.28 |
| 2008 | 9.80 | 26 | 145.45 |
| 2009 | 110.54 | 29.68 | 178.28 |
| 2010 | 16.04 | 28.22 | 136.74 |
| 2011 | 15.76 | 26.2 | 119.87 |
| 2012 | 23.62 | 20.24 | 97.33 |
| 2013 | 18.04 | 18.94 | 82.64 |
| 2014 | 15.42 | 21.9 | 84.64 |
| 2015 | 13 | 20.19 | 63 |
| 2016 | 14 | 16.77 | 64.6 |

資料來源：證交所

---

臺幣偽鈔少，百萬張才有半張 —— 小檔案

2016 年 4 月，中央銀行以 2013 年數字說明，以發行百萬張來說，平均每月偽鈔張數 0.47 張，瑞士 0.83 張，歐元 3.38 張，英國 18.643 張。（摘自工商時報，2016 年 4 月 19 日，A4 版，呂清郎）

---

# 3-3 行動支付 III：顧客資金來源

　　顧客採取手機支付，可說是把手機當錢包（又稱手機錢包），問題是每個人錢包「深淺」不同，由圖 3-3 可見，有幾種資金來源；這會影響這些支付方式的普及率。

## 一、X 軸：現支與預支

### （一）現金支出：有兩種方式

　　‧手機連接用戶銀行金融卡

　　‧第三方支付情況，儲值

　　這是指錢包中有多少錢，就只能花多少錢。以電子票證中的悠遊卡為例，在停車場、捷運站出入口刷卡時，皆會顯示金額，餘額「不足」（低於 50 元）時，系統會發出嗶聲以提醒。

### （二）預支：有兩種方式

　　‧手機加信用卡

　　‧在 Unit 3-2 中提及手機加特殊晶片情況下，手機支付金額列入手機每個月電話費帳單中。

## 二、Y 軸：支出金額占比

　　手機的支出金額受限個人支付工具資金來源。2016 年初辦，「電子支付」餘額約 126 億元；2017 年約 182 億元，占消費支出（17.5 兆元 ×0.5279 ＝ 9.238 兆元）約 0.2%。

### （一）小額：1 萬元以下

　　以電子票證（本質是儲值卡）來說，記名式儲值上限 1 萬元，不記名式 1,000 元，以進行損失的上限管理。

### （二）中額：以信用卡的普通卡為例，12 萬元

　　當手機綁信用卡情況，手機支付金額受限於信用卡可用餘額（例如上限 12 萬元，有 4 萬元未付，剩 8 萬元信用額度）。

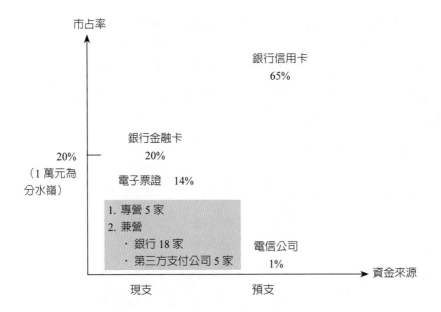

圖 3-3　手機支付的資金來源與市占率

---

**產業的 85% 現象**

　　產業中因技術優勢、先行者優勢等，呈現第一大公司市占率 85% 現象，且競爭優勢長期不墜，甚至鯨吞小公司市場。

---

**數位銀行品牌小檔案**

　　第三版銀行蔚為風潮，包括國泰世華、中國信託、台新等銀行先後推出「數位銀行」品牌，針對原生數位世代的消費習慣提出存款與信用卡消費等優惠，主打行動載具就是銀行的概念，吸引年輕族群眼光。2013 年 5 月，台北富邦銀行啓動分行改裝為數位分行計畫，127 家分行中，2017 年底 90 家成為數位分行。

---

**臺灣的專營電子支付公司**

　　圖 3-3 中有五家電子支付公司，最低資本額 5 億元。母公司分成 3 類。簡單的說，手機支付 2,000 億元以上才賺錢。

1. 消費性電子商務：國際連（母公司網路家庭）。

2. 線上遊戲公司：歐付寶、橘子支、智付寶。

3. 支付公司：臺灣電子支付（藍新公司旗下）。

表 3-5　數位銀行品牌比較（舉例）

| 銀行 | 台新 | 華南 | 渣打 |
|---|---|---|---|
| 品牌名稱 | Richart | SnY | 心幸福 |
| 專屬產品 | ·整合數位帳戶<br>·@GoGo 悠遊御璽卡<br>·基金投資組合 | ·儲值帳戶<br>·KOKO 悠遊聯名卡 | 數位帳戶 |
| 主要優惠 | ·100 萬元內活儲利率 1%<br>·信用卡現金回饋 0.5%<br>·10 元能投資 | ·每月存款餘額 10 萬元以上，活儲利率 1.1% | 每月存入新資金 15,000 元，活儲利率最高 1.8% |

資料來源：整理自經濟日報，2017 年 7 月 6 日，B5 版，郭幸宜。

# 3-4 跨境支付：以中國大陸為例

　　銀行的小額跨境支付指的是跨「國」，這涉及兩國間銀行系統的連結。外國人來臺（含網購臺灣商品），以中國大陸為例，付人民幣；臺灣人一年出國 1,300 萬人次（不含網購外國商品），刷信用卡，付臺幣再由銀行依約定日期的匯率去結算成外幣。

## 一、中國大陸的電子支付公司銀聯國際

　　臺灣 2016 年 1,069 萬人次外國觀光客，陸客占 32.8%。中國大陸銀聯國際公司發行卡片兼具金融卡、信用卡功能，為了迎接陸客商機，臺灣 27,300 台自動櫃員機中，幾乎全部標示適用「銀聯卡」，七成連鎖商店外掛標示接受「信用卡」、「銀聯卡」。

## 二、中國大陸的支付公司

　　陸客來臺北市寧夏夜市消費可刷銀聯卡等，加速付款速度（包括商店人員檢驗人民幣鈔票的真偽）。

### （一）陸生／陸客憑財付通在臺消費

　　第一／華南銀行跟財付通合作，陸生（在臺的中國大陸學生）、陸客可到

約定商店消費，由銀行向財付通請款。

### （二）陸客憑支付寶到臺消費

由表 3-6 第三欄可見，玉山銀行跟支付寶合作。2015 年 12 月起，陸客從步入桃園國際機場買電信預付卡、搭計程車、在臺北市寧夏夜市品嘗小吃、去維格餅家買伴手禮，打開「支付寶錢包」APP 就能付款。玉山銀行數位金融事業處協理劉美玲指出，「除了陸客商機，最重要的是銀行跟商戶的連結」。（天下雜誌，2015 年 12 月 9 日，第 173 頁）

2015 年 12 月，四家電信公司（中華、臺灣大、遠傳、臺灣之星）分別跟元大銀行合作，導入支付寶。

### （三）華南銀行跟微信支付合作

2016 年 1 月 20 日，華南銀行跟陸企微信支付合作，在農曆春節期間，陸客只要在結帳時，選擇微信支付掃描條碼完成付款（俗稱秒收秒付），就能獲得微信支付贈送的紅包，每個帳號最多可獲得三個紅包，最高可獲人民幣 888 元的「紅包現金」，有助於提升陸客消費意願外，也能替合作店家帶來買氣，第一／新光銀行陸續加入。

---

中國銀聯國際公司（UnionPay International）小檔案

成立：2012 年 11 月 30 日

住址：中國大陸上海市

母公司：中國銀聯（2002 年 3 月 26 日成立），2004 年起先以事業部方式展業，
　　　　2012 年獨立成子公司

銀聯卡：兩種卡皆有，發行量 12 億張。

　　　　· 借記卡（臺灣的金融卡）

　　　　· 信用卡

臺灣連結：2010 年起，臺灣開放銀聯卡在自動櫃員機提款

---

表 3-6　跟中國大陸人民來臺消費的電子支付方式

| 公司 | (1) 第三方支付 | (2) 第三方支付 | 儲值卡、金融卡 |
|---|---|---|---|
| 一、陸資公司 | 騰訊集團旗下的微信支付，旗下的財付通 | 阿里巴巴集團旗下螞蟻金服的支付寶 | 銀聯國際：2015 年臺灣業務刷卡，提款額 2,000 億元 |
| 二、臺灣的銀行 | 第一，華南，新光 | 玉山銀行 | |
| 1. 時間 | 2016.1.22 | 2015.11 | 2010 |
| 2. 對象 | 陸生、陸客 | 陸客 | 陸客 |
| 3. 收款方式 | QR Code 收款<br>APP 收款<br>EDC 掃描支付<br>POS 機收款 | 手機掃碼支付 | 同左 |
| 4. 商店數 | 20,000 家 | ─ | ─ |

（摘修自經濟日報，2016 年 1 月 26 日，A14 版，郭幸宜）

---

**銀聯卡在臺灣提款小檔案**

利用中國大陸銀聯卡在臺灣提款有兩種方式，一是刷卡，一是在自動櫃員機領現金。

1. 自動櫃員機領現：2016 年 1 月 1 日起，銀聯卡在境外領取現金的額度，每年累計人民幣 10 萬元。

2. 刷卡：根據《國家外匯管理局關於規範銀行外幣卡管理的通知》，針對中國大陸境內銀行卡在境外使用的商店類別，分為「完全禁止、金額限制（單筆上限 5,000 美元）、完全開放」三類。「完全禁止」類是指持卡人不得在此類商店類別下（例如賭場）進行交易。

表　中國大陸第三方支付交易金額　　　　　　　　　　　　　　　人民幣兆元

| 年 | 2010 | 2011 | 2012 | 2013 | 2014 | 2015 | 2016 |
|---|---|---|---|---|---|---|---|
| (1) 行動支付 | — | — | — | 1 | 8.24 | 22 | 38.6 |
| (2) 網路支付 | | | | 16.2 | 15.06 | 9.2 | 19.3 |
| (3) = (1)+(2)<br>行動支付 | 5.1 | 8.4 | 12.4 | 17.2 | 23.3 | 31.2 | 57.9 |
| 年 | 2017 | 2018 | 2019 | 2020 | | | |
| (1) 行動支付 * | 56.22 | 75.52 | 97.3356 | 120.83 | | | |
| 美元（兆） | 8 | 10.2 | 12.8 | 20.14 | | | |

資料來源：中國大陸比達諮詢（Big-Date Research），2017.4.

2017～2020 年預測值是本書根據比達公司 2016 年預測誤差（3.86 / 4.6 = 0.8391）予以修正

2016 年人民幣 38.6 兆元，換算 5.5 兆美元

# 討論問題

一、手機支付本質上是把「提款卡」或「信用卡」放在手機中，沒什麼新奇，你的看法呢？

二、在美國，手機支付成長緩慢，原因為何？（註：信用卡公司、銀行給信用卡持卡人很多優惠）

三、在臺灣，2017 年手機支付上路，你認為 2025 年消費支付滲透率會到 50% 以上嗎？

四、Apple Pay 為何在中國大陸「雷聲大，雨點小」？這情況適用臺灣嗎？

五、手機支付為什麼有限額規定？

# 4

# 間接融資時代

## 4-1 資金借貸的歷史演進

------------------------------------------------------------

資金供需的本質是「資金借貸」，由圖 4-1 可見資金借貸的歷史演進。

### 一、原始狀況：農業社會的直接借貸

在農業社會，貧農以地契作抵押品，向富農借貸，一旦屆時農作物歉收，農地抵讓給富農，貧農淪爲佃農，富農升格爲地主，專門收租過生活；佃農某種程度已趨近於農奴。1620 年 9 月時，英國移民搭「五月花」號船到美國移民，因青黃不接，向印地安人借火雞來吃，才度過寒冬，免得餓死；後來的人，挑 11 月一天作爲「感恩節」。這是原始直接借貸的情況，幾乎跟人類歷史一樣悠久。所幸印地安人發揮人性光輝，沒有趁人之危索取高利率。

### 二、進階狀況：工商社會中的直接借貸

進入工商社會，在「銀行」未出現前，小店以房契、地契向大商號借貸，仍屬於直接借貸，大商號仍有其本業，賺利息是損益表上的「營業外收入」。

### 三、近代：工商社會的間接借貸

在工商業社會進一步發展，專業分工更有效率，人人得利。在資金借貸也是如此，11 世紀起，在宋朝出現錢莊，在 1380 年起，義大利流行銀行，居間扮演資金供需雙方橋樑。

### 四、市場

「市場」（market）是買賣雙方交易的地方，有實體地點，最常見的「菜」

市場。在本書中，本章第一次出現「市場」，討論「資金市場」（Capital Market），為了避免誤會，我們不使用「貨幣市場」（money market）一詞，實務上這是指票券市場（bill market），交易標的是票券（bill，一年期以內的票券）。本章說明資金市場的供給跟需求是如何撮合，以致達到可接受的資金價格（即利率）、數量。

---

小博士解說

### 綠色貸款（green loan 或 finance）

21 世紀起，由於溫室效應，各國政府逐漸重視環境保護，在銀行授信方面，針對符合環保標準的公司給予（優惠）貸款，稱為綠色貸款。以 2013 年為例，承作太陽光電設置融資業務的銀行 15 家，貸款金額 70 億元，2014 年起，每年融資至少百億元以上。其中 2017 年 5 月 15 日，合作金庫銀行跟屏東縣政府合作，推出「屏東縣綠能貸款專案」，主要是針對個人或公司購買「再生能源」（主要是太陽能設備提供貸款）。

---

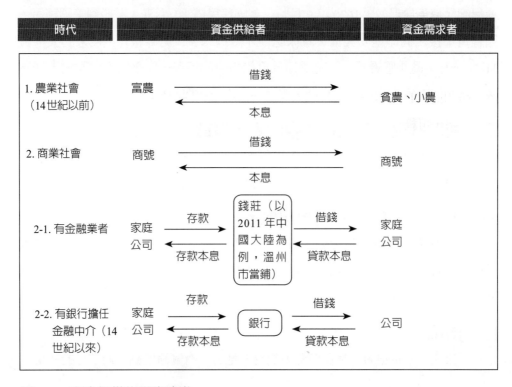

圖 4-1　資金借貸的歷史演進

# 4-2 銀行的發展進程

有了貨幣之後，銀行（bank）的設立是商品貨幣經濟發展到一定階段的產物。依時間順序，資金借貸的功能，先由當鋪、錢莊，一直演變到銀行，詳見表 4-1。

## 一、第一階段：貨幣兌換業，稱為匯兌

硬幣方便攜帶，但大額、長途攜帶，會有遺失、被偷、被搶風險，於是票號（銀行的前身）因應而生。在甲地開設匯票給匯款人，郵寄給乙地的收票人，持匯票要求乙地錢莊分號兌款，這趟程序稱為匯兌。

## 二、第二階段：貨幣經營業，稱為票號

在宋朝，已出現了授信、收受存款（本質上是貨幣保管）的錢莊與票號，而且票號還向存款人收取保管費。

## 三、第三階段：近代銀行，稱為錢莊

中國明朝的錢莊有近代銀行的性質，到了清朝稱為票號，像中國大陸著名連續劇「喬家大院」，山西省是清朝時票號的大本營。票號邁向絕跡原因在於「無力」與時俱進轉型為銀行，票號屬於家族企業，資本有限，拼不贏股份制銀行。至於錢莊沒有拿到清朝政府的銀行執照，主因在於政府的政治考量。西歐也是如此，1580～1693 年，所成立的銀行大都屬於獨資、合夥、股份無限，資本有限，可稱為「近代銀行」。

## 四、第四階段：現代銀行

以股份公司的商業組織型態成立的第一家銀行是 1694 年成立的英國英格蘭銀行，由於資本額大，拓展業務快。因此，18 世紀末、19 世紀初，各國紛紛成立股份制銀行。

表 4-1　銀行的發展進程

| 項目 ＼ 階段 | I 匯兌（貨幣兌換業） | II 貨幣經營業 | III 近代銀行（1580～1693 年） | IV 現代銀行（1694 年以來） |
|---|---|---|---|---|
| 說明 | 貨幣兌換商只是為商人兌換貨幣，前資本主義社會的貨幣兌換業是銀行業形成的基礎。 | 發展到為商人保管貨幣，收付現金，辦理結算和匯款，但不支付利息，而且收取保管費和手續費。 | 隨著工商業的發展，貨幣兌換商的業務進一步發展，貨幣兌換商為了謀取更多的利潤，他們手中聚集了大量資金。利用手中聚集的貨幣發放貸款以取得利息時，貨幣兌換業就發展成為近代銀行了。 | 以辦理工商企業存款、短期抵押貸款、票據貼現等為主要業務。 |
| 1. 中國 | 唐憲宗時商業頗為發達，出現了可以當貸款又可用來抵作向中央政府交納賦稅的票券，又稱為「飛錢」。 | 在宋朝時期出現了具有高利貸性質及無利息存款業務的錢莊與票號。 | 明朝中葉形成了具有銀行性質的錢莊，到清代又出現了票號。 | 1897 年 5 月 27 日，第一次使用銀行名稱的國內銀行是「中國通商銀行」。最早的國家銀行是 1905 年創辦的「戶部銀行」，後來稱為「大清銀行」，1911 年辛亥革命後，大清銀行改組為「中國銀行」，一直沿用至今。 |
| 2. 西方 | 西元前 2000 年的巴比倫寺廟、西元前 500 年的希臘寺廟，都已經有了經營保管金銀、收付利息、發放貸款的機構。 | | | 近代銀行主要放款對象是政府，而且有高利貸性質，1694 年，英國成立了股份有限制的英格蘭銀行。 |
| (1) 義大利 | 近代銀行產生於中世紀的義大利，由於威尼斯特殊的地理位置，使它成為當時的貿易中心。 | 1171 年威尼斯有銀行雛形。1407 年，在義大利威尼斯市有放款功能聖喬治「銀行」成立。 | 1580 年威尼斯銀行成立，1593 年在義大利米蘭、1609 年在荷蘭阿姆斯特丹、1621 年在德國紐倫堡、1629 年在漢堡市皆有銀行成立。 | |
| (2) 其他 | 西歐 | | （詳上） | （詳上） |

小博士解說

### 唐朝「飛錢」

唐代商業頗為發達，在首都長安做買賣的商人很多，他們出售貨物後，許多商人都把貨款送到「本道駐京辦事處」（即進奏院），辦事處為商人開出一張票券，上面寫著金額、日期、姓名等，並把這張票券分成兩半，半張交給商人，半張寄回當地。商人回去後，憑著半張票券到指定部門兌錢，只要兩半票券能夠吻合無誤，就可以如數領回錢款，至於辦事處在長安收下的款子，恰好用來抵作向中央政府交納的賦稅。這種做法，公私兩便，票券上的錢好像在飛來飛去，所以人們把此類票券叫做「飛錢」。

# 4-3　銀行的融資中介貢獻

由圖 4-2 上圖可見，零售通路扮演供貨公司與買方間的中介，所以你在全臺各地都可以買到池上（臺東縣池上鄉）米、雲林蔬菜。有了零售通路才能「貨暢其流」；同樣的，銀行扮演融資中介角色。

## 一、融資中介

銀行扮演著「融資中介」（financial intermediaries）的角色，這個名詞要拆開來記才容易了解。

### （一）融資（financial）

在第二章中，說明公司的資金來源有直接融資、間接融資，銀行屬於間接融資重要來源。

### （二）仲介與中介

仲介與中介看似只有些微差異，但重大差異如下：

1. 仲介（broker）：居間協助成交，常見的有房屋仲介、股票仲介（由證券公司擔任），賺取買方或賣方的仲介費用（brokerage fee）。

2. 中介（intermediary）：向供貨來源買進，再扮演賣方，賣給買方，圖的是買賣價差，由圖 4-2 上圖可見，零售通路扮演商品中介、銀行扮演資金中介。

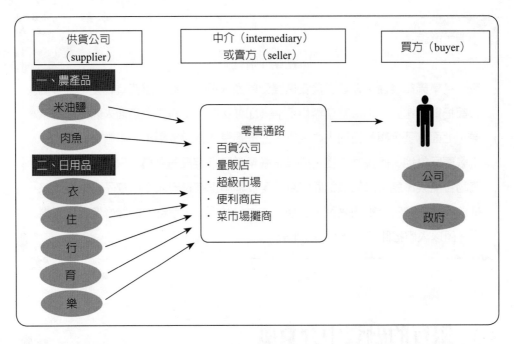

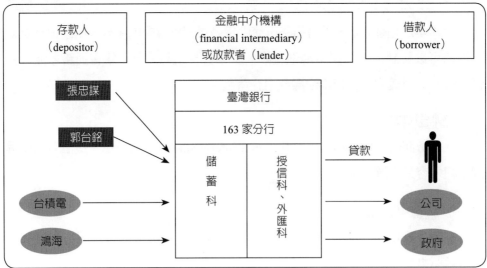

圖 4-2　銀行扮演資金的通路


## （三）合起來「融資中介」

　　兩個名詞合稱「融資中介」，但 1910 年，人們翻譯英文本貨幣銀行學時，誤把 financial 直譯為「金融」，接著就稱為「金融中介」。

## 二、貨暢其流

銀行比零售通路在貨暢其流方面,扮演更多功能,可以依存款人與借款人兩方面來說。共通的則有規模經濟、資訊中介等貢獻。

(一)對存款人:銀行對存款人最大的功能,便是零風險的投資工具(risk pooling),由於銀行的穩當專業經營,再加上存款保險(一戶存款 300 萬元以內保障),因此在臺灣,公債、銀行存款被視為無風險投資工具,以 2014 年家庭淨資產(註:土地按市價計算)110 兆元來說,約 13.81% 擺在定期存款。

(二)對借款人:對借款人來說,銀行在價(利率)、量方面都很有貢獻。因為銀行發揮下列三項功能,一是專業授信(default-risk intermediation):銀行對偵測借款申請人是否會違約,具有專業,因此可以差別取價,不會採取「寧可錯殺一百」的較高貸款利率,這對大部分債信較佳借款人有福了。二是金額中介(denomination intermediation):存款人的存款金額往往很小,有些借款人的借款金額很大,銀行聚沙成塔,扮演「小額存款、大額借款」間的中介。三是期間中介(maturity intermediation):除了金額中介外,存款者存定存三年,但借款人借款期間 63% 3 年以上,因此銀行扮演「長期借款、短中期存款」間的中介。

# 4-4 銀行的融資中介角色

跟計程車行中的台灣大車隊一樣,扮演計程租車間的中介角色,銀行在資金市場也發揮同樣功能。

## 一、銀行是個資金出租業

銀行跟腳踏車出租店、計程車車行相似度高達九成。你撥電話叫計程車,付點車資搭計程車,不用買車,便可短暫享受用車的好處。同樣的,銀行本質上是資金出租業。

(一)借款人(borrower):借款人向銀行「租用資金」(即取得貸款),每期須還息(即貸款利息),屆期或分期償還本金。

(二)銀行扮演放款者(lender):由圖 4-3 上圖可見,以「臺灣大車隊」

這個車行來說，也是靠個人計程車來靠行，沒有自己的車，銀行的資金也是借來的，付點利息向存款戶借來的。

## 二、資金提供與資金需求

由下圖可見，銀行的資金提供與需求者身分大不同。

（一）資金提供：存款戶

以 2017 年全體銀行存款 32 兆元來說，個人（家庭）占 69.64%，其次是營

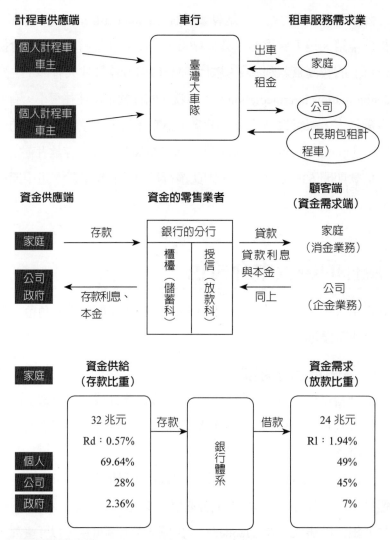

圖 4-3　存款與貸款市場

利事業（138 萬家）28%，合計占 97.64%。負債累累的中央、地方政府，只占存款的 2.36%。

（二）資金需求：借款戶

放款 24 兆元中，個人及其他（簡稱個人）占 49%、公司占 44%，政府受限於舉債等規定，只占貸款 7%。

## 三、銀行賺放存款利率差

賣芭樂的攤販，批貨成本每斤芭樂 10 元，銷售價每斤 30 元，每斤毛益 20 元。同樣的，只要是公司，一定想的是「買低賣高」賺價差。銀行是資金出租業，也是同樣的經營方式。

（一）低價買進：從圖 4-3 可見，以 2017 年 12 月來說，銀行以平均存款利率 0.57%（2017 年 3 月數字）「買進」32 兆元資金，這 0.57% 可視為銀行的資金成本。

（二）高價賣出：由圖 4-3 來看，銀行平均以 1.94%（2017 年 3 月數字）利率放款出去，金額 24 兆元。中間賺取 1.37 個百分點（1.94% 減 0.57%）的放存款利率差（deposit interest rate difference），這是銀行的毛益（俗稱「毛利」），毛益率（1.37% 除以 1.94%）70.6%。

## 四、由銀行資產負債表來看

由全體銀行的資產：

1. 放款占資產 56%

資產負債表左邊是「資金去路」，「放款與貼現」占 56.19%。

2. 自有資金比率 7.97%

資產負債表右邊是資金來源，由表 4-2 可見，銀行負債比率 92.03%、自有資金比率 7.97%。

表 4-2 本國銀行資產負債表　　　　　　　　　　　　　2016 年 12 月 31 日

| 項目 | 金額（兆元） | 比重（%） | | 金額（兆元） | 比重（%） |
|---|---|---|---|---|---|
| 資產 | | | 負債 | 37.363 | 92.03 |
| 放款與貼現 | 22.82 | 56.19 | 存款 | 30.2 | 74.37 |
| 對央行債權 | 7.6 | 18.71 | 對金融機構負債 | 0.038 | 0.09 |
| 國外 | 4.275 | 10.53 | 金融債券 | 1.18 | 2.9 |
| 許多科目 | 4.276 | 10.53 | 其他科目 | 4.203 | 10.35 |
| 其他 | 1.64 | 4.04 | 其他負債 | 1.756 | 4.32 |
| | | | 業主權益（淨值） | 3.237 | 7.97 |
| 小計 | 40.61 | 100% | | 40.61 | 100% |

資料來源：整理自金融統計月報。

# 4-5　資金需求

　　討論任何市場需求與供給時，以圖表把供需雙方身分（表 4-3 第一欄）、占比重整理，可以一目了然，接著再詳細說明，便可收「先見林，再見樹」的好處。在本書中，皆先說明需求，因為有買方，才會有人去提供商品，扮演賣方角色。俗話說：「一文錢逼死英雄好漢」、「皇帝也會缺庫銀」，這些俚語貼切形容錢的重要性。小至家庭公司、大到國家皆可能阮囊羞澀，缺錢，只好向銀行借錢。這在「經濟學」等課程稱為「資金需求」，「貸款需求」是其中最大一項。

## 一、資金需求：借款人的身分與動機

　　資金需求（money demand）狹義的來說，是指借款人（borrower）對於貸款金額（無限期）的需求，借款人扮演資金需求者角色。由表 4-3 可見，在第二到四列中，主要是依貸款金額（2017 年底約 24 兆元）占比重由上往下排列。

## 二、家庭的資金需求：家庭占銀行放款 49%

　　860 萬個家庭中主要是「中所得組」（所得分配第五等位分類）中的「中產階級」，是銀行貸款的主力。

## 三、公司的資金需求：占銀行放款 45%

138 萬家公司（民營與公營企業）當自有資金（指業主權益）不足或貸款利率划算時，也會向銀行貸款，詳見 Unit 14-3 說明。

表 4-3　資金市場的需求與供給

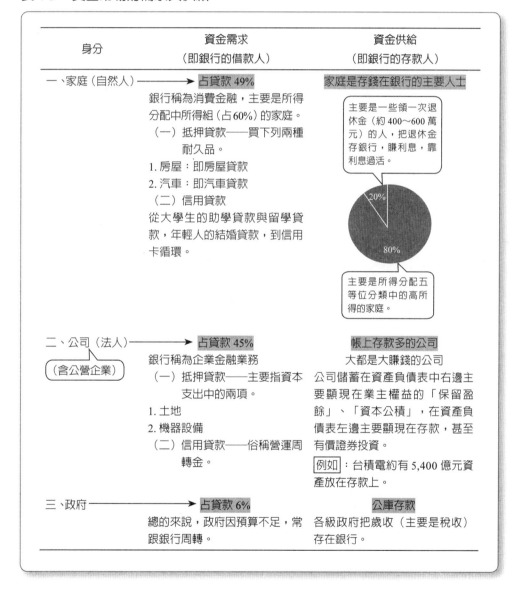

## 四、政府的資金需求：占銀行放款 6%

各級政府每年都出現預算赤字，在入不敷出情況下，在法令限制範圍內，可以向銀行貸款來付公務人員薪水。

---

小博士解說

### 銀行（bank）一詞小檔案

bank 一詞源於義大利語 banco，意思是板凳，早期的銀行家在市場上進行交易時坐在板凳上。英語轉化為 bank，意思為存款錢的櫃子，一旦銀行倒了，就把櫃檯弄倒，稱為「銀行」破產（bankruptcy）。至於銀行一詞，在中國歷史上，白銀一直是主要的貨幣材料之一，「銀」往往代表貨幣。而「行」則是對大商業機構的稱謂。把辦理跟銀錢有關的大金融機構稱為「銀行」，最早見於太平天國洪仁玕所著的《資政新篇》。

---

知識補充站——家庭存款、借款人不是同一群人

家庭是銀行存款主要來源（占 69.64%），這主要自所得五等分分類中的「最高所得組」，其次是退休人士。家庭是銀行借款的主要人士，占 49%，這主要是所得分配五分位中第二、三高所得組，主要是房屋貸款。

# 4-6　銀行的存款創造功能

「太極生二儀，二儀生四象，四象生八卦」，這句易經上的話常用來形容等比函數，許多多產生物（細菌、兔子、老鼠）都有此特性。銀行在存款（貨幣）的創造，有點「神奇吧！傑克」的性質，底下分兩種狀況討論。

## 一、理想狀況

以圖 4-4 來說，在國中、高中上物理課時，老師會說，在外太空，由於沒有空氣（即真空），沒有阻力，因此丟出一顆球後，球會無限往前飛。在地球上，

在保齡球道上擲保齡球,縱使球道有 300 公尺長,但因有摩擦力,保齡球頂多只能跑 100 公尺。

## 二、現實狀況

由圖 4-4 可見,銀行有創造存款貨幣的功能,甲存 100 萬元,乙向銀行借 90 萬元去還給丙,丙把這 90 萬元回存銀行,丁向銀行借款 81 萬元去⋯⋯。由這個資金不外流(流出銀行這個「水池」情況),銀行透過放款,借款人或其債權人把借款回存。銀行便可以一再複製此過程,創造出衍生存款(derivative deposit)。唯一的「漏損」便是每次存款戶存款,銀行扣下一成,此可稱存款準備率,用途有下列兩種:1. 銀行流動準備:這是銀行的庫存現金,以備存款戶來領錢。2. 央行法定準備:詳見 Unit 23-2。

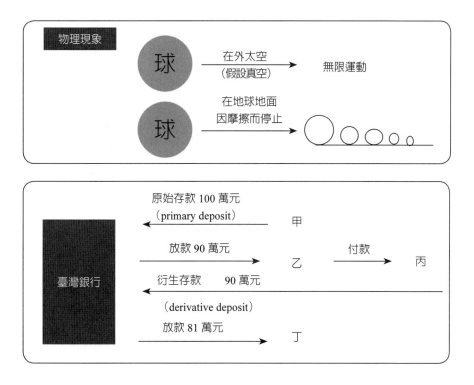

圖 4-4　銀行的存款創造功能

### 三、貨幣供給方程式

於是我們把圖 4-4 中從原始存款（primary deposit）創造衍生存款的結果，稱爲「銀行存款貨幣創造」，詳見圖 4-5 方程式。舉個具體例子來說明，其中原始存款 100 萬元、銀行創造 900 萬元的衍生存款，合計 1,000 萬元。圖 4-5 方程式中有兩個觀念值得特別說明如下：

（一）貨幣乘數（money multiplier）：貨幣乘數是指銀行創造存款貨幣的「倍數」，以此例來說爲 10 倍。

（二）強力貨幣（high power money）：強力貨幣是指銀行創造存款貨幣的基礎，經常指的是原始存款，另一種定義指「現金與銀行準備金」。強力貨幣別名很多，例如貨幣基數（monetary base）、準備貨幣（reserve money）。

| M | = | m | × | H |
|---|---|---|---|---|
| 存款貨幣供給量 | | 貨幣乘數<br>（money multiplier） | | 強力貨幣（high power money）<br>或貨幣基數（monetary base）<br>或準備貨幣（reserve money） |

**數字例子**

已知存款準備率為 0.1（這包括銀行自提的流動準備率、繳交中央銀行的法定準備率），原始存數為 100 萬元（來自李先生收到在美國的兒子匯到臺灣的 3 萬多美元，換成臺幣）。

$$1{,}000 \text{ 萬元} = \frac{1}{0.1} \times 100 \text{ 萬元}$$

圖 4-5 存款創造方程式

## 4-7 銀行對經濟的重要性

空氣、水、食物何者對（人的）生命較重要，依序是缺氧 4 分鐘，人會死亡；缺水 4 天，人會死亡；缺食物 12 天，人會死亡。想了解一個產業對經濟的貢獻，可以從「投入」、「轉換」、「產出」三方面著手。

### 一、投入面看不出銀行的重要性

在國民所得帳的三個計算方式中，其中之一是從生產要素、所得面來看，

銀行業在這方面的貢獻不到 3%。

## 二、轉換面：金融保險業向前關聯係數高

要看這個產業的產業關聯度如何，如果有高關聯度，那麼即使產值不大，這項產業對一個經濟的影響也不容小覷。以行政院主計總處 2014 年編製的 2011 年 166 產業的產業關聯表觀察，金融保險業（簡稱金融業）的情況如下，詳見表 4-4。

（一）向後關聯係數：金融業的產業關聯度如何？先看「向後關聯係數」，這是指該產業生產一單位，會帶動全體產業投入的倍數，向後關聯係數高的產業通常被稱為火車頭產業。例如營造工程業 3.44，當營造業最終需求增加 100 億元時，須採購 48 億元鋼鐵、16 億元水泥、15 億元化學材料、8 億元機械設備等等，誘發 344 億元的產值。這些產業都具有火車頭的作用，而金融業僅 1.56，這意思是指金融業完全不具火車頭的作用，大約只能帶動印刷、電信、房地產及廣告業而已。

（二）向前關聯係數：金融業的「向前關聯係數」在 166 個產業裡幾乎是名列中段，其向前關聯係數 3.08，意思是當所有產業都增加一單位需求時，即會帶動金融業 3.08 個單位的需求，85% 的產業向前關聯係數 10～39，金融業向前關聯度在 2011 年 18.41，但之後即下跌，顯示其他產業能帶動的金融業有限，金融業所扮演的角色就是整合經濟體系閒置的資金，然後有效率的貸放給企業或家庭作為投資、消費之用，使得儲蓄能重新注入經濟體系，創造有效需求。

## 三、產出面也看不出銀行的重要性

再以「最終產出法」來看，銀行業在所有產業中大概排名第五。以下從兩個項目來看，一是附加價值方面，由表 4-5 可見，以 2016 年為例，銀行附加價值占國內生產毛額 4.11%，比美國 8% 略低。二是淨利方面，40 家本國銀行淨利 2,283 億元，比工業中第一大獲利公司（台積電 4,300 億元）略低。

表 4-4　銀行業對臺灣經濟的重要性

| 一、投入面 | 二、轉換面 | 三、產出面 |
|---|---|---|
| 對生產因素的僱用<br>（一）僱用人數＝<br>　　銀行業僱用人數<br>　　勞動（就業）人口<br>依 2006 年工商普查，銀行業僅創造 16 萬個就業機會，占企業總僱用人數 2.2%。 | （一）銀行業支援經濟<br>銀行業的成長率比經濟成長率還慢，顯示銀行業不只未發揮支援經濟的功能，還拖累了成長。 | （一）附加價值占國內生產毛額比重，挑幾個關鍵值，詳見表 4-5。<br>2002 年占 5.64%<br>2005 年占 4.924%<br>2009 年占 3.69%<br>2011 年占 4.11%<br>美國 2006 年 7,874 億美元，占總產值比重 6%。 |
| （二）資金<br>對「投資」項目的貢獻 | （二）投入產出表 | （二）銀行業淨利<br>詳見 Unit 8-4 |

（二）投入產出表

| 金融業的產業關聯係數 | | | |
|---|---|---|---|
| 年 | 向前關聯係數 | 向後關聯係數 | 經濟成長率（%） |
| 1981 年 | 6.50 | 1.22 | 6.24 |
| 1984 年 | 5.77 | 1.26 | 10.71 |
| 1986 年 | 4.30 | 1.41 | 11.49 |
| 1989 年 | 6.18 | 1.40 | 8.04 |
| 1991 年 | 11.99 | 1.54 | 7.58 |
| 1994 年 | 13.77 | 1.53 | 7.39 |
| 1995 年 | 13.66 | 1.38 | 6.30 |
| 1999 年 | 14.18 | 1.40 | 5.75 |
| 2001 年 | 18.41 | 1.66 | −2.17 |
| 2004 年 | 17.21 | 1.88 | 6.15 |
| 2011 年 | 3.08 | 1.56 | 4.02 |

註：1991 年以前為 123 個產業，1991 年為 150 個產業，1996 年以後為 160 個產業。

### 知識補充站——金融業的重要性

　　金融業這個傳導機制一旦失靈，資金流動停滯，產業相互拖累，左右無法相救，上下無法相濟，從而資本市場崩跌、企業重創，失業大增的恐慌必將一一到來，這大概也解釋了何以占美國國內生產毛額 6% 的金融業出了問題，卻能掀起全球金融海嘯的原因。這也就是說，在提振景氣這件事上，金融業沒有點火的能力（向後關聯係數低），但卻有搧風的作用（向前關聯係數高），要是缺少金融體系這個傳導機制，振興經濟的火是難以燒遍各產業的。

表 4-5　3 個關鍵的銀行附加價值比率　　　　　　　　　　　　單位：兆元

| 項目 | 2002 年 | 2010 年 | 2015 年 | 2016 年 |
|---|---|---|---|---|
| (1) * 總產值 | 10.68 | 14.19 | 16.76 | 17.11 |
| (2) ** 銀行附加價值 | 0.6 | 0.5375 | 0.7 | 0.703 |
| (3) = (2)/(1)（%） | 5.64 | 3.81 | 4.176 | 4.11 |

\* 資料來源：行政院主計總處「國民所得統計」

\*\* 資料來源：行政院金管會「金融統計」

2016 年的 (2)、(3) 數字是本書推估

# 討論問題

一、你有看過中國大陸的連續劇「喬家大院」嗎？清朝的錢莊為什麼「灰飛煙滅」？

二、跟零售業中的統一超商比較，臺灣銀行有「剝削」存款戶、貸款戶嗎？

三、銀行存在的價值在於資金供給與需求兩方面在「價量質時」，都勝過「地下錢莊」，為什麼？

四、銀行是「資金買賣業」作生意的資金零售業，為什麼？

五、銀行對經濟的重要性，你還有什麼角度？

# 5

# 銀行業分析

## 5-1 銀行的業務

　　行政院對銀行業採取分業管理，針對各種銀行的資本額（設立門檻）、客戶、業務範圍與營業區域皆有規範，本單元詳細說明。

### 一、X 軸：依資本額分類

　　依據「銀行法」的定義，銀行是指經政府核准（即取得營業執照），得以收受存款並提供放款的金融機構。依此標準來看，當鋪（質押貸款）、人壽保險公司（提供保單質押貸款、房屋貸款）不算銀行，因法定不准其吸收存款，說明如下。廣義銀行詳見表 5-1。

　　（一）資本額：有錢多做事，有個口訣，即「126」，資本額 100 億元以上是商業銀行設立門檻、工業銀行 200 億元、金控公司 600 億元（資產總額 7,500 億元），這是第 16 家金控公司（合作金庫金控）適用標準，由當初 200 億元逐漸抬高，可見金管會認為金控公司過多，不贊成多成立。

　　（二）客戶：可依客戶（家庭又稱自然人，以公司為法人）種類來看，工業銀行顧名思義，以工業內公司為存放款客戶；信用合作社以家庭為主要客戶。

　　（三）業務範圍：由 Unit 25-9 可知，金融控股公司只擔任對旗下銀行等轉投資公司的持股、投資公司，因此不負責對外經營業務。因此，金控公司員工數極少。信用合作社的業務以存放款為主，業務種類最陽春。

## 二、第一欄：依營業地區範圍

影響銀行經營的有二，即業務範圍與營業地區範圍，後者二分如下。

（一）地區市場：表 5-1 中的信用合作社、農會信用部、漁會信用部只能依鄉鎮「地名」在地經營，合稱「地區」金融（area finance，註：region 指一洲的區域）。信合社因資本額小，因此營業範圍限縮在一縣（或市），針對虧損者，可申請跨區經營，所以你在臺北市可以看到一些信合社的分行。

（二）全部市場：商業銀行在全臺皆可營運，開設分行數，地方便呈報金管會銀行局核准。

---

小博士解說

依據銀行法第 70 條，本法稱商業銀行，謂以收受支票存款、活期存款、定期存款，供給短期、中期信用為主要任務之銀行。

---

銀行的業務

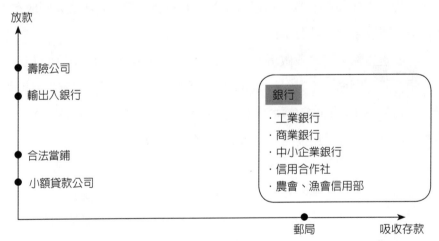

圖 5-1　銀行的分類

表 5-1　2017 年廣義銀行的放存款金額　　　　　　　　　　　　　單位：兆元

| 廣義銀行 | (1) 放款（F） | (2) 存款（F） | 分行數 |
|---|---|---|---|
| 一、狹義銀行 | | | |
| (1) 本國銀行（40 家） | 23 | 30.2 | 3,435 |
| (2) 外國銀行 | 0.9 | 0.73 | 38 |
| (3) = (1) + (2) | 23.9 | 30.93 | |
| 二、信用合作社（23 家） | 0.44 | 0.645 | 261 |
| 三、農（28 家）漁（28 家）會信用部 | 1 | 1.73 | 865 |

# 5-2　商業銀行的分類

　　臺灣街上有三多：便利商店多（四大，10,500 家）、銀行多（本國分行約 3,400 家，不包括農漁會信用部）、手機行多。由街上商店可看出一國商業的活躍狀況，至於銀行的迷你分身「自動提款機」（ATM）2.73 萬部，更是四處可見，因此，幾乎每個大人都跟銀行有往來（存款、提款卡，甚至信用卡）。商業銀行可以再詳細分類如表 5-2，並說明如下，以資了解。

## 一、第一層（大分類）：依國籍分類

　　如同勞工依國籍分為外籍產業勞工（約 38 萬人）、本國勞動人口（2017 年約 1,174 萬人）一樣，銀行依其主股東的國籍可以二分法如下。

　　（一）本國銀行：本國銀行（domestic banks，報刊簡稱國銀）2017 年有 40 家。

　　（二）外商銀行：外商銀行是以「分行」組織型態營運，以便出了營運問題，金管會銀行局可向其母國母行追索。

## 二、第二層（中分類）：依股本的國籍來區分

　　（一）狹義本國銀行：這是報刊常稱的「本國銀行」（簡）。

　　（二）外「資」銀行：外國銀行在臺以公司型態登記，以「子」行型態營運，之所以如此做，主因在於藉以收購臺灣的民營銀行。五家外「資」銀行也有外

商分行同時存在，2017 年起分行將會併到子行。

## 三、第三層（小分類）：依股權歸屬

狹義本國銀行，依股權歸屬，可以二分法如下。

（一）公股銀行（8 家）：以股權 50% 爲分水嶺，以上稱爲公營銀行（state-owned bank），以下稱爲公股銀行，後者一部分是爲了避免立法院監督。這些公股銀行因政府持股占第一，但未過半，因此必須「官民共治」，由官股派任董事長，民股往往擔任副董事長等。報刊有稱爲「泛公股銀行」。2017 年 5 月，高等法院判決彰化銀行由台新銀行持股 22%，可以派任董事。6 月 16 日，股東會，財政部以徵求委託書方式取得 9 席董事中的 5 席，維持經營權。

（二）民營銀行（27 家）：民營銀行是由民間經營，主要來源有二，即舊、新銀行（1990 年開放銀行經營）。

表 5-2　商業銀行的分類

| 大分類 依國籍 | 中分類 依股本的國籍區分 | 小分類 依股權歸屬 |
|---|---|---|
| 一、本國銀行 （40 家） | （一）狹義 本國銀行（35 家） （二）外「資」銀行：子行型態（5 家） 花旗（美國）（Citi） 渣打（英國）（StandardChartered） 星展（新加坡）（DBS） 澳盛（澳大利亞）（ANE） 滙豐（英國）（HSBC） | 臺籍銀行 1. 公股銀行（8 家） 臺灣銀行 合作金庫銀行 土地銀行 省三商銀：華南、第一、彰化 兆豐銀行 臺灣企銀 2. 民營銀行（27 家） 中國信託 國泰世華 台北富邦 新光 台新 彰化 永豐 …… 等 |
| 二、外商銀行： 「分」行型態 （29 家） | （一）其他國家（26 家） （二）中國大陸（3 家） 中國、交通、中國建設銀行 | |

小博士解說

### 亞洲區域銀行的典範─新加坡星展銀行

在發展區域銀行方面，新加坡星展銀行（DBS）的發展歷程值得參考，於 1998 年跟郵政儲蓄銀行合併，具備對外發展的本錢。於 1998 年收購香港廣安銀行、2001 年收購道亨銀行，2003 年把這二家銀行重組成為香港第六大銀行；2007 年在中國大陸成立獨資子行、2008 年概括承受臺灣寶華銀行，完成在兩岸三地皆建立子行的架構。2012 年收購印尼金融銀行、另在印度成立子行。星展銀行在東南亞與大中華地區有較深的布局，獲利雙引擎是新加坡（獲利占 61.9%）與香港（獲利占 21.4%）。

---

### 90：10 原則在銀行業的運用

人們的腦無法處理極複雜的事，為了順利生活、工作起見，人們習慣以「抓大放小」方式來執簡御繁。以表 5-1 中分成兩種範圍來說明：

1. 「廣義」銀行：本國銀行占「廣義」銀行的放款、存款比重約 91%。
2. 「狹義」銀行：本國銀行占「全體」銀行的放款、存款 96% 以上。

# 5-3 孟加拉的鄉村銀行

商業銀行也是營利事業之一，相反的，有種企業稱為「社會型企業（social business）」，即不以營利為目的，只求回本，所有經營皆「大公無私」。在銀行業中，最著名的是孟加拉的鄉村銀行，因借款者主要是窮人，因此有窮人銀行之稱。

## 一、鄉村銀行的創始者──尤努斯

1970 年代，在大學擔任經濟學教授的尤努斯，因不忍看到同胞辛苦終日的微薄所得，竟然因為高利貸剝削而化為烏有，甚至永不翻身。出資 850 孟加拉幣（27 美元）為 43 名村民贖身解除高利貸枷鎖及換得自力更生自由的經驗，讓尤努斯確定了提供「微額貸款」可以是改變鄉親生活甚至命運的關鍵，而背後

支持尤努斯三十幾年來戮力不懈及忘情投入者，應是他對同胞的憐惜及對家鄉的熱愛。

2006 年諾貝爾和平獎揭曉，由孟加拉人民共和國經濟學者穆罕默德‧尤努斯和他創辦的「鄉村銀行」（Grameen Bank, Grameen 是孟加拉語的鄉村）獲得這項殊榮。從諾貝爾獎評審委員會的讚辭以及媒體對尤努斯的報導，我們看到了一位具有圓熟智慧、仁民愛物胸懷的經濟學者，把世人心目中賺取利差及手續費為主的銀行變成慈善事業，把世人心目中用盡聰明才智謀取最大利益的銀行變成改善同胞生活水平的愛心舞臺，他的得獎，除了實至名歸外，也為全世界金融業及銀行家提供了一個新定義、一個新的奮鬥目標。直到尤努斯及鄉村銀行出現，我們才知道，原來銀行家也可以如此仁民愛物，不但讓人驚訝，也讓人尊敬。

## 二、鄉村銀行

銀行的微型（或小額）貸款方案最早由尤努斯在 1979 年發起，成功後，1983 年改制為銀行（圖 5-2）。鄉村銀行提供微型貸款，給借款人創業。貸款對象是以無法提供房地產當抵押品（或擔保）也沒有工作，無法從銀行取得貸款的窮人為對象。即使貸款額度可能只有幾十美元，但在孟加拉這個貧窮國家，憑藉鄉村銀行所提供的微額貸款，很多人就能做小生意（大部分是養雞、買縫紉機改衣服或手機通訊行），改善生活。

## 三、貢獻

鄉村銀行的成就至少有二，一是鄉村銀行以扶助窮人、改善社會為宗旨：股權結構除了政府持有 25% 外，其他均屬借貸者共同持有，創辦人尤努斯只是以常務董事兼執行長身分參與。二是給窮人救命錢：鄉村銀行的貸款客戶高達900 萬人，普及率很高，其中 96% 為婦女。其次，福澤廣被外，即使從金融業專業角度評估，尤努斯及鄉村銀行的經營績效也很傑出，例如 1987 年依法成為銀行後，共貸出 2,900 億孟加拉幣（57.2 億美元），回收率高達 98%，即呆帳率只有 2%。

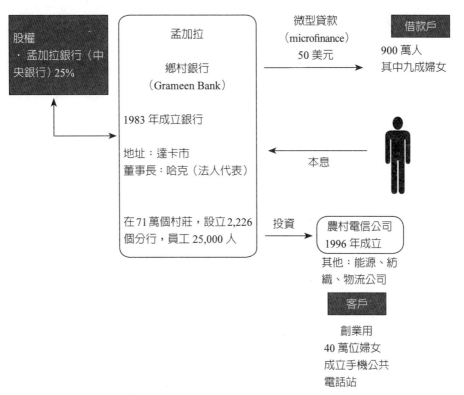

圖 5-2　孟加拉鄉村銀行經營方式

---

知識補充站——穆罕默德・尤努斯（Muhammad Yunus）

出生：1940 年 6 月 28 日，孟加拉吉大港市

曾任：孟加拉鄉村銀行總經理（1983～2011 年 2 月）、吉大港大學經濟系系主任

學歷：美國范德比爾特（Vanderbilt）大學經濟學博士

榮譽：2006 年諾貝爾和平獎得主之一，另一是鄉村銀行

在尤努斯及鄉村銀行的努力下，孟加拉普遍存在的農村「低所得—低儲蓄—低投資—低所得」惡性循環，已成功轉化為「低所得—信用貸款—投資—更多所得—更多信用貸款—更多投資—更多所得」的模式，讓一般窮人暫時有錢可創業，更讓他們擁有可以改變生活乃至命運的技能及機會。把銀行資金融通者角色昇華為生命機會的提供者，尤努斯雖然無意扮演上帝角色，但協助同胞擺脫貧窮惡運的糾纏，卻為他個人及鄉村銀行贏得世人欽羨的諾貝爾和平獎。

# 5-4 專業銀行

大部分的商店都是綜合零售業（例如便利商店、超市、量販店與百貨公司），靠百樣商品做百樣生意，少數商店是專賣店（例如手機店、3C 量販店、服飾店、五金行）。同樣道理，由表 5-3 可見，三種專業銀行主要都是爲公司客戶所設，著重在國民所得帳中需求面的兩項，即投資與國際貿易（其中的出口）。嚴格來說，臺灣沒有「專業」銀行。

## 一、工業銀行

工業銀行（industrial bank）顧名思義，其（貸款）市場定位主要（60% 以上）在於工業內的公司。工業銀行受限於業務範圍（例如不得收受金融機構的轉存款）、分行數限制（例如 7 家），有得有失，法令上給予其一個特權，直接投資工業內公司。由於綁手綁腳且中國大陸不接受兩家工業銀行在 2017 年 3 月「改制」，臺灣工銀改爲王道商業銀行，中華開發工銀（2015 年 9 月把銀行業務讓與凱基銀行），改制中華開發資本公司。

## 二、中小企業銀行

全球最偉大發明家艾迪生養了兩隻狗，在門下開一大一小的兩個狗門，他的說法是：「大狗走大狗門，小狗走小狗門」。有許多行政的設計有著如此「一碼歸一碼」的精神。在銀行業的分類經營中，具體情況便是劃出中小企業銀行。

（一）中小企業定義：詳見 Unit 13-4 說明。

（二）中小企業銀行（簡稱企銀）：中小企銀由於資本額小，因此法令上規定六成（以上）放款以中小企業爲主，經營地區常限於一縣市，綁手綁腳，打不贏商業銀行，紛紛改制或被外資收購。最後，只剩公股的臺灣中小企銀一家，象徵政府挺中小企業的決心，但該行資本額近 600 億元，比許多民營銀行高。

## 三、輸出入銀行

輸出入銀行的概念來自美國，由公營的專業銀行提供國外買方專案融資，或提供出口公司合格應收帳款的保險等，藉以促進整廠（設備）、商品出口。本質上，輸出入銀行只能算國外買方的融資公司、臺灣賣方的貸款保險公司，不能吸收存款，所以不能稱爲「銀行」。在財政部 2013 年起打算推動的公股銀

行組織再造中，經濟部希望將其改爲「出口融資公司」，向經濟部註冊，且股權由經濟部持有（現爲財政部），作爲擴展出口的融資政策工具。

## 四、政策性銀行

中國大陸的公營銀行有些是爲經濟政策目的而成立，稱爲政策性銀行（policy bank），有三家：中國農業發展銀行、國家開發銀行、中國進出口銀行。

表 5-3　專業銀行的分類

| 需求面 | 2016 年占國內生產毛額比重 * | 銀行種類 | 說明 |
|---|---|---|---|
| 一、家庭消費 | 53% | 至於私人銀行業務（private banking），有點類似銀行扮演代客操作，臺灣的法令尚不開放。 | 銀行的各分行財富管理科提供的理財業務，主要是販售共同基金、保險經紀，俗稱「財富管理」分行。 |
| 二、投資 | 21% | | |
| （一）固定資本形成 | | 1. 工業銀行<br>1988 年起，有 2 家致力於投資銀行業務（investment banking），2017 年 3 月起減至 0 家。 | ・客戶以法人（公司、政府）爲限。<br>・對公司的貸款比重大於 60%。<br>・對中小企業的貸款比重大於 60%。<br>・定期貸款小於定期存款 1.2 倍。 |
| （二）存貨 | | 2. 中小企業銀行<br>1976 年 7 月～1979 年 12 月由信合社改制成立，只剩 1 家，即臺灣企銀。 | 臺灣企銀資本額 568 億元，比大部分中小型銀行多。本質上是商業銀行。 |
| 三、政府支出 | 14% | | |
| 四、國際貿易 | 12% | | |
| （一）出口 | | 3. 輸出入銀行<br>1979 年 1 月成立 | 1. 針對海外買方承購臺灣公司整廠輸出提供專案融資。 |
| （二）進口 | | | 2. 針對臺灣公司的某些出口的應收帳款等提供保險。 |

\* 四捨五入，2016 年情況

> 知識補充站——中國大陸的農村金融
>
> 　　在中國大陸，國務院銀行監理委員會於 2007 年 3 月核准首家「村鎮銀行」（village bank），是基層金融的主力，以服務「三農」（農業、農村、農民）、支援小微企業發展，迄 2016 年，約 1,400 家，資產人民幣 29.9 兆元、放款 28.2 億元。

# 5-5　政府對銀行業的政策

　　「不怕官，只怕管」，這是人民對政府的普遍態度，每家銀行影響數百萬存款戶權益，因此政府比其他行業管得緊，本單元把政府對銀行業的管理分類整理如表 5-4，底下詳細說明。

## 一、第一層（大分類）：銀行業產業政策與金融監理

　　表 5-4 第一欄把政府對銀行業的管理，分成兩大類如下。

　　（一）銀行業產業政策：由金管會為主，其中財政部負責七家公股銀行的經營，但大抵配合政府政策，例如 2011～2013 年以西進為主，2014 年起以南進為主。

　　（二）銀行監理：金融業監督與管理由行政院金融監督管理委員會（金管會）負大部分責任，詳見第二十五章。

## 二、第二層（中分類）：銀行業政策

　　以第一層中的金融業產業政策為例，產業政策（industrial policy）至少指下面兩件事。

　　（一）自由化：自由化有很多英文名詞，常見的是「解除管制」（deregulation），這包括兩項，即定價管制鬆綁（在銀行業即利率自由化，1989 年 7 月實施）與市場進入鬆綁，即開放新銀行設立（1990 年實施）。

　　（二）國際化：國際化包括兩個方向，即對外投資管制的鬆綁與外資來臺投資管制的鬆綁，此處「對外」、「外資」的「外」指的是外國與中國大陸，因 2002 年，臺灣成為世界貿易組織（WTO）會員國，對外資公司應給予國民待

遇（national treatment），不能把外資公司當二等公民。

## 三、第三層（小分類）

以第二層自由化、國際化這兩中類來說，各可以再細分，本段以國際化為例，說明如下。

（一）本國銀行西進設點：以本國銀行西進來說，2008 年 5 月，跟中國大陸政府會談，簽訂兩岸金融備忘錄（MOU）跟兩岸經濟合作架構（ECFA）協議同時（2011 年）啟動。2017 年止，已有 14 家本國銀行赴中國大陸設分行（28 家），主要做臺商放款生意。

（二）陸資銀行來臺設點：2012 年，金管會審核陸資銀行來臺設點，開放 3 家陸資銀行設分行。

表 5-4　政府對銀行業的管理

| 第一層<br>（大分類） | 第二層<br>（中分類） | 第三層<br>（小分類） |
|---|---|---|
| 一、金融業產業政策<br>（financial industrial policy） | （一）自由化（financial deregulation 或 financial liberalization）例如銀行經營自由化（1990 年實施），利率自由化（1989 年 7 月實施） | 1. 經營<br>　即自由進入市場，詳見 Unit 5-6。<br>2. 民營化<br>　例如第二次金融改革（financial reform），詳見 Unit 5-7。 |
|  | （二）國際化 | 1. 本國銀行走出去<br>　2011 年開放本國銀行登陸設分行<br>2. 外國銀行來臺<br>　(1) 外國銀行在臺設立子公司<br>　(2) 2012 年起開放 3 家陸資銀行<br>　　 來臺設點 |
| 二、金融監理<br>（financial supervision）<br>詳見第二十五章，重點在於防弊 | （一）銀行分業經營，詳見 Unit 25-7～25-8。 | 1. 金融控股公司，詳見 Unit25-9。<br>2. 金融超市（financial service supermarket） |
|  | （二）金融監理措施，詳見 Unit 25-3～25-5 等。 | 1. 商業銀行<br>2. 商人銀行（即投資銀行業務）<br>3. 證券公司 |
|  | （三）巴塞爾協定（第三版）遵循，詳見第二十六章。 | 1. 信用風險<br>2. 市場風險<br>3. 作業風險 |

知識補充站——赤道原則（Equator Principles）

2014 年 1 月，行政院金管會鼓吹銀行參考赤道原則，增加環保企業融資，對於破壞環境、帶給社會問題的企業，則減少放款，這是世界銀行旗下的國際金融公司和全球主要金融機構從 2002 年 10 月起著手訂定專案融資的標準。2017 年 1 月全球已有 38 個國家、共 88 家金融機構自願性簽署赤道原則。

# 5-6　銀行業自由化——以開放銀行經營爲例

銀行是個信任爲基礎、影響許多人大半資產（家庭財富中，存款、現金占三成），因爲茲事體大，各國都把銀行當成管制行業，一開始時，大都由公營銀行擔任。直到有一天，民意擋不住了，才會開小門，到開大門。

## 一、寡占時代：1991 年 5 月以前

1980 年代以前，臺灣的金融體系受到政府嚴格的管制，以致形成公營銀行長期寡占的封閉市場。1980 年代以後，政府逐步採取比較開放的態度，陸續推動利率及外匯自由化，並允許證券商設立和僑外投資證券市場。銀行的放存款利率差最高時 3.75 個百分點。

## 二、銀行過多：1991 年 6 月以後

1991 年 6 月，財政部（當時的金融業主管機關）一口氣核准了 15 家新民營銀行的設立申請，同時也允許信託投資公司、信用合作社及中小企銀可申請改制爲商業銀行，一時之間商業銀行家數倍增。隨著銀行經營執照的大幅開放，銀行競爭日益激烈，獲利不斷滑落，由表 5-5 可見，在寡占時代，銀行有準租（權益報酬率 1990 年 20.79%），進入獨占性競爭時代，2003 年只剩 3.52%、2006 年 0.43%（註：現金卡、信用卡的卡債風暴，詳見 Unit15-6）。銀行家數過多（over banking），業務同質性過高，導致彼此惡性競爭的窘境已至爲明顯，說明如下。

（一）銀行分行數過多：臺灣有 16 家金控，40 家本國銀行，3,400 家分行，如果加上信合社、農漁會信用部，總共有 4,560 家分支機構，數字之大，直逼便

利商店龍頭統一超商（5,125 家店）。便利商店共有 10,500 家，所以每走過兩家便利商店，就會經過一家廣義的銀行。當銀行分行多到這種程度時，競爭便白熱化了。

（二）殺價競爭：資金太多，加上過多競爭者，銀行只好殺價（2000 年時放存款利率差有 2.8 個百分點）競爭，賺取微薄利潤，全體銀行的放存款利差，2017 年 3 月起只剩 1.37 個百分點，臺灣銀行更是下探 0.5 個百分點。

## 三、2000 年起，核准銀行併購

有鑑於此，2000 年立法院通過銀行法修正案和金融機構合併法的「銀行二法」後，於 2001 年通過金融控股公司法、金融重建基金條例、票券金融管理法等「金融六法」，鼓勵金融機構合併及跨業經營，成立資產管理公司以處理不良債權，並設置金融重建基金以整頓經營不善的金融機構。

表 5-5　銀行業的發展進程

| 時間 | 1991 年 5 月以前 | 1991 年 6 月起 | 2016 年情況 |
|---|---|---|---|
| 一、市場結構 | 寡占 | 獨占性競爭，但偏寡占 | 如左 |
| 二、逾放比率 | | 1995 年 2.88%，迄 2002 年第一季 8.87%。 | 0.27%，歷史低點。 |
| 三、獲利能力<br>下列數字皆為<br>「稅前」 | 1990 年 | | |
| （一）（稅前）<br>資產報酬率 | 0.9% | 0.26%<br>2004 年次高峰 0.63%，<br>2012 年 0.48%。<br>國際大型銀行約 1% | 0.66% |
| （二）（稅前）<br>權益報酬率 | 20.79% | 2001 年 3.61%<br>2012 年高峰 10.41%，<br>2004 年次高峰 10.3%。<br>國際大型銀行 15〜20% | 9.23%<br>2016 年稅前淨利為3,019 億元，上一次高峰是 2014 年3,200 億元。 |

知識補充站——臺灣的銀行規模太小？

資產最高的臺灣銀行（2016 年 1,600 億美元），2015 年世界排名為 127 名，而前三大銀行市占率 25.2%，低於新加坡的 94.25%、香港的 60%、美國的 42.38%。有 14 家銀行市占率不到 1%。彼此搶食有限商機，銀行間過度競爭的態勢極為明顯。

表 5-6　全球資產前十大銀行　　　　　　　　　　　　　　　　　單位：億美元

| 排名 | 國家 | 銀行 | 資產 | 排名 | 國家 | 銀行 | 資產 |
|------|------|------|------|------|------|------|------|
| 1 | 陸 | 工商 | 32,112 | 6 | 法 | 巴黎 | 24,170 |
| 2 | 陸 | 建設 | 26,009 | 7 | 英 | 滙豐 | 23,741 |
| 3 | 美 | 摩根大通 | 25,000 | 8 | 美 | 美國 | 21,866 |
| 4 | 日 | 三菱 UFJ | 24,593 | 9 | 陸 | 郵政儲蓄 | 20,220 |
| 5 | 陸 | 中國 | 24,280 | 10 | 德 | 德意志 | 20,067 |

資料來源：Relbanks, 2016.3.25。

# 5-7　兩次金融改革

在 Unit 5-5 表 5-4 第三欄中有一項「金融改革」（Financial Reform），因篇幅較長，單獨在本單元說明。2000～2006 年，推動二次金改，在「必也正名乎」的原則下，金改的本質是「銀行業產業政策變更」。

## 一、第一次（2002～2003 年）金融改革：汰弱留強，培元固本

1998 年起，民營銀行因企業借款人出現財務危機，銀行逾期放款比率高達 12%，政府採取三招救銀行，詳見表 5-7 第二欄。在 2000 年 12 月，立法院通過「金融機構合併法」，讓其他銀行併購危機銀行，以保障危機銀行存款人權益。其中培元固本之道在於祭出「第二版巴塞爾協定」的精神：呆帳率 5%（後來降至 2.5%）、資金適足率 8%（詳見 Unit 26-3），以行政措施（例如集點以便開新

分行）鼓勵銀行遵循。

## 二、第二次（2004 ～ 2006 年）金融改革

銀行危機解決之後，銀行規模小（相對於外國的大銀行）的問題仍在，於是 2004 年 10 月，總統裁示進行「二次金改」。二次金改的主要步驟如下：1. 公股銀行民營化；2. 公股銀行出售給民營銀行，例如台新金控 2005 年入股彰化銀行，取得 22.55% 股權等。後來，因在野黨（當時為國民黨）打二次金改弊案，行政院會 2006 年 7 月喊卡，財政部持股 12.19%，2017 年 6 月 16 日股東會，財政部靠徵取委託書維持經營權。

## 三、第三次金融改革？

2004 年 7 月，行政院金管會成立，集中針對銀行業有一些發展政策，包括公布金融競爭力指標，希望以推動整併，發展出領導性金融機構（national champion）。由於公股銀行遠遠大於民營銀行，因此想快速茁壯，「公併民」對規模幫助不大，終南捷徑是「公公併」。但這得過兩關。

（一）勞動部甚至行政院：「公公併」，為了提升經營效率，每三家分行可能須關閉一家，至少得裁員 5,000 人，這會造成失業率攀升，勞動部（前身是行政院勞委會）會第一個反對。

（二）財政部：公股銀行股權操在財政部，財政部基於許多考量，連公股控股公司都不願成立，更不要說實際上的兩家公股銀行合併。2013 年，「三次金改」之說又起，財政部放出的風聲是臺灣銀行公股持股至少 90%，不能動，臺灣企銀象徵性留住，其餘五家皆可以考慮「公公併」，即公股銀行合併公股銀行。合併才能做大，有本錢走出去設海外分行，支援臺商。

表 5-7　二次金融改革

| 次<br>項目 | 第一次 | 第二次 | 第三次 |
|---|---|---|---|
| 一、期間 | 2000～2003 年 | 2004/10/20～2006/7/19 | 2014 年 |
| 二、背景 | 1997 年 7 月東南亞金融風暴，1998 年一些企業因護盤等虧損，許多銀行虧損累累，2001 年逾放比 7.48%，2002 年資產報酬率 0.48%，權益報酬率 6.93%，皆創史上紀錄。 | 政府覺得銀行規模太小，即「走不出去」，面對外資銀行大舉叩關，將逐漸處於劣勢。 | 外資銀行來臺設立子行，資金雄厚，展業積極。開放三家中國大陸銀行來臺設分行。 |
| 三、政策 | 1. 1999 年 7 月金融業營業稅由 5% 降為 2%，即減稅 3 個百分點，此屬稅式支出（即政府少收稅式的支出），拿政府「減稅」給銀行以「打消呆帳」（loan write-off）。<br>2. 2001 年 7 月政府頒布「行政院金融重建基金設置及管理條例」，由 2002～2005 年的金融業營業稅（稅率 2%）稅收 1,200 億元，由中央存款保險公司接手問題銀行。 | 限時限量方式，把公股銀行出售給民營銀行，四項目標主要兩項如下：<br>1. 2006 年，14 家金融控股公司減半。<br>2. 2005 年 12 家公股銀行減半。 | 比較可能是「公公併」，即六家公股金控自己配對合併，希望透過合併，能擴大規模經濟等效果。 |
| 四、結果 | 2004 年，銀行業恢復正常經營。輿論、學者的批評是「政府拿稅收去救銀行，受益是銀行的股東，尤其是大股東」。 | 在野黨（國民黨）揭發圖利財團弊案，二次金改喊卡。 | |

# 討論問題

一、工業銀行 2017 年 3 月二家工業銀行全改制，未來工銀發展如何？

二、臺灣哪一家銀行有孟加拉鄉村銀行的味道？

三、專業銀行中的「政策銀行」有哪些？（提示：臺灣企銀對中小企業放款、土

地銀行對土建融資）

四、銀行執照開放，政府是應該總量管制，還是依市場法則？

五、政府的第三次金融改革是想推動銀行合併，以「大型」銀行去打亞洲盃（甚至世界盃），你的看法如何？

六、以 2017 年 5 月來說，全體銀行對中小企業放款 5.82 兆元，約占銀行對公司放款的 54%，多年來大約都在這比率附近。那還有必要成立「中小企業」銀行來照顧中小企業嗎？

# 6

# 銀行業的威脅
## ——金融科技公司

## 6-1 金融科技的源頭

探索頻道（19 台）有個節目「發明從頭說起」（origins），這類節目很多，多看幾集，你會體會大部分的發明（例如 1973 年 10 月，美國摩托羅拉公司發明手機）都是在過去的技術演化、組合，會發現天下沒什麼新鮮事。在表 6-1 中，我們以「太極」方式，從源頭說起，把族譜找出來，你會發現原來「河馬」只是跑到河裡的豬，許多動物都「系出同源」。同樣的，金融科技（financial technology, FinTech）只是網際網路技術兩大分支運用行業之一，先看整個森林，再來說林中不同的樹種，就抓得住金融科技了。

### 一、見山是山，見山不是山

大部分的新鮮事都是「新瓶裝舊酒」。

（一）坦克車：1915 年英國發明坦克車，用於壕溝戰等以突破敵軍的機槍掃射。但這是把 4,000 年前埃及的馬拉戰車，換成汽油引擎動力，以槍炮取代箭茅罷了。

（二）金融科技：金融科技有許多名詞（詳見 Unit 6-3），令人頭暈目眩，如同色彩來自「紅綠藍」（RGB）的組合、樂曲來自「七個基本音」的衍生一樣，本單元追本溯源來看金融科技。

### 二、太極：1980 年代網際網路技術

1989 年提姆‧伯納李爵士（Tim Berners-Lee, 1955～）發明網際網路（WWW），隨著網路頻寬的增加，而有 Web1.0、Web2.0，後續相關技術發展

如下。

（一）網路安全，主要指防止駭客入侵，以保障資料安全等。

（二）物聯網（internet of things, IOT）。

（三）大數據（big data）分析。

其運算機器之一爲雲端運算。

## 三、兩儀

網路技術在服務業的運用且獨立成行業，首當其衝的是服務業中前二大行業：批發零售業（2016 年占總產值 16.17%）、金融業（占 6.59%）。

（一）批發零售業的電子商務：由表 6-1 可見，1994 年美國電子灣成立，成爲網路上百貨公司（俗稱交易平台），1995 年成立的亞馬遜，成爲全球最大網路商店，2016 年度營收 1,360 億美元，約是全球最大零售商店沃爾瑪的三成。

（二）金融業的網路金融公司：2000 年起，受電子商務交易的影響，網路金融業務逐漸興起，最直接的便是網路付款。

表 6-1　網路科技的運用進程

| 階段 | 太極 | 兩儀 | 四象 | 八卦 |
|---|---|---|---|---|
| 時間<br>運用 | 1989 年<br>網路科技 | （一）1994～2000 年<br>電子商務<br>（e-commerce）<br><br>（二）2000 年<br>金融科技（FinTech） | 1. 網路商場<br>2. 實體商店進行<br>　 網路販售<br><br>1. 金融科技公司<br><br><br>2. 金融業進軍金<br>　 融科技業，以<br>　 銀行業爲例 | (1) 企業間電子商務（B2B）<br>(2) 消費性電子商務（B2C）<br><br>(1) 網路金融公司<br>(2) 專營金融科技公司<br><br>(1) 銀行＋金融科技＝銀<br>　　行 3.0<br>(2) 2013 年銀行轉投資金<br>　　融科技公司；在臺灣，<br>　　2015 年 9 月起 |

知識補充站——金融科技之「四象」

　　金融科技是中性的，一如星際大戰中絕地武士的原力、光劍。

　（一）金融科技公司：由表 6-1 可見，2010 年起，金融科技公司大量興起，八成是網路金融公司，在網路上經營金融業務；有二成是金融科技的「資訊」公司。

　（二）金融業引進金融科技，在銀行稱為數位銀行業務「Bank3.0」：由表 6-1 可見，金融業「也不是吃素的」，兵分二路，「以其人之道還治其人之身」，一是在銀行內設立「數位金融處」甚至電子零售部，推出網路銀行業務以鞏固客戶；一是轉投資金融科技公司。

# 6-2　金融科技的分類

　　金融科技（Financial Technology , FinTech）以大易分解法來說，便很容易了解。

| Financial | + | Technology | = | Financial Technology |
| --- | --- | --- | --- | --- |
| 金融業 | | 主要指二種： | | （FinTech） |
| 主要有三： | | (1) 資訊技術 | | |
| (1) 保險業，包括人 | | 　 主要指網際網路 | | |
| 　 壽、產物保險 | | (2) 生物辨識技術 | | |
| (2) 銀行 | | | | |
| (3) 證券暨期貨業 | | | | |

## 一、金融科技的分類

　　由表 6-2 第一欄可見，金融科技可以二分法，但本書不詳細說明技術的基本觀念。

　　（一）一般的科技：一般技術包括大數據分析、物聯網、生物辨識等。

　　（二）特定的金融科技：特定的金融科技常見的是「區塊鏈」（block chain），此外行動付款（mobile payment, 主要是手機支付），則是短場通訊技術（NFC）加銀行帳戶（含信用卡）。

（三）二者組合：至於把金融科技運用於經營方式，是基本分類的衍生運用，可說是商業化。

## 二、技術是演進的

由表 6-2 第一列可見，科技是演進的。

（一）以十年為一個時期：為了方便起見，以十年為一期來說明科技的演進，網路科技受頻寬影響很大，例如 2011 年歐美國家的電信，由 3G 升格為 4G，預估 2020 年，4G 升級 5G，頻寬越寬，資料傳送速度越快。

（二）知其脈動，大抵可預測科技發展：技術的演進有脈絡可循，那麼大抵可預測舊技術「改良」速度，套用日本汽車的「改款」頻率來說，二年小改款、四年大改款（外觀改頭換面），以豐田汽車的冠美麗（Camry）來說，可說貼切。

表 6-2　金融科技的歷史演進

| 技術種類 | 1990 年代 | 2001～2010 年 | 2011 年起 |
|---|---|---|---|
| 一、特定的金融科技 | | 1. 2009 年 1 月 3 日「中本聰」推出比特幣，背後基礎是區塊鏈（block chain） | 1. 人工智慧（機器學習）的運用<br>· 投資理財顧問<br>　美國 Betterment、Wealthfront<br>2. 經營方式（business model）P2P 保險<br>　美國：Friendsurance<br>　臺灣：省略 |
| 二、一般的金融科技 | 1. 介面設計<br>　軟體研發，例如應用程式介面（ADF）<br>2. 資訊安全<br>　美國：Vasco<br>　臺灣：蓋特資訊<br>3. 網路下單 2017 年 4 月臺灣證交所，占交易量 51% | 1. 大數據<br>2. 雲端計算<br>＊美國 Xero<br><br>3. 生物辨識<br>　(1) 銀行開戶<br>　(2) ATM 無卡領錢 | 1. 物聯網<br>　運用在銀行稱為「物聯網銀行」（BOT）<br>2. 無線通訊（NFC）<br>＊行動支付（mobile payment）<br>　其他 |

### 三、臺灣的技術水準

在網路科技方面，由於臺灣市場需求有限，許多技術臺灣皆遠遠落後國際。臺灣公司大都技術引進，再予以中文化。如同許多公司使用德國「思愛普」（SAP）公司的「企業資源規劃」（ERP）資訊系統一樣。臺灣有很多銀行成立數位金融處，以承擔網路銀行相關業務，但對於資訊系統等大抵是從國外買現成的，頂多加入中文字體。獲得美國高盛證券投資的理財網站 Compare Asia Group 與資金營運平台 C2FO，都來臺灣敲門。

# 6-3 金融科技公司的分類

金融科技公司依其營收來源，可以二分爲網路金融公司、金融科技公司兩種，本單元說明。2000 年金融科技公司陸續出現，本單元討論此類公司的業務。

## 一、金融科技公司二分法

金融科技公司是個空泛名詞，就近取譬，套用消費性電子商務爲例，就很容易懂了。

（一）80% 金融科技公司是網路金融公司

在網路上開店賣東西，稱爲網路商店（中國大陸稱爲電子商務，簡稱電商則太簡化了）。同樣的，在網路上經營金融業務，稱爲網路金融公司（internet finance company），可以依金融業細分。

1. 網路保險業務公司。

2. 網路銀行業務公司：例如網路支付公司、網路貸款仲介公司，但是網路銀行則屬於銀行的一種經營方式。

3. 網路證券業務公司，例如網路證券經紀公司（做群衆募資是其一）。

（二）20% 的金融科技公司是科技公司

有 20% 的金融科技公司專攻金融業所需的科技（詳見 Unit 6-2），美國約有 270 家金融科技公司，至少有 16% 是提供金融科技服務給銀行。像數位資產控股公司（Digital Asset Holdings），開發跟比特幣相關技術，目的在減少銀行的後台成本，2015 年 10 月買下區塊鏈服務公司 Blockstack.io。

有些銀行直接收購金融科技公司，例如 2014 年西班牙對外銀行（BBVA），以 1.17 億美元收購手機理財應用程式 Sivnle 公司，該銀行在西班牙有 3,820 家分行，擬透過數位銀行方式，逐漸關掉 2,800 家分行。

## 二、臺灣情況

2015 年起，臺灣有一些金融公司推出業務。

（一）網路金融公司：2016 年 3 月網路貸款仲介平台「鄉民貸」、「LnB 信用市集」、「哇借貸」上線，承辦資金撮合、代收代付。

（二）金融科技公司：金融技術創新實驗室推出的蓋特資訊，2015 年拿下七家銀行合約。第三方支付業者紅陽科技開發出整合導購功能的行動聲波支付。

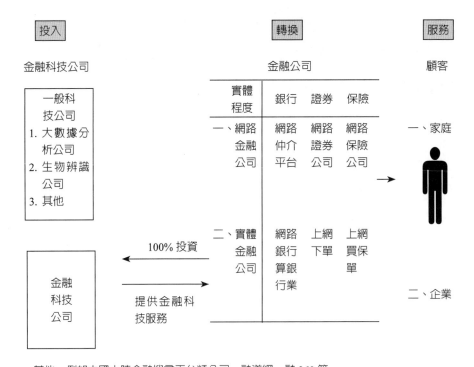

其他：例如中國大陸金融搜尋平台類公司、融道網、融 360 等

圖 6-1　實體與網路金融業

表 6-3　以消費性電子商務區分金融科技公司

| 領域 | 實體商店的網路業務 | 虛擬商店 |
|---|---|---|
| 一、以電子商務為例 | 實體商店的網路販售業務 | 網路購物的網站上的網路商店（淘寶網 8 萬家） |
| 1. 美國 | 沃爾瑪（Wall-Mart）的網路販售年營收約 100 億元 | 亞馬遜，年營收約 1,360 億美元 |
| 2. 臺灣 | 平價時尚服裝店的優衣庫的網路銷售、書店中誠品的網路銷售 | 衣服類的「OB 嚴選」、「東京著衣」，圖書類的博客來 |
| 二、金融：以銀行為例 | | |
| 1. 本書用詞 | 數位銀行（Bank 3.0） | 網路金融公司 |
| 2. 以「數位化」來命名 | 金融數位化 | 數位金融化 |
| 3. 以「網路」命名 | | |
| 　(1) 臺灣用詞 | 金融網路，以金融業為主，以網路為工具 | 網路金融，以網路公司為主體，從事金融業務 |
| 　(2) 中國大陸用詞 | 金融互聯網 | 互聯網金融 |
| 4. 公司 | 如右述，浙江網路商業銀行 | 以中國大陸為例<br>(1) 電子商務平台<br>　阿里巴巴集團旗下的子集團螞蟻金服旗下的第三方支付等<br>(2) 電信、通訊軟體，例如騰訊 QQ |

# 6-4　金融科技業

把金融科技公司組成一個產業，依「投入─轉換─產出」架構分析。

## 一、投入：生產因素方面

（一）投資金額：金融科技公司吸金力十足，因為投資人看好他們有撼動金融界的潛力，一如優步（Uber）和 Airbnb 對計程車、旅館業造成的衝擊。由表 6-4 可見，2016 年創投公司對金融科技業投資金額 232 億美元，其中中國大陸公司超越美國公司，四家陸企公司（螞蟻金服等）占 30.8%。

（二）行業分布：根據美國埃森哲（Accenture）與 CB Insights（註：美國加州矽谷的創投資料庫公司）於 2015 年的共同調查結果，2014 年創投公司投資在美國金融科技公司類型，第一名是支付類業者，投資件數占 29%、投資金額占 54%。其次為借貸仲介類業者方面，投資件數占整體金融科技業者 16%、投資金額占 25%。

## 二、轉換

（一）區域分布：全球前 100 大金融科技公司的區域，美國 40 家、歐洲 38 家、亞太地區 22 家。（工商時報，2016 年 1 月 21 日，C5 版，蔡淑芬）

（二）都市：全球五個最被看好的金融科技創業城市：美國加州矽谷區、英國倫敦市、新加坡、香港，以及以色列的特拉維夫市。其中矽谷一地，就吸引了全球近三分之一資金，員工 11,000 人。這五個城市有三個是金融中心：倫敦、香港與新加坡。比較特別的是全球第二大金融中心美國紐約市在新興科技方面一向不擅長，所以「一事不煩二主」，創新引擎仍來自美國加州「矽谷地區」。以色列的特拉維夫市在軍事方面，很強調網路安全、生物辨識等，延伸到金融科技就水到渠成，業者在香港設點，拓展市場至臺灣及日本。

## 三、產品產值

根據畢馬威會計師事務所（KPMG）每年 10 月公布的調查，金融科技產業於 2014 年總產值 120 億美元，2015 年 200 億美元；全球前 100 大金融科技公司中，有 75 家搶食金融業者的業務。

---

**金融科技發展基金小檔案**

時間：2015 年 9 月起

組織者：金融總會

基金規模：目標 10 億元，將分階段募集，初期 2 億元

共同出資者：銀行、證券、壽險、產險等 4 家工會、證交所、櫃買中心、期交所、集保、財金公司、聯徵中心、聯合信用卡中心

計畫目標：以 3 年為期，將育成 60 家以上的金融科技創新事業，人才培育 2,000 名以上學生、4,000 名以上相關產業人員

---

表 6-4　2011 年以來創投公司等對金融科技業的投資　　　　　單位：億美元

| 項目 | 2011 | 2012 | 2013 | 2014 | 2015 | 2016 |
|---|---|---|---|---|---|---|
| 1. 投資額 * | 21 | 24 | 28 | 67 | 138 | 232 |
| 2. 投資筆數 * | 298 | 397 | 484 | 587 | 653 | ─ |
| 3. 產值 ** | 50 | 60 | 70 | 120 | 200 | ─ |

\* 資料來源：美國紐約華爾街證券公司 Convergex、埃森哲（Accenture）and CB Insights。

\*\*KPMG Global

---

### 日本「金融科技」業進展有限──SWOT 分析

「他山之石可以攻錯」看著日本金融科技業的發展，可以推論臺灣的金融科技業的展望，以日本銀行跟美國的銀行比較。

一、商機

金融科技市場規模太小，因此只有 130 家金融科技公司。天野經濟研究所發布報告指出，隨著區塊鏈等技術使用增加，日本金融科技公司 2020 年預估營收 5 億美元。

二、劣勢

（一）法規限制：2016 年 5 月，日本金融服務廳（FSA）推動修法放寬銀行對相關業務的公司的投資，由上限 15% 到 100% 持股。

（二）資金有限：2015 年，根據 CB Insights 統計，金融科技公司等資金金額如下：美國 74 億美元、中國大陸 27 億美元（本書註：九成是螞蟻金服公司）、印度 15 億美元、日本 0.6 億美元。（摘自工商時報，2016 年 3 月 29 日，A9 版，陳怡均）

三、結果

日本網路金融服務市場，行動支付、網路貸款仲介與數位貨幣，都大幅落後美英等國。（摘修自工商時報，2016 年 3 月 27 日，C8 版，蕭麗君）

# 6-5　針對網路金融的法令與政策

　　由於金融業是特約行業，須取得行政院金管會的核准，才可以取得營業執照。以銀行業務為例，全球各國基於健全銀行經營的考量，頂多開放周邊業務（支付、匯兌）給網路金融公司。這是網路金融公司的「宿命」。

## 一、法令：金融穩定與健全銀行經營是重中之重

　　銀行在經濟中的角色比較像人體的血液，把養分、氧氣帶到各器官、組織。一旦銀行全面性失靈，實體經濟停滯，貨幣信用破產的辛巴威是典型。2008 年 9 月迄 2009 年初，美國金融海嘯期間，大部分銀行緊縮信用，甚至有些銀行形同僵屍（俗稱僵屍銀行，zombie bank），美國政府予以紓困（bailout，類似輸血、輸氧），才恢復元氣。

　　由表 6-5 可見，1975 年以來，健全銀行經營是工業國家的共識。經營銀行必須先向各國金管會（少數是財政部）取得營業執照，而且各項財務比率必須符合「巴賽爾協定」（詳見第二十六章）規定；巴賽爾協定已到第三版，每版皆因「不經一事，不長一智」，變得越來越嚴。

　　簡單的說，全球、各國政府把健全銀行經營看得跟「國家安全」一樣重視，不會讓其他公司經營銀行基本業務「同時吸收」存款與經營放款，頂多開放「支付」、「匯兌」等周邊業務。至於「小額信貸」由財務顧問公司來做，小打小鬧，不足以構成全面風險。

　　反恐、洗錢防制的要求：各國政府針對反恐、洗錢，針對存戶開戶、提款、匯款等，幾乎都有洗錢防制法等的管制，因此縱使開放一般公司經營「支付」、「匯兌」業務，一般皆只限「小額」（例如一個人一年 3 萬美元）。

## 二、行政院層級的政策

　　針對金融科技業的政策因 2016 年 5 月 20 日，政黨輪替，以致 2015 年 10 月行政院會通過的政策仍「蕭規曹隨」。

　　（一）行政院金管會是政策執行部會：每次有個新科技，政府相關部會都有因應政策，針對金融科技則由行政院金管會負責政策擬定，由行政院會核定。

（二）政策決策──行政院院會：2015 年 10 月 1 日行政院通過金融科技創新方案，提出金融科技基金等四項措施全力推動。

## 三、行政院金管會層級的措施

由表 6-5 可見，金管會負責執行行政院會通過的金融科技政策，在 Unit 6-2 談及臺灣「先天不足」，再加上可能「後天失調」，這跟臺灣的資訊服務業一樣，在中文系統的開發都不如陸資企業的成本低（程式設計師人數是臺灣 60 倍以上、薪水是臺灣的三成），政策美意可能會大打折扣。

2017 年 5 月 4 日，行政院院會通過《金融科技創新實驗條例》，俗稱金融科技監理沙盤（Sandbox，俗稱沙盒）。

表 6-5　行政院金管會的金融科技政策

| 項目 | 說明 |
| --- | --- |
| 一、策略 | 金融科技發展策略白皮書，包括應用、管理、資源、基礎建設等四方面，會參酌國內外發展情況，通盤檢討推出相關法令以及配套措施，涉及法規鬆綁。 |
| 二、組織設計 | 2015 年 9 月成立金融科技辦公室，10 月選定 20 位諮詢委員，11 月 2 日召開第一次會議，擬定「普及電子支付比率 5 年倍增計畫」，由 2015 年 20% 到 2020 年 52%。 |
| 三、獎勵機制 | （一）2015 年 8 月金管會開放金融業投資金融科技公司，玉山銀行斥資 2.24 億元 58.3% 持有資金財通商務科技股權，是首宗金融業轉投資金融科技公司。<br>（二）經濟部旗下資策會，旗下資鼎創投成立金融科技加速器公司，這是目標 10 億元的金融科技創投基金。<br>　1. 育成中心：給予新創公司資源、輔助，每年招募三梯次，資源包括工作室、導師協助、金融課程。受訓期後的 Demo Day 安排臺灣金融業及創投業參與，讓新創公司有機會找到融資或投資資金。<br>　2. 創投基金：成立一支 10 億元創投基金，投資金融大數據、交易支付、生物辨識、財富管理與網路借貸仲介等金融科技領域。 |

資料來源：整理自經濟日報，2016 年 1 月 16 日，A6 版，蔡靜紋。

# 6-6　網路金融公司中的銀行業務

由於網路金融公司衝著搶金融業嘴中肥肉而來，本書聚焦於銀行業，那就可以依銀行業務把網路金融公司業務分類。這是因為網路金融公司大都只經營銀行五項業務中的一項。

## 一、資產負債表（表 6-6）左邊

資產負債表（表 6-6）左邊「資產面」是家庭、公司的「資金去路」，對銀行來說，營收項目為「手續費」收入，占淨利二成以內。

（一）支付類業務：分為境內與跨境支付、跨國匯款。

（二）財富管理業務：主要是賣共同基金，廣義還包括賣保單。

## 二、資產負債表（表 6-6）右邊

資產負債表（表 6-6）右邊是家庭、公司的資金來源，這包括兩項。

（一）負債融資：網路金融公司經營「對中小企業」、「對個人」授信兩種方式，由於手上沒錢，所以扮演跟房地產「仲介」一樣的撮合買賣雙方的功能。

（二）權益募資：金控公司下的綜合券商做到權益募資，網路金融公司在這方面主要是成立「網路證券經紀公司」，從事群眾募資（crowdfunding）業務，本書不討論。詳見伍忠賢《圖解財務管理》（書泉出版）第二章。

---

**世界經濟論壇對金融科技的看法**

2014～2015 年，世界經濟論壇（World Economic Forum, WEF）在香港、天津、波士頓、紐約、倫敦和達沃斯（Davos）等六個城市舉辦大型工作坊，經過 15 個月的研究，提出 178 頁的報告，試圖回答金融科技創新所衍生的三個問題：

1. 哪些創新對既有金融業的衝擊最大？主要是保險業（即上網買保單）。

2. 對客戶、金融機構以及整體金融產業來說，這些改變蘊含了什麼意義？

3. 因為衝擊，既有金融服務的基礎架構、供給方式以及消費行為將如何改變？即，「六大功能，十一組創新」，其中六大功能詳見本單元表 6-6。2015 年 6 月，197 位全球金融業、創新社群、大學以及金融科技等行業人士，在會議上提供了一個金融服務未來發展的輪廓。

表 6-6　金融科技公司分類：資產負債表基礎的架構

| 資產面 | 舉例 | 負債與業主權益 | 舉例 |
|---|---|---|---|
| 一、現金 |  | 一、負債 |  |
| （一）比特幣 |  | （一）徵信 | 中國大陸：芝麻信用 |
| （二）新興支付 | （Emerging payment rail） | （二）企業金融 |  |
| 1. 線上支付 |  | 1. 使用銀行以外的信用審查資料進行信用評等，包括營運績效、網路佳評、商務交易資料等。 | 2015 年 9 月美國 PayPal 對合作的中小企業提供放款 |
| 2. 跨境轉帳、匯款（Remittance） |  |  |  |
| (1) 個人間支付、社群支付 | 美國 PayPal 美國 TransferWise 英國 World Remit | 2. 電子商務款 | 陸企：螞蟻金服 |
| (2) 傳統以外的匯兌管道 | 美國 Venmo、Stripe | （三）消費金融 | 美國學生貸款仲介網站 Common Bond |
|  |  | 1. 網路銀行 | Funding Circle |
| （三）第三方支付 | 中國大陸：支付寶 | (1) 使用銀行以外的信用審查資料進行信用評等，包括消費購物、社群媒體、App 使用紀錄、地理足跡等資料。 | 美國網路銀行 Discover Bank 作消費性金融（包括學貸）美國 Lending Club、Loan Depot |
| （四）手機刷卡 | 臺灣：紅陽、藍新 |  |  |
| 二、金融商品交易 | 美國：Square | 2. 個人對個人（P2P）借貸，中國大陸稱為人人貸 | 中國大陸：陸金所 臺灣：鄉民貸 3 家 |
| （一）財富管理 | 2015 年處理 24 億美元 |  |  |
| 1. 個人財務管理 | 臺灣：紅陽、精誠 | 3. P2P 分期付款 | 美國：Lending Club 等 |
| (1) 行動理財管家 |  | 二、業主權益 | 中國大陸：約 107 家 Installments |
| (2) 信用卡管理、紅利點數管理、金融服務比較工具 | 美國的 Moven 手機理財應用程式 | （一）企業股權融資，股權融資大眾化 | 群眾募資平台數據與基礎建設供貨公司 Orchard |
|  |  | （二）群眾募資（Crowdfunding） |  |
| （二）個人與機構投資（Retail and institutional investment） |  | 1. 文創與公益募資管道 | 英國：Crowdcube |
|  |  | 2. 社群集資的商業模式應用 | 中國大陸：京東眾籌 |
| 1. 機器人理財 | 美國 Wealthfront |  |  |
| 2. 演算法交易 |  |  |  |

資料來源：整理自經濟日報，2016 年 1 月 16 日，專 4 版，金曉惠、廖星嵐與資策會 MIC。

# 6-7 搶銀行生意的網路金融公司

網路金融公司看似「會飛的老虎」，但是實地分析，頂多是家貓，無法跟銀行這樣的「大貓」相比。本單元開宗明義說結論，再來分析過程。

## 一、迪士尼電影「花木蘭」中「匈奴來了」

你還記得美國迪士尼電影「花木蘭」中的一個鏡頭嗎？守邊將士大喊：「匈奴來了」，只見雪地中滿山遍野的匈奴軍隊南侵。2015 年 4 月 9 日，美國摩根大通銀行（JPMorgan Chase）董事長兼執行長傑米・戴蒙（Jamie Dimon）在年報的致股東書中，認爲美國銀行有三大對手：中國大陸的銀行、手機支付與網路金融（尤其指網路借貸仲介平台公司）。4 月 10 日，媒體以「矽谷正吞食華爾街的午餐」爲標題，「矽谷來了！」本單元認爲銀行比較像漢武帝（對付匈奴）、唐太宗（對付突厥）。

## 二、優劣勢分析

站在銀行角度來分析跟網路金融公司對抗時，優勢占九成，劣勢占一成，可說「大鯨魚」跟「小蝦米」之戰。

（一）銀行的優勢：先以一個 2015 年臺灣的網路服務公司爲例，有個標榜到府洗車服務的網路公司，開幕營業一年，服務件數少，縱使採取低價搶市，也沒人甩。原因出在洗車時，車主須交出車鑰匙才能洗車內，一旦所託非人，整輛車就被偷走了。在大二個體經濟中有一章討論「資訊不對稱」，由表 6-7 可見，在三項銀行業務中，網路金融公司如何證明自己不是詐騙集團？此外，在放款業務，網路金融公司無法取得借款申請人的銀行往來資料，只能憑枝微末節的大數據來分析，以致「有心人士」見有漏洞，出現逆向選擇、道德風險，「放款人士」的本金往往「石沉大海」。

1. 美國 2014 年貸款餘額 55 億美元。

2. 中國大陸「網路個人借貸」（P2P），2015 年餘額人民幣 5,582 億元，3,600 個網站，有 1,000 個倒閉或詐騙。

（二）銀行的劣勢：由表 6-7 可見，網路金融公司優勢在於「快」，這跟網路商店一樣，但「貴」。

表 6-7　網路金融公司跟銀行的優劣勢比較

| 項目 | 銀行 | 網路「銀行」業者 |
|---|---|---|
| 一、投入、轉換面 | | |
| （一）法令限制 | 詳右述 | 靈活的新產品，不必受限於傳統銀行所面臨的嚴厲規範。 |
| （二）可接觸性 | 1. 有營業據點：約 4,300 個，詳見 Unit5-4<br>2. ATM：27,300 台以 10,000 家便利商店為主 | 勝 全球 36 億手機用戶，像印度 8 億手機用戶裡，僅有 2.5 億人有銀行帳戶，有銀行帳戶者只有約 30% |
| 二、產出面：客戶的著眼點 | | |
| （一）價 | 勝 | |
| （二）量 | 勝 | |
| （三）質 | 勝 | |
| （四）時 | ·營業時間：09：00～15：30<br>·營業日：一年 246 天 | 勝 ·24 小時營業<br>·全年無休 |

## 三、商機估計：我們的看法，頂多搶走銀行消費者貸款生意萬分之三

　　以網路金融公司中的「網路貸款仲介業者」來說，由圖 6-2 可見，借款戶最低貸款成本 11%，這包括兩項：

　　（一）網路仲介業者仲介費率 4%。

　　（二）出資人最低必要報酬率：7% 以上，由於擔心借款人違約，所以在美國主要是由私募基金等出資，其最低報酬率 7%。

　　由於向網路貸款仲介公司的貸款成本 11%，遠高於圖 6-2 中三種個人信用貸款，所以，借款人絕大部分都是銀行拒絕申貸人（例如沒有固定工作，例如超過 20 歲的大學生），本文估計在臺灣其貸款金額約 30 億元，約占家庭貸款 10.8 兆元的 0.028%，或銀行放款 24 兆元的 0.0125%。

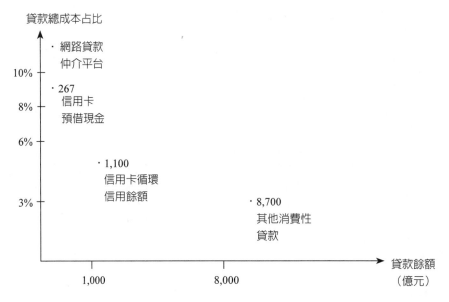

圖 6-2　銀行與網路貸款仲介平台比較

---

小博士解說

由於有金管會特許執照保護，與人民的信任，再加上銀行升級 Bank3.0 反制；三道進入障礙，層層阻礙網路金融公司，因此頂多只能搶走銀行 3% 的生意，主要是兩個小業務：(1) 第三方支付；(2) 匯款。

---

花旗銀行的網路金融公司威脅報告

時間：2016 年 3 月 31 日

公司：美國花旗銀行

分析區域：歐洲、美國

結論：

1. 2010～2015 年

　網路金融公司搶走銀行 23% 支付業務、個人貸款 46%，以致銀行裁員 73 萬人。

2. 2016～2025 年

　銀行業 567 萬名行員，將裁員三成，即 170 萬名。（工商時報，2016 年 4 月 1 日，A6 版，顏嘉南）

# 討論問題

一、「個人對個人」貸款仲介網站收 4% 的仲介費，縱使貸款利率 4%，合計貸款利率 8% 以上，比銀行其他消費性貸款利率 3% 高，「普惠」了誰？（提示：被銀行拒貸的人）

二、「個人對個人」貸款仲介網站頂多吃銀行的消金業務中信用貸款的 0.0125%，所以貸款仲介網站只是「蠶食銀行市場」，你認為呢？

三、中國大陸的「網路貸款」仲介平台業務 2015 年達到頂點餘額人民幣 5,582 億元（約 3.46 兆元），約占銀行人民幣貸款餘額 92.75 兆元的 0.6%，為何如此低？（提示：第一網貸統計貸款總成本 12.1%）

四、機器人理專是否會「一片忠心為顧客」？（提示：電腦程式是人寫的，要為誰設想，只有金融業者知道）

五、行政院金管會為何不核准銀行等「機器人理專」單獨執行業務？（註：2017 年 8 月 10 日，金管會證期局有條件開放自動化投資顧問業務）

# 7

# 網路金融公司

## 7-1　網路放款仲介平台對中小企業的放款

　　大企業財報獲入流（ranked）會計師事務所的兩位會計師簽證，財報可信度96% 以上，較容易取信於銀行，貸款金額較高、利率低。甚至在美國，中小企業不易向銀行取得貸款，中國大陸更嚴重。本單元說明網路放款仲介網站對小型公司的放款仲介。

### 一、網路仲介公司對小型公司放款的分類

#### （一）商業授信的網路版

　　由表 7-1 第二欄可見，許多公司有客戶財報、交易資料，這是把商業授信當成副業，以鞏固跟客戶的連結。

#### （二）專營小型公司放款仲介的網路金融公司

　　由表 7-1 第三欄可見，有一些專營小型公司放款仲介的網路金融公司。在第二段中以美國公司舉例。

### 二、美國 Bond Street 的情況

　　美國紐約市的 Bond Street 2015 年 6 月從創投公司 Spark Capital、傑富瑞集團（Jefferies Group）和旅遊住宿服務網站 Airbnb 的共同創辦人布萊卡斯亞克（Nathan Blecharczyk）等投資人，取得 1,000 萬美元的資金和 1 億美元貸款。韓裔美籍名廚 David Chang 在開設餐廳時，向銀行貸款遭拒，他表示 Bond Street 提供 1 至 3 年期的商業貸款，額度最高 50 萬美元，而且核貸速度快，這正是

他在紐約開設第 1 家餐廳所需要的。Bond Street 的創辦人之一薛伍德（Peyton Sherwood）表示，「越來越多小公司在網路上取得貸款，讓銀行只能望洋興嘆」。（工商時報，2015 年 6 月 30 日，A4 版，顏嘉南）

表 7-1　經營小型公司授信仲介的網路金融公司

| 項目 | 賣方對買方商業授信 | 純中小企業授信網路仲介 |
| --- | --- | --- |
| 說明 | 一、支付公司<br>美國 PayPal 表示，以公司對客戶的了解，讓他們能精明地放款。PayPal 發言人表示，延遲還款率是個位數，而且持續下降。<br>二、對合作公司<br>1. Square<br>　Square 開發智慧型手機刷卡套件，一方面協助不適合申請信用卡服務的中小型商店提供信用卡服務，也方便持用信用卡的消費者，增進雙方的便利。<br>2. OnDeck<br>　報稅軟體 TuboTax 公司 Intuit 跟網路放款公司 OnDeck 合作，設立規模 1 億美元的基金，提供資金給使用其會計軟體 QuickBooks 的客戶。Intuit 執行副總裁維尼可夫（Dan Wernikoff）表示：「小型公司有融資要求，但不容易取得貸款。」2013 年 Intuit 推出小公司放款業務，兩年來 QuickBooks 客戶申辦約 5,000 筆貸款，總金額 2 億美元。 | 一、英國<br>1. 英國 Market Invioce 承辦應收帳款融資，經過一天審核，隔天就收到 75% 的應收帳款（剩下的 25% 在通路付款後支付）。<br>2. Kabbage、優比速（UPS）跟線上放款仲介業者 Kabbage 合作，跨足貸款業務。<br>二、美國<br>1. 網路仲介<br>　Bond Street<br>　On Deck Capital<br>　Prosper Marketplace<br>　Social Finance<br>　Funding Circle、C2FO<br>2. 有兩家網路放款的市調公司<br>　Autonomous Research<br>　2015 年放款 220 億美元<br>　2016 年 370 億美元<br>　Peer IQ |

資料來源：整理自經濟日報，2015 年 9 月 18 日，A15 版，顏嘉南。

## 三、阿里巴巴的螞蟻小貸

2010 年起，阿里巴巴集團旗下螞蟻金服「螞蟻小貸」（之前名稱為阿里小貸）上線服務。

・借貸款：農村（尤其是淘寶村）的電子商店。

・授信審核：網路（例如淘寶網）上銷售記錄、訂單金額、買方評語。

　　‧業績：五年來 160 萬家次網路商店申貸，貸款金額人民幣 4,000 億元，單筆貸款金額以人民幣 5 萬元最多，呆帳率 1.5%（銀行平均 2%）。

　　‧信用貸款保證：網路商店的銷貨收入必須經過支付寶（這也是螞蟻金服集團的子公司）。

# 7-2 金融科技的產品之一：數位貨幣 —— 從比特幣談起

　　21 世紀初的線上遊戲中有「天幣」，可以買線上「寶物」；對許多玩家來說，天幣比紙鈔還值錢，代表其玩線上遊戲的功力、資歷。2009 年起的例子是日本人「中本聰」（代號）發明比特幣（Bitcoin，比特是 bit 的音譯）。可說全球流行最廣的「天幣」，甚至有少數國家、公司願意接受比特幣。本書以比特幣作爲代表，說明金融科技發展出數位貨幣（crypto currency 或 digital currency）。

---

**數位貨幣（Digital Currency）小檔案**

分成兩類（中國大陸稱為數字貨幣）

1. 電子貨幣（E-money/electronic currency）：悠遊卡、第三方支付儲值帳戶等。

2. 虛擬貨幣（virtual currency）：具有中介發行機構的亞馬遜幣以及比特幣。

---

## 一、金融科技：區塊鏈

　　區塊鏈（block chain）是比特幣點對點網路中散布的用戶端節點，用來儲存所有比特幣交易記錄，一筆交易視爲一個資料「區塊」，一連串交易類以互環環相扣的鐵鏈。

## 二、比特幣的發行

　　中央銀行發行局旗下的中央印刷廠負責印製紙幣、硬幣和公債。比特幣的發行是由蘊藏比特幣的礦山，每十分鐘主動產生一個區塊，只要完成區塊內數據運算就可獲得。比特幣每四年的每一區域產量減少一半，參與運算的「礦工」就得利用「挖礦機」（例如瑞典公司 KnCMiner）來「挖礦」。挖礦需要高效能

的運算，於是專為挖礦機設計的特殊應用晶片（ASIC）等市場近幾年快速成長，並委由創意、F-世芯、智原等 IC 設計服務公司進行委託設計（NRE）及量產。

## 三、比特幣的交易

由圖 7-1 可見，有一些網站宣稱可以作為比特幣交易所，甚至可以把比特幣兌換成現金。像日本東京市的 Mt. Cox 曾是最大交易所（占成交量 7%），後來因為有比特幣值 6 億美元從帳上被盜，該網站 2014 年 2 月關閉。Blockchain 是全球規模最大的比特幣線上交易錢包，註冊用戶數兩百萬以上，它在 2014 年 10 月 6 日的第一輪融資，募得 3,050 萬美元，創比特幣公司有史以來最大規模融資案。常見的分析機構：Crypto Compare、Coinigy、Coinhills。

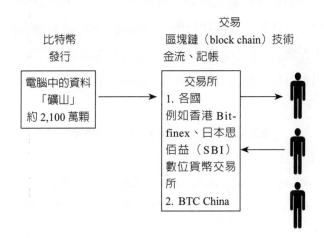

圖 7-1　比特幣發行

---

**區塊鏈（block chain）**

網路上的支付，可以透過各式各樣的數位貨幣，像比特幣、支付寶等，每次的網路支付會產生記錄，這些資料全都儲存在「區塊鏈」上。這個網路金融交易數據的儲放點中，容許多中心化、無須信用中介機構的交易執行，重點在分享網路效益，有效提升金流效率。

---

比特幣的各國交易所

時：2017 年 5 月 16 日

地：美國

人：bitcoinity.org，比特幣交易商組織

事：許多國家皆有比特幣交易所，例如前五大為香港 Bitfinex（13.19%）、Kraken
（11.48%）、OkCoin（11.27%）、Coinbase（9.51%）、Bitflyer（7.61%），中
國大陸三大之一 Bitchina（6.39%）。

表 7-2　比特幣大事紀

| 時間 | 說明 |
| --- | --- |
| 2009 年 1 月 3 日 | 一位自稱「中本聰」的日本軟體工程師（一說為高中自然科學老師，1973 年次），創造了由虛擬代碼組成的比特幣。2011 年 4 月，中本聰發文表示「把興趣移到別處」，就像人間蒸發。 |
| 2013 年 11 月中旬 | 美國聯準會前主席柏南奇（Ben Bernanke）表示，比特幣「也許長期很有潛力」，其幣值十天內應聲上漲超過兩倍。12 月 4 日達 1,147 美元，隨後崩盤。迄 2016 年約只剩 300 美元。 |
| 2014 年 9 月起 | 美國付費平台 PayPal 行動業務子公司 Braintree 表示，隨著比特幣的接受度與日俱增，該公司推出試用版，讓商店可在 PayPal 平台上收取比特幣。 |
| 2015 年 9 月中旬 | 美國商品期貨交易委員會（CFTC）宣布把比特幣視為跟原油、小麥一樣的大宗商品進行管理。 |
| 2017 年 | 比特幣價格追蹤網站 CoinDesk 資料，比特幣成交價約 2,900 美元，日成交量約 25 萬件；以 5 月 1 日交易為例，日圓占 52.35%，美元占 28.12%、人民幣占 8.23%。 |

# 7-3　各國政府對數位貨幣的措施

你去湯姆熊等遊戲場，要先換代幣，投入各遊戲機的投幣孔，才能玩遊戲。在臺灣，柏青哥的鋼珠機台，積分只能換獎品；走出遊樂場，去旁邊換現金，這就變成賭博，於法不准。這是兩種日常生活中的代幣，代幣就只是限定情況下使用，大部分國家都只准國家貨幣使用，外幣能兌換，但僅能有限度使用。連紙幣等實體貨幣等，各國政府都看守得天衣無縫，更不要說比特幣這種數位貨幣。

## 一、比特幣是超國家貨幣之一

在比特幣之後，有許多以密碼學（cryptography）為核心的數位貨幣，例如以太幣（ethereum）、Ripple、Monero 和 Facton。比特幣具有兩個性質：

（一）民間發行貨幣：《經濟學人》週刊稱為「世上第一個民間發行（decentralized）貨幣」。

（二）超國家貨幣：大部分的貨幣皆由國家的中央銀行（美日因歷史緣故，由財政部）發行，又稱為主權貨幣（sovereign currency）。比特幣受少數國家承認為支付工具，又稱為超國家貨幣或超主權貨幣（super sovereign currency）。但最有名的是歐洲中央銀行發行的歐元（19 國通用）。

## 二、政府的態度

各國政府對數位貨幣停留在「八字還沒一撇」階段。

（一）英美有呼籲：由表 7-3 可見，英美有些央行官員建議政府發行虛擬貨幣。雖然有人說，歐盟接受納稅人以比特幣繳稅；但在限定範圍（例如遺產稅）

表 7-3　對比特幣是商品或貨幣兩方主張

| 性質 | 商品 | 貨幣 |
|---|---|---|
| 說明 | 「大起大落」是比特幣想成為貨幣的障礙，比特幣只能視為「商品」，其價格與現實貨幣的兌換率視網民的信賴與需求而定。<br>2008 年諾貝爾經濟學獎得主保羅‧克魯曼：「我不相信比特幣，它是否能成為穩定的價值儲藏工具仍是未知。」<br>美國股神華倫‧巴菲特說：「別碰比特幣，它只是個幻影。」<br>套用 1974 年諾貝爾經濟學獎兩位得主之一海耶克的說法：「貨幣是人們行為的結果，不是人們設計的結果，它不是某個高瞻遠矚的人士設計出來的。」在人人只具備局部知識的限制下，只有透過每個人互動行為，集結所有人智慧，才能誕生像「貨幣」這樣又複雜、又單純、每個人也都適用的社會性產品。比特幣是某群人刻意設計結果，也就是「中本聰」一人（或一群人）智慧的結晶。 | 《從 0 到 1》的作者、PayPal 創辦人之一、臉書的第一個外部投資者彼得‧提爾（Peter Thiel）說，如果只是模仿別人的創新，做大家都知道的事，是 1 到 n 的推廣，從 0 到 1 的創新是因為看到了別人沒有看到的祕密，「比特幣有改變世界的潛力」。<br>瀏覽器網景（Netscape）發明人安德森（Marc Andersen）說：「它能重塑金融系統，是真正能轉移價值的普遍方法。」<br>素有「比特幣耶穌」之稱的創投業者佛爾（Roger Ver）。<br>英國創投家葛蘭比（Pamir Gelenbe）稱為「網路之後最偉大的發明」貨幣。 |

資料來源：整理自商業周刊 1405 期，2014 年 10 月，第 46 頁。

內，實物繳稅是允許的，比特幣停留在「實物」階段。2013 年 12 月中國大陸人民銀行宣布比特幣「非法」。

（二）臺灣政府對比特幣的看法

在表 7-4，臺灣央行把比特幣視為大宗商品一種。

表 7-4 臺灣對於比特幣的相關事宜

| 時間 | 說明 |
|---|---|
| 2013 年 12 月 31 日 | 中央銀行與金管會發布聲明，比特幣是一種網路商品，由於可匿名的交易隱密性，易淪為犯罪者的非法交易工具，包括販毒、洗錢、走私及資助恐怖活動等。 |
| 2015 年 9 月 | 全家便利商店開始引進「比特幣」錢包，內建全家支付功能，消費者只需把錢包內比特幣透過「Famiport」轉換成 100 元或 200 元的現金券，便可以現金券在全家購物。1 個比特幣（兌 333 美元）可兌換 11,007 元，要買 100 元商品兌換券約需使用 0.009 個比特幣。迄 2015 年 11 月中，500 筆交易，金額 10 萬元，使用者以外國人為主。 |
| 2015 年 9 月底 | 「香港富商（黃煜坤）獲救，歹徒要求比特幣當贖金」－許多媒體的頭條新聞標題，也重新引起國人對比特幣的注意。 |
| 2015 年 11 月 3 日 | 金管會主委表示，比特幣不是合法的支付工具，會同中央銀行、電信警察等共同查緝、查緝後將予以沒收。（經濟日報，2015 年 11 月 3 日，A3 版，邱金蘭、韓化宇） |
| 2015 年 11 月 8 日 | 金管會主委表示，金管會與央行認為比特幣不屬於貨幣，所以用比特幣消費，有點類似「以物易物」的概念。商品要收受比特幣，風險自負，政府不會介入管轄。中央銀行官員強調，比特幣屬於高度投機數位「虛擬商品」（類似線上遊戲中的寶物）。比特幣價格波動大、有泡沫化疑慮，並具有投資、兌換等十大風險，民眾持有時要非常小心。（經濟日報，2015 年 11 月 19 日，A3 版，李至和） |

# 7-4 政府對數位貨幣的態度

金融證券的交易由紙本交割做起，其中公債交易是已做到「無實體」交易，買賣雙方皆記帳，連集保公司針對股票都有集保存摺，像銀行的存摺一樣，上有「買入」、「賣出」。更進一步到以數位貨幣取代紙鈔、硬幣（合稱鈔幣），可能跟博克火腿的電視廣告台詞一樣「還要再等一會兒」。例如 2017 年 3 月，

在美國有 2 家基金公司申請設立比特幣「證交所交易基金」（ETF），美國證券交易委員會（SEC）以比特幣市場缺乏監管，擔心有潛在欺詐或操縱行為發生等考量，拒絕這些申請案。2017 年 5 月，美國證交會重新檢討原決議，再加上日俄等國一些利多措施，5 月 11 日，比特幣價格飆到 1,800 美元。

## 一、科幻電影中的貨幣

許多科幻電影領先現實生活 30 年，例如電影中的無線通訊，1973 年 10 月美國摩托羅拉公司發明手機，2016 年全球約有 36 億支，幾乎 2 個人就有一支手機。1977 年起上映的科幻電影「星際大戰」偶有處理貨幣交易情形。2010 年上映的美國電影「鐘點戰」（In Time）父親每天去上班，獲得 50「小時」貨幣，唸小學的女兒早上出門上學，父親透過藍芽傳輸方式，傳給她 1 小時貨幣，讓她搭車、吃午餐等。這是科幻電影中，把「時間即金錢」（Time is money.）具體化的方式。

## 二、美國的銀行之研究

2015 年 9 月 22 家著名銀行，包括花旗、美國摩根、通運、道富集團、滙豐、德意志等銀行，再加上證券公司摩根士丹利證券，聯合成立「數位貨幣夥伴」機制。

## 三、2016 年，中國大陸人民銀行願意研究

由表 7-5 可見，1995 年以來，歐美便有中央銀行的官員主張發行數位貨幣，2016 年中國大陸人民銀行組成專案小組研究。2016 年 1 月 20 日，人民銀行的「電子（中國大陸稱數字）」貨幣研討會，人民銀行對數位貨幣的看法，詳見表 7-6。

---

日本政府率先承認數位貨幣為支付工具

時：2017 年 4 月 1 日

地：日本

人：日本政府

事：〈支付服務法〉（資金經算法）、〈防犯罪收益轉移法〉把「數位貨幣」視為支付方式之一，但未將其視為貨幣，此外也「取消」比特幣等數位貨幣的加值型營業稅（稅率 8%）。

---

表 7-5　歐美發行數位貨幣的建議

| 時間 | 說明 |
|---|---|
| 1995 年 | 美國聯準會副主席 Blinder 國會聽證時表達由財政部發行虛擬貨幣可以減少貨幣費用，又可提供消費者一個無風險的支付工具。 |
| 2015 年 9 月 18 日 | 英格蘭銀行首席經濟分析師哈丹（A. Haldane）在北愛商會發表演講中，主張由央行發行虛擬貨幣可以減少民眾持有現金而抵銷貨幣政策的反效果。 |
| 2015 年 12 月初 | 《經濟學人》雜誌封面主題談到比特幣雖風評不佳，但其基礎所在的「區塊鏈」技術，獲各界肯定，能安全處理帳戶形成的交易，更可完整保存無從篡改的交易記錄。 |
| 2016 年 1 月 20 日 | 在中國大陸北京市，人民銀行邀請花旗銀行、德勤等與會，大力肯定虛擬貨幣的優點，並且有可能發行。國際貨幣基金（IMF）發表報告，一方面肯定「虛擬貨幣」的優點，一方面也說明缺點：需要政府妥籌對策。 |

資料來源：整理自工商時報，2015 年 12 月 10 日，A4 版；經濟日報，2016 年 1 月 22 日，林則宏。

表 7-6　中國大陸人民銀行認為數位貨幣的優點

1. 紙幣發行，流通成本較高。
2. 提升經濟交易活動的便利性和透明度，減少洗錢、逃漏稅等違法犯罪行為。
3. 提升人民銀行對貨幣供給和貨幣流通的控制力，更能支援經濟和社會發展，助力普惠金融的全實現。
4. 進一步完善支付體系，提升支付清算效率，推動經濟升級。

資料來源：整理自中國大陸人民銀行新聞稿。

# 討論問題

一、電子錢包、電子貨幣是同一件事嗎？舉例說明。

二、個人對個人（peer to peer, P2P）的網路貸款仲介「網站」（俗稱「平台」）收取仲介費 4%，對貸款人來說，如何稱得上「普惠金融」？

三、比特幣交易有一成在中國大陸，為什麼？（提示：部分原因是有些人為洗錢）

四、比特幣是商品，還是貨幣？（提示：根據貨幣的四項功能來衡量）

五、由中央銀行來發行數位貨幣「不是未到，是時未到」，你同意嗎？

六、由圖 7-2 可見，有些專家主張比特幣已到泡沫破裂階段（2017 年 6 月 11
　　日），對手以太幣價格也下跌一半。你的看法呢？

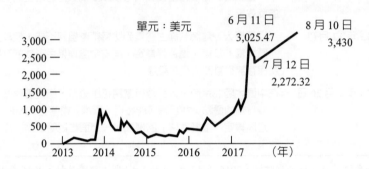

圖 7-2　比特幣價格走勢

資料：CoinDesk「網站」（或交易所，註：2017 年 8 月 1 日比特幣分裂出新幣「比特幣現金」
　　（Bitcoin Cash））

七、2017 年 8 月，中國大陸人民銀行在《中國區域金融運行報告（2017）》中，
　　提出將研究規模較大、具有系統重要性特徵的網路金融業務公司，納入宏
　　觀審慎評估（MPA），這涵義是什麼？

# 銀行經營管理

## 8-1　影響銀行獲利的三大因素

　　銀行營收有兩大項目:「貸款」利息收入占 70.7%、利息以外收入(主要是代賣保險、基金等財富管理業務的手續費收入)占 29.3%,大抵符合「80:20 原則」。少數銀行有可能靠財富管理業務而提高營收,但大格局仍是靠利息收入。銀行是個資金出租業,分析銀行業的獲利,跟其他行業都一樣,即從損益表出發,由圖 8-1 可以看出有三大因素影響,可以簡記為「價」、「量」、「質」因素,至於管理費用可視為固定成本,影響獲利不大。

### 一、價格因素:放存款利率差距

　　統一超商賣一個三角飯糰 23 元、進貨成本 16 元,賣買價差 7 元。同樣的,2016 年銀行出租資金,收貸款利率(即平均貸款利率 2.01%),「買進」資金(即存款利率 0.63%),放存款利率差距(簡稱放存款利差)1.38 個百分點。

### 二、數量因素:產能利用率

　　「薄利多銷」也不錯,最怕的是「薄利少銷」,那麼「價差」乘上銷量所得到的淨利一定很低。製造業用產能利用率、旅館用客房入住率來衡量銷量跟產能間關係,到了銀行只是換了名詞「放存款比率」。

### 三、品質因素:放款品質

　　俗語說:「會賣的不是師傅,會收(款)的才是」,人們聊天時也常說:「拿到現金才算真賺到」。這些話都在形容銀行「出租資金」,就跟租車行出租汽車一樣,日租才 2,500 元,一旦客戶不還車,可能得損失 80 萬元(註:出

租車上有裝隱藏版的衛星定位，是可以找得到的）。同樣的，銀行放款出去，一旦呆帳率超過 4%，銀行一定虧損。因此會衝放款（即放存款比率高）沒什麼了不起，要會還款的好客戶才重要。

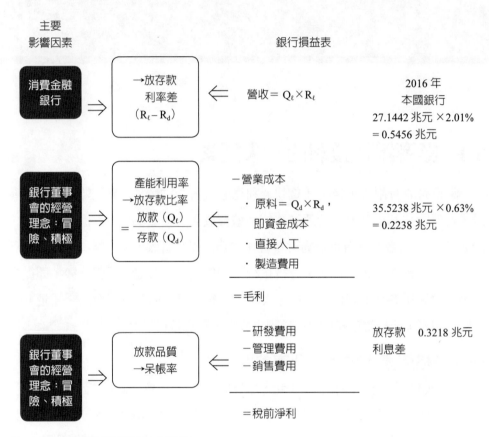

圖 8-1　影響銀行獲利三大因素

表 8-1　2015、2016 年銀行經營績效比較

| 項目 | 營業能力 | 2015 年 | 2016 年 | 獲利能力 | 2015 年 | 2016 年 |
|------|----------|---------|---------|----------|---------|---------|
| 說明 | （一）基本業務 | | | （一）金額（億元） | | |
| | 1. 放存比率 | 73.68% | 72.96% | 1. 稅前淨利 | 3,206 | 3,019 |
| | 2. 放存款利率差 | 1.4% | 1.4% | 2. 稅後淨利 | 2,801 | 2,283 |
| | （二）資產品質 | | | （二）獲利率 | | |
| | 1. 逾放比率 | 0.24% | 0.29% | 1. 資產報酬率 | 0.73% | 0.66% |
| | 2. 其他 | | | 2. 權益報酬率 | 10.65% | 9.63% |

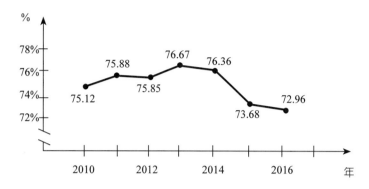

圖 8-2　全體銀行放存款比率

**簡記原則**

　　1. 任何 AB 差，一定是 A−B，所以放存款利率差，一定是 $R_\ell - R_d$。

　　2. 任何 AB 比（率），一定是 A/B，A 在分子、B 在分母，所以「放存款比率」連公式都不用記，就知道是什麼。

---

小博士解說

**私人銀行業務（Private Banking）**

2016 年銀行以消費金融為主，依國籍可以二分法如下：

1. 本國籍銀行：國泰世華、中國信託、台北富邦、玉山、台新銀行等，VIP 顧客淨金融資產門檻 300 萬元，由信用卡發卡數可見一斑。

2. 外資銀行：滙豐、花旗、渣打、澳盛、星展銀行等。

---

# 8-2　商業銀行的市場定位

　　由於歷史、地理因素，大部分公司都無法包山包海的通吃整個市場，必須「找到安身立命」之地。以大學為例，臺灣有 157 家大學（其中 11 家專科），有些大學專吃市場區隔中的一部分，例如：醫學大學、藝術大學、體育大學等；有些是理工，例如：清華、交通、成功等；有些是社會人文，例如：政治大學、世新大學等。就近取譬來看 40 家（以 2018 年元旦大眾銀行被元大銀行吸收合

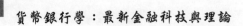

併後，2017 年 3 月王道銀行成立）銀行的市場定位就比較清楚，詳見表 8-2。

## 一、第一層：企業 vs. 消費金融業務

### （一）企業金融銀行

有兩類銀行專攻企業金融（corporate finance）業務，一是公股銀行，一是外商銀行在臺分行。當用戶為公司等法人時，銀行稱其為客戶（client）。

### （二）消費金融銀行

1993 年開放民營銀行申請成立，由於企金業務大都被公股銀行「先占了」，民營銀行轉攻消費金融（consumer finance）業務，以其中信用卡業務來說，可說是「高風險（呆帳率），高報酬」業務，有些公股銀行的管理者有「做好沒誇獎，做壞打破碗」的保守心態，不願在這方面著墨太多，這讓民營銀行有機可乘。銀行對自然人稱其為顧客（customer）。

## 二、第二層：企金業務

有人稱法人企融，包括企業、政府，但本書只聚集其中的企業金融業務。

### （一）企金業務大都以公股銀行為主

公股銀行成立早，跟公司早有業務往來；其中舊稱省屬三商銀的華南、第一、彰化銀行，在工業區內外都有分行。兆豐銀行專攻企金業務中的外匯業務。

### （二）外商銀行在臺分行

外商銀行在臺分行大都只有一家，比較聚焦在企金業務，尤其是外幣存款、放款等。

## 三、第三層：消金業務

消費者金融（或消費金融）85% 集中在房屋貸款，利率極低，其他消費性貸款（含信用卡）利率較高。

### （一）房地產貸款為主，以土地銀行為例

銀行法第 72 條之 2 限制所有銀行在「房貸和營建業貸款」，土地銀行當成是政策（功能）銀行，所以土地類貸款占「貸款加金融債券」54%。經營績效佳，可說是臺灣版的「富國銀行」。

*美國富國銀行：美國富國銀行在臺分行規模小，主要見報的原因都是跟著華倫‧巴菲特（美國波克夏‧海瑟威公司董事長），該銀行市值全球數一數二，股本不大，每股盈餘很高，著重在消金業務中的房貸。

表 8-2　銀行的市場定位

| 第一層 | 第二層 | 第三層 | 銀行 |
|---|---|---|---|
| 一、企業金融占 45% | （一）抵押貸款：大公司為主 | 1. 服務業<br>2. 工業<br>‧ 營建業 | 公股銀行 |
| | （二）信用貸款：中小企業為主 | 1. 服務業<br>2. 工業 | 民營銀行，但臺灣中小企業是這方面的政策銀行 |
| 二、消費金融 49%，稱為消費者貸款 | （一）抵押貸款 | 1. 房屋貸款<br>2. 汽車貸款 | 土地銀行為主，另加華南銀行等 3～5 家銀行 |
| | （二）信用貸款 | 1. 信用卡<br>2. 其他消費性貸款 | 民營銀行為主，玉山、國泰世華、中信銀行等許多民營銀行 |
| 三、政府占 6% | | | 臺灣銀行 |

---

**美國富國銀行小檔案**（Wells Fargo & Co., WFC）

成立：1852 年，成立於紐約州紐約市

地址：美國加州舊金山市

資本額：500 億美元，員工人數：26 萬人，分行數：9,000 家，ATM：12,000 台

董事長：史蒂芬‧桑格（Stephen Sanger），2016 年 10 月 13 日起

風險管理：2016 年 7 月 2 日，波克夏公司向聯準會提出申請，希望當波克夏在富國銀行的持股比率達到需監管當局評估的 10%（即適格性審查）門檻後，能獲准續擴大持股。專家分析，富國銀行風險管理謹慎，因而獲得巴菲特青睞。（經濟日報，2016 年 7 月 3 日，A7 版，洪淑君）

2017 年 4 月，波克夏公司降低持股比率至 10% 以下，以免跟富國銀行的商業往來，受政府嚴管。

事績：2013 年 7 月 12 日富國銀行市值 2,340 億美元，成為全球市值最大銀行，在標準普爾 500 指數排第七，是波克夏‧海瑟威公司主要投資收入來源。

### （二）信用卡業務

信用卡循環信用利率上限 15%，是銀行授信業務中利率最高的，呆帳率較高。許多銀行（國泰世華、玉山、中信、台北富邦、花旗）競爭激烈。

# 8-3 銀行的組織設計 —— 以臺灣銀行為例

銀行是資金買賣業，你可以把銀行每家分行視為便利商店的一家分店。公司的主要功能是替股東牟正當「利」，所以從營業項目來看銀行的組織結構就簡單了。銀行的組織設計大同小異，本單元以臺灣銀行為主、兆豐銀行（打 * 號部分）為輔舉例。

## 一、分行的組織設計

大部分成人都去過銀行分行，大都是街面店，有二層樓。

### （一）一樓：儲蓄、綜合與財富管理業務

・ 儲蓄科：處理客戶存款、提款、繳政府稅費、匯款等。

・ 信託科：業務招牌為「綜合業務」，包括開戶、申請信用卡等。

・ 財富管理科：主要代售保險公司的保險，其次是賣基金（或證券投資信託）公司的基金、黃金存摺等。

### （二）二樓：授信、外匯業務

有兩項業務，因交易頻率低，所以放在二樓。

・ 授信科：分成二個業務組，消費和企業金融。

・ 外匯科：分成三個組：進口（主要是開信用狀）、出口（主要是押匯）、外匯交易（買賣外幣、外幣存提款）。

## 二、總行業務相關部門

（一）* 五個地區營運中心：臺灣西部分成五個地區營運中心，北部有三個：北一（一般指臺北市）、北二（基隆、新北）、桃竹苗，管理地區內分行。

（二）部、處：「部」是一級單位（部主管可能是副總級）、處是二級單位（處長是協理級），由表 8-3 第三欄可見業務相關部處，只有分行儲蓄科在總

行沒有對應的部處。

（三）＊六個中心：一般公司針對跨部門的作業會成立「中心」，大抵是二、三級單位，銀行基本上有的是「票據作業中心」、「信用卡務中心」。這是跟外部「票據交換所」、「聯合信用卡中心」對接。

表 8-3　銀行分行與總行的組織設計——臺灣銀行為例

| 風險 | 分行 | 總行業務相關 | 內控相關 | 董事會 |
|---|---|---|---|---|
| 一、市場 | | ＊投資部 | ＊審議委員會<br>＊投資<br>＊資產負債暨風險管理委員會 | 董事會<br>稽核處 |
| 二、信用 | | （一）國內<br>國內營建部 | 企業金融部 | |
| ・前檯 | 授信科 | （二）國外：國外部授信管理<br>授信審查部<br>債權管理部 | ＊授信<br><br>＊逾期放款催收款及呆帳清理 | |
| 三、流動性 | 財務人員 | 財務部<br>＊票據作業中心 | ＊資金 | |
| 四、作業 | | ＊金融市場交易管理中心營業部 | | |
| ・儲蓄 | 儲蓄科 | 資訊處<br>電子金融部 | | |
| ・外匯 | 外匯科 | 國際金融業務分行<br>國際部 | ＊信託財產評審委員會 | |
| 五、法律 | 信託科 | 信託部<br>＊卡務中心 | 法令遵循處<br>＊規章暨商品 | |
| | 財富管理科 | 財富管理部<br>消費金融部 | ＊境外結構型商品 | |
| | | | 總經理室 | 董事會<br>秘書室 |

＊指兆豐銀行

### 三、總行業務相關管理機制

總行總經理、五個副總經理（各管 2～3 個部處），透過兩種方式管理相關業務。

（一）*七個業務相關審議委員會：臺灣銀行有 7 個業務相關「審議」、「審查」委員會，以跨部門的協調會議等方式，來處理業務相關部門間的業務。

（二）風險管理部：功能詳見 Unit 8-6。

### 四、董事會的組織設計

（一）董事會稽核處：一般銀行稱為稽核處，由總稽核當家。

（二）股東會下設監察人會：在三年一任的董監改選中，監察人（或獨立董事）是單獨選舉的，由監察人中票選三位組成「監察人」會。

（三）董事會運作方式：董事席次 17 席，會組成許多委員會。

# 8-4　銀行的經營狀況

銀行的經營似乎漸入佳境，尤其 2011 年開放赴中國大陸設立分行，三年五載後，分行數夠多了，將貢獻臺灣母行淨利 。本單元回顧 2016 年前後本國銀行的經營狀況。

### 一、價差與授信品質

由圖 8-3 之「轉換」一欄可見下列兩個前期經營指標。

（一）呆帳率：銀行獲利的提升，一大部分原因是 1998～2002 年吃了企業呆帳的苦，再加上 2006 年卡債風暴；所以 2007 年以來，更加強授信審查，因此 2010 年起，呆帳率落在 0.5% 以內，可說是歷史低點。

（二）放存款利率差：由於銀行從 2009 年以來，對放款非常謹慎，但貸款需求沒有大成長，因此資金過剩，放存款比率約 78.57%，跌破 80%，銀行只好殺價競爭。2011 年年底放存款利率差只剩 1.41 個百分點，2015 年 1.43 個百分點、放存款比率 75.68%。2016 年放存款比率 72.96%，利率差 1.38% 個百分點。

轉換 $\Longrightarrow$ 產出

一、本國銀行放存款利率變化

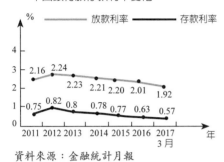

資料來源：金融統計月報

二、本國銀行獲利（稅前淨利）率

單位：%

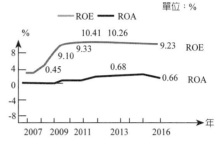

三、呆帳率

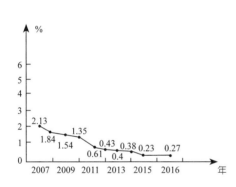

四、本國銀行稅前淨利

2014 年起有稅後淨利資料
淨利 2014 年 3,018
2015 年 2,802
2016 年 2,283

資料來源：中央銀行

五、2016 年前五大獲利銀行：損益表角度　　　　　　　　　　　　　單位：億元

| 排名 | 銀行 | 營收 | 淨利 |
|------|------|------|------|
| 1 | 臺灣 | 778.6 | 205 |
| 2 | 兆豐 | 604 | 172 |
| 3 | 中國信託 | 850 | 166 |
| 4 | 第一 | 541 | 156 |
| 5 | 國泰世華 | 630 | 134 |
| 本國銀行合計 | | 10,185 | 2,283 |

資料來源：中央銀行金融檢查處，第 13～16 頁

圖 8-3 本國銀行經營績效

## 二、獲利能力

由圖 8-3 中之「產出」一欄可見銀行獲利能力如下，以 2016 年爲例。

### （一）淨利（2014 年起，有稅後淨利數字）

2016 年銀行淨利 2,283 億元，比 2015 年大減 520 億元（2014 年 3,018 億元），主因是提列目標可贖回遠期契約（TRF）的備抵損失 160 億元（含罰款）與放存款比率大跌。海外分行淨利已占 31%。由圖 8-3「本國銀行淨利」可見，2002、2006 年出現兩次虧損，歷經這兩次震撼教育後，銀行更強化授信審核。2008 年全球金融海嘯，連帶 2009 年臺灣經濟成長率 –1.57%，銀行仍有 839 億元的稅前淨利，已屬難能可貴。

### （二）報酬率

淨利金額比較看不出賺錢能力，下列兩個（稅前）報酬率指標較具代表性。

1.（稅前淨利）資產報酬率：2016 年，資產報酬率 0.66%，國際大型銀行約 1%，反映出放存款利率差距的縮小。

2.（稅前淨利）權益報酬率：權益報酬率 9.23%，比 2015 年 10.65% 小跌，主因是銀行資產業主權益膨脹，以致稀釋了每股盈餘、權益報酬率。

兩項報酬率微幅往下的另一主因是爲了達到「第一類放款備抵呆帳準備率 1%，即多攤提呆帳準備金」，因此呆帳覆蓋率 528%，可說極高。這只是會計處理，結算未有如此高呆帳，部分呆帳準備沖回，淨利增加。

### （三）個別銀行

2016 年在各銀行獲利上，11 家銀行擠進「百億元俱樂部」，繳出中等成績。第一名是臺灣銀行，共賺 205 億元，廣義逾放比僅 0.26%、呆帳覆蓋率達 552%，財務體質相當好。

# 8-5 放存款利率差

銀行的本業是資金買賣業，獲利來自「營收減成本」，換成平均值，便是「平均價格減平均成本」，這對銀行來說，便是「平均放款利率」減「平均存

款利率」（平均成本中的原料成本），簡稱「放存款利率差」（或簡稱「放存利差」）。

## 一、大環境

外部因素是指該銀行無法影響的經營環境因素，由大到中分成下列兩層。

（一）大環境（總體環境）：影響放存款利率差的第一個因素是景氣循環，在經濟衰退時，借款需求大減，銀行只好殺價搶客戶，因此 2009 年第二季，景氣觸底，放存款利率差只剩 1.11 個百分點，是最低水準。

（二）銀行業的市場結構分析：銀行業過度競爭（over-banking），銀行殺價競爭，使得放款利率的提升速度趕不上存款利率升幅。2016 年國銀放存款利差率是 1.38 個百分點，公股銀行殺價搶好企業客戶可說是主因。尤有甚者，銀行業看似百家爭鳴，但從放款、存款市占率來看，呈現寡占情況，簡單的說，全體銀行中，前五大銀行放款市占率 34.6%、存款市占率 35.52%，皆已接近寡占市場所需門檻 40%，且這些為分水嶺銀行大都是公股銀行，詳見表 8-4。

表 8-4　2016 年前五大銀行：資產負債表角度　　　　　　　　　　單位：兆元

| 排名 | 銀行 | 放款 | 資產 | 存款 | 分行數 |
|---|---|---|---|---|---|
| 1 | 臺灣 | 2.3 | 4.77 | 3.87 | 163 |
| 2 | 合作金庫 | 1.97 | 3.14 | 2.57 | 270 |
| 3 | 兆豐 | 1.72 | 2.96 | 2.45 | 107 |
| 4 | 中國信託 | 1.49 | 2.71 | 2.13 | 148 |
| 5 | 第一 | 1.55 | 2.47 | 1.96 | 188 |
| (1) 五大小計 | | 9.03 | 16.05 | 12.68 | 876 |
| (2) 銀行小計 | | 26.1 | 45 | 35.7 | 3,430 |
| (3) 五大市占率（%）<br>＝ (1)／(2) | | 34.6 | 35.67 | 35.52 | 25.5 |

資料來源：行政院金管會「金融業務統計輯要」

## 二、內部因素

除了外部環境這不可抗力的因素外，個別銀行的市場定位、管理能力也會造成放存款利率差異。

（一）放款結構：貸款利率個人高於企業，企業貸款中中小企業又高於大型企業，因此只要市場定位（像 Unit 8-4 圖 8-3 五中，中信、花旗、國泰世華銀行都是消金業務為主）正確，且執行有方，是有差的，2016 年臺灣銀行放存款利率差 1.71 個百分點，這是淨利金額第一名的主因。

（二）存款結構：活期存款（包括活儲）利率奇低，有些銀行「以短支長」（即以短期存款支應中長期貸款），此是省了存款利率，但風險是一旦活存戶提領，有可能周轉不靈。

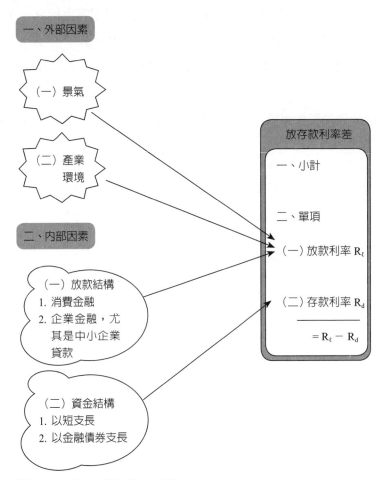

圖 8-4　影響銀行放存款利率差的因素

知識補充站——銀行滿手爛頭寸

時：2017 年 1 月

地：臺灣

人：40 家本國銀行

2017 年 1 月底，全體銀行放存比率回升至 74.2%，漸回升，存款（31.67 兆元）、放款（23.5 兆元），差距擴大至 8.17 兆元，反映銀行爛頭寸滿溢。

金管會銀行局長表示，放存比下滑主要是經濟狀況不佳，銀行放貸不易所致。銀行吸收的存款轉投資金融商品等，使存放比下降。以手續費收入為主的銀行（如花旗、渣打等），存放比只有 40、50%。

# 8-6　放存款比率

　　風險管理中的中分類之一「損失控制」，銀行營運方式跟此相關程度較高的是「放存款比率」（loan-deposit ratio）。

## 一、放存款比率的本質

　　銀行的「放存款比率」這觀念看似特例，但本質上來自製造業的產能利用率，「放存款比率」是指放款除以存款。

## 二、放存款比率宜有上限

　　銀行吸收存款，頂多只有九成會拿出來放款，這是因為銀行的存款要扣掉一成做下列之用。

　　（一）中央銀行的法定存款準備率，約 5.61%：這是中央銀行針對各項存款要求銀行須每旬繳交的存款準備。

　　（二）銀行自提流動準備，約 3%：為了因應活期存款存款人隨時提領款項，銀行手上會保有一定現金，例如一家分行約 5,000 萬元，光一部提款機（註：有「大小」之分）就 350 萬元了。

## 三、太高太低皆不宜

　　放存款比率跟血壓一樣，太高或太低皆不適合，說明如下。

貨幣銀行學：最新金融科技與理論

（一）太高（90%以上）：一旦超過90%，有可能碰到存款人意外的提款，銀行會面臨周轉問題。

（二）太低（70%以下）：一旦低於70%，銀行手上閒置資金（俗稱爛頭寸）一堆，銀行入不敷出，往往會虧損。

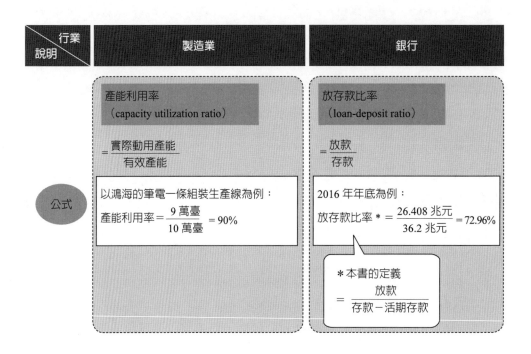

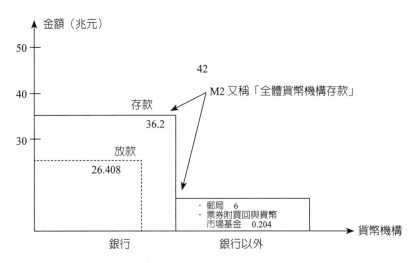

圖 8-5　本國銀行的放存款比率

## 8-7　銀行貸款的倒帳風險管理

　　銀行八成以上營收來自放款的利息收入，放款具有應收帳款的性質，只是銀行「應收帳齡」的帳齡特長，房屋貸款長達 20 年，夜長就容易夢多，本單元說明銀行放款的倒帳風險管理，詳見圖 8-6，底下詳細說明。

### 一、必要條件：事前

　　「人心藏胸中」，這句俚語貼切描寫銀行百分之百弄懂借款人在申請貸款時是否「存心不良」（即事先便打算借到錢後不還）。

　　（一）資訊不對稱：你在水果攤買整盒水果，最怕買到「金玉其外，敗絮其中」的爛水果，水果攤老闆知道哪些是爛水果，而你（買方）不知道，這是人們常碰到「資訊不對稱」（asymmetric information）情況。2001 年諾貝爾經濟學獎便是頒給史帝格里茲（J. E. Stiglitz, 1943～）等三人，以表彰他們在「資訊不對稱市場理論」的貢獻。借款人在向銀行申請貸款時，借款人知道自己還款能力、借款動機（包括詐騙銀行），這時銀行處於（對借款人）資訊較缺乏的一方，可能因資訊不足而誤判（尤其是核准貸款）。

　　（二）逆向選擇——壞客戶挑笨銀行：正選擇是銀行挑借款申請人，「逆向」選擇（adverse selection）是方向相反，壞客戶挑選笨銀行去貸款。有些聰明銀行會拒絕「壞客戶」，但有些銀行不夠聰明，借款申請人會多比幾家，終究會找到笨銀行。

### 二、充分條件：事後

　　借款人借到錢後，此時輪到銀行面臨「道德風險」（moral hazard），這可分為下列兩種情況。

　　（一）惡意：居心叵測的借款人借到錢後，可能就捲款潛逃。

　　（二）善意：「別人的孩子死不完」這句俚語貼切形容借款人可能「不把銀行的錢當錢」，拿著借款去從事風險過高的投資。

### 三、銀行反制措施

　　「兵來將擋，水來土掩」，既然借款人倒帳是不可免的，銀行只有強化反制能力，以求把呆帳率控制在可接受範圍（例如 0.5%）內。銀行的主要專業在於「放款」，這包括衝放款的業務能力與貸款申請案的授信審核能力，太嚴，

貸款業績衰退；太鬆，貸款業績太好，但呆帳損失太高，可能造成銀行虧損。

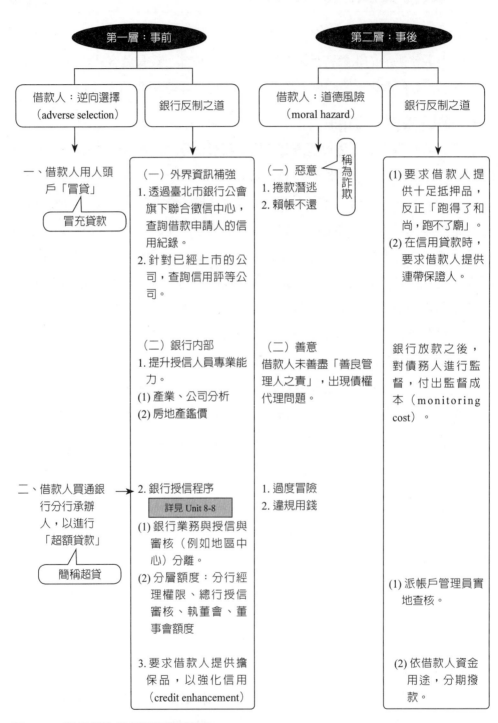

圖 8-6　銀行貸款的倒帳風險管理

# 8-8 銀行的授信審核過程

你有沒有向銀行分行借過房屋貸款、消費者貸款（例如助學貸款）？你認為誰負責決定審核？有時報刊說「（分行）經理權限」（簡稱經權），例如房屋貸款由 2,000 萬元降至 1,500 萬元，超過部分送地區營運中心或總行，看似貸款申請案由分行經理「一人說了算」。由於銀行公會（旗下授信委員會）頒布「會員授信準則」是銀行業的授信作業的基本版。表 8-5 以銀行總行、分行為例，以分行的貸款申請案的決策程序，充滿著環環相扣的內部控制過程，以降低冒貸、超額貸款（over loans 或 excess loans）等信用風險。

## 一、步驟一：由前檯帳戶管理人員接洽

你到銀行分行的「授信」科，坐在檯檯旁的「帳戶管理人員」（account officer，AO）會跟你洽談貸款申請案，要是覺得你「夠格」填貸款申請書，會請你填，加上雙證件、相關資料。由於帳管人員坐在授信科辦公區的前面，銀行內部俗稱此類人員為「前檯」。

## 二、步驟二：徵信人員

前檯把貸款申請案交給後檯，「後檯」的徵信組組員或總行相關行員開始「徵收信用」（collect credit information，簡稱徵信），詳見表 8-5 第三欄。徵信最基本的步驟便是徵信人員打電話給貸款申請人，這動作稱為「照會」（notification），在電話中查核個人資料（主要是身分證號碼）、貸款金額、用途等。徵信過關後，貸款申請案進入第三階段。

## 三、步驟三：授信小組

貸款申請案進入分行第三關，由分行授信小組審核，參與的人主要有二種人，詳見表 8-5 第四欄。

（一）總行兩顆眼睛：總行派駐分行的兩顆眼睛：駐行徵審、駐行稽核人員，駐行稽核人員主要是看授信「程序」有沒「照表操課」，駐行徵審主要是看有沒瑕疵（例如房貸案時，房屋鑑價明顯高於實價登錄）。

（二）分行內相關主管：包括經理、授信科前檯襄理、後檯襄理。主要駐行徵審、駐行稽核人員都反對的申請案，分行授信會議大抵會「不予核准申請

案」。

## 四、授信後

授信核准、撥款後，此授信案後進入複查，分兩層次，詳見表 8-6。

（一）駐行徵審：每個月，駐行徵審人員會把上個月核准的授信案，再複查一次。

（二）總行徵審部：每半年，總行徵審部會到分行，針對金額較大，某行員承辦同一客戶太多案等，抽樣複查授信案。

表 8-5　銀行總行、分行授信科授信程序

| 櫃檯 | 前檯 | 步驟二：後檯 | 步驟三：後檯 |
|---|---|---|---|
| 層級 | 業務（帳戶管理人員，AO） | 徵信人員 | 審查 |
| 一、總行：以臺灣銀行的組織為例 | 企業金融部 | 徵信部（credit checking department） | 授信審查部（credit review department） |
| 二、分行：授信科 | 帳戶管理人員（account officer）例如專案襄理，針對上市（櫃）公司，撰寫徵信報告。 | 徵信人員針對中小企業申貸戶撰寫徵信報告。<br>· 查聯合徵信中心，申請人的貸款餘額、還款紀錄<br>· 房地產鑑價：房地產實價登錄<br>· 其他抵押品估價 | 授信小組<br>1. 兩顆眼睛<br>· 駐行稽核<br>· 駐行徵審<br>2. 分行內<br>· 前檯：襄理<br>· 後檯：襄理<br>針對貸款申請人的文件、徵信報告，進行授信審查 |

表 8-6　銀行分行授信後之上級監督

| 時間 | 次月 | 每半年 | 不定期 |
|---|---|---|---|
| 人與活動 | 駐行徵審<br>全面複查 | 總行<br>徵審部<br>稽核處<br>抽查 | 專案檢查<br>· 針對房貸<br>· 針對其他 |

# 8-9 公司借款審核過程

公司借款金額較大，一旦大戶倒帳，銀行（至少分行層級）「非死即傷」，因此銀行在公司借款審核過程，大都採取分層授權制。

## 一、分行經理的權限

分行經理的授信權限（簡稱經權）一般是很低的，例如公司借款 4,000 萬元以內，也就是只能批斷中小企業的小額貸款。因此，在公司借款業務，分行人員大都扮演業務人員角色，主動出擊去拜訪關鍵客戶，經營客戶關係。縱使是公司客戶主動上門，分行也扮演承上啟下的窗口，大客戶才能直接向總行借款。

## 二、總行

超過分行經理授信授權額度的借款申請案，由分行轉件到總行，依借款金額由低往高，分由下列四層級審核，詳見表 8-7。

（一）總行授信審查部：授信審查部針對 1,000～5,000 萬元（舉例）的公司借款案，可以批斷。

（二）總經理：針對 5,000 萬元～1 億元的公司借款案，需總經理才能批斷。

（三）總行常董會：針對大額借款（例如 1～10 億元），有些銀行授權常務董事會來議決，依公司法，常務董事占董事人數三分之一，十五席董事，只能選出五席常務董事（包括董事長）。但常董會出包機率很大，因過半出席就可議決，即三人便可開會。有心人士只要收買二席常董便可過關，大額冒貸案的原因在此。常董會一或二週開一次會。

（四）總行董事會：針對巨額借款（例如 10 億元以上），必須銀行董事會（一般人數 15 人以上）才能議決。董事會最多一個月開一次，針對有時效性的借款申請案，銀行就會加開董事會。

---

小博士解說

### 公股銀行以企業社會責任來審核貸款

2014 年 2 月，公股銀行的最大股東財政部下達指示，要求 8 家公股銀行在審核公司貸款申請案時，把該公司是否履行企業社會責任納入審核指標，第一銀行開第一槍，駁回一家黑心企業（壓榨勞工）的貸款申請。

表 8-7　銀行各層對公司授信權限　　　　　　　　　　　　　單位：億元

| 組織層級 | 信用貸款 | 抵押貸款 |
|---|---|---|
| 一、董事會 | | |
| （一）董事會 | 5 以上 | 10 以上 |
| （二）執行董事會 | 1～5 | 1～10 |
| 二、總經理 | | |
| （一）授信會議 | 0.3～0.6 | 0.8～1 |
| （二）徵審部 | 0.15～0.3 | 0.4～0.8 |
| （三）地區中心 | 同上 | 同上 |
| 三、分行 | 0.15 | 0.4 |

# 8-10　債權管理

　　銀行約有 56% 的資產放在「放款與貼現」（簡稱放款），放款本質上是長期（3 年以上）的應收帳款。俚語「夜長夢多」，房貸 20 年、消費者貸款 7 年，個人借款戶難免會有「青黃不接」，公司借款戶也有「皇帝欠庫銀」的窘境。所以放款後，會進行債權管理。

## 一、分行層級

　　（一）帳戶管理人員：授信科前檯的業務行員常對公司取得信貸額度，久未動支，會善意請其動支一部分金額，以維持跟銀行的關係。

　　（二）徵審：以表 8-8 中情況，分行有條件可收回預撥房貸金額的一部分。

　　（三）催繳：借款戶借款後，銀行電腦系統每天會跳出逾期二日未繳款名單，授信人員（主要是帳戶管理人員）會打電話提醒。跳到下個月，則由催收人員處理。兩個月未付，則轉由總行法務處處理。

## 二、總行債權管理部

　　總行債權管理單位（大的為「部」，小的為「處」）負責管理總行貸款放出去的款，依據貸款 5P，還須「跟催」（follow up）。詳見表 8-8 上半部。

## （一）基本上，沒有「雨中收傘」這件事

偶爾報刊上會有公司董事長抱怨「銀行雨中收傘」，一般來說，貸款契約中會有一些重大條款（material clauses），違反這些，銀行有權中止貸款合約，借款人須一次返還未償貸款餘額。哪些是重大條款？這屬於財務管理課程範疇，本處只討論較常見的「交叉違約」（cross default），例如借款人對中信銀行違約，華南銀行也視同違約，這在聯合貸款（syndicated loans）時，對參與聯貸銀行是很有力的債權擔保。

## （二）這也算「雨中收傘」？

當公司借款人的抵押價格顯著下跌，銀行為保障債權，會要求公司補提擔保品或徵提董事連帶保證。一旦貸款公司無法配合，銀行會縮減貸款金額。

表 8-8　銀行對貸款的債權管理

| 組織層級 | 資金用途（purpose） | 債權保障（protection） | 還款（payment） |
|---|---|---|---|
| 總行債權管理部 | 針對專案融資（project loan），銀行會針對借款公司的投資計畫（大部分指設廠），定期實地查核其資金用途是否有「照表操課」，以免貸款資金挪為他用（例如買股票），而有損債權。 | 當公司有兩個問題時：<br>1. 展望（prospect）不佳<br>2. 抵押品價格大幅下滑<br>銀行依貸款契約，可要求借款公司補提擔保品或保證。 | 銀行會注意借款公司還本還利息情況。甚至在有「交叉違約」（cross default）契約條款時，對別家銀行違約，本銀行視同其違約。 |
| 分行 | 特定用途貸款會有資格審查，例如「繳稅貸款」，貸款金額是國稅局試算表上的「補稅金額」，而且貸款是撥給國稅局指定的繳稅專戶。 | 以房貸為例，由於單筆交易在 14 天上網登錄即可。買方向銀行交付買賣契約 1,000 萬元，銀行據以核貸 7 成，700 萬元。<br>一旦數天後，實價登錄價格出來為 800 萬元，七成只能借 560 萬元，借款戶須交還 140 萬元貸款。 | 1. 逾期 2 天，由前檯人員提醒。<br>2. 逾期到下個月，由催收人員負責。 |

# 8-11 銀行的呆帳率──「放款類」資產品質

在便利商店業，純益率只有 5%，換句話說，一個商品被偷，便利商店必須賣 20 件同樣商品，才能打平。銀行純益率 22.4%（2011 年起），因此能容忍的呆帳率更低。

## 一、貸款品質

銀行貸款的收回機率高低，俗稱「貸款品質」（註：有人稱資產品質）。

（一）分五類：由表 8-9 可見，金管會銀行局把銀行貸款品質分成五類，即正常授信、應予注意、可望收回、收回困難，以及收回無望。

（二）跟貸款收回機率連結：貸款分類的標準是依貸款收回機率來分，由表 8-9 第一、二欄配合著看，收回機率愈高，貸款資產品質愈高，類別排名（第一、第二等）愈高。

（三）套用美國標準普爾的債信評等：「萬流歸宗」，貸款收回機率高低的觀念源自信用評等公司的債信評等。以「回復基本」（或追本溯源）的治學方式來說，天下沒那麼多知識，許多知識是衍生出來的。

## 二、銀行項目的名稱

銀行把問題貸款依問題嚴重程度分成下列三類，以下圖來區分。

（一）催收款：一般來說，逾期三天未還款，銀行就會派員來電催繳，逾期六天未繳，銀行會寄出催收信，逾期一個月，銀行會寄出存證信函，稱為「催收款」（overdue receivable）。

（二）逾期放款：逾期放款（non-performing loans）包括廣義、狹義兩種定義。廣義是指三個月內未還息的貸款；而狹義的逾期放款則是指六個月內未還息的貸款。

（三）呆帳：呆帳（bad debt 或 bad loans，壞帳）是指「水潑落地難收回」的借款。

## 三、金管會銀行局規定

表 8-9 中第一、二、五欄是金管會銀行局的規定，重點在於要求銀行針對放款提列呆帳準備，以便「積穀防飢」。

表 8-9　銀行貸款品質與呆帳準備率規定

| 貸款品質 | 貸款收回機率<br>（舉例） | 套用<br>信用評等 | 銀行的用詞 | 金管會的呆帳<br>準備率規定 |
|---|---|---|---|---|
| 第 I 類 | 100%<br>正常授信 | AAA<br>AA | | 0.5%<br>（2011 年起） |
| 第 II 類 | 98%<br>應予注意 | A | 催收款<br>清償期未滿 3（或 6）個月，銀行已向債務人追訴或處分（例如假扣押）擔保品。 | 2% |
| 第 III 類 | 90%<br>可望收回 | BBB<br>BB | 逾期放款（non-performing loans）<br>1. 廣義：3 個月內未還息的貸款。<br>2. 狹義：6 個月內未還息的貸款。 | 10% |
| 第 IV 類 | 50%<br>收回困難 | B | | 50% |
| 第 V 類 | 0%<br>收回無望 | C | 呆帳（bad loan）：銀行帳上處理，針對逾放或催收款扣除估計可收回部分，其餘轉為「呆帳」。 | 100% |

## 討論問題

一、外商銀行（分行）為何以企業金融為主？（提示：分行與子行的分別）

二、消費金融導向的銀行分行貢獻度較高嗎？

三、由圖 8-1 可見，獲利前五大銀行占本國銀行 40 家的獲利 35%，跟資產、放款市占率有無關聯？

四、京城銀行是「行員平均獲利」最高的銀行，什麼原因？（提示：證券交易等投資淨利占較大比重）

五、2016 年本國銀行淨利 2,283 億元，怎麼比 2015 年減少 519 億元？（提示：兆豐銀行繳罰金 57 億元、提列 TRF 呆帳損失 169 億元等）

# 銀行業風險管理 I
## ——導論與信用風險管理

## 9-1 風險管理的重要性

　　你有沒有這樣的經驗，每個月上班很辛苦，賺不到多少錢，但是一個意外（例如股票價格下跌或車禍）「不死也半條命」。由此可見風險管理的重要性。本單元開章明義的說明銀行進行風險管理（risk management）的重要程度，以體會爲什麼銀行撒下「天羅地網」，就是不希望「不死也半條命」的損失出現。

### 一、風險管理的重要性

　　就近取譬來說明銀行風險管理的重要性，你爲什麼天天（甚至三餐飯後）刷牙？大部分人會回答：「維持牙齒健康，因爲牙痛不是病，痛起來會要人命」。牙醫還有「80：20」的主張，當你 80 歲時還有 20 顆眞牙（含植牙），因能有大範圍攝取食物，能比其他人多活八年。以植牙一顆 6 萬元來說，金額算高的，所以每餐後刷牙，花小錢（牙刷、牙膏）省大錢。以便利商店銷售四號電池一組（兩顆電池）爲例，以表 9-1 第二欄可見，被顧客偷一組損失 30 元，必須賣 10 組才能賺得回來。賣 10 組不容易，防止一組被偷較容易（例如放在櫃檯）。銀行的純益率更低，以百萬元放款來說，淨利 1 萬元，有一位客戶違約，銀行損失百萬元；必須多做一百位百萬元放款且守約，才賺得回來。

### 二、什麼是風險

　　所有風險管理的書都會先說明「風險」（risk）是「已知機率的不利結果」，例如老菸槍罹患肺癌機率是 6%（舉例），不抽菸的人罹病機率 0.2%。

## （一）結果：不利

　　由圖 9-1 可見，風險是「不利的結果」，人人談癌色變，罹癌是「不利的結果」，但買彩券是人「曝露」（exposure），有可能中獎（有利結果），有可能槓龜（不利結果）。

## （二）機率：已知

　　罹癌的機率因人的先天（基因、家族病史）、後天（生活習慣等）而定，有人可以計算罹患那種癌症的機率。當不知機率時，稱爲「不確定」（uncertainty）。例如一般人說的「黑天鵝事件」（black swan events）是指不知且極低機率的不利結果。例如 2016 年 6 月 24 日，英國脫離歐盟公投，結果脫歐派勝利，金融市場人士視爲 2016 年「最大」黑天鵝事件。

---

《黑天鵝效應》（*The Black Swan*）一書小檔案

作者：塔雷伯（Nassim Taleb, 1960～），美國紐約大學教授、銀行衍生性金融商品
　　　顧問

出版時間：2007 年 4 月出版

出版公司：大塊文化

主張：歐洲人習慣看到白天鵝，第一次看到黑天鵝時，不敢置信。作者藉以說明
　　　「隨機」、「不確定」的重大事項，沒有前例可循，可是一旦發生，就會產
　　　生極大影響。

---

表 9-1　銀行百萬元放款呆帳的損失的後果

| 項目 | 便利商店 | 銀行 |
|---|---|---|
| (1) 損失 | 4 號電池售價 30 元被偷 | 100 萬元放款 |
| (2) 獲利 | 3 元 | 淨賺 1 萬元 |
| (3) = (1) / (2) | 10 組 | 100 組百萬元放款 |

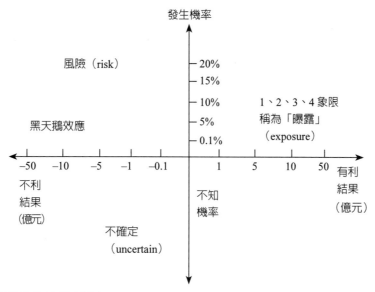

圖 9-1　曝露與風險的差別

---

《蝴蝶效應》（*butterfly effect*）電影小檔案

時：1961～1963 年

地：美國，2004 年上半年一部電影的名稱

人：愛德華・羅倫茲（Edward Lorenz），美國氣象學者

事：在一個動態系統中初始條件下微小的變化（例如加勒比海一隻蝴蝶輕拍翅膀）
　　能帶動整個系統的長期巨大的連鎖反應（例如美國德州刮颱風）。

---

金融海嘯沒人預測到

時：2008 年 11 月

地：英國倫敦市

人：英國女王伊莉莎白二世，倫敦政治經濟學院（LSE）

事：英國女王訪問該學院教授，提出的大哉問：「為什麼沒有人預測它（金融海嘯）
　　的到來？」2009 年 6 月，英國國家學術院（British Academy）邀請來自金融業、
　　政府代表及學界等頂尖經濟學者共同研討金融海嘯的成因，7 月 22 日，把相關
　　結論回覆給女王。信中指出，金融危機乃為「集體想像的失敗」（failure of the
　　collective imagination）所致。金融體系分工下，每個專業公司精於擅長的事
　　務，並使職司區塊得以充分發揮，因缺乏綜觀全局的能力，逐難以想像為何各
　　行業均順暢運作，仍會有全面（俗稱系統性）風險從某處產生。

## 9-2　金融業風險種類

俚語說：「兵來將擋，水來土掩」，背後的涵意是以正確方式解決問題。同樣的，金融業（本書指銀行業）開門作生意，皆面臨五種風險，先了解風險來源才能採取適配的風險管理方式。

### 一、財務管理書中的風險分類

財務管理書中把公司風險（corporate risk）分成兩類，詳見表9-2，本段說明。

#### （一）營業風險（business risk）

由「營業」收入、「營業」成本、「營業」費用此損益表科目，來了解營業風險最貼切，風險會造成營收「減少」或營業成本費用「增加」，其結果都會「侵蝕」淨利。例如當貸款 100 萬元變成「呆帳」，由資產中「勾消」（write-off），轉為損益表的營業費用出帳。

#### （二）財務風險（financial risk）

一般公司有「負債」（主要指銀行貸款、公司債發行）卻無力償付（insolvency），稱為財務風險，「零」負債公司「沒有」財務風險。銀行是「靠別人的錢」（other people money，主要是存款戶存款）來賺錢的特殊行業，財務風險較高。

### 二、另一種分類方式Ⅰ：資產負債表方面

#### （一）淨資產的市場風險

以銀行總行財務部持有的淨外匯部位 1 億美元為例，由表 9-3 可知，買入成本 29.9 元，當匯率 29.8 元時，帳上出現 0.1 億元的匯兌損失。此外匯「市場」價格下跌造成損失，稱為「市場風險」（market risk）。

#### （二）流動「資產跟負債」的流動性風險

銀行的資金來源近八成來自存款、同業往來，一旦無力因應存款戶的提款，出現「流動性風險」（liquidity risk）。

### （三）授信科負責信用風險

銀行 70.7% 收入來自授信科的放款利息收入減掉「存款利息成本」（可視為營業成本中的原料成本）。放款最怕被倒帳，這稱為信用風險（credit risk），其中包括信用科發的信用卡，持卡人拖欠「卡債」。

## 三、另一種分類方式 II：損益表方面

由表 9-4 可見，屬於損益表方面的風險有二類。

### （一）財富管理科是法律風險的主要來源

銀行 29.3% 營收來自勞務收入，主要來自財富管理科（56% 收入來自代售保單，其次是賣基金的手續費佣金收入），稍一不慎，可能觸法，被罰、賠款等，稱為法律風險（legal risk）。

### （二）儲蓄科、外匯科是作業風險主要來源

儲蓄科大抵是分行「買料」的單位，處理存款戶存款、提款、匯款、繳費等業務，一旦作業不慎，付錯錢等，稱為作業風險（operation risk）。

表 9-2　金融業兩大類五中類風險

| 二大類 | 營業風險（business risk） | 財務風險（financial risk） |
|---|---|---|
| 五中類 | 1. 信用風險（credit risk）<br>2. 市場風險（market risk）<br>3. 作業風險（operation risk）<br>4. 法律風險（legal risk） | 1. 流動性風險（liquidity risk）<br>　 在財報分析中是指<br>　 流動比率 $= \dfrac{流動資產}{流動負債} \geq 1.4$ 倍 |

表 9-3　資產負債表方面的風險三種

| 流動比率 | | 資產負債表 |
|---|---|---|
| 流動性風險<br>（liquidity risk） | 資產 | 負債 |
| $\dfrac{流動資產}{流動負債}$<br>$= \dfrac{150 \text{ 億元}}{100 \text{ 億元}} \geq 1.4$ 倍 | ⟵ 流動資產 | ・流動負債 |

表 9-3（續）

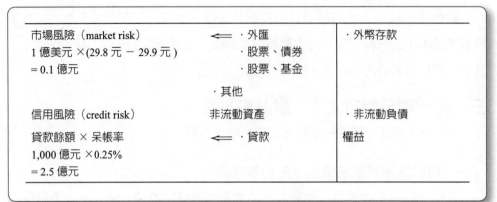

| 市場風險（market risk）<br>1 億美元 ×(29.8 元 − 29.9 元)<br>= 0.1 億元 | ⟸ · 外匯<br>· 股票、債券<br>· 股票、基金<br>· 其他 | · 外幣存款 |
| --- | --- | --- |
| 信用風險（credit risk）<br>貸款餘額 × 呆帳率<br>1,000 億元 ×0.25%<br>= 2.5 億元 | 非流動資產<br>⟸ · 貸款 | · 非流動負債<br>權益 |

表 9-4　損益表方面的風險二種

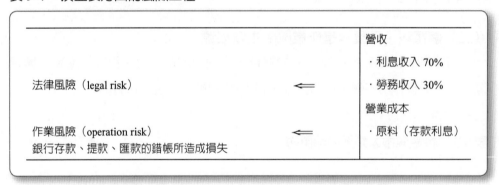

| | | 營收<br>· 利息收入 70%<br>· 勞務收入 30% |
| --- | --- | --- |
| 法律風險（legal risk） | ⟸ | 營業成本 |
| 作業風險（operation risk）<br>銀行存款、提款、匯款的錯帳所造成損失 | ⟸ | · 原料（存款利息） |

# 9-3　銀行的營運風險管理

　　銀行是個本小利微的生意，因爲微利，很容易受單一貸款案倒帳，以致血本無歸。因此，銀行在本業（資金出租，即貸款業務，銀行稱爲授予信用業務，簡稱授信）方面，銀行除了透過內部控制機制外，外部控制機制（包括銀行法、執法單位金管會）也很精細，詳見表 9-5，底下說明。

## 一、風險管理架構

　　風險管理（risk management）的手段可分爲大、中分類，詳見表 9-5 第一、二列，這個架構是風險管理的基本架構，適用於各行各業、各類風險管理。

（一）第一層（大分類）：風險管理的大分類是風險自留或風險移轉。

（二）第二層（中分類）：到了中分類，風險自留分成三中類（風險隔離、損失控制、風險分散）、風險移轉分爲兩中類（迴避、保險）。

## 二、銀行業營運風險管理

在表 9-5 中專門適用於銀行業營運風險管理，可細分爲小、細分類兩層，本單元綱舉目張，詳細內容請見表 9-5 中標示的本書相關單元。

（一）第三層（小分類）：以「風險隔離」此五中類手段爲例，可再細分爲兩小類：一是轉投資限制；二是證券投資限制。這兩小類的性質是「損失控制」，即有個停損點，有了業外投資的上限。但一開始的本意是風險隔離，即「危邦勿入」，只要是銀行放款以外的營運項目都不要碰。

（二）第四層（細分類）：到了第四層（細分類），例如「風險隔離」中的「證券投資」，又可分爲兩細分類。

1. 投資對象資格：銀行僅能投資上市、上櫃股票，因這些公司資訊透明度高、股價較公允（因有集中交易市場價格可參考）、買賣容易。

2. 授信、投資二選一：針對同一客戶，銀行只能選擇授信或投資。

---

小博士解說

### 銀行業的中央主管機關

「金融法規」、「銀行法」課程與法令中，皆會談到「中央主管機關」，但令人覺得八股，在銀行方面，這是指下列二者。

1. 外匯業務：中央銀行，尤其是外匯局。

2. 外匯業務以外：行政院金管會，尤其是銀行局。

3. 農漁會信用部：行政院農業委員會農業金融局。

---

表 9-5　銀行營運風險管理方式

| 大類 | 風險自留 | | | 風險移轉 | |
|---|---|---|---|---|---|
| 中類 | 風險隔離 | 損失控制 | 風險分散（組合） | 迴避 | 保險 |
| 小類細類 | （一）轉投資<br>1. 銀行法第33條之3→防火巷轉投資在銀行淨值40%內。<br>（二）證券投資→防火牆<br>1. 只能投資股票上市公司。<br>2. 對單一客戶，只能選擇放款或投資。 | 法令未規定放存款比率<br>$=\dfrac{放款}{存款}$<br>$\leq 85\%$<br>但對信合社，要求放存款比率低於78%。 | （一）產業分散<br>1. 以 2017 年年底房地產產業為例<br>(1) 房屋貸款 6.52 兆元（包括修繕貸款）<br>(2) 建築（業）貸款 1.66 兆元<br>$\dfrac{房地產放款}{放款＋金融債券}\leq 30\%$<br>$=\dfrac{8.18 \text{ 兆元}}{(24＋1) \text{ 兆元}}$<br>$= 32.72\%$（2017 年）<br>2. 一般產業<br>法令未規定，但 2011 年 5 月，金管會頒布規定，提醒銀行授信不宜過度集中。<br>（二）客戶分散<br>銀行法針對下列兩種客戶：<br>1. 一般客戶→無規定<br>2. 關係人<br>→銀行法第 32 條<br>(1) $\dfrac{有抵押放款}{放款}$<br>$\leq 40\%$ 淨值<br>(2) $\dfrac{無擔保放款}{放款}$<br>$\leq 10\%$ 淨值 | （一）轉給借款人<br>（二）轉給借款人的關係人：常見的是徵提借款保證人。 | （一）存款保險<br>（二）貸款保險 |
| 本書相關單元 | Unit 9-11、25-7、25-8 | Unit 9-6、9-14、9-15 | Unit 9-12、9-13 | Unit 10-1 | Unit 10-8 |

## 9-4　風險管理的組織設計

　　銀行的「風險管理」，由銀行那（些）部門擔任主管部門？由於事情範圍廣，至少與三個有關：董事會下轄稽核處、總經理下轄風險管理部、法令遵循

處。由表 9-5 右下角可見，這是股票上市的金控、銀行，負責督導業務單位「恪遵法令」的單位。

## 一、四道防線

銀行針對風險管理皆宣稱有「分行－稽核處－總經理」三道防線，本書增加董事會這層級，分成四道防線，詳見表 9-6 第一列。

## 二、第一道防線：銀行分行

「冤有頭，債有主」，這句俚語貼切說明每個風險可能由相關部門產生，以銀行分行來說，常見五個業務科，各自負責管理相關風險。

（一）信用風險主要是授信科：信用風險主要來自授信科，外匯科有進口組負責信用狀開狀，有信用風險。

（二）法律風險主要來自財管科、信託科、外匯科。

（三）作業風險主要來自儲蓄科：銀行有三類櫃檯，最大的是「存提款」或「一般」業務，這由儲蓄科負責，櫃檯行員努力點鈔，以免碰到偽鈔等，以致損失。

## 三、第二道防線：總行業務相關部門

銀行分行五個業務科，在總行各有名稱相同（或相近）的業務部，會透過人資部開授相關課程給各分行業務人員，以提升能力。以徵信審查部來說，透過兩種方式以預防分行授信業務出槌。

（一）徵信審查作業準則：「作業準則」（operation guidance）俗稱「標準作業程序」（standard operating procedure, SOP），靠制度管理以做到標準化。

（二）駐行徵審人員：徵審部派出一位員工到分行授信科後櫃，在分行授信小組審查每個貸款申請案時，以便採取預防措施。

## 四、第三道防線：風險管理相關部門

由表 9-6 第四欄可見，總行中至少三個部門處理風險管理。

‧稽核處：主要功能是「防止舞弊」（俗稱防弊），主要針對作業流程。

‧風險管理部：主要針對信用、作業和市場風險。

‧法令遵循處：銀行設立法令遵循處，以配合法令要求，預防分行、總行業務部門等法律風險。

表 9-6　銀行分行到總行董事會的業務部門和五種風險的對映關係

| 風險種類：損益表架構 | 第一道防線：分行 | 第二道防線：總行業務部門 | 第三道防線：風險管理相關部門 | 第四道防線：董事會 |
|---|---|---|---|---|
| 一、營收 | 五個業務科 | 五個業務「部」 | 三個風管「部」 | |
| ·信用風險 | 授信科<br>外匯科<br>駐行徵審人員 | 徵信審查部<br>債權管理部<br>國際業務部 | 風險管理部 | 1. 董事會：1 個月一次<br>2. 常務董事會：1～2 週一次 |
| ·法律風險 | 財富管理科<br>信託科 | 財富管理部<br>信託部 | 法令遵循處 | |
| 二、營業成本 | | | | |
| ·作業風險 | 儲蓄科<br>駐行稽核人員 | 儲蓄部<br>資訊處<br>數位金融部 | 稽核處：每半年查分行一次 | |
| ·流動性風險 | 會計 | 財務部 | | |
| 三、營業外收入 | | | | |
| ·市場風險 | 借款戶抵押（質押）品的市場價格 | 投資部：股票 | 風險管理委員會 | |

---

**知識補充站──第四道防線：董事會**

一、董事會，尤其指經營董事

董事會監督管理階層，但自己也是業務決策單位，主要是針對一定金額的授信案。

1. 常務董事會：5～10 億元授信申請案

2. 董事會：10 億元以上授信申請案

二、董事會內部風險管理機制

1. 當沒有風險管理委員會時：審計委員會管三件事：稽核處、簽證會計師事務所與會計師之選任，和風險管理政策監督。

2. 當有風險管理委員會編制時：許多銀行成立風險監督委員會。

# 9-5　銀行總行的風險管理部

由於銀行風險管理的重要性，金管會要求銀行必須設立專責風險管理部。

## 一、一般公司的風險管理部

高資產風險的行業的資產出槌動輒就損失數億元，所以許多行業皆設有風險管理部，但跟金融業的功能大不同。

（一）航空海運業：一架客機 30 億元，一般極限巴拿馬級貨櫃輪更貴，一旦遇難，運輸公司損失金額極大。交通運輸業的風險管理部基本職責是為船舶飛機買保險，包括承攬運輸的乘客等。

（二）製造業：工業產值 85% 在製造業，許多資本密集業（例如半導體製造、面板），一座廠投資 600 億元以上。風險管理部的職掌大都聚焦在工業安全，其中重點在於防火、防震、防（氣）爆等，主要是保障機器設備的安全，簡單的說：「太貴了，賠不起」。

## 二、銀行的風險管理部

由圖 9-2 可見，銀行風險管理部對內對外的主要職掌。

### （一）對外：接受金管會銀行局的壓力測試

金管會每年一次對銀行進行壓力測試，另外還有單項壓力測試（對中國大陸曝險、房地產等），銀行的風險管理部都是承辦部門。此外，例行性符合巴塞爾協定的檢查與呈報。

### （二）對內：扮演銀行局角色，對分行進行壓力測試

風險管理部對內扮演金管會銀行局的角色，要求各分行、總行各業務相關部門提出「風險自評」，然後予以改善等。最狹義的說，食品公司的食安檢驗室每天把進料、出貨的檢驗報告上呈副總等層級。同樣的，銀行風險管理部每天把銀行股票、外匯資產的市場風險評估表上報，讓總經理甚至董事長知道銀行股票、外匯金融資產的「市場風險」有多大。

## 三、風險長

風險管理部主管稱為風險長（chief risk officer，CRO），2014 年起，隨著金融「黑天鵝」事件越來越多。風險長的責任範圍愈來愈廣，地位及影響力也與日俱增。許多銀行的風險長地位僅次於總裁，跟財務主管平起平坐，風險長的薪資也水漲船高，例如 2014 年英國滙豐銀行風險長年薪 1,000 萬美元，總裁 1,140

萬美元。（摘修自經濟日報，2014 年 3 月 17 日，A8 版，林佳賢）

## 四、有比較才知道差別

　　風險管理部是新成立的部，之前稽核處扮演一部分功能，表 9-7 是一家銀行分行經理眼中的稽核處、風險管理部職掌差別。

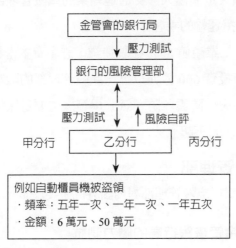

圖 9-2　銀行風險管理部的主要職掌

表 9-7　稽核處跟風險管理部的分工

| 風險 | 稽核處 | 風險管理部 |
|------|--------|-----------|
| 市場 | | ✓（遵循巴塞爾協定 III，詳見 Unit 26-2） |
| 信用 | | ✓（計算市場風險應提資金） |
| 流動性作業 | ✓ | ✓（計算信用風險資產是否交易） |
| 法律 | | ✓ 計算作業風險應提資金 |
| ✓：打 ✓ 處為該部主要執掌 | | |

---

風險長小檔案（chief risk officer, CRO）

或稱 chief risk management officer　中國大陸譯詞：首席風險官

編制：例如滙豐銀行

源頭：1993 年美國通用電氣（GE，俗譯奇異）的「企業風險管理部風險長 Jomes Cam。」

　　　2001 年美國沙賓法案（Sarbanes-Oxley Act）、巴塞爾協定、Turnbull Report（註：倫敦證券所 1999 年對上市公司要求的內部控制報告）後，各上市公司、金融業逐漸設立風險管理部，由風險長帶頭。

---

# 9-6　銀行風險的衡量

「千金難買早知道」，這句俚語隱含針對風險的機率、損失金額，似乎「言人人殊」，10 個人有 11 種看法。在銀行對五種風險的衡量（表 9-8），比較有「放諸四海皆準」的標準作業程序。

## 一、占風險比重 95% 的三個風險

銀行有 90% 風險來自信用、市場風險，作業風險頂多占 5%，這三個風險的預估損失的衡量被金管會統一了。

（一）巴塞爾協定對三種風險的標準衡量：巴塞爾協定針對這三種風險都有操作性定義，有許多電腦軟體可以運用。

（二）金管會壓力測試考慮信用、市場風險：金管會每年 4 月，針對 40 家銀行進行壓力測試，以計算信用、市場風險對銀行淨利的影響，其考慮程度包含輕微壓力與最壞情境（scenario），詳見表 26-8。

## 二、占風險比重 5% 的二個風險

有二項風險占預估損失 5% 以內，出現在資產負債表、損益表方面。

（一）流動性風險幾乎不存在：流動性風險大都出現在「擠兌」（run-prone 或 bank run）情況，大量存款戶爭相恐後提款，銀行「無力償還」，此時中央銀行扮演「最終放款者」（last lender）。其他情況下，銀行可在金融業拆款市場等借到錢，流動性風險幾乎不存在。

（二）法律風險不大：在金管會的嚴格監督下，銀行碰到數億元罰金、法院判賠的法律風險不大。

表 9-8　銀行五種風險的衡量

| 財報 | 巴塞爾協定的規定 | 銀行風險管理部 |
|---|---|---|
| 一、資產負債表 | 詳見 Unit26-4～26-5 計算資金適足率 | |
| （一）流動資產 | | |
| ・現金 | | 中央銀行針對現金占存款比率有「流動性」準備規定 |
| ・金融資產 | 市場風險 有「風險值」（VaR）的軟體以計算 「市場風險應提資金」 | |
| （二）非流動資產 放款餘額 | 「風險性資產」主要指放款，風險程度分四級 0%、50%、100%、150% | |
| 二、損益表 | | |
| （一）營收 | | |
| （二）營業成本 | 針對作業風險計算「作業風險應提資金」 | 針對分行財富管理科銷售保單、金融商品可能的法律風險，估算損失金額 |

## 三、明顯的預期損失很容易估

「風險管理」基本上是花「小錢」（例如風險管理明顯成本）來省「大錢」（即明顯效益）。這「好處」指的是降低「預期損失」。

$$E(L) \quad = \quad Prob \quad \times \quad L$$

預期損失　　損失機率　　損失金額

（一）風險發生機率：由表 9-9 第二欄可見，風險發生機率分成「已知」、「不確定」，第二欄，再把這兩類分成二中類。比較跌破眾人眼鏡的是一些不相干的條件湊在一起，出乎意料的構成大損失，俗稱「完美風暴」（perfect storm）或「蝴蝶效應」（The Butterfly Effect）。

（二）出險的損失：針對出險的損失金額，在買保險時，是比較好估計；但在銀行內風險管理部跟各部門會有拔河戰，風險管理部希望「料敵從寬」，「做

最壞打算」才能「做最好準備」。業務相關部門、財務部和投資部可能認為「沒這麼嚴重吧！」到最後總經理召開風險管理委員會來審議。

（三）機率乘上損失金額等於預期損失（expected loss）：有許多風險評估資訊系統，強調其有全球資料庫，所以比較容易正確算出預期損失，常見的例如風險地圖（Risk Map）的電腦軟體。

表 9-9　預期損失的估計

| 損失機率 | | 損失金額 |
| --- | --- | --- |
| 一、大分類 | 二、中分類 | |
| 一、已知機率 | （一）較可能情況<br>銀行許多部門怕上級、風管部知道而不利自己，因此把「出錯」情況能「大事化小，小事化無」（俗稱吃案），這是「冰山」在海面下的部分，俗稱「黑數」。 | 《黑天鵝效應》作者塔雷伯看法<br>1. 高估<br>大家談得口沫橫飛的黑天鵝，就是那種你很可能在時事評論與電視上得知的事，容易被高估機率和金額。 |
| | | 2. 理性估計<br>例如「八九不離十」、「君子所見略同」。 |
| | （二）較低情況<br>保險公司審核保單 | 3. 低估<br>沒有人談的黑天鵝就是那種看起來不可能、讓你覺得公開討論它很丟臉的事。（例如被視為烏鴉），人們會低估機率和金額。 |
| 二、不知機率 | （一）不知機率俗稱不確定<br>不確定卻有重大影響時俗稱「黑天鵝」事件 | |
| | （二）隨機 | |

# 9-7　銀行總行董事會稽核處

會計部、稽核處（auditing department）是公司內部控制的必要單位，基本任務在防止舞弊甚至員工疏失所造成的損失。尤其稽核處被視為內控的主管部處，功能比會計部大太多了。每家公司都有稽核人員，但位階低（稽核處，主管職稱副總到副理）、人員少（400 人上市公司才一位，校長兼撞鐘）。銀行是

錢的行業，風險比一般公司大，所以稽核處位階、人員編制較大，詳見表9-10。

# 一、法令規定

‧主管部會：行政院金管會

‧時間：2014 年 8 月 8 日

‧行政命令：金融控股公司及銀行業內部控制及稽核制度實施辦法。

# 二、稽核處位階

（一）隸屬董事會：董事會三大功能之一是監督管理階層，監督的工具之一便是稽核處。稽核單位名稱有「室」（auditial room）、「處」，人員數目頂多是處級單位，金管會要求稽核主管「總稽核」必須是副總經理級。

（二）編制：銀行總行稽核處的編制（員工人數）都「不大」，頂多 50 人，這不包括駐行稽核。

# 三、總稽核職稱

## （一）法令要求：副總經理級

有些銀行為了強化授信品質、降低呆帳率，甚至把「總稽核」（auditor general 或 chief auditor）升任為總經理，這是打安全球的做法。

## （二）每半年不定期稽核分行

稽核處對分行的固定稽核次數為半年一次，對稽核日期保密；分行營業日早上九點開門營業，總行稽核組便到，查金庫現金、帳簿和文件（尤其是分行經理權限內的重大金額授信案）。

## （三）邏輯上，稽核處人員不跟業務部門交流

許多政府單位的政風處政風人員不跟其他部門人員輪調，同樣的，銀行稽核人員不跟業務部門交流，以免考慮自己以後的出處，對業務部門「示好」、「手下留情」。

# 四、駐行稽核人員的稽核計畫

（一）一般公司：一般上市公司，在每年年底董事會議題之一是稽核主管提報的下一年「稽核計畫」，這是除了例行稽核（例如財務部的現金、背書保

證、衍生性商品交易）外，針對各部門的重點稽核。

（二）銀行分行：在銀行分行的駐行稽核每年年底也提報稽核計畫給分行經理，其中針對臨時項目會插入專案稽核計畫。

表 9-10　一般公司跟銀行稽核處功能比較

| 財務報表 | 一般公司<br>稽核處 | 銀行分行<br>駐行稽核人員功能 |
| --- | --- | --- |
| 一、損益表 | | |
| 營收 | 預防業務部人員捲款潛逃 | 在分行授信會議確保授信流程完整 |
| ─營業成本 | | |
| ・原料 | 預防採購部人員收取採購回扣 | 左述功能較不重要 |
| 二、資產負債表 | | |
| （一）資產面 | | |
| 1. 流動資產 | | |
| ・金融資產 | 預防財務部人員「捲款潛逃」 | 同左 |
| ・存貨 | 確保資材部料帳合一 | 同左 |
| 2. 非流動資產<br>　固定資產 | 確保製造部的機器設備料帳合一 | 同左 |

---

**全美反舞弊性財務報告委員會發起組織**

（Committee of Sponsoring Organizations of the Treadway Commission, COSO）

成立：1992 年

住址：美國

人：由美國會計師協會（AICPA）、美國會計學會（AAA）、美國內部審計師協會等五個機構成立。

事：1992 年發布《COSO 內部控制整合架構》，2004 年發布《企業風險管理整合架構》（COSO-ERM），這是各國（上市）公司內部控制的主要準則。

| 美國富國銀行被罰 1.85 億美元 |
|---|
| 時：2016 年 9 月 9 日 |
| 地：美國 |
| 人：美國消費者金融保護局（CFPB）、富國銀行（Wells Fargo） |
| 事：美國市值最大銀行富國銀行未經客戶同意，5,300 位行員私自虛設 200 萬個存款和信用卡帳戶等「大規模非法」銷售行為，遭美國主管機關裁罰 1.85 億美元罰金。 |

# 9-8　內部控制以降低風險

內部控制的主要特色在於透過「環環相扣，部門間制衡」，以達到防止員工舞弊、疏失所造成的風險。

## 一、在銀行業風險管理

（一）內部控制的主管部門：這主要指董事會轄下的稽核處，相關部處有會計部，在銀行業還包括風險管理部、法令遵循處。

（二）風險種類：主要是信用風險之預防（駐行稽核人員），其次是作業風險。華南銀行南永和分行經理許雪惠表示，在落實授信標準作業流程及法規遵循審慎評估情況下，可降低授信風險。

## 二、廣義：內部控制以落實全面風險管理

每次講到內部控制制度以落實全面風險管理，會計人士大抵引用「國際證券管理組織」（IOSCO）的架構，詳見表 9-11 第三欄。

## 三、管理活動「規劃─執行─控制」

「兩個就可以做表，三個就可以分類」，內部控制五要素，任何專業管理活動皆可套入管理活動「規劃─執行─控制」來分類。

## 表 9-11　內部控制的程序

| 管理活動 | 說明 | 內部控制五要素 |
|---|---|---|
| **一、規劃** | | |
| 0. 目標 | 三大目標：營運效果、財報可靠性、法令遵循 | 三大目標：業績、信譽、合法性目標 |
| 1. 策略 | 董事會決定風險管理策略：例如風險管理五中類手段 | － |
| 2. 組織設計：四道防線 | ・帳務獨立：會計部<br>・法令遵循處<br>・董事會下轄稽核處<br>這三項偏重行政控制 | 1. 控制活動與職務分工<br>建立適當的控制結構，每一業務層級上有明確的控制措施，實行適當的職責劃分。 |
| 3. 獎勵制度 | 財務控制 | |
| 4. 企業文化 | 文化控制<br>建立誠信、守法及忠實、恪守金融普世價值及原則（Principle-based）的企業文化（例如行為準則）並落實（對客戶、公司、員工、合作夥伴、社區均適用）。 | 2. 內部控制環境：管理階層監督及控制文化<br>建立完善的公司治理結構，使各階層人員了解內部控制的重要性，以及自己在內部控制過程中的作用，並且形成內部控制企業文化。 |
| **二、執行** | | |
| 1. 用人 | 這包括用人的資格應該品德重於才能 | 3. 風險辨識與評估<br>必能夠認定影響企業實現其目標的重大風險，並對其進行持續性監視。 |
| 2. 領導型態 | 在內部控制制度照表操課<br>例如建立直通總行法遵單位的道德及法遵熱線（Ethics & Compliance Hotline），鼓勵員工舉報任何不法或違反公司政策的事件或行為。 | 4. 資訊與溝通<br>確保財務資料、經營與合法性資料的可靠性、及時性，並建立所有重大業務活動的管理資訊系統，同時保證資訊系統內容內各部門的充分交流。 |
| 3. 領導技巧 | 以身作則 | |
| **三、控制** | | |
| 1. 衡量 | 稽核處提交董事會報告 | 5. 監督活動與更正缺失<br>稽核處對內部控制制度進行有效而全面的內部稽核，應直接向董事會及高階管理階層報告。 |
| 2. 回饋 | 董事會採取對策 | |

### 四、內部控制的目標

在表 9-10 第三欄內部控制三大目標中「信譽」目標須特別說明。銀行是靠存款戶「信任」做生意的行業，一旦失去信任，存款戶「擠兌」，銀行大都撐不住，必須向央行求救。以銀行的風險管理來說，大可依「效益成本分析」（cost benefit analysis），將本求利，邊際收入大於邊際成本即可。存款戶看著銀行「無法處理魔鬼般的細節，小事都管不好，會對銀行管大事的能耐失去信心，此時一個小錯可能危及銀行「信譽」，進而存款戶等出走。2014～2015 年食安風暴，幾家知名食品、餐飲上市公司「信譽」蒙塵，很難恢復顧客的信任。

---

**國際證券管理機構組織**

（International Organization of Securities Commissions, IOSCO）

成立：1964 年

秘書處住址：西班牙馬德里市，124 個正式會員，包括臺灣

功能：全球各證交所的協調機構，其中針對風險管理有許多規範。

---

## 9-9　狹義風險管理手段：以授信業務爲例

《孫子兵法》〈九變〉篇有一句名言：

「無恃其不來，恃吾有以待之；無恃其不攻，恃吾有所不可攻也！」

這是風險管理的基本態度，針對風險管理共有兩大類、五中類手段，以銀行授信業務來說明。套用風險熱度圖（risk heat map，圖中的線可以看成等溫線）來說明。

### 一、大分類：風險自留 vs. 風險移轉

由表 9-12 第一列可見，依銀行扛不扛信用風險分成兩大類。

（一）風險自留（risk retention），又稱風險承擔：千斤重擔一肩挑，銀行「扛」信用風險，再透過三中類方式把風險水準（預估損失）壓在「可接受範圍」

內。

（二）風險移轉（risk transfer）：銀行把信用風險移轉給第三方。

## 二、中分類 I：風險自留下三中類

### （一）風險隔離（risk separation）

風險隔離有兩種方式：

1. 不做這方面業務。

2. 以子公司作防火巷（fire alley），例如讓旗下租賃公司去承接租賃類授信業務。

### （二）風險分散（risk diversification）

透過授信區域（國外 vs. 國內）、產業（服務業 vs. 工業）、時間（同一家公司，分期撥款）的分散，以免「孤注一擲」的「賭錯邊」。

### （三）損失控制（loss control）

損失控制的重點在於「不讓單一貸款戶」的違約「動搖國本」。

1. 限額管理（limits management）：這是指銀行董事會對分行、地區營運中心、總經理（下轄徵審部）、董事會四級，設下授信上限，以事先做好「損失金額管理」。

2. 設立停損點（stop loss）：針對同一貸款戶，見苗頭不對，依貸款契約可以停止第二期貸款撥款等。

3. 風險理財（risk financial）：這主要是指呆帳覆蓋率。

## 三、中分類 II：風險移轉下二中類

（一）風險迴避（risk avoidance）：例如要求貸款申請人提出連帶保證人，俗語說「保」人拆開來便是「人呆」，當保證人便是「呆人」。在公司情況下，董事有義務擔任公司的連帶保證人。

（二）保險（insurance）：以消費者貸款來說，銀行可要求個人購買貸款保險（費率依個人信用、貸款期限而定，例如 1.5%，100 萬元貸款，保費 1.5 萬元），銀行把貸款戶違約風險移轉給產物保險公司。

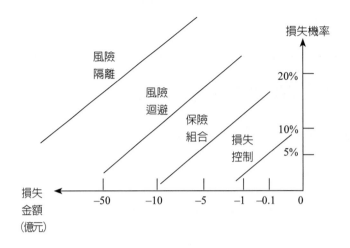

圖 9-3　風險熱度圖與風險管理方式（註：圖 9-1 第二象限）

表 9-12　以授信業務為例說明銀行風險管理手段

| 二大類 | 風險自留 | | | 風險移轉 | |
| 五中類 | 隔離<br>（separation） | 組合<br>（combination） | 損失控制<br>（loss control） | 迴避<br>（avoidance） | 保險<br>（insurance） |
| --- | --- | --- | --- | --- | --- |
| 一、說明 | 有「不沾」與「防火巷」兩種 | 即分散（diversification）常見的有三種分散。 | 設立損失上限，反推承作金額 | 把風險移轉給其他人（保險公司以外） | 向保險公司買保險 |
| 二、方式 | | | | | |
| 1. 第一優先 | 要做「危邦不入，亂邦不居」 | 區域分散 | 限額管理 | 中小企業信用保證基金 | 外部保險公司 |
| 2. 第二優先 | 設立防火巷以子公司方式來做 | 產業分散 | 設立停損點 | 董事聯合擔保 | 專屬保險公司 |
| 3. 第三優先 | 其他 | 時間分散 | 風險理財 | 交叉違約合約 | 其他 |

# 9-10　信用風險管理 I：導論

　　銀行 70% 的收入來自放款的利息收入，基於「80：20 原則」，信用風險是「重中之重」，這是銀行的本業，銀行有非常嚴格的標準作業流程。但百密中偶有一疏，一旦有「破口」，讓罪犯有機可乘。

## 一、信用風險的定義和原因

　　信用風險（credit risk）是指銀行放款給「借款戶」（borrower）後，借款戶不還息甚至不還本，「不履」行貸款契「約」（即違約，default）。

　　信用風險來自惡意、非惡意兩種情況。

　　（一）詐欺式信用風險：主要指犯罪人盯上銀行，設法找銀行漏洞，以便冒名貸款、超額貸款。

　　（二）非惡意信用風險：以房貸借款人為例，因失業、股票投資失利等因素，無力償還房貸。

## 二、從個體經濟談起

　　在大一經濟學個體經濟部分，或大二個體經濟學中一章說明在「敵明我暗」的資訊不對稱情況下，以銀行房屋貸款為例，惡意借款人兩階段想「A」銀行。

　　（一）逆向選擇：當賣方「精挑細選」買方時稱為正選擇，在房屋貸款時，借款人是房貸業務的買方，惡意借款人會挑房貸審查有漏洞的銀行分行去試，直到找到，並向其申請貸款，此即逆選擇。

　　（二）道德風險：惡意借款人等到銀行分行把貸款（含信用卡）撥款下來後，大都「露出真面目」的「捲款潛逃」（run off with money），為了防止追索，大部分以人頭戶（遊民、前科犯、重症病患）向銀行申貸。這對銀行來說，放款後便承受著惡意借款人的道德風險。

## 三、以華南銀行某分行為例說明

　　「講故事」會讓人有興趣學習，本單元以 2016 年 3 月爆發的華南銀行某分行被犯罪人士以假房貸「騙」了 5.27 億元為例，詳見表 9-13。該犯罪小組已向 12 家銀行，以假單據（主要是假的統一發票）騙取公司貸款、以人頭戶騙取信用卡、消費者貸款和房貸，2015 年遭臺北市士林地檢署起訴。

小博士解說

### 華南銀行某分行房貸被冒貸 5.27 億元

時：2016 年 3 月

地：臺北市，以華南銀行某分行為例

人：許某等人

事：2013 年 11 月底迄 2015 年 2 月，許某等犯罪小組向華銀某分行冒貸房貸 34 件，有房貸、房屋修繕貸款，總額 5.27 億元，主要由同一行員承辦。

表 9-13　華南銀行某分行被冒貸 5.27 億元

| 第一道防線：銀行分行 | 犯罪小組破解之道 | 補救措施 |
|---|---|---|
| （一）授信科行員 | 許某知道華銀 1,500 萬元以下房貸由分行決定。 | 1. 2016 年 3 月 8 日，金管會的處罰措施如下。<br>・裁罰華南銀行 300 萬元 |
| 1. 對借款人面談 | 犯罪小組把「人頭戶」（遊民、前科犯等）打理好 | ・解除某行員職務 |
| 2. 借款人填寫申請書，提供擔保品資料，行員只看文件影本，未核對正本 | 提供人頭的假造頭銜、薪資單、財力證明 | 2. 華南銀行<br>・提列 2 億元呆帳，處罰覆核人員到經理個人；<br>・獎勵制度<br>之前：房貸績效獎金<br>之後：2016 年 1 月修改 |
| （二）副理、經理辦理徵信調查、房屋鑑價，未實地查看屋況 | 提供假造的契約、相關證明，虛報房價以爭取超額貸款。 | 2016 年 8 月 12 日，中天新聞報導該分行經理退休。 |
| （三）分行審查通過，給予放款，未察覺由他人繳交每期房貸的異狀 | 初期正常繳息，營造信用良好假象。 | |
| （四）有借有還，再借不難 | | |
| 1. 見借款人繳款正常，核准下一筆借貸，未建立裝潢貸款明確審核流程，無法確認貸款用途是否相符 | 借款人再向同一銀行分行同一行員借房屋修繕貸款 | — |
| 2. 吃呆帳 | 逐漸逾期繳款，或甚至不繳，露出狐狸尾巴 | — |

資料來源：大部分整理自商業周刊 1479 期，2016 年 3 月，第 52～55 頁。

知識補充站 ── 台中銀行的房地產貸款鑑價

時：2016 年 4 月

地：臺中市

人：台中銀行，80 家分行

事：1. 在各地區成立專職房地產鑑價作業的鑑價組。

　　2. 企金部設置聯貸小組，集中管理聯貸業務，其功能在於提高授信徵審的時效與品質；以加強風險管理和降低損失。

（整理自經濟日報，2016 年 4 月 5 日，A12 版，夏淑賢）


# 9-11　信用風險管理 II：隔離

　　俗語說：「沒有那樣的胃，就不要吃那樣的瀉藥。」許多人由於身體過敏等原因，醫生囑咐不能吃某些食物，美國電影中最常播的是對花生過敏，小至嘴唇腫成香腸嘴，大至呼吸困難，不治療甚至會要人命。銀行總行的授信政策中，會規定總行、分行那些授信申請案是「碰不得」。

## 一、企業金融業務風險隔離

### （一）暫停增加授信金額

　　由於中國大陸的一些產業產能過剩，來看對臺灣的公司遭受紅色供應鏈（red supply chain）的紅色威脅，2010 年，表 9-14 四大「慘業」中的面板、DRAM 業各虧損 1,000 億元，等於全體銀行稅前淨利。那時，銀行紛把 3D1S（詳見表 9-14 第一欄）列為「暫停增加授信」。

### （二）由白手套來做

　　有些銀行自己不承作「售後租回」的機器租賃業務，已成立租賃公司來承做。這是以公司型態來做防火巷，一旦出問題，至少公司名稱上「不會」扯到銀行本身。

## 二、消費金融業務風險隔離

針對房貸和消費者貸款，有些銀行劃出明顯的紅線。

### （一）以房屋貸款業務為例

2013 年起，許多銀行不承作小套房放款業務，一是小套房房價被炒高，下滑幅度風險較大；一是小套房的坪數（扣除公共設施，室內面積約 9 坪，2 人住嫌擠）小，不好賣，這對貸款戶違約時，銀行把小套房進行法院拍賣，可能會大賠。

### （二）不承做汽車貸款業務

許多銀行不承作汽車貸款業務，尤其是有些汽車租賃公司，購買超級跑車出租，但產物保險公司不承保此種車種。所以一旦租車人出車禍，汽車租賃公司求償無門，會拖累到銀行，所以銀行不承作這類汽車貸款。

表 9-14　銀行對企金消費貸款業務的風險隔離

| 一、企業金融業務 | 二、消費金融業務 |
|---|---|
| 1. 2010 年，4 大「慘」業：3D1S（註：授信較嚴）<br>2010 年受中國大陸政府扶助，許多產業產能過剩，以削價競爭，臺灣稱為「紅色供應鏈」（red supply chain）。有 4 行業虧損，依行業英文簡稱 3D1S：<br>・Display，液晶面板<br>・DRAM，<br>・LED，<br>・Solar，太陽能 | 以房屋貸款為例<br>1. 地區<br>地震危險區（例如斷層帶）、土石流嚴重區，主因是 2016 年 2 月 8 日美濃（有稱臺南）大地震後的規定<br>2. 物件<br>・主建物加附屬建物 15 坪以下小套房不核貸<br>・凶宅，2016 年 8 月起，凶宅交易時須公告。<br>・如果核貸<br>貸款成數：銀行鑑價金額最高 75 折；貸款利率：比一般房屋貸款利率高，例如 2.3～3.5%。 |
| 2. 2016 年起，4 大慘業：觀光旅館、航運、房地產、鋼鐵等。<br>以商業旅館業來說，2015 年起，有些銀行對旅館的貸款以「不做」或「少做」為基本原則；<br>2016 年 1 月 16 日起，中國大陸政府逐漸減少陸客來臺人數，2015 年有 418 萬人次，2016 年減少三成以上，首當其衝的旅館業，由於陸客主要是住四星級以下旅館，俗稱商業旅館，住房率從 75% 降到 50% 以下，掀起轉售、倒閉潮。 | |

小博士解說

玉山銀行運用風險胃納機制

時：2008 年起

地：臺灣

人：玉山銀行

事：玉山銀行採用風險胃納機制，透過壓力測試，以求（授信）業務等風險在
　　可接受範圍。例如針對房貸業務，在房價過高地區，控制房貸金額。

知識補充站──被銀行列為放款警戒的旅館

時：2016 年 9 月

地：臺灣

人：許多銀行

事：符合下列性質旅館，被銀行列為放款的警戒對象。

　　1. 價位：即使在臺北市精華區，房租價位 1,000 元、最多 2,000 元；

　　2. 位置：縱使在捷運站旁，但在地下室，甚至前身是法拍屋；

　　3. 住房率：低於六成，不足以因應後續維修管理的需求；

　　4. 大小：旅館空間狹窄，且被隔成擁擠的小套房。


# 9-12　信用風險管理 III：區域分散

　　由於法令限制，信用的區域分散（regional diversification），以銀行總行為
主；區域（region）是指一洲的一區，例如東亞、東南亞。

## 一、國際曝露的衡量

　　針對銀行的國際「曝露」（expoosure，不宜譯成曝「險」）的衡量，有兩
個部會各提出標準，詳見表 9-15。

### （一）金管會的標準較寬

　　由表 9-15 第二欄可見，金管會的定義包括銀行的「投資」，不過，此項金
額極低。

## （二）中央銀行的定義

中央銀行對銀行在其他國家曝露的衡量，有兩種標準，詳見表9-15第二欄。

# 二、海外營業單位

銀行的海外營業單位至少有下列二個。

## （一）國際金融業務分行占海外營收、淨利八成

你偶爾會看到，臺灣的銀行來自海外淨利占淨利30%，這主要是指「國際金融業務分行」（OBU），由表 9-15 第二欄可見，這部分資產近 1,600 億美

表 9-15　銀行海外曝露的衡量方式

| 部會 | 曝露範圍 | 舉例 |
|---|---|---|
| 一、金管會衡量方式 | 1. 授信包括貿易融資、墊款、貸款等。<br>2. 拆存款。<br>3. 投資，這主要是指「參股」陸資銀行。 | 2015 年 10 月，財政部提交給立法院財政委員會的報告。<br>1. 2015 年 12 月銀行對陸企的曝露金額 1.77 兆元，占銀行放款 24.76 兆元比重 6.6%。以各銀行的金額來看，約有半數的銀行、規模都超過 1,000 億元，一旦出現倒帳、逾放，後果嚴重。銀行局要求銀行提列 1.5% 的備抵呆帳準備，並進行相關壓力測試。<br>2. 八大銀行的陸資企業授信餘額 693 億元，其中信用放款的比重 67.6%，中長期、短期占授信比重 54.5% 與 12.2%。 |
| 二、中央銀行：2015 年 9 月採取國際清算銀行（BIS）的計算方式，由金檢處負責監理 | 1. 直接風險餘額<br>以外國債權為準，包括。<br>(1) 以中國大陸為例，考慮臺資銀行在當地放款等。<br>(2) 國際債權。<br>2. 最終風險淨額<br>以臺灣的兆豐銀行美國紐約分行為例，10 億美元放款給一家陸資企業的美國子公司，以直接風險來說，這 10 億美元會列計在美國，重新歸類後的最終風險會列計在中國大陸。 | 每年 3 月 30 日，中央銀行公布去年銀行曝露十大國家，以2015年為例。<br>1. 直接風險餘額美國 648 億美元，第一大。<br>2. 最終曝露中國大陸 650 億美元，第一大。<br>以 2017 年 3 月金管會的數字來說：<br>· 曝露金額 1.54 兆元<br>· 曝露金額占銀行淨值比率 0.5 倍，永豐銀行 0.73 倍 |

元，占總行資產 40 兆元的 13% 左右。資金運用以貼現及放款爲最多，占海外資產 40.6%，其他存／拆放金融機構 21%、有價證券投資爲 20%、聯行往來爲 12.3%、其他資產 6.28%。

### （二）海外分行占海外營收、淨利二成

海外分行 330 家，約占國內分行數的一成。一般來說，臺灣的銀行主要是配合臺商而提供授信業務。例如中國大陸臺資銀行主要聚焦於長江三角洲（上海市和江蘇省蘇州市）、珠江三角洲（廣東省廣州市和深圳市、東莞市等）。

# 9-13　信用風險管理 IV：產業分散

「不要把所有雞蛋擺在同一個籃子」，這句俚語許多人耳熟能詳，在股票投資的運用，主要是 1990 年諾貝爾經濟學三位得獎主之一馬可維茲（Hanry Markowitz, 1927～）在資產選擇理論中的主張。「風險分散」占有效性高低有三種方式：區域分散、產業（包括公司）分散與時間分散，本處說明產業分散，詳見表 9-16。

表 9-16　銀行放款的產業分散

| 規定＼種類 | 銀行內規 | 金管會銀行局規定 |
|---|---|---|
| 一、房地產 | 以第二大放款銀行合作金庫銀行爲例<br>1. 房屋貸款<br>→由房屋所有人向銀行申請，以房地產爲抵押品。<br>2. 建築（業）貸款<br>→由建設公司（俗稱建商）向銀行申請，大都以土地爲抵押品，貸款用於蓋房子。 | 2012 年 1 月底，2011 年金融機構檢查重點出爐，金管會緊盯產業授信過度集中、房地產授信業務，銀行法規定，不准超過放款三成，只有房地產專業銀行土地銀行不受限，違反規定，銀行被處分，方式包括扣點等，會影響未來的新業務申請。 |

表 9-16（續）

| | | | |
|---|---|---|---|
| 二、一般產業 | 2009 年 3 月 21 日，董事長在高階主管會議中下達指令，要求訂定細到行業（例如 DRAM 產業，可細分為製造、設計、封測等）的產業別分類，以及相關的放款上限，避免放款風險過於集中的問題。<br>以 DRAM 授信為例，DRAM 業授信計包括力晶、茂德、南科、華亞科四家公司，高達 238 億元。合庫銀行各行業別授信上限規定，詳見下表，DRAM 被歸類在電子零組件項下的「半導體製造業」，授信上限約訂在 3% 左右，以合庫總授信額度 1.8 兆元計，上限約在 540 億元以內，雖在範圍內，但已是全體銀行之冠。 | 至於產業授信集中度部分，法令未明訂單一產業授信上限，但如果銀行授信過度集中，被列金檢缺失，金管會也會透過各種監理手段要求改善。值得注意的是，DRAM、面板等產業授信風險，金管會在 2011 年底發函銀行公會，提醒所有銀行注意分散風險外，也列入 2012 年金檢重點，顯示金管會對此問題的重視程度。 | |

| 合庫銀行的授信上限規定 | | |
|---|---|---|
| 排名 | 行業別 | 占放款總額比重上限 |
| 1 | 製造業 | 約 28% |
| 2 | 營建業 | 約 10% |
| 3 | 批發零售業 | 約 9% |
| 4 | 運輸通信業 | 約 5.21% |
| 5 | 金融保險業 | 約 5% |

## 一、房地產貸款

　　房地產貸款包括購置住宅貸款與建築（業）貸款兩項，是銀行放款項目中最大宗，因此必須額外注意，以免房市泡沫破裂，借款人無力還款，拖垮銀行業。尤其在建築（業）貸款方面，這包括土地、建築兩項貸款（合稱土建融資），借款人是建設公司（俗稱建商）。其中的建築貸款，銀行會按進度分批撥款，決定要求建商把客戶購買購置住宅預售屋的價金交付信託，直到完工才可動用。針對新北市林口、三峽、淡海三個區，因建案過多，風險較高，大型銀行在貸款契約明定，相關地區建案銷售率須超過五成，才會開始撥款。

## 二、其他產業

　　2011 年，四大「慘」業（3D1S, DRAM、Display、LED、Solar，即

DRAM、面板、LED、太陽能）虧損累累，因此銀行、金管會皆特別注意貸款的產業分散。2013 年，銀行貸款金額 7,000 億元，占貸款 3.33%。

## 三、金管會銀行局監督

根據銀行法規定，銀行辦理房地產融資訂有上限，銀行擔保品也須鑑價，法令都有一定的規範。金管會對於銀行承作相關貸款，申貸用途與實際用途是否相符，金融檢查時也會特別注意。

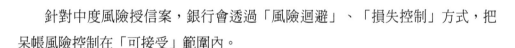

小博士解說

### 銀行對四大「慘」業嚴控授信

銀行對四大「慘」業的嚴格控制授信的具體做法主要有四：降低授信額度、提高放款利率、徵提擔保品、嚴控四項財務指標（流動比率、負債比率、授信淨值比率、利息保障倍數）。

# 9-14　信用風險管理 V：損失控制 I

針對中度風險授信案，銀行會透過「風險迴避」、「損失控制」方式，把呆帳風險控制在「可接受」範圍內。

## 一、企業授信的降低貸款成數

由表 9-17 可知，有些銀行針對下列兩個行業內公司申請貸款案，針對貸款成數打折。

### （一）商業旅館業

2015 年商業旅館業供過於求，2016 年起陸客減少更是雪上加霜。由表 9-17 可知，一些銀行對商業旅館的申請貸款依地區劃分風險等級，風險越高，授信成數越低（例如七折到六折、五折）。

### （二）營造業

2015 年起，有些地方政府（例如苗栗縣）財政惡化，甚至有付不出政府人

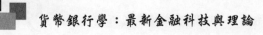

員薪水，對公共工程承包營造公司拖欠款項。

## 二、企業授信共同分擔風險

某銀行想承作貸款申請等，往往透過兩種方式，「迴避」部分信用風險。

### （一）中小企業信用保證基金

經濟部成立的財團法人中小企業信用保證基金最多會幫中小企業的合格貸款案扛「九成」的保證，例如貸款 1,000 萬元，信保 900 萬元。一旦倒帳，銀行可向信保基金取回 900 萬元。例如 2008 年，果子電影公司拍製電影「海角七號」，2010 年拍製電影「賽德克‧巴萊」，都是由信保基金「保證」大部分貸款金額。

### （二）聯合貸款

當你看到一個 15 億元的公司聯合貸款案，由二家以上銀行承做，大體來說，銀行想做但又有點擔心，所以就找幾家銀行承做，以求分擔信用風險。要是有個閃失，至少呆帳金額在銀行可接受（例如 5 億元）範圍內。

## 三、個人授信的損失控制

針對個人貸款申請案的「打折」受理，舉例說明。

### （一）房屋貸款申請案

2016 年 2 月 6 日，美濃（有稱臺南）大地震，造成土壤液化區的樓房崩塌，114 人罹難。銀行針對該大樓的房貸吃了呆帳。因此，有些銀行針對土壤液化區的建物，要求較高的建築安全係數（主要是船筏式地基與建物火災險中加買地震險），其次是降低貸款成數（由一般七成降至五成）。

### （二）其他貸款申請案

許多銀行規定房貸戶核准撥款一年後，才可申請房屋修繕貸款。

表 9-17　銀行對企金、消金授信的損失控制之道

| 一、企業金融業務 | 二、消費金融業務 |
| --- | --- |
| 1. 商業旅館業<br>在「要做」時，都要檢視兩項，一是區位是否帶得起人潮；二是客源是接陸客？至於中南部的商旅興建，比起在北部的個案，銀行會更加小心。在還款能力：該商旅業是否有知名公司背景加持。在限額管理方面：分行承接限額以下貸款；貸款利率較高。<br><br>2. 營造業<br>(1) 以承包地方政府公共工程案為例<br>貸款案要能過關，有兩大條件會先問清楚，一是該地方政府財政狀況如何。二是該營造公司承包的地方工程案件是否已被地方政府編列預算執行。<br>有些銀行要求，未來對於營造公司的接案「分行，必須逐一回報到總行，核准後才能進行」。<br>有些銀行劃清分行權限，分行能接件在 1 億元以內，1～3 億元的報送地區中心，3 億元以上必須報送總行核可。（部分整理自工商時報，2016 年 3 月 16 日，A7 版，朱漢崙） | 1. 土壤液化區的房屋，貸款成數打折<br>「土壤液化」（soil liquefaction）是指因地震造成土壤壓密以致原本在深層土壤的水份被擠壓到表層，土壤呈現液態，甚至裂開，2016 年 9 月起內政部營建署針對民眾、專業人士推出土壤液化潛勢分布地圖。<br>2. 風險移轉<br>銀行要求地震帶、土壤液化區的居民申請房貸時，在購買住宅火災險時，加附「地震險」基本保額 150 萬元，年保費 1,350 元，不能單獨購買。 |

---

知識補充站──電影《賽德克·巴萊》的貸款 3,000 萬元

時：2010 年 8 月

地：臺灣臺北市

人：永豐銀行西湖分行業務襄理劉正仁

事：由果子電影公司申貸 3,000 萬元，由信用保證基金保證八成，即永豐銀行授信的風險只有二成。由文化部（前身之一行政院新聞局）「電影事業暨廣播電視節目供應事業優惠貸款」負擔年利率 3%、補助 3 年。以貸款利率 4% 來說，果子電影公司只須負擔年利率 1%。

## 9-15　信用風險管理 VI：損失控制 II

　　一般公司針對支出金額有分層負責的授權額度，銀行把這道理用在授信金額，分成四級「分行－地區營運中心－總行總經理－董事會」，詳見表 9-18。

### 一、向海洋大船學習

　　俗語說：「行船三分險」，跟海洋比起來，超級大船（例如 40 萬噸的運鐵礦砂船）也很脆弱，為了避免船漏水以致沉沒，大部分大船都有水密隔艙（watertight bulkhead）的設計。往往要 8 個以上艙灌水，船才會沉沒。

### 二、分層負責：銀行的限額管理

　　銀行學習大船水密隔艙的原理，一般公司的經費批斷權力，是分層負責制的重要精神。由表 9-18 第一欄可見，銀行為了避免一家分行甚至總經理造成的「錢坑」，使銀行「動搖國本」，因此層層設下損失控制點，稱為「限額管理」（limits management）。

### 三、銀行分行的經理權限

　　銀行把每家分行視為一個「隔水艙」，「艙」體容量設限；給予「分行經理的授信權限」（簡稱經理權限）很有限，每家銀行大同小異。

　　（一）消金業務：由表 9-19 可見，以房貸業務為例，1,500 萬元。至於信用卡申請、消費者貸款可能由總行信用卡作業中心、地區中心負責。

表 9-18　銀行的限額管理：以公司貸款為例

| 金額 | 銀行層級 | 消金業務 | 企金業務 |
|---|---|---|---|
| 一、10 億元 以上 | 董事會 | | 1～1.5 個月開會一次 |
| 二、5～10 億元 | 董事會中的常務董事會 | | 1～2 週開會一次 |
| 三、1～5 億元 | 1. 總經理<br>2. 徵信審查部<br>3. 稽核處 | 以信用卡為例<br>信用部<br>1. 無限卡：副理<br>2. 白金卡：襄理<br>3. 普通卡：承辦辦事員 | |

表 9-18（續）

| 四、2,000 萬元以下 | 分行<br>1. 經理（俗稱經理權限）<br>2. 副理<br>3. 授信科人員 | 房屋貸款<br>2,000 萬元以下 | 信用貸款 500 萬元 |
|---|---|---|---|

表 9-19　某銀行分行的核貸金額上限　　　　　　　　　　　　單位：萬元

| 對象 | 信用貸款 | 有擔保貸款 |
|---|---|---|
| 公司 | 500 | 3,000 |
| 個人（家庭） | 100 | 1,500*<br>主要是房貸 |

\* 土地銀行 3,000 萬元，臺灣、合作金庫銀行 2,000 萬元

（二）企金業務：分行只能審查 500 萬元以下信用貸款申請案，分行功能萎縮到成為銀行總行的業務單位。

## 四、總行徵審部到總經理的權限

（一）徵審部：徵審部從科員、科長到經理皆有其授權核決貸款申請權限，徵審部主管（chief credit officer，俗稱授信長，中國大陸稱首席信貸官），職級為協理到副總。

（二）總經理：分行送上來而總經理「授信審查會議」有權審查的貸款申請案，由徵信審查部負責篩選，篩選過關的，才送審查會議討論。一般來說，稽核處等在此時會表達意見。一旦總經理「一意孤行」，稽核處會在稽核報告中指出，董事們在下月的稽核報告中便可得知，會採取糾正措施。

## 五、董事會

（一）常董會的權限：21 位董事中最多三分之一，七位擔任常務董事（含常務獨立董事），只須四位開會，便可審查「5～10 億元」的公司貸款申請案。銀行董事人數多，要 1 個月開一次會都有困難，許多貸款案有時效性，因此銀

行以常董會來因應。

（二）董事會：10 億元以上的貸款案必須董事會審查，此時會出大錯大都只有兩個原因。其一，銀行董事會加上其投資公司指派的法人代表董事長，硬幹；常見的是配合惡意借款人超貸，俗稱「掏空銀行資產」。其二，董事會一時誤判。

---

**知識補充站──限額管理小檔案**

董事會決定五項風險胃納（risk appetite 或 preference）或風險容忍度（risk tolerance）。

總經理：率領資產負債暨風險管理委員會，把各項風險依區域（各國）、產業、對象（公司和個人）等，決定「風險限額」（risk limits），這便是金融業「限額管理」（limits management）。

銀行總行企業金融事業部，承上級政策，擬定各區域、各行業、各集團（或公司）「信用」風險限額。

---

# 討論問題

一、銀行的儲蓄櫃檯行員為何在數鈔時，要用單向數鈔機數鈔，而且行員要盯著鈔票的面額看呢？

二、為什麼在屏東縣等偏鄉的農會信用部，總社要派行員去送鈔，但有可能途中被搶，有何保全之道？

三、找一家風險管理得獎的銀行，跟另一家未得獎的同性質（例如企金為主）相近規模銀行，比較其風險管理的異同。

四、第一銀行的自動提款機被盜領 8,300 萬元，是可以預防的嗎？第一時間（7月 9 日）防止嗎？

五、兆豐銀行敦化分行被詐 244 萬美元是可預防的嗎？

# 10 銀行業風險管理 II
## ——流動性、市場、法律與作業風險管理

## 10-1 銀行的風險移轉

在銀行的風險兩大類手段中,不想「風險自留」的部分,把風險移轉給其他人。由表 10-1 可見,可細分為「風險迴避」、「保險」兩中類。

### 一、風險迴避:以授信為例

此處,只討論兩種特別的風險迴避方式。

(一)在美國,把違約風險移轉給債券投資人:針對信用貸款的一部分,銀行可以購買「交叉違約信用合約」(CDS),付些權利金費用,把違約風險移給第三人。

(二)利率交換:銀行的放款大都是浮動利率,可以跟其他金融機構進行利率交換,把浮動利率資產換成固定利率資產。

### 二、買保險 I:以授信為例

例如消費者貸款時,申請人買信用貸款保險。

### 三、買保險 II:以作業為例

以銀行的作業風險來說,銀行向產物保險公司購買「銀行綜合險」(Bank's all risk insurance),詳見表 10-2。

小博士解說

信用風險違約交換合約小檔案（credit default swap）

時：2004 年

對象：債券

主要功能：信用強化

以美國來說，2005～2007 年，美國的銀行把房屋貸款證券化，其中便是把房貸透過買「信用違約交換」，把信用違約風險移轉給保險公司。

表 10-1　銀行針對營業風險的風險移轉

| 項目 | 迴避 | 保險 | 說明 |
|---|---|---|---|
| 1. 放款 | | | |
| 　房屋貸款 | 貸款契約中載明「凶宅」等，貸款申請人須主動告知等。 | 金控公司成立專屬保險公司，例如華南金控旗下華南產險承保華南銀行借款戶的相關保險。 | 成立「專屬」（captive）產險公司，專作自家的營業保險，透過大數法則，應該「多賠少」，還有賺。 |
| 　信用貸款 | 公司信用貸款，徵提「董事連保」，即連帶保證人。 | 信用貸款保險，以銀行為受益人之一。 | |
| 2. 存款 | | | 由外部獨立產物保險公司承保。 |
| 　行員 | | 銀行綜合保險 | |
| 　自動櫃員機 | 運鈔公司 | | |
| 3. 放存款價格類風險 | | | |
| 　利率風險 | 利率交換（interest rate swap） | | 銀行只有在定存單存戶指定固定利率時才有利率風險。 |
| 　信用風險的違約風險 | 在美國，銀行向保險公司購買「交叉違約信用」合約（CDS）。 | | 針對債信不佳（例如信評 BB 級以下）公司客戶貸款。 |

表 10-2　銀行綜合保險

| 項目 | 說明 |
|---|---|
| 1. 保險範圍 | 營業場所：銀行從事營業行為的場所<br>財產：現金、金銀條塊、各種貴重金屬以及製品、珠寶等代表金錢或其他動產的貴重文件。 |
| ·標的 | 1. 硬體：以自動櫃員機來說<br>　·金融機構營業處所及設備毀損<br>2. 有價證券：以自動櫃員機來說其內現金<br>　·置存於金融機構營業處所內財產與顧客或其代表所持有財產，因竊盜、搶劫、誤放或其他原因失蹤或毀損所致損失。<br>　·金融機構的員工意圖獲取不當利得，單獨或與他人串謀，以不忠實或詐欺行為所致於金融機構財產的損失；<br>　·證券或契據偽造、變造或遭失、盜竊所致損失；<br>　·偽造或變造及經偽造或變造票證付款造成損失；<br>　·銀行的財產於員工或保全公司（專責運送機構）運送中所遭受的毀損滅失；<br>　·偽造或變造紙鈔或硬幣造成損失。 |
| ·損失的原因 | 1. 因竊盜、搶劫、誤放，或其他不明原因失蹤毀損所造成的損失。<br>2. 排除：<br>　(1) 金融機構員工詐欺；<br>　(2) 由該顧客或其代表行為；<br>　(3) 金融機構的電腦遭到非法操作，或是遠端操作電腦造成損失。<br>3. 補救之道<br>　各金融機構可以直接投保「資訊系統不法行為保險」，但因保費費率不便宜，各銀行投保率極低。 |
| 2. 保險金額 | |
| ·中大型金融機構 | 數億元以上 |
| ·小型金融機構 | 千萬元到億元 |
| 3. 保費 | 保費 ＝ 保額 × 保險費率 |
| 4. 理賠 | 理賠條件規定，銀行所有步驟都必須符合標準作業流程。 |

# 10-2　銀行分行的流動性風險管理

　　你皮夾內帶多少現金？當你去餐廳吃飯，錢不夠時你會怎麼辦？改刷卡，還是跟同行的朋友借，還是去自動櫃員機提款。銀行本質上是「資金買賣業」，在第二、三章已提及存款戶在銀行（甚至第三方支付業務）存款很大動機（尤

其是支票、活期存款）是為了支付（主要是交易）。俗語說：「開餐廳沒有怕人吃的」，餐廳把飯菜準備好，炒菜很快，煮飯約需 20 分；有些自助餐店碰到飯「青黃不接」，便找人向隔壁快餐店等「買」、「借」飯。那麼，銀行錢不夠存款提領時該怎麼辦？銀行總行部分詳見 Unit17-7，本處討論銀行分行。

## 一、安全現金水準

銀行分行的現金水準至少有二個規定。

（一）下限：約 3,000 萬元。最基本的是應付兩部自動櫃員機，大台兩個錢櫃約 350 萬元、小台約 200 萬元。

（二）上限：存款金額 2%。

## 二、銀行分行「多退少補」

由圖 10-1 可見，兩分行資金狀況相反。

（一）丙分行錢不足時，向總行拆入：丙分行「貸款大於存款」，存款戶來領錢，分行大抵會「缺現金」，此時向總行財務部拆入，付「聯行利息」（簡稱聯行息）。

（二）乙分行資金餘裕時，把錢拆出給總行：乙銀行「存款多到放不出去」，把多餘資金拆給總行財務部，賺聯行息。此時，總行財務部扮演兩角色：銀行內的「拆放款中心」，當所有分行都缺錢時，扮演銀行內「中央銀行」的短期融通角色。

---

小博士解說

### 流動性管理小檔案（liquidity management）

liquid　n.：流動性

liquidity　n.：流動性

management　n.：管理

liquidity management　n.：流動性管理、變現力管理

liquidity preference theory

1936 年，英國凱恩斯在《一般理論》書中，認為人持有貨幣是為了其流動性，以適時進行投資等。

---

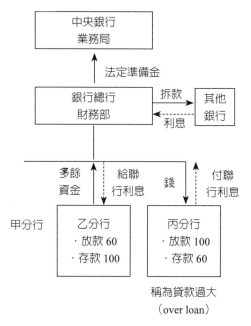

圖 10-1　銀行內各分行的資金供需

---

法定流動比率小檔案（statutory liquidity ratio）

時間：2011 年

地：臺灣

人：中央銀行

事：此比率由 7% 調高到 10%，但對銀行沒影響，因為能作為「流動準備」的東西太多了。主要有三大類。

　　1. 對央行的債權：超額準備、央行定期存單；

　　2. 金融資產：票券、債券；

　　3. 銀行同業：銀行互拆備差、有轉讓定存單淨額、轉存款。

---

# 10-3　銀行總行的市場風險管理

　　貸款是銀行最主要資產（約占 55%），銀行擁有其他資產，尤其是基於賺取財務利潤（損益表上的營業外收入）而持有金融資產，這至少由總行三個部

門持有。本單元說明其風險管理。

## 一、市場風險的範圍

（一）以金管會銀行局的壓力測試為例：每年 4 月，金管會銀行局對所有本國銀行進行壓力測試，測試銀行對三種風險：信用、利率差和市場風險的承受能力，詳見表 26-8。

（二）信託部與投資部的股票風險管理

1. 信託部不承作證券承銷業務：2016 年，歐洲一些銀行虧損，部分原因是「投資銀行業務」（investment banking）拖累。臺灣的銀行都有信託部，只要申請證券承銷商營業執照，便可進軍「投資銀行業務」。但大部分的銀行基於風險的考量，不如此做。

2. 條狀融資：金管會有條件開放銀行可以針對同一客戶放款和買其股票，稱為「條狀融資」（strip financing）。買股票的資金來自投資部，總行徵審部須協調投資部一起行動。

## 三、財務部的外匯風險管理

（一）不承作的幣別：銀行分行的外匯科大抵承辦 15 種外幣的買賣，外幣主要來自總行財務部。財務部會衡量該外幣的市場風險，以決定是否進貨去讓各分行「買賣」。詳見表 10-3。

（二）只做商業交易部分：在投資面保守的銀行，不會保有外匯（例如美元）存貨，等客戶下單（例如10單位，一單位50萬美元），再進場替客戶買進。

（三）投機交易時五天平倉：針對外匯的「投機」（即非避險）交易，有些銀行採取極短期（五天）的平倉交易限制。

## 四、新興商品處的衍生性商品風險管理

銀行的新興商品處推出歐式觸及出場遠期合約（discrete knock-out, DKO）等外匯衍生性商品，分成兩種所有權方式。

（一）代售：銀行代售國外銀行的外匯衍生性金融商品，只賺銷售佣金，藉此以「隔離」外匯部位的匯兌風險。

（二）自辦：銀行擔任「莊家」，跟客戶「對賭」，本質上是「零和遊戲」。

知識補充站──銀行高風險衍生性商品業務之審查

時：2015 年 9 月 11 日起

地：臺灣

人：中央銀行、行政院金管會

事：為強化複雜高風險衍生性商品監理，銀行對於專業機構投資人或高淨值投資法人以外的客戶，在辦理「新種」（指從沒開放過，或開放還沒有滿半年）複雜性高風險衍生性商品時，一律改採開辦前申請許可，以增進客戶權益保障。

表 10-3　銀行總行在市場風險的風險自留措施

| 部處 | 風險自留 | | |
| --- | --- | --- | --- |
| | 隔離 | 風險分散 | 損失控制 |
| 一、投資部 | 規定「核准投資範圍」 | 以區域（國家）；產業、公司規定持股上限 | ・曝露部位控制 |
| 1. 股票 | | | ・停損點 |
| 2. 債券 | | | |
| 二、財務部 | | | |
| 1. 外匯 | 規定外幣種類 | 規定各幣別上限層級限額管理 | 同上 |
| 2. 外匯選擇權 | 只做避險交易 | | |
| 三、新興商品處 | 1. 不做人民幣 TRF 業務 2. 只限大型企業投資人（資產 5 億元以上） | 1. 金融商品分散 2. 投資人分散 | 1. 投資人提繳保證金等 2. 嚴格執行斷頭等 |

知識補充站──富邦金控獲頒風險管理成就獎

時：2016 年 6 月 6 日

地：臺灣臺北市

人：《亞洲銀行家》雜誌，富邦金控

事：《亞洲銀行家》雜誌頒發亞洲市場風險管理成就，是針對市場風險管理技術創新、風險管理能力與風險管理成果等項目，進行綜合評比後，從亞太、中東眾多金融機構中評選出。2007 年富邦金控建置市場風險管理系統，為臺灣第

一家金控公司進行整合式市場風險管理的金融機構。2013 年，富邦金控規劃市場風險管理進階架構發展藍圖，在 2014、2015 年間，建置完成整合式市場資料市集平台，主機端分散式與平台式評價運算功能，及多項複雜型商品評價模型等風險管理機制。大幅提升市場風險衡量精確度，及市場風險管理系統彈性、擴充性與效能。（摘修自經濟日報，2016 年 6 月 7 日，A12 版，吳靜君）

# 10-4　法律風險管理：銀行的法令遵循 I

醫院涉及人命，人命無價，所以各國衛生福利部對醫院管理非常縝密，美國「食品藥物管理局」（FDA）對藥的上市審核頗嚴格。銀行涉及存款戶的「錢」，錢往往是許多家庭辛苦賺來的，以養家活口；退休人士的老本也存在此。甚至大型銀行一倒，牽一髮而動全身，所以歐美等都有「銀行大到不能倒」（too big to fall）。歐美的銀行監管機構對銀行違反法令的罰款非常高、法院對銀行的訴訟和解金等更高，詳見「小博士解說」。

## 一、目的：前控的「健全銀行經營」

各國政府對銀行管理越來越嚴，寧可「平時多流汗，戰時少流血」。2014年 4 月起，臺灣的金管會要求金控、銀行設立法令遵循處（department of legal compliance），以專責要求銀行內部各部門上下「恪遵法令」，詳見表 10-4。

## 二、金管會對銀行的綿密管理規定

金管會對銀行的各項業務的管理非常嚴格，對總行的處罰有：吊銷營業主管的工作許可（例如半年）、扣點（這涉及申請開設分行或新業務）、罰款等，重的甚至暫停該銀行承辦該項業務，詳見表 10-5，例子詳見「小博士解說」。

小博士解說

### 歐美大型銀行被罰與和解金額

時：2015 年 8 月 24 日

地：美國紐約州紐約市

人：美國摩根士丹利證券

事：2007 至 2008 年金融危機後，遭受的罰款及法律訴訟已讓美國五家主要銀
行及歐洲20家大型銀行付出2,600億美元成本，2015～2016年650億美元。
法律成本主要是和解費用，其次是政府罰款，後者主要是包括操縱利率、
美國抵押擔保證券（MBS）與英國的銀行違規銷售還款保障保險的罰金。
其中德國德意志銀行被罰 140 億美元，2016 年 9 月導致股價重跌，牽動德
國股價指數走低，德國政府表示不對該行「紓困」，該行跟美國司法部協商
調降罰款金額，以免銀行出現經營危機；2016 年 12 月，和解金 72 億美元。

表 10-4　金管會對銀行法令遵循處的命令

| 項目 | 說明 |
|---|---|
| 1. 原因 | 金管會為提高金融機構對法令遵循的重視，決定強制金融機構必須設立專門的法遵單位。 |
| 2. 法源 | 金控及銀行內控辦法 |
| 3. 對象 | 金控公司、銀行，未來可能擴及保險業及證券業。 |
| 4. 時間 | 2014 年 4 月起 |
| 5. 規定 | 隸屬：總經理 |
|  | 位階：副總經理級 |
|  | 專職：是，不能由其他人兼任 |

表 10-5　銀行法對銀行重大疏失的處罰

| 項目 | 法令規定 |
|---|---|
| 一、內控疏失 | 銀行法第 129 條：處以 200〜1,000 萬元罰鍰 |
| 二、其他違法 | 銀行法第 61-1 條：<br>銀行違反法令、章程或有礙健全經營之虞時，主管機關得進行下列處分。<br>1. 撤銷法定會議之決議；<br>2. 停止部分業務（包括分行之增設）；<br>3. 命令解除管理者或職員職務；<br>4. 解除董事、監察人職務或暫停執行職務；<br>5. 其他必要的處置。 |

# 10-5　法律風險管理：銀行的法令遵循 II

　　2016 年 8 月 19 日，兆豐銀行遭到美國紐約州金融服務署（DFS）處罰 1.8 億美元，創臺灣的銀行史上被罰金額最高紀錄，理由是兆豐銀行紐約分行的疏失「嚴重，持續且影響整個兆豐金控銀行體系」。這個案子向上延燒到財政部、行政院金管會，行政院長出來滅火。兆豐銀行付了 57 億元罰款，上了一堂很貴的法令遵循課。本單元從這角度切入來討論銀行法律風險管理。

## 一、設立法令遵循處的歷史沿革

　　從 2008 年，金融海嘯之後，國際金融監理的焦點，就已經從傳統的法規與制度管理，快速聚焦在法令遵循與犯罪防制。由表 10-6 可見，在美國，上有政策，下有對策，政府實施「公開發行公司會計改革和投資人保護法」，股票公開發行公司為了配合證券交易所等的要求，美國上市公司（尤其是銀行）設立法令遵循處。臺灣金管會對銀行的各項業務的管理非常嚴格，對總行有處罰。

## 二、組織設計

　　各銀行對法遵處的組織設計有兩種方式。

　　（一）法務旗下：以渣打銀行為例，是在法務「處」下設金融犯罪法遵部，由單位名稱可見，聚焦在法律風險較高的存款、匯款等業務。

　　（二）法務處與法令遵循處分別設立：法務處功能照舊，例如貸款契約的審核等。法令遵循處專責督導內部各部門的法令遵循，對外跟政府的金管會等彙報等。

表 10-6　美臺對於公司（尤其是銀行業）設立法令遵循處的進程

| 任務 | 臺灣 | 美國 |
|---|---|---|
| 一、洗錢 | 1996 年 10 月，政府頒布「洗錢防治法」，法務部調查局下設洗錢防治處以監督銀行匯款業務。<br>金管會、銀行同業公會頒布《銀行防制洗錢及打擊資助恐怖主義注意事項範本》，要求銀行對於 50 萬元（或等值外幣）以上的單筆現金收或付，或發現「疑似洗錢的交易」，都應向法務部調查局申報。 | 1960 年代，美國毒販販毒情況嚴重，政府對防治銀行作為洗錢管道更加注重。<br>2001 年 911 事件發生，美國政府對銀行匯款監管更嚴格，以防止恐怖份子取得資金以從事恐怖活動。 |
| 二、財務報表編制等 | 2014 年 4 月，金管會修改「金控及銀行內控辦法」，要求金控、銀行總行設立「法令遵循單位」。 | 2000～2001 年美國大型上市公司發生財務報表弊案，2002 年 7 月，美國實施股票公開發行公司會計改革和投資人保護法（俗稱沙賓法案，Sarbanes-Oxley Act），再加上聯邦 Sentencing Guideline 後，越來越多上市公司、金融業設立法令遵循處。 |

| 英文 | 臺灣名詞 | 中國大陸名詞 |
|---|---|---|
| department of legal compliance | 法令遵循單位 | 合規單位 |
| chief compliance officer, CCO | 法遵長 | 首席合規官 |
| 或 chief responsibility officer | 法令遵循主管 | |

小博士解說

### 兆豐銀行被罰 1.8 億美元

時：2016 年 8 月 19 日

地：美國紐約州

人：兆豐銀行的美國紐約分行和紐約州金融服務署（Department Of Financial Services, DFS）

事：根據本案雙方簽署的協議令（Consent Order，或合意命令），兆豐銀行紐約分行與巴拿馬地區分行的交易金額，在 2013～2014 年，均有數十億美元的往來。巴拿馬向來被認為是洗錢的高風險地區，在 2016 年 4 月在巴拿馬文件（Panama Papers）揭露後，更是如此，但兆豐銀行對於這些交易缺乏警覺。

兆豐銀行同意 10 天內經由紐約州金融服務署挑選，聘請獨立的遵循顧問公司以改變該行紐約分行的政策與程序，設立一個獨立的監控機制，以免觸犯紐約州的洗錢防制法令。該署選定獨立監督人（Independent Monitor），針對紐約分行提出的法令遵循計畫，進行審閱，並提出包括結論與建議的遵循報告。（詳見今周刊，2016 年 8 月 29 日，第 50～53 頁。）

# 10-6　法律風險管理：銀行的法令遵循 III

　　以銀行分行層級來看法令遵循更具體。站在銀行的顧客（自然人）、客戶（法人），在跟銀行洽辦相關業務時，會碰到行員要求顧客等提供相關證明文件等。看了本單元後，可以體諒銀行的職責所在。

## 一、法令遵循處的內部角色

　　在 Unit 9-3 中，我們以全景方式呈現銀行內部控制的四道防線。在表 10-7 第三欄，以內控架構來說明法遵處如何執行法遵作業。

## 二、法令遵循的重要項目

　　分行的各個科行員有其須遵循的法令，詳見表 10-8，本處針對其中三個重點說明。

## （一）配合國外法令：以美國肥咖條款為例

2010 年 3 月起，美國開始實施「美國外國帳戶稅收遵循法案」（foreign account tax compliance act，FATCA，音譯為肥咖條款）。這對臺灣的金融業大都必須遵循，即必須在申請人開戶、購買金融商品時，在身分欄勾選是否是美國人身分（公民或綠卡）。

## （二）配合臺灣法律，例如洗錢防制法

詳見 Unit 10-5 表 10-6。

## （三）配合金管會行政命令

以金融商品的銷售來說，最基本工作是「了解顧客」（know your customer, KYC），只能賣「適配」的金融商品給顧客，以保障顧客權益。

---

**承做 TRF 違規，七家銀行被罰 2,600 萬元**

時：2016 年 9 月 13 日

地：臺灣

人：行政院金管會

事：2016 年 4～5 月專案金檢銀行國際金融分行（OBU）業務，中信、國泰世華、台北富邦、元大、日盛、永豐及大眾等七銀行，在認識客戶、管理相關風險上有疏失，被限制新承作「隱含賣出外匯選擇權衍生性金融商品」（例如目標可贖回遠期契約, target redemption forward, TRF）業務，直到金管會認可缺失改善，才能恢復承作。七家銀行共被罰 2,600 萬元、追究相關人員責任及適任性、追回相關人員獎酬等。

---

表 10-7　銀行各層級對法令遵循的工作

| 層級 | 工作內容 | 內部控制 |
|------|----------|----------|
| 一、董事會 | 1. 審核法令遵循處所草擬的法遵政策<br>2. 每月監督總經理所轄單位的法遵情況 | 參照 2013 年全美反舞弊性財務報告委員會（COSO）所制定的內部控制三大目標。<br>1. 營運效果；<br>2. 報導具可靠性、及時性、透明性及符合相關規範；<br>3. 相關法令規章的遵循。 |
| 二、總經理 | | |
| （一）法令遵循處 | 2014 年 8 月立法院修法強制要求金融控股公司及銀行業公司須設立隸屬於總經理的法令遵循單位，且法遵主管除兼任法務單位主管外，不得兼任內部其他職務。<br>1. 建立內控制度與法令遵循制度及規範；<br>2. 對部門法令遵循進行獨立審查。 | 1. 設立法令遵循處；<br>2. 設計法令遵循內部控制；<br>3. 盤點銀行所適用法令；<br>4. 法令遵循風險評估；<br>5. 設法令遵循監督機制。 |
| 三、分行：尤其海外分行 | | |
| （一）法遵人員 | 海外子（分）公司獨立、專任的法令遵循主管，並確保有足夠資源與人力落實相關業務。<br>以本單元個案的兆豐銀行紐約分行副理兼任法遵主管，還身兼數項業務，而遭到紐約州金融服務署在協議令中嚴厲指責。<br>1. 針對所在地適用的相關法令進行全面性風險評估；<br>2. 檢視保密／反洗錢電腦資訊系統，並確保其功能與設定是否有效達到相關法遵業務需求且分散風險。 | 例如在美國法遵系統之一保密法／反洗錢法之法遵系統（BSA/AML Compliance Program）。<br>總行法遵主管至少一月一次跟海外分行的法遵人員舉行視訊會議，隨時由總行掌握最新的海外分行當地監理法規的變化。 |
| （二）對業務部門同仁 | 建立並執行有效的訓練，確保相關人員具備應有法遵知識及資格。 | 6. 建立法令遵循宣導機制 |

表 10-8　銀行法令遵循—以消費金融為例

| 銀行業務 | 法規 | 說明 |
|---|---|---|
| 一、放款 | | |
| （一）信用放款 | | |
| 1. 金額 | $\dfrac{信貸金額}{平均月薪} \leq 22\ 倍$ | 以李先生月收入 3 萬元為例<br>最多可借 66 萬元 |
| 2. 利率 | 開辦費、帳戶管理費等併入放款利率，以年利率方式呈現 | 一般信用卡利率 10.88% |
| （二）放款中的信用卡 | | |
| 1. 金額 | 信用卡動支額度併入信貸額度 | 2015 年 8 月起<br>連續二期未繳最低金額，則停卡。 |
| 2. 利率 | 上限 15% | |
| 3. 每期最低繳款 | 新增金額 10% | |
| （三）放款催收 | 須由銀行人員自行催收 | 不准委外，曾發生過委外，外部人士以暴力方式討債。 |
| 二、存款 | | |
| （一）開戶 | 雙卡，即身分證、健保卡，證件上面要有本人照片、身分證號碼 | 這是 2004～2005 年卡債風暴後，對金融業開戶等的規定，以避免不肖人士以遊民等作為人頭戶。 |
| （二）支付 | 申匯 50 萬元以上，匯款申請人須提供身分證明 | 銀行「洗錢防制法」相關規定，罰款上限 100 萬元。 |
| 三、財富管理業務 | | |
| （一）針對 60 歲以上人士 | 老人年齡 + 連動債存續期間 ≤ 70<br>以張先生 65 歲<br>則最多只能買 5 年期連動債 | 主要是 2008 年 9 月 15 日雷曼風暴，臺灣有 400 多億元的雷曼連動債，成為壁紙。許多退休人士只拿到二成和解金。 |
| （二）針對股票型基金 | 基金投資人須先進行可接受風險量表評估 | 能接受風險等級 4 級（RR4），主要指股票類，不准出售風險等級 5（RR5，主要是衍生性商品基金，hedge fund）。 |

## 10-7　作業風險管理 I：導論

　　分行是基層營業單位，一有疏失便可能造成銀行的損失，第一道防線必須做到滴水不漏；詐騙集團就像電腦駭客一樣，隨時找出銀行的漏洞，從漏洞中「找錢」。本單元以 2016 年 2 月，兆豐銀行敦化分行被詐騙集團（主嫌吳、張等，多位車手），以假的舊美鈔 244 萬美元，換成真美鈔，存入外幣存款，再提領臺幣，損失 8,000 萬元。

### 一、詐騙集團

　　兆豐銀行（含海外分行等）一年外匯業務量 8,000 億美元，在臺灣數一數二，2014 年被詐騙集團鎖定。

　　（一）2014 年開公司戶：在 2014 年該犯罪小組在敦化分行開戶（包括外幣存款戶），到 2016 年 1 月皆沒有交易。

　　（二）2016 年 1 月：犯罪小組開始以每筆 3、5 萬美元舊美鈔到敦化分行換新美鈔，敦化分行驗鈔機無法驗舊美鈔，所以歹徒得逞。把真鈔領出或存入外幣存款再提領成臺幣，車手每次抽佣一、二成。

　　（三）2016 年 2 月 24 日，200 萬美元假鈔。

### 二、兆豐銀行亡羊補牢

　　本單元以「魚骨圖」的四項骨幹（人、機器、方法和其他）為架構（表10-9 第一欄），2016 年 3 月 17 日，兆豐銀行提出「亡羊補牢之道」（詳見表10-9 第三欄），並進行人員懲處（本單元不贅述）。

### 三、金管會的裁罰

　　2016 年 6 月 21 日，金管會對兆豐銀行「假美鈔案」，裁罰 300 萬元，罰款級距較低，主要是考量兆豐銀行主動發現缺失且協助辦案因此酌減裁罰。

　　金管會詳細指出兆豐銀行的作業疏失，詳見表 10-9 第二欄。

表 10-9　兆豐銀行敦化分行假美鈔案及補救之道

| 魚骨圖項目 | 詐騙小組做法 * | 兆豐銀行亡羊補牢之道 ** |
|---|---|---|
| 一、人 | 2016 年 6 月 21 日，金管會指出兆豐銀行的作業疏失如下： | |
| 1. 分行換鈔權限 | 對大額現鈔收兌未建立加強風險管理機制 | 外籍旅客臨櫃賣出美元，以 500 美元為限；本國客戶臨櫃賣出美元，以 3 萬美元為限，超過上限，由總行處理。 |
| 2. 美元現鈔來源 | 未了解客戶大額現鈔來源 | 要求客戶出示當初換匯水單，透過美元現鈔編碼、是否連續等來查證。 |
| 3. 企金戶行業別 | 相關交易文件「確實性」（正確性或真實性）沒做好<br>2013 年已申報疑似洗錢交易帳戶，但 2013 年 12 月迄未對屬高風險客戶帳戶交易持續監視，且未建立系統註記機制。 | 透過該企金戶行業別，及平日對外匯需求量，評估其現鈔兌換是否反常。 |
| 4. 人工辨別技術 | 經辦行員入行只有 3 年，經驗不足；人工辨識沒有加強，過度依賴驗鈔機。 | 舊鈔是否被磨損、折痕，或有足以遮掉暗記的污漬，這類鈔票偽鈔風險高。 |
| 二、機器 | 對驗鈔機管理維護未訂定作業規範：<br>2016 年 1 月，歹徒展開行動，先透過零星「用真鈔包偽鈔」小額換匯（包括美元、日圓），測試敦化分行驗鈔機能否「過關」。之後確定驗鈔機驗不出來，金額開始愈換愈大，2 月 24 日，一天之內以偽鈔換臺幣，達 200 萬美元，其中最大一筆約 30 多萬美元。共累積 244 萬美元。<br>敦化分行的美元換鈔金額報回總行後，總行馬上驚覺「怎麼一下子多出這麼多？」要求分行再作驗鈔，爆發 244 萬美元全數都是偽鈔的弊案。 | 1. 分行須配合驗鈔機公司即時更新驗鈔機軟體。<br>2. 過去外幣驗鈔機的採購、維護合約權利都下放給分行，已在考慮把採購權改為收回總行統一管理。 |
| 三、方法 | | 機場及大型分行外匯承作量大，臨櫃接收客人超過一定金額以上賣出美元，必須 2 種不同公司驗鈔機檢驗。 |

\* 資料來源：整理自工商時報，2016 年 6 月 22 日，A12 版，魏喬怡、彭禎伶。

\*\* 資料來源：整理自工商時報，2016 年 3 月 8 日，A2 版，朱漢崙。

小博士解說

**兆豐銀行敦化分行 244 萬美元假美鈔案**

時：2016 年 2 月 24 日

地：臺北市

人：兆豐銀行敦化分行、詐騙小組吳某人等 17 人

事：2016 年 1～2 月，詐騙小組以空殼公司名義以假的舊美鈔（面額 100 美元）向敦化分行換成真美鈔，存入空殼公司帳戶後，以臺幣方式領出，詐騙銀行。

# 10-8　作業風險管理 II：資訊系統安全的維護

2016 年 7 月 9 日、10 日，東歐犯罪集團從第一銀行 21 家分行、41 台自動櫃員機，盜領 8,327 萬元，電視新聞熱播到 24 日。這給全民一個了解銀行資訊安全的「全民教育」。

## 一、資訊安全的重要性

銀行的資訊系統的安全由低到高有兩層重要性。

（一）電腦系統當機造成顧客無法交易：銀行是靠資訊系統「吃飯」的行業，小至自動櫃員機領款、轉帳，再到分行領款、轉帳，資訊系統一旦當機，所有顧客都必須「乾等」、「枯等」，甚至急得像熱鍋上的螞蟻。

（二）對客戶、銀行的財產：由圖 10-2 可見，以惡意人士來說，入侵銀行資訊系統，侵蝕客戶、銀行的資產。

## 二、資訊安全的漏洞

銀行的資訊安全「網」出現漏洞可分為二種人士、二種動機，詳見表 10-10。

（一）惡意的網路攻擊（cyber attack）：2016 年世界經濟論壇的全球風險報告，每年因網路犯罪所造成的經濟損失 4,450 億美元，居企業風險排名第二。

（二）疏忽：根據勤業眾信（Deloitte）對全球銀行業資安調查顯示，一成以上的銀行有完整資安政策及規定，只有 47% 的銀行完全遵守這些規定。金管

會高度監理的銀行業都還如此，其他產業的資安落實狀況更令人擔心。（摘自經濟日報，2016 年 7 月 22 日，A4 版，陳清祥）

## 三、銀行的資訊安全的四道防線

套用銀行內部控制的四道防線，來看資安維護。

（一）第一層：分行等。分行（包括自動櫃員機）是銀行資訊系統服務的最前線，分行有義務按資安規定作業。

（二）第二層：銀行資訊處。銀行的資訊安全規範、作業，都由資訊處、數位金融部，共同管理。

（三）第三層：總經理，以資安演練為例。總經理督導資訊處、數位金融部，每季至少實施一次資安演練，以確保資安規定等落實。

（四）第四層：董事會。2016 年 7 月 19 日，金管會下令要求銀行董事會監督銀行總經理提出的「資訊安全」、「資訊系統作業管理辦法」。

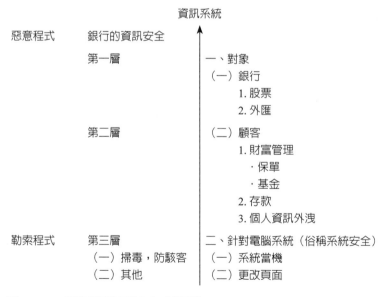

圖 10-2　銀行資訊系統安全防護

表 10-10　銀行資訊安全網漏洞的原因

| 層級 | 惡意 | 疏失 |
|---|---|---|
| 一、外部人士 | 駭客對銀行資訊系統進行網路攻擊（cyber attack）。 | 銀行分行外（例如便利商店內）自動櫃員機由保全公司負責補鈔，有可能操作失當。 |
| 二、銀行 | 資訊處員工下載客戶資料，一筆 10 元賣給詐騙集團。 | 1. 員工不照表操課，以致系統當機。<br>2. 員工違規讀取「木馬程式」的電子郵件，變成「引狼入室」。 |

---

知識補充站──第一銀行自動櫃員機盜領 8,327 萬元

時：2016 年 7 月 9（六）、10（日）日

地點：臺北市、新北市、臺中市

人：東歐犯罪集團安德魯等 16 人，3 人在臺拘押。

事件：21 家分行 41 台自動櫃員機被盜領 8,327 萬元，追回 93%。

（詳見伍忠賢，服務業個案分析，第十三章，全華圖書公司出版，2016 年 10 月）

---

第一金證券遭駭客勒索 93 萬元

時：2016 年 9 月 22 日

地：臺灣

人：第一金控旗下第一金證券

事：9 月 22 日 10 點 50 分，第一金證券的網路電子下單系統遭到惡意攻擊，阻塞頻寬。收到來自國外的勒索電子郵件，駭客要求第一金證券付 50 比特幣（約 93 萬元）。否則揚言癱瘓第一金證券的交易系統。臺灣券商發生首件駭客攻擊案。

　　後來，該公司自行防駭成功。

# 討論問題

一、把領盜集團比喻成細菌、病毒，把銀行比喻成人體（免疫系統、白血球等），銀行做好內部控制就真的能「百毒不侵」嗎？

二、有些銀行把分行授信科功能簡化到「前檯」業務功能，即「徵審」業務由地區管理中心負責，這有什麼優缺點？

三、「經理權限」是否應正名為「分行權限」呢？因為在分行授信會議中，分行經理無法「一意孤行」。

四、去找一家分行，詢問你是否可以申請信用卡、貸款（包括助學貸款），了解必須準備哪些文件、走哪些程序。

五、試舉一個例子說明銀行持有某一支股票（例如宏達電），如何衡量其「市場風險」。

# 數位銀行 I

## 11-1　Bank 3.0 的沿革

你有沒有玩過日本索尼互動娛樂公司的電視遊戲機 PS，有些 1970 年代生的人，從 PS1 玩起，到 2013 年 11 月 PS4（第四版 PS），2016 年 10 月，推出 PSVR，還興致很高的在玩。許多產品隨著技術進步，約四年大改款，稱為第幾「版」（或代），蘋果公司手機 iPhone 從 2007 年起每年出一版，2016 年 9 月 iPhone7，2017 年 iPhone8。長江後浪推前浪，一般的書「站在今天，展望明天」，對於歷史沿革，在探索頻道中「發明細說從頭」（origin）追本溯源，以啓發思考能力。同樣的，本書重點之一是銀行，要是全球（至少臺灣）銀行全面進入第三版經營方式「數位銀行」（俗稱 Bank3.0），那麼本書便不打算介紹第一、二版銀行經營方式，事實上，三種型態並存。

在進入本題之前，在表 11-1 中，我們就近取譬以四次工業革命來比喻科技對銀行經營方式第一到第四次影響。

### 一、從四次工業革命談起

一個國家的經濟中之產業結構，依時間順序陸續發展農業、工業與服務業。工業革命指的是工業中生產方式大幅改變，詳見表 11-1。

（一）第一次工業革命（常簡稱工業革命）；

（二）第二次工業革命；

（三）第三次工業革命；

（四）第四次工業革命。

2013 年起德國政府推動「智慧製造」（smart manufacturing，或 wisdom-intellingent）政策，以智慧機器人（intelligent robot）取代勞工；以因應少子化、老齡化所衍生的缺工問題。由表 11-1 可見，此方式可說是第四次工業革命，所以簡稱為「工業 4.0」。

## 二、從第一版到第四版銀行

套用工業中機器取代勞工的道理，在服務業中第二大行業也有這情況，以金融業中的銀行作業方式分成第一到第四版。

（一）我們的分類、斷代方式：2015 年起，第三版銀行這觀念在臺灣成為顯學，許多人都引用外國作者的斷代方式。我們從工業革命斷代方式來看銀行經營方式，因此分期方式如下。

（二）第一版銀行跟第一次工業革命對映：第一次工業革命主要是以蒸汽機產生動力，推動紡織機（1785 年）、煤礦送煤石機（1820 年）、交通工具（1807年汽船、1825 年蒸汽火車），以機器力取代獸力（馬牛）、勞力。第一版銀行以自動櫃員機取代銀行「行」（或櫃檯人）員。

（三）其他同理可推

## 三、沒什麼「元年」這回事

蒸汽機是誰發明的？「百萬小學堂」節目的標準答案是 1769 年英國人詹姆斯·瓦特；探索頻道「發明細說從頭」指出瓦特改良；大部分發明是漸進的。

表 11-1　工業革命跟銀行經營方式進程比較

| 階段 | I | II | III | IV |
|---|---|---|---|---|
| 一、工業革命 | 第一次 1760～1830 年的以蒸汽機產生動力以驅動機器取代獸力 | 第二次 1870～1914 年，電力等帶動家電等，工廠機器改由電力驅動 | 第三次 1958～1990 年代電腦帶動的電腦化 | 第四次 2013 年起機器人、大數據、物聯網引導的智慧製造，取代勞工 |
| 二、銀行 | 第一版（Bank1.0） | 第二版（Bank2.0） | 第三版（Bank3.0） | 第四版（Bank4.0） |
| 1. 期間 | 1967 年 6 月起 | 1989 年起 | 2009 年起 | 2030 年起 |
| 2. 技術 | 自動櫃員機取代分行勞力密集行員 | Web1.0 2000 年起 Web2.0 | 4G 手機逐漸興起，再加上人工智慧 | 虛擬銀行凌駕實體分行、自動櫃員機 |
| 3. 本書單元 | Unit 11-2 | Unit 11-3 | Unit 11-4～11-7, Unit 12-1 | Unit 12-2～12-4 |

2016 年數位銀行「元」年小檔案

汽車是誰發明的？百萬小學堂等節目標準答案是 1878 年德國人卡爾·賓士；「發明細說從頭」節目追本溯源，在 1780 年左右，便有蒸汽機引擎的汽車，只是不穩定，沒有大量生產。

大部分事物都是循序漸進發展，很難說哪一年、哪一國、哪一個人發明的。

同樣的，數位銀行是從第二版銀行（個人電腦版網路銀行業務）升級到手機版的第三版銀行。各銀行針對 12 項業務陸續推動，很難斬釘截鐵地說 2015 或 2016 年是臺灣的數位銀行「元年」。

以永豐銀行為例，2010 年成立數位金融處，大抵比歐美銀行落後一、二年。

社會科學 95% 是歸納小檔案

社會科學的知識產生絕大部分是從人類的行為去歸納（即亂中有序等原則），由 Unit 11-4 表 11-5 可見，2010 年，英澳兩位作者各寫了一本書，把 2005 年以來，金融科技造成的網路金融公司（詳見第七章），與銀行的加入戰局（本章），予以描述。

他們把實務做了五年以上的事，予以歸納、匯整。

# 11-2 第一版銀行仍很強

## 一、以自動櫃員機為例

有人說「第一版銀行」的典型之一是「自動櫃員機」；如同手機「長江後浪推前浪」，蘋果公司每年一款新手機逐漸取代前幾年手機。

在自動提款機方面沒有這問題。

臺灣有三種店最多「便利商店、手機店與銀行」，銀行與中華郵政 2.73 萬台自動櫃員機到處可見，天經地義到，令人忘記它問世才 50 年，在臺灣 30 年。

## 二、銀行與顧客雙贏

由表 11-2 可見，自動櫃員機對銀行與顧客皆有利，唯一受害者是銀行行員，因為銀行不用聘那麼多人坐櫃檯以處理勞力密集的存提款、匯款工作。

（一）機台數目：全台自動櫃員機數量在 2014 年 9 月突破 2.7 萬台後，仍持續向上成長，中國信託銀行市占率 20%（主要是在統一超商內設點）；中華郵政、台新銀行 3,000 台以上，市占率 10% 以上。

　　（二）金融卡卡數：金融卡（ATM card 或 debit card）發行張數，2016 年，全體金融機構 1.83 億張，中華郵政 4,653 萬張，是唯一卡量破千萬張的公司。

　　（三）交易次數：2016 年交易次數 8.44 億次，中華郵政占 26%，以頻率來說，每位成人平均一年使用 46 次。

　　（四）臺灣超過平均數：世界銀行統計，列入統計的國家中 2010 年每平均 10 萬人有 83 台，大趨勢是增加的。2016 年，臺灣 116 台。

## 三、功能越來越多

　　自動櫃員機的功能越來越強，1990 年代，增加補登存摺、鈔票存款與預借現金領款功能；越來越有分行櫃員的功能。

### （一）跨行存款

　　民眾、商店或計程車司機等，習慣現金交易，卻往往受限於銀行營業時間或附近沒有往來銀行的存款機，而面臨現金保管的風險。台新銀行提供的 24 小時「跨行存款」服務，只要在台新銀行的自動櫃員機，插入欲存入銀行的晶片金融卡，透過簡易操作及輸入個人手機號碼，即可完成交易。客戶會收到存款入帳的簡訊通知。

### （二）預借現金

　　由銀行信用卡的預借現金延伸到壽險公司保單質借付款。

## 四、發展趨勢

　　隨著金融數位化愈來愈明顯，有銀行預估到 2020 年，透過分行交易的量下滑至五成，分行做存提款、匯款交易的比重，也會從 28% 降到 4%，使用自動櫃員機的比重提升到三成。

表 11-2　自動櫃員機對銀行與顧客的好處

| 項目 | 銀行 | 顧客 |
|---|---|---|
| 一、價 | 臨櫃交易：每筆成本 35 元<br>自動櫃員機：每筆成本 2 元（水電、房租、補鈔費用） | 1. 跨行轉帳：15 元<br>2. 跨行領款：5 元<br>顧客可就近交易，去銀行則需花成本（交通成本）與時間。 |
| 二、量 | 針對單筆 50 萬元匯款可進行「洗錢偵測」 | 1. 轉帳：2005 年 6 月起，非約定帳戶一日 30,000 元，但繳費等不限。 |
| 三、質 | 詐騙集團每筆詐騙以 50 萬元為單位，被害人都臨櫃交易，交給取款的車手。 | 金融卡被盜再加上密碼被破解（懶人密碼以生日年月日，123456 為主），存款會被盜領，但案件不多。 |
| 四、時 | 有週一～五（上班日）09：00～15：30（上班時間）限制 | 1. 轉帳（對銀行自己）：帳戶沒有下午 3 點半限制<br>2. 領款：全年無休<br>3. 存款：一半機台可存款（限紙鈔）<br>4. 補摺：30 次提款、轉帳未補摺，金融卡便不准再交易。 |

---

**自動櫃員機（automated teller machine, ATM）小檔案**

teller：出納人員

ATM：原意是「自動出納人員機器」

1967 年 6 月 27 日，英國人謝菲爾德 - 巴倫（John Shepherd-Barron，1925～2010），在英國倫敦市北部一家巴克萊銀行（Barclays Bank, 英國第二或四大）分行安裝。

機器名稱：自動「提」（或取）款機

卡片名稱：銀行卡、金融卡、提款卡，2000 年起，由磁條卡改成晶片卡。

臺灣：1987 年財金資訊公司（前身金融資訊中心）成立，負責 ATM 功用系統營運。

---

| 全球自動櫃員機數目（2017 年以後預估） | | | | | | | |
|---|---|---|---|---|---|---|---|
| 年 | 2011 | 2012 | 2013 | 2014 | 2015 | 2017 | 2020 | 2021 |
| 萬台 | 242 | 259 | 279 | 298 | 317 | 353 | 410 | 450 |

# 11-3　第二版銀行：網路銀行業務——電腦化

　　由表 11-3 可見，1958～1990 年，電腦、網際網路下，全球進入第三次工業革命。1978 年美國蘋果公司推出個人電腦，1989 年網路技術對民間開放，這兩項資訊，通訊技術，使銀行的業務由分行與自動櫃員機等實體，首次進入「虛擬」，個人電腦基礎的銀行業務承辦方式稱為「第二版銀行」。

## 一、電腦化

　　1960 年代末，第三代電腦主機下，銀行分行逐漸電腦化，存提款交易從紙本到電腦螢幕，1978 年蘋果公司推出個人電腦，電腦價格大跌，銀行電腦化程度普及。

## 二、網際網路化

　　1989 年，網際網路技術對民間開放，臺灣的銀行分兩階段運用此技術於業務上。

## 三、進入網路銀行業務時代

### （一）金資中心先對公司提供服務

　　最大助益是對公司，許多大公司一天對外支付需開一百多張支票，1997年，金資中心推出「媒體轉帳」業務，各公司針對員工薪水入帳，只需在每月 4日把光碟片交給薪資轉帳銀行分行，5 日便入員工帳戶。同理，對供貨公司也如此。公司從開支票、寄送支票，到全面線上作業，財務部製表、會計部做電腦傳票，董事長核章；財務主管、董事長刷「金卡」，每天 10：30 便把銀行轉帳付款，透過金資中心完成。財務部人員減少「跑銀行」次數。到 Web2.0 時代，公司薪資轉帳資料檔直接以電子郵件方式寄給銀行。

### （二）個人業務

　　2000 年起，許多銀行紛紛推出「網路銀行業務」，有些銀行設立「網路銀行業務處」以專門處理。

　　1.網路轉帳：銀行客戶在開戶時可申請網路交易密碼，透過個人電腦跟銀行連線；以查詢帳戶餘額、向銀行購買基金的市價餘額，更重要的是網路上轉

帳，具有支付功能。

2. 網路自動櫃員機：在臺灣，用戶家中需有讀卡機；在香港，只需用戶名稱、密碼即可。在家中便可刷「卡」（信用卡），支付給網路商店。

## 四、結果

銀行業務電腦化、網路化的經營結果如下。

（一）臨櫃交易只剩27%：2015年6月12日，第一金控董事長蔡慶年指出，第一銀行的臨櫃交易金額占交易金額的27%。（經濟日報，2016年6月12日，A12版，蘇秀慧）

（二）替「數位銀行」打下基礎：數位銀行主要是手機版，顧客改由手機向銀行辦理相關業務。

表 11-3　個人電腦對銀行相關業務的影響

| 項目 | Bank 2.0 | | Bank 3.0 |
|---|---|---|---|
| 一、網路技術 | 1989 年<br>網路技術 | 1994 年<br>美國網路購物興起<br>·電子灣（網路商場）成立<br>·亞馬遜成立<br>·PayPal1998 年 | 2000 年<br>Web2.0<br>推特<br>維基百科<br>YouTube |
| 二、銀行業 | | | |
| （一）基礎設施 | 1988 年財政部金資中心 | 1998 年<br>金資中心改制成財金資訊公司 | |
| （二）第二版銀行 | 1. 跨行資訊系統媒體轉帳<br>2. 跨行帳務處理 | | 2000 年 |

銀行作業風險的存款保險費率

時：2016 年 9 月

地：臺灣臺北市

人：中央存款保險公司

事：中央存保公司提案建議金管會，把資安納入存保費收費標準，「重大」資訊
安全風險，意指資訊安全有關。例如 2016 年 7 月發生的第一銀行自動櫃員機
遭盜領案件，就屬重大資訊安全事件，可能會影響到存款保險費率調整。存保
費率每半年繳納一次，會根據該銀行半年內的表現調整，如果國銀當年度資訊
安全未發生重大事件，又通過國際標準化組織（例如 ISO 27001 資安管理制度）
認證或是個資認證，就可加分。

# 11-4　數位銀行：手機上網的銀行業務

用手機來就近取譬，比較容易了解銀行 1.0 到 3.0。

‧2G 手機（1990～2003 年），傳簡訊。

‧3G 手機（2004～2013 年），下載音樂、收發電子郵件、上網查詢；以文
字為主，以照片為輔。

‧4G 手機（2014 年起），可以視訊通訊、看電視、看網路影片（中國大陸
稱為視頻），頻寬夠，碰到平常時刻，3、5 分鐘下載一部 90 分鐘電影。

數位銀行在 3G 手機時便勉強推得動一些業務，在 4G 手機階段，全線暢通。

## 一、來自顧客的壓力

美國 Y 世代（1981～2000 年出生）的人，大部分進入職場，這些人從小生
活在有電腦、網路的環境，又稱「數位時代世代」（digital era generation）。習
慣「上網搞定」，包括網路下單買商品（即消費性電子商務）、網路下單預訂
（即線上線下，online to offline, O2O）。這群人在銀行眼中稱為「去銀行族」
（de-banked），主要透過銀行的網路銀行業務予以辦理，少進銀行分行。

（一）網路金融公司側翼攻擊：在第六章中，我們已說明網路金融公司見
獵心喜，在銀行劣勢地方處，提供網路連線的一部分銀行業務。

　　（二）銀行「民之所欲，常在我心」：銀行的對策是把銀行相關業務盡可能搬到（手機）網路上。

## 二、從 Bank1.0 到 Bank3.0

　　跟著「工業 4.0」一起走紅的名詞是「銀行 3.0」，背後有共同基礎。

### （一）投入

　　・物聯網：透過手機；平板電腦與穿戴式裝置（最典型是蘋果公司 Apple Watch），在通訊技術 4G（2020 年起 5G）基礎上，從「人」聯網進入物聯網，2020 年，全球將有超過 250 億個感知器（sensor），而其中有半數，運用於金融服務相關領域。

　　・大數據、雲端計算：花旗銀行報告指出，至 2020 年，物聯網商機 1 兆美元，全球 25 億人使用網路、其中 20 億人使用社群網站（例如臉書），且全球資料量 40 兆 GB，三分之一以上存在雲端。平均每 2～3 個月，全球累積的資料加倍，讓銀行人士思考未來如何讓員工與機器跟大量資料配合，提升生產力。

### （二）轉換：例如人工智慧

　　以機器智慧取代勞工的腦力，未來銀行分行作業將自動化，機器人輔助銀行行員，機器人理專可以幫顧客配置投資組合。

### （三）產出：對顧客的助益

　　客戶關心的項目有四「價量質時」（詳見表 11-4 第一欄），金管會、外國專家等依此四項跟數位銀行對映，踵事增華的取了四個專有名詞，白話的說「省錢迅速」。至於「體驗金融」（experience the financial）這詞可是見仁見智，試開新車、試玩手機，這是常見的「體驗」式行銷方式。至於到銀行向理專、機器人理專買基金、保單，跟去全國電子向店員買電池一樣，不算「體驗」。倒是初見銀行門口的迎賓機器人，你會覺得新鮮，隨著越來越多大商店採用，也就習以為常了。

表 11-4    數位銀行對顧客的助益

| 項目 | 說明 |
|---|---|
| 1. 價 | 普惠金融：透過大數據分析，讓以往針對貴賓（VIP，常指在銀行淨值 300 萬元以上的客戶）的服務也能擴及每位客戶。 |
| 2. 量 | 社群金融：維繫消費者忠誠度，還能把網路消費、他人評價轉為借貸信用指數的建立。 |
| 3. 質 | 體驗金融：實體分行改為諮詢、體驗網路金融服務的通路點，從空間與服務達到消費者體驗。 |
| 4. 時 | 效率金融：開戶、轉帳匯款等基本服務由手機連網路服務就可以完成，省時又安全。 |

表 11-5    兩本書對數位銀行的內容

| 項目 | 數位銀行業務 | 數位銀行 |
|---|---|---|
| 1. 時間 | 2013 年 8 月 | 2010 年起 |
| 2. 作者 | 史金納（Chris Skinner），金融服務俱樂部公司董事長 | 布魯特・金恩（Brett King，1968～） |
| 3. 書 | 數位銀行（digital bank）：銀行數位策略一系列書。 | 《Bank2.0》（2010 年）<br>《Bank3.0》（2012 年）<br>《打破銀行》（2014 年） |
| 4. 說明 | 太多金融業「做事很慢，而且很貴」，這就是為什麼每天都有數以百計的網路金融公司出現，想要「用更便宜、幾乎免費的方式來提供金融服務。」 | 很多人以手機進行消費、購物，甚至保險與借貸，都可透過預付卡、第三方支付、電信帳單等支付方式，在第三方平台進行，不需要銀行處理。這樣的行動支付 2016 年達 1 兆美元，銀行的危機感可以想見。網路正改變客戶行為，客戶透過網路與手機辦理業務，實體銀行只是服務管道之一，「銀行」將不再是一個「地點」概念，而是一種「行為」。透過社群互動關係，提供社群金融（social banking, social finance, social money，即透過社群網路打造個人化銀行服務）。數位金融改變銀行據點的型態，從分行轉變成自動櫃員機、電腦甚至是手機，「每個人身上都有分行」。 |

# 11-5 減少實體分行與員工數

套用「第四代工業革命」的影響，最極端的說法是美國作者福特（Martin Ford）在《被科技威脅的未來》：人類沒有工作的那一天（2015 年，天下出版）書中主張「任何工作都可能被智慧機器人取代」，本單元說明從 2017 年起，臺灣的銀行步入歐美銀行 2015 年的後塵，開始裁撤分行，縮減員工數。

## 一、美國銀行業分行數

2010 年起，美國的銀行分行數由盛轉衰，詳見圖 11-1。分行家數排名第二的美國銀行（Bank of America），在 2011、2014 年分行數從 5,803 家減至 5,622 家，美國銀行發言人說，「顧客不再喜歡走進分行，透過行動裝置交易的次數快速增加。」我們由相關資料研判，2008 年 4 月起，美國實施低利率，放存款利率差距縮小，銀行閒置資金多、盈餘縮水。銀行裁撤一些分行以維持盈餘水準，歐日等皆有此現象。

## 二、2008～2017 年銀行分行減少的原因

2008、2015 年臺灣的銀行分行數兩次減少，原因如下。

（一）2008 年：2008 年分行總數減少的原因為金融重建基金標售多家問題銀行，外資銀行承接後裁撤部分重疊的分行。

（二）2015 年：2015 年，合庫銀行申請裁掉 26 家分行、渣打銀行 7 家、滙豐銀行 2 家，大部分都是因為過去併購銀行或承受問題金融機構，造成分行距離過近，加上成本等考量。渣打銀行在檢視分行分布、考量網路銀行與行動銀行通路等綜合效益後，以及銀行決定把個金事業的營運重點聚焦於高價值客戶群，因此決定整合桃竹苗地區分行。

（三）分行價值降低：在銀行評估收購另一家銀行時，2007 年以前，一家分行值 1 億元，2015 年，值 0.5 億元。

## 三、金管會的要求

2015 年 6 月金管會發函各金融機構要求針對數位化及實體分行消失等問題，擬定因應方案及員工訓練轉型計畫。2016 年要求銀行從 2017 年起提列淨利 0.5～1% 以作為員工不適應數位銀行的優離優退基金，以 2015 年遠東銀行為例，遠

東銀行執行副總經理周添財（註：2016 年 8 月升任總經理）指出，交易未來可能都在網路上完成。2015 年遠東銀行啓動行員轉型計畫，已有 27 位行員轉爲理財專員；2016 年 8 月「數位金融」主管調升到副總級。（摘自商業周刊 1446 期，2015 年 8 月，第 41 頁）

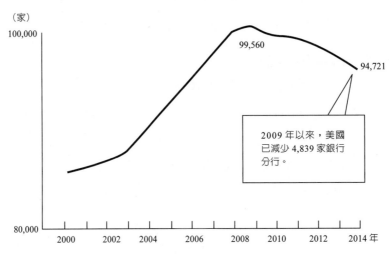

**圖 11-1　美國銀行分行數量**

**表 11-6　臺灣的本國銀行的經營狀況**

| 年 | 2012 | 2013 | 2014 | 2015 | 2016 |
|---|---|---|---|---|---|
| 營收（億元） | 8,767 | 15,195 | 10,407 | 10,421 | 10,185 |
| 稅前淨利（億元） | 2,401 | 2,577 | 3,201 | 3,206 | 3,019 |
| 淨利 | — | — | 3,018 | 2,802 | 2,283 |
| 分行數 | 3,416 | 3,442 | 3,460 | 3,444 | 3,433 |
| 自動櫃員機（萬臺） | 2.66 | 2.68 | 2.71 | 2.74 | 2.73 |
| 員工數（萬人） | 13.7 | 14 | 14.17 | 14.52 | 14.42 |

營收來自「本國銀行營運績效季報」

# 11-6 行政院金管會的政策

　　行政院金管會針對銀行提升金融科技能力，以與時俱進進入「數位銀行」，在 2015 年起有一連串措施，目標是一方面便民（包括降低交易成本、提升交易速度），甚至遠一點的有讓銀行「如虎添翼」的在海外經營。

## 一、行政院的「數位金融環境」政策

　　2015 年 7 月 9 日，金管會在行政院會報告「打造數位化金融環境 3.0」，可視為金融 3.0 政策。

## 二、消費者保護

　　在《金融消費者保護法》中明定金融業者的責任，金管會 2015 年 5 月發函要求業者建立「金融消費爭議處理制度」，其中之一金融服務業公平待客原則。

## 三、以降低交易成本的基富通公司為例

　　據中央銀行及經濟暨合作組織（OECD）統計資料顯示，臺灣平均每戶金融性資產配置於共同基金的比例，以 2013 年統計為據，共同基金占 1.41%，美國的 12.6%、加拿大的 12.6%；日本 4.7%、南韓 4.1%。2015 年 11 月起，由集保結算所與櫃買中心等出資成立基富通證券股份有限公司。

---

普惠金融（inclusive finance）的定義

中文：中國大陸稱為包容性金融

其他英文：financial inclusion 或 inclusive financing

時：2006 年

地：美國紐約州紐約市

人：聯合國

事：推出「建設普惠金融體系」報告，目標是能有效、全方位替社會所有階層提供
　　服務的金融體系，讓所有人民享受更多的金融服務，更好的支持實體經濟成
　　長。

---

表 11-7　2016 年行政院對打造「數位金融環境」一些措施

| 項目 | 說明 |
| --- | --- |
| 一、營業 | 2015 年 1 月 13 日，金管會宣布 12 項銀行業務（存款、財富管理與授信、信用卡）開放網路申辦。 |
| （一）公平競爭 | |
| 1. 電子支付 | 銀行可申請兼營，打造身分識別服務中心，建立免臨櫃跨業別網路身分認證機制。 |
| 2. 第三方支付 | 銀行可申請兼營，開放 ApplePay 等新式行動支付來臺。 |
| （二）作業方式 | 由銀行公司研擬作業規範，報金管會核准。 |
| 二、資訊支出 | |
| （一）目標 | 金融業資訊費用一年約占營業收入英國 19%，臺灣 7%，金管會希望逐漸提高至 10%。 |
| （二）方式 | |
| 1. 政府 | 以基金網路銷售為例，由集保結算所與櫃買中心出資 2.1 億元，成立「基富通證券股份有限公司」，推出機器人理財顧問。 |
| 2. 銀行自行投資 | 促金融業培育金融科技人才，提列特別盈餘公積培訓員工或協助轉型。 |
| 3. 轉投資金融科技公司 | ·銀行 100% 轉投資相關金融科技公司<br>·銀行轉投資金融科技公司上限為淨值 40%<br>·金控轉投資金融科技公司「無上限」 |
| （三）開放資料 | 「原則全部開放，例外不開放」，未來要更深、更廣，進行大數據分析應用，有助開發創新金融商品。<br>·鼓勵銀行與網路貸款仲介公司合作，強化後者徵信及內控機制。<br>·打造數位化帳簿劃撥作業環境，手機證券存摺、免臨櫃帳簿劃撥。 |
| （四）強化資訊安全 | 選立金融資安分享與分析中心，2017 年起建置金融資安中心（F-ISAC），強化金融資安。 |

資料來源：金管會，少部分參考會計研究月刊，2015 年 12 月，第 82～83 頁。

---

**20 國集團對普惠金融的宣示**

時：2016 年 9 月 5 日

地：中國大陸浙江省杭州市

人：20 國集團（G20）

事：「20 國數位普惠金融高級原則」，包含 8 項主要原則和 66 條行動建議。經 G20 峰會通過後，各國在自願的原則下制定國別計畫，以實際行動落實普惠金融。2015 年 11 月 27 日，20 國峰會通過「普惠金融架構：放款公司應行動」宣示，要求銀行等配合聯合國的相關目標（主要是溫室氣體減量、減少貧民人數等）。

---

**日本負利率對三大銀行淨利的負面影響**

時：2016 年 8 月 15 日

地：日本東京都

人：日本財務省金融廳

物：對三大銀行（三菱日聯金融集團、三井住友、瑞穗銀行）的調查，負利率政策使 2016 年度（2016.4～2017.3）淨利減少 3,000 億日圓。主因是放存款利率比率由 2007 年 87% 降至 2016 年 78.1%，即經濟差，放款金額降低。

---

## 11-7　玉山銀行迎接數位銀行的做法

　　銀行業對邁入「數位銀行」各有獨門做法，由於玉山銀行在這方面報刊資料較完整，本單元以其為對象說明，詳見表 11-8。

## 一、投入

1947 年 10 月，中央研究院院長胡適的題字：「要怎麼收穫，先那麼栽」，玉山銀行在投入面的措施如下。

（一）組織設計：由個金事業處底下獨立出數位金融事業處

2015 年 2 月，玉山銀行的個人金融事業處底下的成本單位，升格為數位金融事業處，成為事業部的處級單位。

（二）經費：略

（三）行銷研究：數據

「數據意圖資料庫」是透過網頁瀏覽的點擊，了解顧客需求。2013 年 7 月～2014 年 6 月，點擊率 4.5 億次。運用大數據分析以發掘顧客潛在、明確的需求，能夠更具效率打造量身訂做的服務，從對大眾服務提高水準，也創造出更多與客戶互動機會，再思考如何創造不構成干擾、接續的服務，誘發出客戶需求。數位化服務的要件之一是即時性的回覆，「隨經濟」（ubiquinomics）的人（等車、等人時使用手機享受數位服務）。客服人員打的每通電話都要做過精確估計，確定消費者對內容感興趣才會發送。銀行就可以用低成本、高科技做好準備，做出專屬為你的客製化服務。

（四）黑客松競賽：2016 年 2 月，玉山銀行舉辦大學黑客松（Hackathon）競賽，藉由把一群科技相關專業人才關在一起一段時間，激發出他們開發及創新的能力或解決問題。

（五）2016 年 3 月 7 日機器人擔任分行迎賓人員：以像日本軟體銀行公司推出的 Pepper 一般的「小 i」提供分行入口處的迎賓服務，逐步往「智慧分行」（smart branch）邁進。

## 二、轉換：顧客關係管理

數位銀行經營方式以分眾為概念，依照每個人的日常生活軌跡，成為客製化一對一金融服務的基礎。舉例來說，今年日本匯率創下近 10 年新低，客服人員開始找出每年固定赴日旅遊的會員，推薦相關資料，再到社群媒體檢驗社群聆聽（social listening），看是否有達到精準推薦的成效，得到的回饋資料又可以成為修正推薦模型的投入。

## 三、產出：得獎

2015 年 10 月，全球知名的資訊業研究暨顧問公司顧能（Gartner），為鼓勵金融業投入研發，在澳大利亞舉辦第一屆「顧能數位金融業務創新獎」競賽，吸引亞洲多家金融業者參賽。其中，玉山銀行獲得三個獎，包括亞太區最佳數位金融獎、企業「數位轉型」（digital transformation）獎和數位科技業務發展創新應用獎。

2017 年 6 月，亞洲銀行家雜誌頒亞太最佳銀行執行長給玉山銀行和玉山金控總經理黃男州。

表 11-8　玉山銀行的網路營業項目

| 資產面 | 負債面 |
|---|---|
| 一、支付：金融生活化<br>1. 兼營電子支付機構許可<br>‧跨境支付<br>2015 年 11 月，玉山銀行獨家跟中國大陸淘寶網合作的 WebATM 及「ATM 買淘寶」服務，陸客在臺只要透過支付寶手機錢包，刷一下手機條碼，就可完成付款消費。針對臺灣買家上淘寶網購物，透過「ATM 買淘寶」，手續費 1%，比網路信用卡 4～4.5% 低。<br>‧跟美國第三方支付合作<br>PayPal（中國大陸譯為貝寶）合作推出「玉山全球通」的服務，提供用戶快速提領臺幣、外幣的服務。<br>2. 加值應用<br>3. 電子票券<br>二、匯款等<br>行動銀行 APP 的功能，有「推播通知」的功能。「外幣到價通知」服務，讓客戶掌握即時帳務資料。<br>三、財富管理<br>分行逐漸轉型為「諮詢顧問 × 體驗經濟」的新角色，分行是信任感建立與創造體驗的空間，也是接觸消費者不可取代的重要通路。2016 年 9 月，推出可上網買保單。2017 年推出 i-Instant 智慧理財試算服務，是人工智慧的運用。 | 一、借貸<br>大數據的結果之一，過往限於提供給貴賓的服務都能擴及到一般消費大眾，稱為「普惠金融」。<br>推出玉山「e 指可貸」數位信貸平台，於 24 小時內完成申請貸款審核。把授信審核的標準公開，授信人員回答 18 個問題就能知道核保的利潤與時間，大數據的統計模式，算出一個景氣循環下的違約率，以及每個人可以償還的現金流量。另外個人信貸線上對保服務。<br>註：左述支付功能<br>2016 年 3 月，試辦「玉山繳費機 i-Payment」，可接受鈔票等，以繳交 50 萬元以內的款項（例如信用卡費等）。<br>*「e 指可貸」（公司的「企業指貸」）<br>跟臨櫃交易規定同，例如貸款上限 200 萬元等。 |

資料來源：部分整理自30雜誌，2015 年 10 月，第 106～107 頁，會計研究月刊，2015 年 12 月，第 2～4 頁。

# 討論問題

一、本書對第一～三版銀行的定義，尤其是第一版銀行以自動櫃員機導入為標準，你的看法呢？

二、銀行的營業自動化跟工革命有何關聯？

三、自動櫃員機的功能如何逐年增加？

四、舉幾個例子說明普惠金融。

五、本書預估 2030 年數位銀行的滲透率 20%，比大部分的專家預估進程慢，何故？（提示：跟臺灣第三方支付不易擴大一樣，銀行分行太多，太方便了）

# 12

# 數位銀行 II

## 12-1　銀行的大數據分析

　　2013 年起，由於手機定位系統的進步，許多商店可以在店內追蹤顧客的動向；再加上個人的社群網站的貼文、按讚等。在物的方面，隨著物品上晶片、電腦等，構成物聯網（最著名的是車聯網，基本的例如 eTag）。每天對人、車等產出億、兆筆海量資料，俗稱大數據（big data）。把資料「分析」（俗稱資料探勘，data mining），萃取出資訊，以提高市場定位精準度等，本單元說明。

### 一、財金公司的跨行金流大數據平台

　　財金公司扮演跨行交易的樞紐，負責處理金融機構間的資金調撥清算及結算作業，掌握大量交易資料量。

### （一）2016 年起金融中心大數據平台

　　一年約有 6.8 億筆電子交易，135 兆元的交易金額資料，詳見表 12-1。

### （二）對銀行經營的涵意

　　財金公司認為交易結構與級距的分析，最具有參考價值，銀行能從中，找到訂定「客製化」服務或商品的參考依據。透過跨行金流統計、歸納的資料，掌握電子支付各種工具（像是網路、手機的消長），進一步的分析出市場區隔，甚至是收單商店的交易屬性。

表 12-1　財金公司跨行金流大數據平台

| 成分 / 比重 | 說明 |
| --- | --- |
| 一、跨行匯款，92.23% | 在跨行匯款方面，包括跨行業務量消長趨勢、轉帳交易的級距、筆數分析以及對於網路、手機、實體通路的三類型交易比較，銀行業者的手續費排名和收費分析。 |
| 二、自動櫃員機，6.27% | 針對熱門地點、機檯等分析。 |
| 三、信用卡及貸記卡，1% | 1. 財金公司針對交易量前 100 大的商店屬性、以及各銀行的交易筆數、金額統計進行歸納、分析。<br>2. 聯合信用卡中心建立大數據平台。 |
| 四. 繳費平台，0.5% | 繳費網客戶的消費特徵及偏好進行大數據分析，並藉此找出熱門的繳費項目及高價值顧客。 |

資料來源：整理自工商時報，2015 年 12 月 21 日，A13 版，朱漢崙。

## 二、銀行層級的大數據

　　站在銀行角度「大數據」分析中的大數據主要來源包括三項。

　　‧瀏覽銀行「網站」（俗稱官網）的紀錄，包括瀏覽、詢問、表達意見（留言、建議等）。

　　‧消費者進入銀行分行的分析，分行透過手機定位系統，記錄下其行蹤。

　　‧交易資料：包括自動櫃員機、分行臨櫃交易。

　　由表 12-2 可見，第一、彰化、中國信託銀行等在大數據分析的布局。

表 12-2　銀行在大數據分析的布局

| 投入：以第一銀行為例 | 轉換：以彰化銀行為例 | 產出：以中信銀行為例 |
|---|---|---|
| 2014 年第一銀行董事長指示推動建置大數據平台，成立跨部門專案小組，全面整合與發展數位銀行業務虛實整合，結合大數據訂為經營主軸，把分析結果應用於各通路服務顧客、社群經營與企業生產力提升。<br>2015 年 4 月招募大數據分析人員，並搭配手機暨行動裝置 APP 程式開發人員、統計分析人員等職位。<br>2015 年 12 月 2 日，招募員工，包含數位銀行處「大數據分析人員」、資訊處「大型主機程式開發人員」、「大數據程式開發人員、「JAVA 程式開發人員」等。<br>一銀大數據發展目標，蒐集分析顧客使用銀行網頁、網銀、行動等各數位通路的瀏覽習慣及偏好，即時提供個人化精準行銷服務。透過虛實整合的「行動裝置管理系統」，把大數據應用擴及各分行虛實整合與社群經營。<br>文字勘查是從文字（非結構化資料）中，萃取出有用的重要資訊。 | 1. 大數據分析<br>2014 年「資料倉儲系統升級建置案」作業，以解決資訊系統效能瓶頸並增加資料儲存空間，可以豐富現有資料倉儲客戶資料。在數據應用方面，引進內政部實價登錄系統資料庫，並結合 Hadoop（註：Apache Hadoop 是一個大數據分析架構）大數據分析技術及視覺化的圖表分析，可強化銀行的擔保品座落分析，讓鑑價更精準，並做好風險管理，也可以找出各分行附近的潛在房貸顧客，作為業務拓展的參考資料。<br>2. 爬文分析<br>透過爬文分析，能推敲顧客的信用風險。<br>爬「文」中的「文」指的是網站、網頁、留言板上的貼文等。<br>「爬」文中的「爬」：如同樓梯一階一階般，螢幕上一列一列文章，恰如樓梯，人看貼文，如似在文中「爬」，「爬文程式」：常見的例如 phantom JS 等。 | 中國信託銀行自認為臺灣第一家推出歸戶評分模型的收入預估與房價預測模型。導入「端到端（End-to-End）顧客管理決策平台」，可線上即時提供是否核貸與核准額度的建議，協助消金業務。<br>端到端（End-to-End）<br>「端」指公司外部的輸出或輸入點，主要指顧客、市場、政府、公司利益相關者等。<br>「端到端流程」指公司從顧客需求端出發，以快速、低成本方式去滿足顧客等的要求。 |

資料來源：大部分整理自工商時報，2015 年 12 月 3 日，A11 版，孫彬訓。

# 12-2　銀行的網路授信 —— 臺灣的花旗銀行的做法

銀行的消費者貸款（consumer loans）業務，對銀行來說，臨櫃成本比大金額的企業信用貸款多太多，所以在降低成本考量下，在放款業務中會優先拿消

費者貸款業務下手。

## 一、2016 年美國高盛證券的做法

美國高盛證券研究部報告指出，透過網路放款能使 1.7 兆美元的貸款更有效率地提供給消費者與小型公司。2015 年高盛擔任網路放款仲介業者 Lending Club 新股上市的主辦承銷商。高盛總裁兼執行長貝蘭克梵與營運長柯恩指出，科技進步、數位管道的成熟與對消費者經驗的重視，徹底改變了對消費者與小型公司提供金融服務的方式。高盛延攬發現者金融服務公司（Discover Financial Servise，美國西爾斯百貨公司旗下）信用卡部主管泰爾沃（Harit Talwar），負責數位銀行業務，直接透過旗下紐約州特許銀行提供資金，2016 推出。（經濟日報，2015 年 6 月 17 日，A8 版，黃智勤）

## 二、臺灣商機

根據金管會銀行局的數字，截至 2016 年，個人其他消費性貸款餘額 8,700 億元。極少數信貸客群經常有時間壓力，有些網友對時間很敏感，網路授信既快且便利，對貸款人士是大大好事。

## 三、臺灣的花旗銀行網路申請信用貸款

由表 12-3 可見花旗銀行的消費者貸款網路申請業務。

表 12-3　花旗銀行授信網路申請

| 項目 | 滿福貸 |
|---|---|
| 時間／對象 | 2015 年 9 月起／信用卡卡友、存款戶 |
| 金額 | 最高 200 萬元<br>貴賓理財戶 300 萬元 |
| 方式 | 顧客只要能上網且手機能接收簡訊動態密碼（one time password, OTP），或稱一次性密碼功能 |
| 價格 | (1) 開辦手續費：5,999 元<br>(2) 貸款利率：2.68～17.38%<br>(3) = (1) + (2)：3.50～18.31% |
| 時間 | 客戶 5 分鐘內完成申請貸款，經確認收件的申貸戶，最快在審核後 60 分鐘撥款 |

資料來源：整理自工商時報，2015 年 9 月 25 日，C3 版，陳碧芬、陳欣文。

（一）只限舊顧客：由於信用卡持卡人已經通過初步的信用審核，所以「滿福貸」的對象僅限花旗卡友、存款戶。

（二）價格沒比實體分行臨櫃申請便宜：由於分攤銀行資訊設備費用，開辦手續費 6,000 元（滙豐銀行的卡友滙優貸）一樣，或許等貸款案件多，資訊設備分攤費用降低，否則網路申貸只有一個好處：「快」。

## 四、全體銀行業績

從 2015 年迄 2017 年 3 月來看，上網向銀行申請信用貸款、汽車貸款、房屋貸款增加額度，約 20 萬件，撥貸餘額 974 億元，其中 91.7% 是信貸，約占信貸餘額 10%。

---

自動投資服務（automated robo–investing service）小檔案

2007 年起，由 Betterment 和 Wealthfront 公司首創，由先鋒集團稱霸，先鋒的個人顧問服務（personal advisor services）截至 2015 年管理 310 億美元的資產。Betterment 是紐約市的金融科技公司，2016 年 3 月募資 1 億美元，屬於自動理財顧問業。2016 年 3 月 30 日，富達投資公司（Fidelity）在全美各地試辦自動投資服務，Fidelity Go 最低投資為 5,000 美元，對個人退休帳戶收取最高 0.35% 的年費費率。包括顧問服務費和各種投資選項（如富達 Spartan 指數型基金、貝萊德 ETF 等）費用。（摘自經濟日報，2016 年 3 月 31 日，A8 版，湯淑君）

---

# 12-3 網路商業銀行

「網路商業銀行」名詞可用大易分解成兩個名詞。

$$網路 \ + \ 銀行 \ = \ 網路銀行$$
$$（web） \quad （bank） \quad （webbank）$$

就跟網友上網買「臺灣高鐵」的車票一樣，付款後放在手機中，到了車站憑手機通關碼感應。網路銀行（webbank）只是把銀行的各項業務在網路上辦理，一般來說，應該不會有實體分行。但是 2015 年起，美國亞馬遜公司開起商店，目標 400 家，由虛擬商店轉為實體商店。在法令允許下，外國的網路銀行有可能會有幾家旗艦分行，詳見表 12-4。

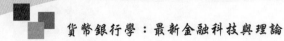

表 12-4　美歐中第一家網路銀行

| 年月 | 說明 |
| --- | --- |
| 2006 年 | 美國的發現者銀行（Discover Bank），客戶上該銀行的網站，點選開戶的連結，銀行會要求提供地址、電子郵件、信箱、電話號碼等，完成開戶程序。為了確認顧客身分，該銀行還會要求顧客，提供在另一家銀行的帳號。 |
| 2006 年 6 月 | 英國原子銀行（Atom Bank），由英國滙豐銀行子公司 First Direct 與西班牙對外銀行（BBVA）等合資 1.035 億英鎊成立。 |
| 2014 年 2 月 28 日 | 中國大陸網路業巨頭騰訊公司，2014 年在廣東省深圳市前海區成立一家網路銀行「微眾銀行」（WeBank），是一家沒有實體分行、完全透過網路平台與顧客對接的商業銀行。其「微利貸」是幫其他銀行代理貸款業務，以貸款利率 18% 來說，微眾銀行拿 5% 銷售手續費。2016 年，貸款餘額人民幣（以下同）517 億元，營收 24.49 億元、淨利 4.01 億元。 |

## 一、銀行的網路銀行業務

　　2000 年臺灣的銀行業針對分行的客戶開放網路銀行業務，大都以轉帳、交易資料查詢（存款帳上餘額等）為主，可以說把自動櫃員機（但不含現鈔存款）業務搬到網路上解決。

## 二、網路銀行

　　網路銀行則像網路商店一樣，開戶後存款戶從其他銀行透過網路轉帳方式存款，貸款戶網路上申請貸款。這是銀行基本業務，所有業務皆在網路上完成。

## 三、實體銀行幾乎完勝網路銀行

　　從企業經營的優劣勢分析中，我們習慣以「價量質時」來切入，由表 12-5 可見，實體銀行以二比一且大幅勝過網路銀行。

### （一）最重大的競爭優勢：價格

　　銀行是資金「買賣業」，「資金」（例如臺幣 1 萬元）是標準品，存款戶（資金提供者）、貸款戶（資金需求者）最在乎的是「資金的價格」（即利率）。實體銀行能單筆一次吸收巨額存款（例如台積電 5,000 億元的現金與約當現金），扣掉準備金等，以此可支應 100 萬元的小額貸款 30 萬戶。吸收存款利

率低（平均約 0.58%），放款利率跟著低（平均約 1.92%）。網路銀行省的是「小成本」，例如人事、房租、水電等，這無助於改善其資金成本的劣勢。

### （二）網路銀行小贏「時」

網路銀行看似贏在線上即時處理，但是實體銀行在 2000 年便已推出網路銀行業務，只要略微升級，會跟上網路銀行的水準。這跟臺灣的證券公司一樣，電子下單占成交值 51%；且又有實體分公司的優勢。網路證券公司生存空間小。同理，網路銀行也一樣，比較適合在偏鄉（沒有銀行）或網路重度使用者。

## 四、行政院金管會的態度

2015 年 10 月 1 日，金管會主委針對兩項業務的開放時程宣示如下。

（一）網路銀行：網路銀行的開放必須等到銀行轉型差不多了再開，再考慮開放給其他產業成立網銀，這樣對銀行及員工就業才不會有太大衝擊。

（二）網路貸款仲介網站：2016 年 3 月起開放，已有 3 家設立，詳見 Unit 6-7。

---

**數位金融服務客戶滲透率**

又稱「數位銀行滲透率」（penetration rate），是指使用網路銀行或手機銀行服務占所有銀行顧客的比率。2015 年，麥肯錫公司對 2014 年亞洲數位銀行發展趨勢報告，這份報告普遍引用，但其中數字本書不列。

---

表 12-5　實體與網路銀行的競爭優劣勢分析

| 優勢項目 | 實體銀行 | 網路銀行 |
|---|---|---|
| 價（格） | 勝<br>1. 存款利率低<br>2. 貸款利率低 | 租金水電等費用為實體銀行 3% |
| （數）量 | 勝 | 大都是小額存款或貸款 |
| （品）質 | 勝<br>有行員當場服務 | 大都電話服務 |
| 時（效） | 在 Bank3.0 情況下，銀行升級後，跟網路銀行在時效方面不相上下 | 勝<br>1. 號稱全年 365 天，一天 24 小時無休<br>2. 上網申請開戶、信用卡、貸款等，線上處理 |

## 12-4　中國大陸的網路商業銀行──以浙江網商銀行為例

中國大陸第二家網路銀行因有富爸爸（詳見圖 12-1），且有關係（人）企業（主要是網路商場）撐著，未來比較有機會茁壯，本單元以浙江網商銀行為對象說明。

### 一、策略雄心

2008 年，在一個會議（論壇）上，阿里巴巴集團董事長馬雲致詞時表示，「挑戰靠著寡占優勢賺取暴利的中國大陸銀行業」。

### 二、浙江網商銀行在集團內的角色

由圖 12-1 可見，浙江網商銀行（MYbank）在網路購物為主的集團內，主要扮演融資給消費者角色，以便上淘寶網等買商品，2015 年資產人民幣 302 億元、營收人民幣 2.53 億元。

### 三、行銷策略

（一）市場定位：2015 年 6 月 25 日，馬雲在浙江省杭州市宣布網商銀行開業，他表示，中國大陸不缺一家銀行，這個世界也不缺銀行，但是缺一個創新的、替小微消費者（指中小企業與一般人）真正服務的一家銀行。這個銀行面對的不只中國大陸，還是全世界。（摘自商業周刊1442期，2015 年 7 月，第72頁）

（二）行銷組合：詳見表 12-6。

### 四、貸款申請流程

步驟一：進入支付寶的財富檔，點選「芝麻信用分」選項。

步驟二：系統針對用戶的 5 個項目進行評分，用戶在網路上的資料，便成了銀行評估依據。浙江網商銀行總經理（陸方用詞「行長」）說，透過螞蟻金服和阿里巴巴背後的大數據系統，算出借款人的信用分數。

步驟三：點進「信用生活」，算出可貸金額。

步驟四：填完基本資料，貸款金額 1 秒入帳。

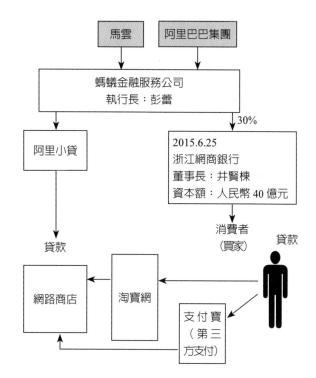

圖 12-1　浙江網商銀行在馬雲與阿里巴巴集團內的角色

表 12-6　浙江網商銀行的行銷策略

| 項目 | 說明 |
| --- | --- |
| 一、市場定位 | 1. 中小型網路商店 |
| | 2. 個人（消費者和農村居民） |
| 二、行銷組合 | |
| 1. 商品策略 | (1) 放款：以消費者貸款為主 |
| | (2) 存款：似乎還不能吸收存款 |
| 2. 價格策略 | (1) 貸款金額上限：人民幣 500 萬元 |
| | (2) 利率：4.1% 起 |
| 3. 促銷策略 | (1) 網路廣告等 |
| | (2) 促銷活動 |
| 4. 實體配置策略 | (1) 沒有實體銀行 |
| | (2) 公司住址：浙江省杭州市，也是阿里巴巴集團的所在 |

表 12-7　浙江網路銀行的信用評分內容

| 授信 5P | 說明（信用加分項目） |
|---|---|
| 1. People | 人脈關係：例如跟朋友常在支付寶互動 |
| 2. Prospect | 信用歷史：帳戶按期繳款 |
| 3. Purpose | 行為偏好：購物與繳費時，在網路商店指定時間匯款 |
| 4. Payment | 履約能力：使用各種信用服務，能即時履約 |
| 5. Protection | 身分特質：個人資料，例如職業收入穩定 |
| | 信用分從 350 分到 950 分，分數越高，可貸金額越高、利率較低、期限較長，例如 700 分可貸人民幣 5 萬元。 |

資料來源：部分整理自商業周刊 1442 期，2015 年 7 月，第 73 頁。

# 討論問題

一、2016 年開放銀行線上開戶，迄 2017 年 2 月，共有 11 萬戶開戶，你認為成績好嗎？

二、2016 年，幾家外資銀行裁撤分行，主因是推動數位銀行業務嗎？

三、舉例說明銀行如何進行大數據分析以「精準行銷」？

四、美國財政部、聯準會核准網路銀行成立，何故？

五、追蹤陸企中網路銀行的發展，為何不易做大？（提示：銀監會不准其吸收存款）

# 13

# 金融市場與金融機構
## ——論直接融資

## 13-1　金融市場

　　菜市場買賣標的物是「菜」，那麼金融市場（financial market）交易的標的物便是金融商品（financial product）。由圖 13-1 可以把金融市場以座標圖方式呈現，本書的重點在於其中的資金市場。

### 一、X 軸：金融商品存續期間

　　X 軸主要是依金融商品存款期間由大到小分類如下。

### （一）第一層（大分類）：以一年為分水嶺

　　行政院金管會為了便於管理，對金融商品採取分業管理，其中最特別的是金融商品存續期間以一年為分水嶺。

　　1. 資本市場（capital market）：一年以上稱為資本市場。

　　2. 貨幣市場（money market）：一年以下稱為貨幣市場。

　　市場不同，一如魚攤、果菜攤一樣，各金融業者交易的金融商品存續期間也不同。

### （二）第二層（中分類）：依收益性質分類

　　金融商品報酬率有兩大來源。

　　1. 以利息為主：此類金融商品稱為固定收益證券（fixed-income securities）。

　　2. 以資本利得為主：股票及其衍生性金融商品沒有固定收益，稱為「非固定收益證券」。

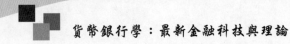

### （三）第三層（小分類）：依證券種類來分類

第三層（小分類）是依證券的種類繼續細分，本章重點之一在於狹義貨幣市場，詳見 Unit 13-6。

### （四）第四層（細分類）：依幣別分類

依金融商品的計價幣別二分法，例如資金市場中二分法，分為外匯市場、臺幣市場。

## 二、Y 軸：交易者身分

Y 軸是依參與交易者的身分來區分為大、中兩類如下。

### （一）第一層（大分類）：依銀行內外

大分類最簡單一刀切的依是否為銀行同業，第一層只有銀行（狹義）才可參與的，圖 13-1 中有兩項，一是同業拆款市場；二是外匯交易中心。

### （二）第二層（中分類）：依銀行客戶身分

中分類是以「銀行對客戶」小客戶身分來區分，分為企業客戶（又稱企業金融業務）、家庭顧客（又稱消費金融業務）。

---

**知識補充站——亞洲區域銀行**

2013 年 12 月 4 日，行政院金管會向立法院財政委員會報告，提出由公營銀行「公公併」，例如由兆豐金控合併另一家公營銀行，進軍亞洲，成為像新加坡星展銀行（DBS）般的亞洲內的某一區域的銀行。

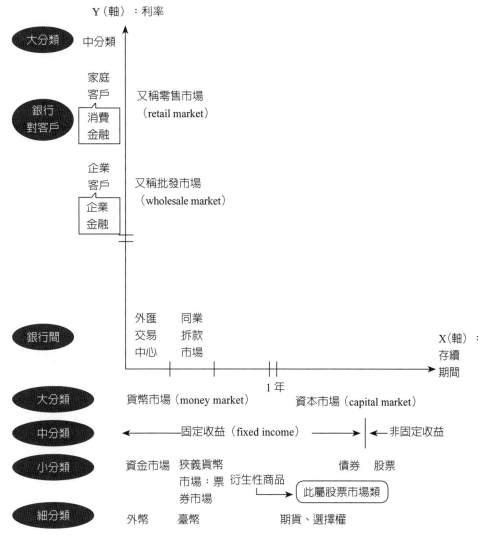

圖 13-1　金融市場

## 13-2　金融機構的分類

　　國中一年級生物中的「界門綱目科屬種」的層級式分類方式，有助於我們把複雜的生物大同小異的歸類，以執簡御繁。同樣道理，把金融中介機構由上到下分類，本書重點在於銀行，因此將如同電腦桌面般逐層點選下去，聚焦在

銀行。

## 一、第一層（大分類，或「界」）：貨幣 vs. 非貨幣機構

第一層分類依是否能發行「貨幣請求權」（主要是 M1B）二分法：貨幣機構（monetary institutions）與非貨幣機構（non-monetary institutions）。

## 二、第二層（中分類，或「門」）：存款貨幣機構

在第二層中，存款貨幣機構可以二中類分為貨幣發行銀行與存款貨幣機構。後者又可分為三小類，在第三層中討論。其他金融機構中可二中類分為中華郵政公司儲匯處與信託公司，信託公司已絕跡，可略而不顧。中華郵政公司下設 1,323 家郵局，提供存款、匯款業務，一開始（1963 年）時只是其地利之便以補銀行不足。存款約 6 兆元，是存款最大的金融機構，但不准從事放款，其利息收入主要來自央行（占 40%）、銀行（占 30%），二者合稱郵政儲金轉存款。

## 三、第三層（小分類，或「綱」）：商業、專業銀行與基層金融機構

存款貨幣機構可以分成三小類，即商業銀行、專業銀行與基層金融機構。其中商業銀行是本書焦點。

## 四、第四層（細分類，或「目」）：專業銀行與基層金融機構

專業銀行又可細分三細類、基層金融機構可細分兩細類。

---

小博士解說

### 信託投資公司（investment and trust companies）

政府對金融業的管理，在 2000 年以前，偏向分業管理，因此有信託投資公司的型態，偏重吸收中長期存款。但隨著銀行經營範圍變寬（例如信託業務），商業銀行成為金融環境中的主導（dominate）型態，最後一家信託投資公司於 2008 年邁入歷史，成為「絕種動物」。而中小企業銀行也只剩下公股的臺灣企銀，以宣示政府支持中小企業的決心。

---

表 13-1　金融機構的分類

| 第一層（大分類） | 第二層（中分類） | 第三層（小分類） | 第四層（細分類） |
|---|---|---|---|
| 一、貨幣機構（monetary institutions）：發行「貨幣請求權」（M1B）的金融中介機構 | （一）貨幣發行銀行（issue bank）：在臺灣這屬央行發行局 | | |
| | （二）存款貨幣機構：發行存款性質貨幣的金融機構 | 1. 商業銀行（commercial banks） | 40 家 |
| | | 2. 專業銀行（specialized banks） | (1) 中小企業銀行（medium business banks）：只有一家，即臺灣企銀。(2) 工業銀行（industrial banks）：零家。(3) 輸出入銀行 |
| | | 3. 基層金融機構（community financial institutions） | (1) 信用合作社（credit cooperative associations）(2) 農漁會信用部：農業部之農業金融局，2005 年 5 月成立農業金庫公司（本質是農業銀行），扮演農漁會信用部的「中央銀行」。 |
| 二、其他金融機構（other financial institutions）或非貨幣機構（non-monetary institutions） | （一）中華郵政公司儲匯處及人壽保險公司（postal savings system）（二）信託投資公司（investment and trust companies） | | |

# 13-3　直接 vs. 間接融資

先有間接融資，16 世紀起才逐漸有直接融資，臺灣則從 1962 年起，才開始有股市。直覺來說，直接融資比較省（融資費用較低），但在 Unit 13-4 中，我們詳細說明能直接融資的僅限股票公開發行（以上）公司，約占 138 萬家公司中 0.4%。

## 一、間接 vs. 直接融資

零售市場、金融市場都有間接、直接兩種銷售方式，說明如下。

（一）間接融資（indirect financing, 俗譯間接金融）：這情況比較好記，因為只有一個方式，即銀行居中，買低賣高賺取買賣價差，以借款為例，賺取放款利率減存款利率間的利差。

（二）直接融資（direct financing, 俗譯直接金融）：不透過銀行，直接發行證券向投資人募集資金。

## 二、直接融資的中間人：承銷商

碰到發行公司發行股票以募集資金，承銷商（underwriter）會跟發行公司選定下列兩種銷售方式：

（一）承銷：承銷商只扮演代銷角色，賺取股票申購人的申購手續費，一旦申購不足，那是發行公司虧到。以出版公司跟書局舉例，出版公司委託由書店寄賣，賣不掉時退貨給出版公司。

（二）包銷：包銷則比較像承銷商買斷，一般採取餘額包銷，例如現金增資股上市 1,000 萬股，承銷商賣出 900 萬股，剩下賣不掉的 100 萬股，只好自己吃下來。這方式對發行公司不怕滯銷，但承銷商也怕攬到一些股票，屆時一旦股價下跌，自己可能「賠了夫人又折兵」，包銷時，承銷價可能比承銷時承銷價低。

## 三、間接融資

間接融資幾乎等同銀行貸款，但壽險公司保單質押、股票投資人向證券金融公司申請融資交易等，金額較小，無法跟銀行借款（約 23 兆元）相提並論。

## 四、大勢所趨：向銀行貸款是主流

由 Unit 13-8 的圖 13-6 可見，2004 年以後，間接融資比率從 74% 上揚，原因是銀行競爭激烈，貸款利率低（3% 以下）。股市周轉率由 2002 年 217% 降低到 2016 年 65%，透過股票募資的市場胃納有限。

**金融中介（間接融資）：賺價差**

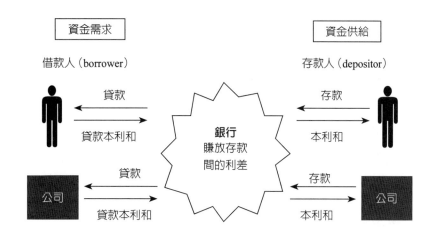

**反金融中介（直接融資）**
**承銷商（underwiriter）：賺手續費**

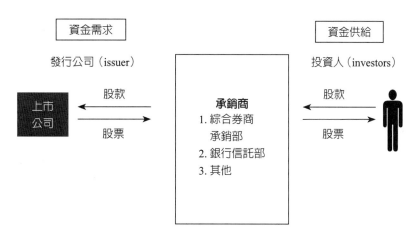

圖 13-2　間接融資與直接融資

# 13-4 直接融資的資格

　　直接融資是大型企業的「特權」，這主要是依規定，公開發行以上公司，財務報表可信賴度高、財報透明度高與受監督。本單元詳細說明。

## 一、公司規模

　　公司依其資本額，可以粗分為三類，在 138 萬家公司數中比重懸殊，其中經濟部下有中小企業處專門服務中小企業。

　　（一）小型企業（small business），占企業 98%：小型企業的資格，工業、服務業各有不同。工業以資本額 8,000 萬元且員工數 200 人以下為準；服務業（商業）以去年營收 1 億元且員工數 50 人以下為準。

　　（二）中型企業（medium business），占企業 1.73%：小型以上、大型以下的企業稱為中型企業。

　　（三）大型企業（large business），占企業 0.27%：一般來說，資本額 2 億元以上的公司屬於大型企業。

## 二、資訊透明度

　　大型企業因股本大，足以容納 1,000 位股東（股權分散的門檻），再加上下列三道資訊透明機制，便足以吸引投資人聞香下馬。

　　（一）財務報表可信賴程度：股本 2 億元以上公司，再加上由入流會計師事務所（四大、七中、十五小）的兩位會計師簽證財務報表（簡稱雙簽），其財報的可信賴程度大幅提高。再加上股權分散，便可以向證券交易所（或櫃買中心）申請股票公開發行。

　　（二）資訊透明度：一旦股票公開發行，財務報表便須在證交所的網站等處公告，外界人士可以一窺公司營運等狀況，達到起碼的資訊透明。

　　（三）受監督：一旦股票上櫃（櫃檯買賣中心負責）或上市（證交所負責），還有更多的資訊揭露（例如重大訊息揭露）、監督（例如董事會中至少須設立二位獨立董事）要求。

## 三、股票上市、上櫃

　　由圖 13-3 上半可見股票上櫃、上市的兩個資料，我是這麼簡記的

## 股票上市／上櫃資格

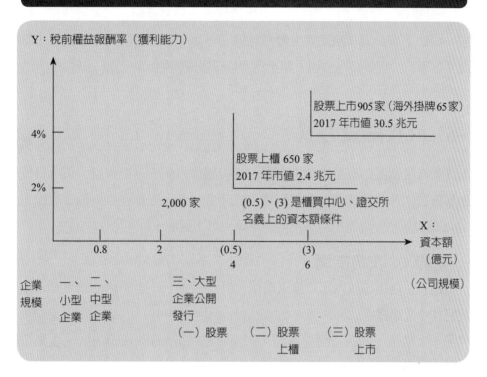

Y：稅前權益報酬率（獲利能力）

股票上市905家（海外掛牌65家）
2017 年市值 30.5 兆元

股票上櫃 650 家
2017 年市值 2.4 兆元

4%

2%

2,000 家

(0.5)、(3) 是櫃買中心、證交所
名義上的資本額條件

X：
資本額
（億元）
（公司規模）

0.8　　2　　(0.5)　　(3)
　　　　　　4　　　6

企業
規模

一、
小型
企業

二、
中型
企業

三、大型
企業公開
發行

（一）股票　（二）股票　（三）股票
　　　　　　　　上櫃　　　　上市

## 大型企業的資金來源

| 資金來源 | 承銷商 |
|---|---|
| 一、負債 | |
| （一）短期：票 | |
| 1. 商業本票（CP） | 票券金融公司 |
| 2. 銀行承兌匯票（BA） | 銀行 |
| （二）中長期：債券發行 | |
| | 有承銷商執照（underwriter），<br>美國稱為投資銀行（investment bank） |
| | 1. 綜合證券公司<br>　　承銷部 |
| | 2. 銀行信託部 |
| 二、業主權益 | 3. 其他 |
| （一）特別股 | |
| （二）普通股 | |

圖 13-3　直接融資的資格與方式

「4.6.2.4」，即先記 X 軸資本額 4、6 億元，再記 Y 軸的稅前權益報酬率 2%、4%。這個圖約一分鐘便可記住了。以生活例子也很容易記，以美國職棒、職籃比喻。例如上市公司，類比爲大聯盟球隊（一軍）；上櫃公司，類比爲小聯盟球隊（二軍）；公開發行公司，類比爲業餘球隊（例如甲、乙組）。

# 13-5　直接融資方式

農夫直接擺攤銷售是生活中常見的直接銷售方式，一般來說，這有可能比透過零售公司（及其商店）間接銷售方式便宜一些。在資金直接融資方面，由表 13-2 可見，依交易順序可分爲兩個市場，以下說明。

## 一、初級 vs. 次級市場

初級、次級市場用汽車銷售來舉例，很容易懂，詳見表 13-2 第二列，本段先說明其中文翻譯。

（一）初級、次級市場是直譯：初級市場（primary market）、次級市場（secondary market）這樣的譯詞無法令人望文生義。

（二）發行、交易市場是意譯：初級市場意譯成發行市場（issue market）、次級市場本意是流通市場就很容易明瞭。

## 二、發行市場

發行市場是指證券發行公司（issue company），發行證券，以募集資金，稱爲直接融資（direct financing）。此時的投資人可說是第一手的，以汽車來說，和泰汽車公司專賣一手車，市占率約 30%；旗下的和運專門負責二手車。

## 三、交易市場

舊股東把證券拿出來賣，這二手證券交易地方稱爲交易市場。你打開電視，週間早上九點到下午一點半，便可以看到股票交易市場，又可二分法分成兩類如下。

（一）證券集中交易市場：由證券交易所負責上市股票、認購權證、封閉型基金、轉換特別股、轉換公司債等集中交易。

（二）上櫃股票集中交易：由櫃檯買賣中心負責上櫃股票等集中交易。交

易市場是投資人跟投資人之間的交易，交易市場的熱絡有助於發行市場的活潑。

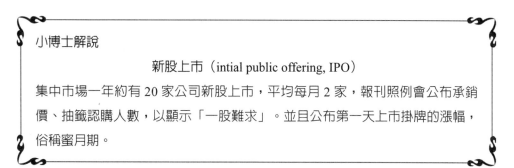

小博士解說

### 新股上市（intial public offering, IPO）

集中市場一年約有 20 家公司新股上市，平均每月 2 家，報刊照例會公布承銷價、抽籤認購人數，以顯示「一股難求」。並且公布第一天上市掛牌的漲幅，俗稱蜜月期。

### 表 13-2　直接融資方式

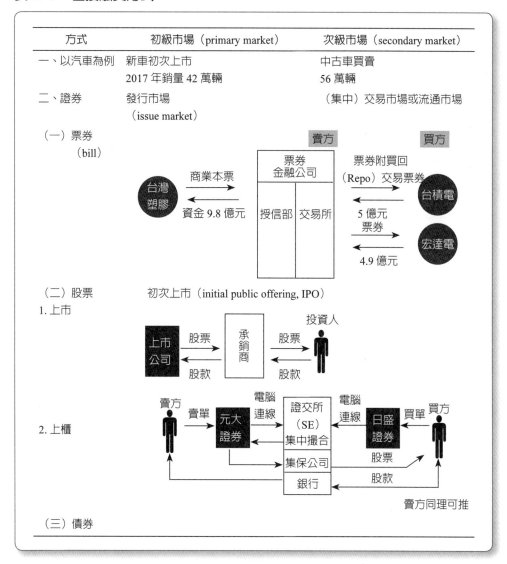

| 方式 | 初級市場（primary market） | 次級市場（secondary market） |
|---|---|---|
| 一、以汽車為例 | 新車初次上市<br>2017 年銷量 42 萬輛 | 中古車買賣<br>56 萬輛 |
| 二、證券 | 發行市場<br>（issue market） | （集中）交易市場或流通市場 |
| （一）票券（bill） | | |
| （二）股票<br>1. 上市 | 初次上市（initial public offering, IPO） | |
| 2. 上櫃 | | |
| （三）債券 | | |

## 13-6　票券市場──狹義貨幣市場

在臺灣，貨幣市場（money market）的本質是票券市場（bill market），是指票券發行、交易。我們關心票券市場，主因是它是銀行的替代品。以替代程度來說，票券金融公司推出票券發行業務搶的是銀行短期信用貸款的生意。

### 一、票券的性質

「己已巳」三個字字型略有差異，bill、note、bond 這三個字中文譯詞為票券、中期債券（三～六年期間）、長期債券（發行期間七年以上）。由此可見，「票券」指的是發行人發行的短期（一年以內）的借據，且有一定面額（例如 10 萬元），且一定是折現發行，屆期發行人還你面額。

### 二、發行市場

在貨幣市場，共有三種發行人（issuer），說明如下。

（一）政府（財政部）：財政部發行國庫券（Treasury Bill, TB），以利國庫短期周轉。

（二）公司：公司在票券市場可發行下列二種票券以融資。

1.銀行承兌匯票（Bank Acceptance 或 Banker's Acceptance, BA）：當統一企業缺 5 億元、一個月，向投資人發行由臺灣銀行承諾兌現（簡稱承兌）的匯票，宏達電見有臺銀承兌，便買下了，臺銀給予統一企業的 100 億元授信額度便算已動支 5 億元了。

2.商業本票（Commercial Paper, CP）：當台灣塑膠公司缺 9.9 億元、二個月，便向國際票券金融公司申請發行商業本票，簡單的說，由國票包銷，可視為國票授信給台塑。許多書喜歡面面俱到，但了解實況後，才會發現事有輕重，以 2016 年為例，商業本票發行餘額 1.48 兆元，銀行承兌匯票 0.0044 兆元，前者占合計的 99.72%，即銀行承兌匯票無足輕重。

（三）銀行：當華南銀行缺錢 10 億元、二個月，發行轉讓定期存單（Negotiable Certificate of Deposit, NCD），由宏達電買下，之後，沒多久，便賣出給國票。

## 三、交易市場

由圖 13-4 右邊可見，台積電、宏碁等公司有短期閒錢，又不甘願銀行活期存款利率太低，因此向國票公司進行票券附買回交易（repurchase，英文簡寫 Repo，唸成 re po）。在交易市場中，交易工具比發行市場（CP, BA, NCD）多一項，即一年期以內屆期的政府公債（又稱為短期公債，簡稱短債）。

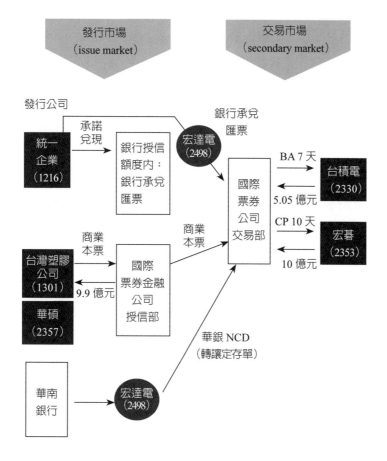

圖 13-4　票券市場的發行與交易

知識補充站——轉讓定期存單（Negotiable certificates of deposits）

這是下列二個字的組合。

· 轉讓（negotiable），或可轉讓

· 定期存單（CD），臨櫃交易的定期存單是不可轉讓的。跟支票一樣，可以背書轉讓。

## 13-7 債券市場——資本市場融資 Part I

債券市場（bond market）一般人比較少碰見，總的來說，臺灣的債券市場並不活絡，投資人有限，連帶的在發行市場，以公司來說，只有 20 家左右的 A 咖（債信等級 AA 以上）在玩，B 咖很難插入，更不要說 C 咖以下公司。

### 一、債券

「債券」用最簡單的話說，發行人（issuer）發行的固定面額（主要是 10 萬元）的借據，一般為固定票面利率（例如 1.3%），發行期間大都為奇數年，例如三、五、七年，七年以上稱為長期債券（bond）、三至七年中期的稱為中期債券（note）。以發行公司來說，考慮舉債三年，再發行公司債，或者向銀行借款這兩種中二選一。

### 二、發行市場

公司融資是本書的重點，因此本單元著重在民間企業發行債券，依行業（一般 vs. 金融）二分法，只是名稱不同罷了。

（一）公司發行公司債：公司債發行前三名為台灣電力、台積電以及中國鋼鐵，占公司債發行量的 45.2%。台塑四寶、中國石油、鴻海精密、陽明海運、統一企業、裕融企業、萬海航運、長榮航空等著名企業也是大戶。2017 年只剩 1.88 兆元。

（二）金融業發行金融債券：放眼中國大陸市場、西進設立據點的本國銀行，也積極發行金融債強化資金結構，2017 年金融債券餘額 1.24 兆元，金融債券主要是無擔保的。

### 三、交易市場

債券交易市場主要是透過綜合券商的債券部，本質是「店頭市場」，買方主要是貨幣市場基金，其次是銀行，交易金額很大，但由於殖利率（10 年期公債 1.12%、91〜180 天期票券 0.80%）低，因此獲利金額低。

┌─────────────────────────────────────────────────┐

小博士解說

### 2017 年 6 月台電公司債

2017 年 6 月初，台灣電力公司發行 5 年期無擔保公司債 80 億元，利率 0.98%，以中華信用評等公司給予其 twAAA 來說，已有「類公債」性質，台電公司債是市場指標。

└─────────────────────────────────────────────────┘

表 13-3　債券市場──資本市場融資餘額　　　　　　　　　　單位：兆元

| 項目 | 2015 年 | 2016 年 |
|---|---|---|
| 一、政府：公債（Government Bonds） | 5.57 | 5.61 |
| 二、民間 | 3.29 | 3.11 |
| （一）公司 | 2 | 1.90 |
| 1. 公司債（Corporate Bonds） | | |
| 2. 轉換公司債（Convertible Bond, CB） | | |
| （二）金融業：金融債券（Bank Debenture） | 1.29 | 1.21 |
| 小計 | 8.86 | 8.72 |

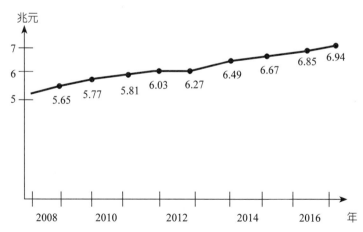

＊註：上櫃約 0.335 兆元

圖 13-5　上市股票發行餘額

# 13-8　股票市場——資本市場融資 Part II

嚴格來說，股票發行跟銀行借款的替代性最低，因為銀行貸款主要是三年內貸款，股票是無限期可用的資金，而且股票的資金成本比銀行借款利率高太多。

## 一、股票的性質

「股票」（stock）是代表一家公司的股份，一般面額 10 元（註：外國來臺上市股票不限）、一張股票 1,000 股。股東、股票投資人不能要求公司買回股票。因此對公司來說，透過發行股票，可取得無限期使用的資金，因此在資產負債表上的業主權益（資本額是其中最大項，約占八成以上）又稱自有資金。

## 二、發行市場

在股票發行市場中，公司透過下列兩種方式發行股票以向投資人取得資金。

（一）新股上市（IPO）：當公司股票初次掛牌上市，稱為新股上市（initial public offering）。當股票上市的股票來自老股東時，此時上市並沒有給公司帶來資金；唯有現金增資式的上市掛牌才會。

（二）現金增資：公司上市一段期間後，會透過承銷商來發行新股以取得現金，稱為現金增資。

## 三、交易市場

每天你在電視上可看到臺股收 10,500 點、日成交金額 1,000 億元，這是證交所的上市股票；至於店頭市場，指數約 140 點，日成交金額約 360 億元。

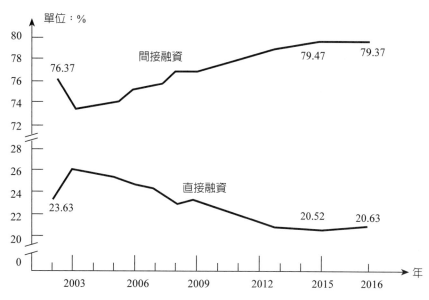

圖 13-6　直接 vs. 間接融資比重

---

**臺灣證券交易所小檔案**

成立：1961 年 10 月 23 日，1966 年指數 100 點，是為基期。

住址：臺灣臺北市 101 大樓

董事長：施俊吉

上市公司數：（2017 年底預估）905 家公司，市值 30.5 兆元，其中本國公司 840 家，
　　　　　　營收約 28.5 兆元、盈餘 1.9 兆元。

投資人數：（交易人數）130 萬人

集中撮合交易時間：週一～五　09：00～13：30（2001 年 1 月 2 日起）

---

**櫃檯買賣中心（即店頭市場）小檔案**

成立：1994 年 11 月，當日指數 100 點

住址：臺北市羅斯福路二段 100 號 15 樓

董事長：陳永誠

上櫃公司數：（2017 年底預估）650 家公司（興櫃 250 家、創櫃 60 家），市值 2.4
　　　　　　兆元

投資人數：（開戶人數）200 萬人

交易時間：同證交所

# 討論問題

一、試舉一個例子說明「零售」、「批發」市場。（提示：果菜、外匯皆可）

二、直接融資比間接融資「便宜」，那為何 2004 年以來間接融資「銀行貸款」
　　比重節節升高呢？

三、發行公司債三、五年都是票面利率固定（例如 1.2%），以此說明銀行放款
　　仍有競爭優勢。

四、銀行承兌匯率也是銀行授信方式之一，承兌費率約 0.15～0.75%，比信用放
　　款利率低，銀行為何還要做呢？

五、農會、漁會信用部的功能為何？

# 14

# 公司資金需求
## ——財務管理導向的貨幣銀行學

## 14-1　公司的資金需求

公司對資金（生產因素之一）的需求來自於有錢才能買設備，以生產產品去賣，以求賺錢。

### 一、公司對資金需求的動機：資金用途

由圖 14-1 上圖可見，公司（本例爲宏達電）對資金的需求主要情況有二：固定資本形成和周轉金，在經濟學中說明固定資本形成是指公司需要資金，去買機器設備，因此在本章中討論五項生產因素中資金的需求。公司將本求利，因此只考慮到利率對公司固定資本形成的關係，會得到下列關係式（即隱函數型），即：I = F(R)。

### 二、公司資金需求決策準則

在經濟學中談到公司的決策準則是「將本求利」，簡單的說「有利可圖才做」，也就是「收入大於成本」（即有利）才做。這運用在貸款（資金需求）決策上，在圖 14-1 下圖會發現經濟學開個頭，「財務管理」課程用白話文解釋。（一）經濟學角度：經濟學中公司的決策則從頭到尾都只有一個，即邊際收入大於邊際成本；以貸款 500 萬元開分店爲例，貸款利率 2%，資金邊際成本 10 萬元，資金邊際收入 40 萬元（500 萬元 ×8% = 40 萬元，8% 是純益率），借款有賺，宜擴大借款金額。（二）財務管理角度：上述例子，該新開分店純益率 8%，減掉貸款利率 2%，還淨賺 6%（盈利率）。借錢的目的是爲了賺更多錢，而且心想事成，如同坐翹翹板般，此稱爲「正的財務槓桿（positive financial

一、公司資金需求的用途

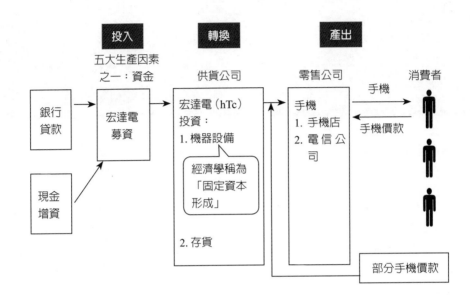

二、公司的資金需求決策準則

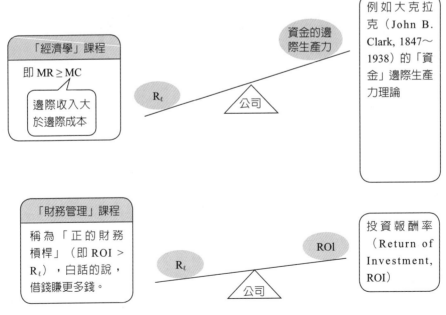

圖 14-1　公司的資金需求

leverage）」。

### 三、正的 vs. 負的財務槓桿

　　財務管理學者五次（1990、1997、2002、2013 與 2016 年）獲得諾貝爾經濟學獎，時間都在 1990 年以後，在 Unit 16-2 中，將說明資金供給者的考量。凡此皆說明貨幣銀行學可說是「財務管理」學的基礎。

---

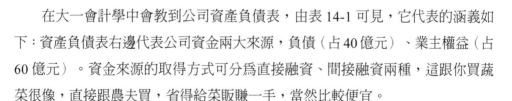

小博士解說

財務槓桿（financial leverage）小辭典

上段談到「正的財務槓桿」，對稱的，一定有「負的財務槓桿」，在下面我們把字分解到基本單元，逐一了解就好記了：financial：adj.，財務；leverage：n.，槓桿作用（lever n.，槓桿）；negative：負的；positive：正的；negative financial leverage：負的財務槓桿，即 $R_\ell > ROI$；positive financial leverage：正的財務槓桿，即 $R_\ell < ROI$。

---

# 14-2　公司資金來源——直接 vs. 間接融資

　　在大一會計學中會教到公司資產負債表，由表 14-1 可見，它代表的涵義如下：資產負債表右邊代表公司資金兩大來源，負債（占 40 億元）、業主權益（占 60 億元）。資金來源的取得方式可分為直接融資、間接融資兩種，這跟你買蔬菜很像，直接跟農夫買，省得給菜販賺一手，當然比較便宜。

## 一、間接融資：銀行貸款

　　間接融資（indirect finance）是指公司向銀行貸款，銀行資金來自存款人，銀行轉手賺放款利率跟存款利率的價差。

## 二、直接融資：銀行貸款以外融資

　　直接融資（direct finance）指的是公司直接從資金提供者（俗稱投資人）處取得資金，公司發行公司債便是直接向投資人「借錢」。以 2017 年 4 月 10 日為例，台灣塑膠公司（信用評等 twAA-）發行 5 年期公司債 70 億元，利率 1.09%，

要是跟銀行借，利率可能達 1.6%。

### 表 14-1　公司資產負債表

| （資金去路） | （資金來源） | 融資方式 |
|---|---|---|
| 資產　100 億元 | 一、負債　　　　　40 億元 | |
| | （一）銀行貸款　　25 億元 | 間接融資（indirect financing） |
| | （二）商業授信　　5 億元　主要是應付票據等 | 直接融資（direct financing） |
| | （三）票（債）券　　發行　　10 億元 | |
| | 二、業主權益　　　60 億元 | |
| | （一）股本 | |
| | （二）資本公積 | |
| | （三）保留盈餘 | |

---

**融資（financing）小檔案**

· financing：融資，即取得資金

· direct finance：直接融資

· indirect finance：間接融資，即向銀行借款

---

### 表 14-2　公司融資方式金額（存量分析）與比重　　　金額單位：兆元

| 融資方式 | 2003 年 | | 2014 年 | | 2015 年 | | 2016 年 | |
|---|---|---|---|---|---|---|---|---|
| | 金額 | 比重 | 金額 | 比重 | 金額 | 比重 | 金額 | 比重 |
| (1) 間接融資 | 21.67 | 73.82% | 37.62 | 79.37% | 38.63 | 79.47% | 39.53 | 79.37% |
| (2) 直接融資 | 7.68 | 26.18% | 9.78 | 20.63% | 9.98 | 20.53% | 10.27 | 20.63% |
| (3) = (1) + (2) | 29.35 | 100% | 47.4 | 100% | 48.61 | 100% | 49.8 | 100% |

### 三、直接融資 PK 間接融資

在第四章中曾提及，銀行貸款在 14 世紀已逐漸發展，占了先機，而且只有大型公司（資本額 2 億元以上的公開發行公司）才准直接融資，因此隨著時間經過，間接融資比重逐漸降低，這有下列兩個角度來分析。

（一）流量比較：以當年金額（流量）來說，1997 年起，直接融資金額首次超越銀行借款。

（二）存量比較：以存量（累積、餘額）來說，銀行借款還是比較大的，以 2016 年公司取得資金餘額 49.8 兆元為例，直接融資占資金來源 20.63%（其中公司債 0.42 兆元），間接融資占 79.37%；以 2003 年（26.18%）到 2016 年的趨勢來看，間接融資比重漸增，一方面是貸款利率低，一方面是資本市場交易量萎縮，波及發行量。

---

小博士解說

**租賃業**

銀行不太喜歡承作機器設備抵押融資，有些會另設租賃公司來承作此業務，以租賃公會的統計數字，2015 年 3,200 億元，每年約成長 300 億元。

---

# 14-3　企業為什麼要向銀行貸款？

公司資金來源兼顧資金可用期間與資金成本，由圖 14-2 可見，包括銀行借款（間接融資唯一方式）、直接融資（主要指票債券發行）兩大類。

## 一、第一層原因：所有公司一定要有自有資金

由圖 14-2 可見，股票的資金成本 10% 以上，即對股東來說，希望十年內還本。股東扛公司盈虧的風險，因此要求的報酬率也很高。既然權益資金成本是所有融資來源中最高，但為什麼公司還需要募集股本呢？原因有二，說明如下。

（一）資金使用期長：股本的使用期對公司來說是無限的，少數情況是例外，即股東大會通過決議公司解散，才會拿回公司剩餘價值。因此，在資金來

源方面，股本讓公司「有恆產」，有恆產就有恆心，可以做二十年的打算，例如買地蓋廠。

（二）代理問題：以中小型公司為例，銀行貸款利率約 4%，遠低於股票資金成本，邏輯上公司應全部向銀行借就好了。但銀行怕公司做沒本生意，以致出現道德風險。因此，銀行希望公司負債比率（負債／資產）在 50% 以下，也就是一旦公司虧損，公司的股東也會傷痕累累。

（三）公司考量：舉債（銀行借款、票債券發行）資金成本較低，但一旦違約，公司資產可能會被債權人賤賣，此時舉債成本（利率加上違約成本）可能高於股票資金成本。

## 二、第二層原因一：中小企業的選項有限

138 萬家公司中，98% 是中小企業，不能發行票債券，只能無選擇的向銀行借款。

## 三、第二層原因二：大型企業

縱使是大型企業，由表 14-3 可見，票債券只有沾到利率低的優點，其餘「量」、「質」、「時」等因素，銀行貸款大都「勝」。以「時」來說，銀行比較像便利商店，你想買飲料，走路去隨地皆有。債券比較像去家樂福買，地點較遠，得騎車、開車去。銀行的「信用貸款」好處是一旦客戶（例如公司）取得 1 億元的信用額度，可以在這一年內隨時、額度內（例如 2,000 萬元）動支，而且只要打電話通知銀行分行授信主管或承辦人員即可，這比較像「便利商店買飲料」。

---

**10 年期公債發行利率 1.139%**

時：2017 年 5 月 9 日

地：臺灣

人：財政部

事：中央銀行國庫局標售 250 億元 10 年期公債，得標利率 1.139%，比 2 月 10 年期公債標售利率 1.134% 略高；銀行占 77.2%、保險公司占 4%。

---

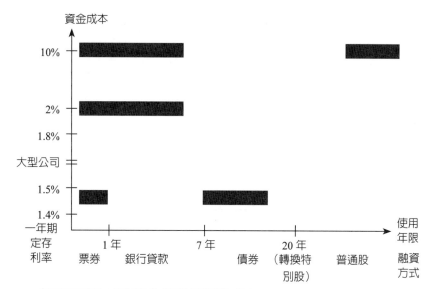

圖 14-2　各種融資方式的資金使用年限與成本

表 14-3　銀行貸款與債券何者優？

| 項目 | 銀行貸款 | 債券 |
|---|---|---|
| 1.價 | $R_\ell$<br>但銀行貸款以實際動支金額才需計息，但另有承諾費約 0.25%，但往往不收。 | > $R_b$　✓ |
| 2.量 | ✓，透過聯合貸款，金額很大，最大的是臺灣高鐵3,700億元。 | 金額有限 |
| 3.質 | 公司債信不需經過評等 | 須有債信評等 |
| 4.時 | ✓，第一次申請信用額度需要一個月，實際撥款一天內。 | 約須要 1 週 |

## 四、全體銀行對公司的放款

在「財務管理」課程中，對於公司資金「期限配合」（duration match）有個口訣：

「長錢長用，短錢短用；長錢可短用，短錢不可長用」

「短」指的是「短期」（指 1 年以內）；「長」指的是「長期」（指 1 年以上）。

251

以表 14-4 來說，把 138 萬家公司當作一家公司，來看其「銀行貸款」（表示資金來源）與「（貸款）資金用途」（資金去路）。公司向銀行貸款64%是「周轉金」（主要是損益表上支付成本費用等），有36%是放在「非流動資產」（也就是資產負債表上的）。

表 14-4　公司資產負債表　　　　　　　　　　　　　2017　單位：兆元

| 資金去路 | | 資金來源 | |
|---|---|---|---|
| 資產 | 10.6538 | 負債 | 10.6538 |
| | （100%） | | （100%） |
| 一、流動資產 | | | |
| 　周轉金 | 6.8315 | | |
| | （64.13%） | | |
| 二、非流動資產 | | | |
| 　1. 動產 | 0.5396 | | |
| | （5.06%） | | |
| 　2. 房地產 | 2.765 | | |
| | （25.95%） | | |
| 　3. 企業投資 | 0.5177 | | |
| | （4.86%） | | |

資料來源：整理自金融統計月報

# 14-4　公司借款利率的決定——差別定價的應用

公司向銀行借款，人之不同，各如其面，銀行的貸款利率不是一價到底的「死豬價」，本單元以公司借款為例，個人借款的道理也是一樣的。

## 一、四項考量因素

銀行在決定各公司的借款利率時，依序考量四個因素如下。

（一）違約風險：違約風險涉及是否有抵押品，由表 14-5 可見，抵押貸款利率遠低於信用貸款，這是單元重點。

（二）貸款年限：借款年限較長，適用的借款利率也較高。

（三）貸款金額：一般來說，貸款金額有數量折扣，一家公司借 1,000 萬元跟十家公司各借 100 萬元，金額雖然都一樣，但是就銀行核貸的直接人工成本等來說，一筆貸款的成本是十筆貸款申請案的一成。成本會反映在售價（資金的售價便是借款利率）。

（四）還款方式：「早死早投胎」，愈早攤還本金，利息就較低。

## 二、基準利率

由表 14-5 可見，信用貸款利率採用「基準放款利率」（base lending rate），這是最低價。

（一）定義：「基準放款利率」是指一年期信用貸款債信最佳客戶的貸款利率，其餘客戶依債信往上加碼，因此基準利率本質是信貸最低貸款利率。

（二）開始執行：2002 年 11 月，在中央銀行引導下，合作金庫銀行等五家銀行率先實施「基準利率」制度，作為信用放款利率的計算基礎，以逐漸取代銀行業推行多年的「基本放款利率」（prime rate）制度。

## 三、信用評等公司

每家銀行針對信用貸款加碼標準不一，而且有些是憑經驗決定，本單元跟信評公司的信用評等連結。

（一）基本點（基點，bp, basic point）：由於公司債面額 10 萬元，且交易金額起跳 300 萬元等，差之毫釐，失之千里，所以利率報價以基本點（即萬分之一或 0.01%）為準。

（二）以 AA 級公司債為例：以 AAA 級公司債類比為基準放款利率，AA 級公司債的風險加碼為 50 個基本點，或 0.5%。那麼債信 AA 級的公司，其借款利率為 2.6% 加上 0.5%，即 3.1%。

表 14-5 公司貸款利率的決定

| 借款利率 | 加碼<br>（基本點，bp） | 美國標準普爾<br>（14 級） | 中華信評<br>（－tw，8 級） | 倒帳機率 |
|---|---|---|---|---|
| 一、信用貸款 | | F | | |
| | | E | | |
| | | D | | |
| | | DD | | |
| | | DDD | D | |
| | | C | C | |
| | | CC | B | |
| | 700 | CCC | BB | 4% |
| | 500 | B | BBB | 2% |
| | 400 | BB | A | 1% |
| | 200 | BBB | AA | 0.5% |
| | 10 | A | AAA | 0% |
| | 50 | AA | | |
| 2.6%－基準放款利率<br>（base lending rate） | | AAA | | |
| 二、抵押貸款 | | | | |

知識補充站——民間借貸利率

　　民間借貸利率統計從 1970 年 3 月開始蒐集，調查方式為委託三商銀（華南銀行、第一銀行、彰化銀行）根據臺北、高雄及臺中地區的往來客戶，選取樣本調查，調查樣本家數為 258 家，其中包括食品紡織業、塑膠化學業、金屬機械業、電子業、營造業、商業等六個行業。

　　調查項目為三項，一是遠期支票借款，就是以交易性票據向企業及個人的借款；二是信用拆借，就是以融資性票據或信用借款方式向企業及個人的借款；第三則是存放於公司，一般公司向員工吸收存款。

　　2014 年起，央行停辦民間借貸利率調查，主要是銀行提供信用充足，民間借貸利率的代表性已降低。

# 14-5　銀行授信審核項目

銀行針對借款申請案，大都有信用風險表（詳見表 14-6），超過門檻（例如 70 分），才會核准貸款（簡稱核貸）。每家銀行的表項目大同小異，甚至權重也相近。本單元以表中第一、二層的架構，把某銀行的「企業信用風險評分表」架構重調。

## 一、第一層（大分類）

表 14-6 中第一欄依抵押品與還款能力分成兩大類，採取金字塔的觀念，愈靠底部部分，愈是基本（甚至可視為門檻）。

（一）抵押品部分：以此表來說，評分表中有近似「抵押品」性質的有二中類，比重占 25%。

（二）還款能力部分：評分表中跟「還款能力」有關的有三中類，比重占 75%。

## 二、第二層（中分類）：依 5P 架構

在表 14-6 中第二欄，我們依 5P 標準，把六個評分主項對映，有四個標準各對應一個主項，例如「前景」（prospect）對映到主項中的「產業前景」。但是「償債能力」（payment）對映到評分表中二主項「顧客關係」、「財務狀況」，占比重 30%，可說是最重要的授信標準。

## 三、評分制

公司信用風險評分表大都由承辦的帳戶管理者（account officer）填具，但有可能這是授信會議集體討論的結果。再呈分行授信主管（副理），再循授權流程，往上呈文，但基本精神都是一樣的。

小博士解說

### 銀行法對「擔保授信」的規範

銀行法第 12 條條文如下：

「擔保授信是對銀行的授信，借款戶提供下列之一為擔保者。

1. 房地產或動產抵押權。

2. 動產或權利質權。

3. 借款人營業交易所發生的應收票據。

4. 各級政府公庫主管機關、銀行或經政府核准設計信用保證機構（本書註：例如中小企業信保基金）的保證。」

表 14-6　企業風險評分表

| 大分類 | 5P（中分類） | 企業風險評分表 | | | |
|---|---|---|---|---|---|
| | | 主項 | 分項 | 評分標準 | 評分 |
| 一、還款能力部分 | 前景（prospect） | 1. 產業前景（25%） | 產業成長性（5%） | 5 分（佳）3 分（可）1 分（差） | |
| | | | 未來一年內行業景氣（5%） | 5 分（佳）3 分（可）1 分（差） | |
| | | | 進入障礙（5%） | 5 分（佳）3 分（可）1 分（差） | |
| | | | 競爭利基（5%） | 5 分（佳）3 分（可）1 分（差） | |
| | | | 產品市場性（5%） | 5 分（佳）3 分（可）1 分（差） | |
| | | | 小計 | | |
| | 品格（people） | 2. 經營團隊（20%） | 企業及經營者信用情況（5%） | 5 分（無不良記錄）<br>3 分（初次往來）<br>1 分（有不良記錄） | |
| | | | 經營者學歷及專業技術（5%） | 5 分（研究所或從事本業 5 年以上）<br>3 分（大專或從事本業 1 年以上未滿 5 年）<br>1 分（從事本業未滿 1 年） | |
| | | | 經營理念與策略（5%） | 5 分（佳）3 分（可）1 分（差） | |
| | | | 經營管理制度（5%） | 5 分（佳）3 分（可）1 分（差） | |
| | | | 小計 | | |

表 14-6（續）

| 大分類 | 5P（中分類） | 企業風險評分表 | | | |
|---|---|---|---|---|---|
| | | 主項 | 分項 | 評分標準 | 評分 |
| | 償還能力（payment） | 3. 顧客關係（10%） | 與主要客戶往來情形（2%） | 2分（佳）1分（可） | |
| | | | 主要客戶產業地位（2%） | 2分（佳）1分（可） | |
| | | | 產品認證、業務合約或專案執行情形（2%） | 2分（佳）1分（可） | |
| | | | 通路或銷售點（2%） | 2分（佳）1分（可） | |
| | | | 市場開拓能力（2%） | 2分（可）1分（差） | |
| | | | 小計 | | |
| | | 4. 財務狀況（20%） | 營收成長率（2%） | 2分（30%以上）1分（未達30%） | |
| | | | 獲利能力（6%） 毛利率（3%） | 3分（25%以上）1分（未達25%） | |
| | | | 稅前純益率（3%） | 3分（5%以上）1分（未達5%） | |
| | | | 經營效率（4%） 應收款項周轉率（2%） | 2分（4次以上）1分（未達4次） | |
| | | | 存貨周轉率（2%） | 2分（4次以上或服務業）1分（未達4次） | |
| | | | 償債能力（4%） 流動比率（2%） | 2分（100%以上）1分（未達100%） | |
| | | | 速動比率（2%） | 2分（75%以上）1分（未達75%） | |
| | | | 財務結構（4%） 負債比率（4%） | 4分（499%以下）2分（500%～799%）1分（800%以上） | |
| 二、抵押品部分 | 資金用途（purpose） | 5. 貸款計畫（10%） | 貸款計畫可行性（5%） | 5分（佳）3分（可）1分（差） | |
| | | | 還款能力（5%） | 5分（佳）3分（可）1分（差） | |
| | | | 小計 | | |
| | 債權保障（protection） | 6. 無形資產（15%） | 研發費用占營收（或淨值）之比重（5%） | 5分（20%以上）3分（5%～19%）1分（未達5%） | |
| | | | 技術、專利、商標、營業祕密、著作權、積體電路電路布局權等使用情形（5%） | 5分（佳）3分（可）1分（差） | |
| | | | 新產品開發情形(5) | 5分（佳）3分（可）1分（差） | |
| | | | 小計 | | |
| | | 合計 | | | |

# 14-6　授信標準

當你去銀行借錢，銀行會依前文所提企業風險評分表，給你的貸款資格評分。我們曾說明這是依 5P 授信標準，一般的教科書來自論文的整理，而論文 95% 又來自實務的歸納。

## 一、5P、5C 與 CAMEL

「腳踏車」、「鐵馬」、「孔明車」指的是同一件物品，同樣的，在學問中，也有時空的差異，但君子所見略同。由表 14-7 可見，授信標準 5P、5C 與 CAMEL 都是同一件事，本書基於「兩個就可以做表，三個就可以分類」，把 5P 分成兩大類：還款能力部分、抵押品部分，底下詳細說明。

## 二、5P 原則

5P 原則是銀行用來判斷錢借給你的安全性，以及可以借給你多少錢的五項評估標準，說明如下，詳見表 14-7。

（一）債權確保（protection）：為了確保債權，任何貸款都應有兩道防線，第一為債權確保，第二則為還款來源，而擔任確保債權角色者，通常為銀行向借款戶所徵提的擔保品、保證人。當借款戶不能就其還款來源履行還款義務時，銀行仍可藉由處分擔保品而如期收回放款，這就是確保債權。

（二）資金用途（purpose）：銀行需衡量有意借款的資金運用計畫是否合法、合理、合情，明確且具體可行。並於貸款後持續追查是否依照原定計畫運用，1998 年頻頻發生的集團企業掏空資產，把資金挪作他用等不良的授信案件，便是起因於資金移作他用引發意外損失、導致無力還款而跳票才一一浮上檯面。

（三）還款來源（payment）：分析借款戶是否具有還款來源，可說是授信最重要的考核項目，也考核貸放主管的能力。授信首重安全性，其次才是獲利性、變現性。通常借款戶是否能有足夠還款來源跟借款資金用途有關，如果資金用途是依景氣和實際所需資金加以評估，並於貸款後加以追蹤查核，則借款戶履行還款的可能性即相對提高。強調企業的還款財源與還款期間，短期借款的還款來源來自於營業收入，中長期借款則來自於折舊加當期的利潤。

（四）借款戶展望（prospect）：銀行就整體經濟金融情勢對借款戶行業的影響，以及借款戶本身將來的發展性加以分析，再決定是否核貸。

（五）借款戶狀況（people）：指針對借款公司的信用狀況、經營獲利能力和跟銀行往來情形等進行評估。強調企業必須以責任感、依約履行債約、償還債務及有效經營企業，來取得銀行的充分信賴。

表 14-7　授信標準

| 評估項目 | | 5P | 5C | 銀行信用評等（CAMEL） |
|---|---|---|---|---|
| 一、還款能力部分 | （一）前景 | Prospect，借款戶展望 | Condition，（未來）經濟情況影響公司的獲利 | Liquidity，變現力 |
| | （二）品格 | People，借款人或企業的狀況 | Character，性格 | Management，經營能力 |
| | （三）償債能力 | Payment，還款來源 | Capacity，其實是 earning capacity，指過去三年的獲利能力 | Earnings |
| 二、抵押品部分 | （四）資本 | Purpose，資金用途Protection，債權保障 | CapitalCollateral | CapitalAsset |

# 14-7 銀行往來——如何取得優惠借款條件

由 Unit 14-5、14-6 詳細了解銀行授信標準，站在公司此一借款人立場，在其他條件（主要是借款金額、還款期間）相同情況下，追求借款利率最低。

## 一、貨比三家，看得到吃不到

一般人套用「貨比三家不吃虧」俚語，以為上網 google 一下，便可以找到借款利率最低的銀行。但借款需要銀行核准，在銀行對借款申請人不熟悉（即 Unit 8-7 中所談的資訊不對稱）情況下，針對新借款申請人不會輕易核貸。

## 二、銀行往來以提高能見度

為了減少資訊不對稱問題，公司可以採取表 14-8 文中所列方式跟銀行往來，以增進銀行對自己的了解。

表 14-8 如何取得優惠借款條件

| 業務 / 項目 | 存 款 | 借 款 |
|---|---|---|
| 一、價 | | 1. 銀行的各分行有盈餘目標，因此借款人取得信用額度，不要備而不用，以致銀行無利可圖。<br>2. 有時，也得極短期動支一下，讓銀行有錢可賺，此部分的利息支出可視為維繫銀行關係的「公關費用」（或交際費用）。 |
| 二、量 | 1. 盡量集中資源，增加存款實績。<br>2. 委辦銀行代辦各項業務，包括員工薪資、勞保、水電費、電話費、瓦斯費、各項稅金等，創造更多的互動機會，甚至介紹優良的客戶給銀行，以建立良好的信用關係。 | 1. 當公司規模小時<br>宜集中在一家銀行往來，以製造規模經濟，享受數量折扣。<br>2. 當公司規模大時<br>才宜兵分為二（或三）路的分散借款銀行來源。 |

表 14-8（續）

| 業務 \ 項目 | 存　款 | 借　款 |
|---|---|---|
| 三、質 | 銀行看公司的存款實績主要有二。<br>1. 定期存款。<br>2. 員工薪資轉帳存款。 | 1. 經常邀請銀行主管或承辦業務的同仁，到公司或工廠參訪、做簡報，維持良好的互動，尤其是週年慶、新廠落成、新產品發表會、公益活動或購置新設備、尾牙，都是很好的時機，更要主動提供財務報表，讓銀行了解公司實際營運情況，以增加銀行對企業的信心。<br>2. 借款人（公司）的財務主管主動的參訪銀行舉辦的各項活動，藉以了解新的融資及服務資訊。<br>3. 按期繳納貸款的本息，維護信用，以良好的實績表現，來建立良好的債信基礎。 |
| 四、時 | 一般存活存，存款人都求方便，在公司、家旁的銀行存。 | 有些銀行強調 30 分鐘核貸，但大部分需要 2 天以上的工作天。 |

# 討論問題

一、以一家公司（例如台積電）說明「正的財務槓桿」。

二、貨幣銀行學中的「貨幣」供給與「貨幣」需求，本質上是指「資金」供給與「資金」需求，你的看法是？

三、間接融資是否只有「銀行」貸款一途？（註：有少數公司有提供有限融資功能，例如壽險公司保單質押等。）

四、試以一家公司為例，比較其為何採取貸款（或公司債）方式舉債，其著眼點為何？

五、以一家公司發行公司債為何？套用 Unit 14-4 表 14-5 的信評加碼表，分析其利率的合理程度。

---

費雪方程式小檔案

（Fisher equation）

時：1930 年

地：美國康乃狄克州紐哈芬市

人：費雪（Irving Fisher, 1867～1947），耶魯大學第一位經濟博士，且一直在此任教。

事：在〈利息理論〉書中提出此方程式，有很多型態（事實、預期）。較常見的公式如下：

$$名目利率 = 實質利率 + 物價上漲率$$

$$\text{(nominal interest rate)} \quad \text{(real interest rate)} \quad \text{(CPI change rate)}$$

$$R = r + \dot{p}$$

實際例子詳見 Unit 16-3

---

# 15

# 家庭融資資金需求

## 15-1　家庭資金需求

　　家庭是銀行貸款最大客戶層，占 49%，比企業的 45% 多。2,360 萬人、860 萬戶家庭的銀行貸款，看似「人之不同，各如其面」，但看了本單元的分析，會發現實則簡單。以 2017 年 1 月數字說明。

### 一、家庭資金用途

　　套用「80：20 原則」，來看家庭向銀行貸款可以一目了然，消費者貸款（consumer loans）可以二分如下。

　　（一）房屋貸款占 85%：家庭的銀行借款中有 85% 屬於房屋貸款，詳見圖 15-1，這包括住宅貸款占 83.16%、房屋修繕貸款占 1.79% 兩項。

　　（二）其他貸款占 15%：房貸以外部分只占 15%。

### 二、依消費用途區分

　　家庭借款可依家庭損益表、資產負債表分成兩大類，說明如下。

　　（一）家庭資產負債表，屬於銀行抵押款：家庭資產負債表中，家庭為了取得資產，在「（財）力有未逮」情況下，只好走上向金融機構融資，其中為了股票投資，向證券金融公司融資、買裕隆集團汽車可向裕隆資融公司借汽車分期付款，以及壽險公司保戶可向壽險公司借房屋貸款外，九成的家庭抵押貸款皆來自銀行。

　　（二）損益表，屬於銀行信用貸款：家庭損益表中，家庭為了生活中的「食衣育樂」，向銀行借信用貸款，包括三個項目，即其他消費性貸款（占家庭借款

11.33%）、信用卡循環餘額（占 1.41%）、機關團體職工福利貸款（占 0.6%）。

## 三、家庭借款的決策準則

家庭借款的決策準則，依借款資金用途可分成二中類，其決策準則請見表 15-1，底下詳細說明。

（一）屬於投資性質：消費者貸款中，有二中類性質比較偏重投資，說明如下。

1. 抵押貸款：股票的融資交易一定是為了金融投資，至於房屋貸款，可視為「以買代租」的投資決策，汽車貸款以買車，大抵是為了上班之用。

2. 助學貸款：助學貸款是個人為了提升人力資源素質的投資。

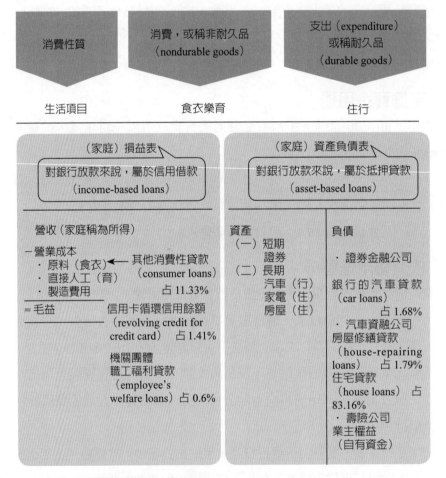

圖 15-1　家庭「消費者貸款」的用途

（二）消費：針對購買非耐久品，當財力不繼時，家庭會採取借「其他個人消費性貸款方式」，其決策準則是「利大於弊」，例如到家樂福用信用卡刷卡買食物，吃了食物而活著，比還 15% 循環利率的沉重利息相比，可說「效益大於成本」。

表 15-1　決策準則說明

| 一、投資 | 投資報酬率（ROI）＞貸款利率 |
|---|---|
| （一）人力資源投資 | ✓ |
| （二）商品 | ✓ |
| 二、消費 | 貸款支援消費帶來的效用＞貸款利息帶來負效用 |

## 15-2　家庭融資管道

前文著重家庭資金需求用途，本單元詳細說明家庭融資來源。

### 一、家庭資金來源比公司窄很多

家庭融資管道比公司少（主要是公司可以直接融資），即大都採取間接融資。

### 二、借款的分類

由圖 15-2 可見，銀行是家庭融資管道的主要來源，約占九成以上，但並不是唯一來源。底下詳細分析。

### （一）第一層（大分類）──合法 vs. 不合法

借錢是個老生意，從農業社會就有，政府為了避免債權人剝削，因此民法規定借款利率上限 20%。以法律標準區分，借款可分為合法與不合法。

1. 不合法的高利貸款：為了避免地下錢莊以高利率貸款（簡稱高利貸）剝削借款人，所以許多國家都有訂定借款利率上限。以銀行來說，針對高危險群（即邊際借款人），在貸款利率上限 20% 情況下，自覺得不划算，拒絕此邊際借款

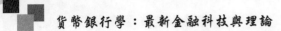
人。有些邊際借款人（例如一些計程車司機）走投無路，只好向地下錢莊借錢，在報刊、電線桿上，你很容易看到「日息萬分之七」（借一萬元一日利息七元）的小廣告。

2. 合法貸款，利率20%以內：依民法第205條規定，任何借貸，利率上限為20%。

### （二）第二層——信用 vs. 抵押貸款

在合法貸款情況下，依是否有抵押品（房地產稱為抵押、動產稱為質押）。

1. 抵押貸款：有抵押品（collateral）的貸款時，由於「跑得了和尚，跑不了廟」，一旦借款人違約，銀行依法可請法院拍賣抵押品，以房貸來說，抵押品是房屋，稱為「法院拍賣屋」（簡稱「法拍屋」）。銀行的違約代價低，因此向借款人收的利率低於信用貸款。

2. 信用貸款：信用貸款的還本還息來源是借款人的還款能力（主要是薪水），因此在申請貸款時，銀行會審核借款人的在職證明、（過去六個月的）薪資單或銀行存摺上的入帳影本。在信用貸款人違約時，銀行會向法院申請扣押借款人的月薪，一般在月薪三分之一以內會判還本還息，留下三分之二月薪以供借款人正常生活之用。

---

**知識補充站——理財型房屋貸款**

「理財型房貸」是指貸款人以房屋的第二順位抵押給銀行，所取得的「信用額度」。一般房貸還款後的部分本金不能再運用，而理財型房貸的還款本金可以轉為循環額度（例如50萬元內），包含每月及提前攤還的本金，且可隨時動用，按日計息，資金彈性比一般房貸方案高。但也因如此，理財型房貸的利率會高於一般型房貸，至少高出1至2個百分點。

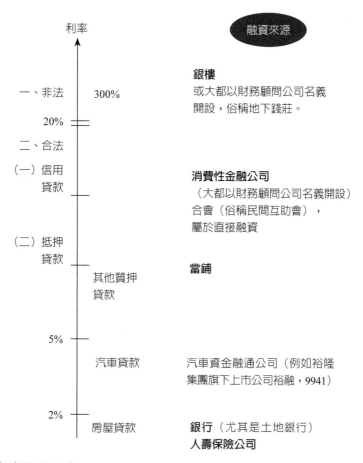

圖 15-2　家庭融資方式

# 15-3　家庭房屋貸款需求

依據主計總處所做的家庭收支調查，所獲得的家庭財富資料，2014 年 860 萬戶家庭淨財富（即減掉負債）110 兆元，其中 42.69 兆元是房地產，占 39.31%。

## 一、家庭房屋貸款狀況

家庭房屋貸款（house loans，購置住宅貸款）占家庭貸款 83.16%，依「80：20 原則」來說，幾乎可說是家庭銀行貸款中的全部。由表 15-2 可見，家庭購屋貸款 192 萬戶、貸款金額 6.4 兆元，每屋平均貸款餘額 333 萬元。

## 二、房屋貸款核貸相關事宜

銀行對消費金融業務，非常喜歡做房屋貸款，雖然薄利多銷（貸款利率1.6%），但是呆帳率極低（因為有房地產充任抵押品），因此家庭貸款中有85% 比重在家庭房屋貸款。家庭房屋貸款條件詳見表 15-2 內容。

## 三、房屋貸款的系統性風險

針對房屋貸款，銀行比較不擔心特定風險（即個案），比較擔心系統性風險（systematic risk，可意譯為全面風險），最簡單的說法便是碰到全面性或區域性房市泡沫（housing bubble）破裂，亦即房價下跌五成以上。2007 年 6 月美國次級房貸風暴的起因就是房市泡沫破裂，這問題在臺灣比較不會發生（或不嚴重），主因是銀行法要求房屋貸款上限是銀行放款（24 兆元）加金融債券（1兆元）三成（土地銀行例外）以內，以 25 兆元來說，上限是 7.5 兆元。

表 15-2　家庭房屋貸款條件

| 項目 | | 少見 | 常見 |
|---|---|---|---|
| 一、價 | （貸款利率） | 1. 固定利率<br>（例如前 6 年 3%）<br>2. 利率上限<br>（例如上限 4%） | 1. 機動利率<br>2. 指數利率 |
| 二、量 | （貸款成數） | 七成、八成（以軍公教房屋貸款為主） | 六成五 |
| 三、質 | 1. 不貸<br>2. 限貸 | 有些地方的小套房<br>中央銀行信用管制地區（詳見Unit 24-4 表 24-2） | 小套房可貸<br>同左 |
| 四、時 | 1. 還款頻率<br>2. 貸款期間<br>3. 寬限期<br>4. 提前清償 | 雙週一次（僅少數外商銀行）<br>20 年<br>不選擇<br>不 | 每月一次<br>15 年<br>2 年（即前 2 年只還息不還本）<br>隨時可局部清償，即手上有錢就多還一點，所以平均清償年限 13 年。 |

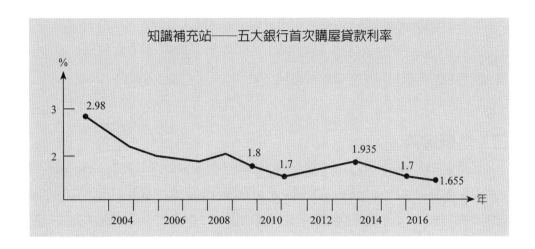

知識補充站——五大銀行首次購屋貸款利率

小博士解說

### 人壽保險公司的房屋貸款利率

壽險公司針對其保戶推出房屋貸款業務，其貸款期間長達 30 年。至於貸款利率跟銀行相近，針對「優質客戶」還有「優惠利率」，以 2013 年國泰人壽「築巢優利貸」來說，年繳 20 萬元以上保費的保戶，就可跟菁英人士、公教人員同屬優質客戶，享有優惠利率。貸款利率為一段式浮動利率計息，利率依照中華郵政公司 2 年期定儲機動利率（例如 1.1%），再加碼 0.375 個百分點。

# 15-4　房屋修繕、汽車貸款

消費者貸款中有兩項屬抵押貸款，前面單元已介紹過房屋貸款，本單元則介紹汽車貸款，順便介紹跟房貸有關的房屋修繕貸款。

## 一、房屋修繕貸款

房屋修繕貸款（house-repairing loans）是家庭為了裝潢修理房屋向銀行借款，總金額 0.14 兆元，占消費者貸款 1.79%，是第四大科目。2010 年 3 月起，政府開始推動「穩定房市方案」，10 月，中央銀行、金管會全面努力恢復房價至合理水準。其中針對本質為信用貸款的房屋修繕貸款要求核實核貸，規定如下。

（一）貸款金額上限 500 萬元，但實際上限不超過借款者月所得 22 倍。

（二）借款人需檢附修繕估價單等。房屋貸款衍生款之二是理財型房貸（又稱二胎房貸），對房屋的求償順位在第二順位以下，詳見表 15-3。

## 二、汽車貸款

臺灣有 785 萬輛汽車（其中房車約 75%），有些銀行汽車貸款（car loans）主要是針對新車（2016 年約 44 萬輛），少數銀行願意承作車齡 5 年內的中古車貸款，詳見表 15-4。臺灣企銀忠孝分行鐘志正表示信貸利率可能比車貸低，宜多留意。

2017 年汽車貸款金額約 1,268 億元、28.4 萬戶，只占消費者貸款的 1.68%。

---

小博士解說

### 公股銀行的青年安心成家購屋優惠貸款

財政部為協助無自有住宅家庭購置住宅，從 2010 年 12 月推出青年安心成家購屋優惠貸款。詳見下表。2017 年 4 月，貸款餘額 5,867 億元，占房貸比 6.42 兆元的 9.15%。

### 公股銀行辦理的青年安心成家貸款

| 項目 | 貸款條件重點 |
|---|---|
| 1. 借款對象 | 年齡在 20～40 歲，且無自有住宅者 |
| 2. 貸款額度 | 最高 800 萬元，貸款成數：實價登錄八成 |
| 3. 貸款年限及償還方式 | ・貸款年限最長 30 年<br>・寬限期 3 年，寬限期後本息分期平均攤還 |
| 4. 貸款利率 | 混合式固定利率或機動利率擇一，以後者來說，以 2 年期定儲利率為參考利率（1.095%，2017 年），前 2 年加碼 0.345 個百分點（即 1.095% + 0.0345% 等於 1.1295%），第 3 年起加碼 0.645 個百分點。 |
| 5. 承貸銀行 | 臺灣、土地、合庫、第一、彰化、華南、臺企、兆豐銀行。 |

資料來源：財政部

### 表 15-3　理財型房貸

| 項目 | 理財型房貸 | 房屋貸款 |
|---|---|---|
| 一、價：貸款利率 | 2.8～3.5%（視各銀行而定，另有帳管或開辦費，後者常為 3,000 元） | 約 1.6%，其中公教住宅貸款利率 1.51% |
| 二、量<br>（一）動支 | 核准後一般為一個月內動支，隨時可提領或還款。 | 核貸後一般立即入戶，開始計算利息。 |
| （二）循環 | ✓ | ✕，<br>即還完部分本金後，不能要求已還部分的額度。 |
| 三、質：房屋（抵押品）對銀行的順位 | 第二順位以下 | 第一順位 |
| 四、時 | 建立備用額度，臨時有資金需求時，可透過存摺、金融卡及網路動用，出差、旅遊時也可於國外提款機直接領外幣。 | |

### 表 15-4　汽車貸款

| 項目 | 說明 | | |
|---|---|---|---|
| 一、銀行 | 前三大：台新、三信商銀、中國信託銀行<br>其他：新光、聯邦、遠東、元大銀行 | | |
| 二、貸款條件 | · 銀行放款金額：車價八成<br>· 租賃公司與汽車公司：裕融等 | | |
| （一）機車 | 金額（萬元） | 利率 | 貸款期間（年） |
| 1. 機車 * | | 6～7% | 1.5 年 |
| 2. 重型機車 | 15～100 | | 4 年 |
| （二）汽車 | | | |
| 1. 中古車 | 10～200 | 4～10% | |
| 2. 原車融資 * | 10～200 | 6～9% | |
| 3. 新車 | 15～250 | 3.5～6% | 7 年 |
| 三、說明 | 買新車向銀行辦車貸，可由貸款銀行派員跟汽車公司接洽；此外，向銀行貸款資訊較透明，審查過程全面 e 化，會縮短申請時間。<br>2017 年機車新車銷售約 60 萬輛，其中有近三成機車車主選擇分期付款買機車。 | | |

\* 租賃公司，例如中租迪和

# 15-5　家庭消費貸款需求——兼論貸款保證人

俚語說「皇帝也會欠庫銀」，連國家都會缺錢，更何況是升斗小民呢？因此家庭有信用貸款的需求，主要是周轉用，兩大時機，一是就學貸款（school loan），一是消費性貸款，貸款期間最長七年，貸款上限為借款人月收入的 22 倍（以月收入 3 萬元為例，上限 66 萬元）。

## 一、以就學貸款為例

高中、大學生未成年或無固定工作，所以往往不適用其他消費性貸款，因此本單元以切身感較強的就學貸款為例來說明。由表 15-5 可見，就學貸款分成兩類，即政策優惠學貸與一般學貸。

## 二、政策學貸

教育部委託四家銀行承作就學貸款，分別為臺灣銀行承辦臺灣省、台北富邦銀行及高雄銀行各負責北、高兩市，土銀獨家承作高雄大學。臺銀指出，就學貸款適用對象為中低收入家庭子女，申貸資格分為三種，詳見表 15-5。政策優惠學貸以外情況學貸稱為一般學貸，承辦銀行不多，主因是呆帳率較高、利率不高。以第一銀行 2012 年 2 月推出的「第 e 學苑貸」為例，從表 15-5 之說明即可得知。

## 三、信用強化

信用貸款情況下，銀行為降低借款人「違約」（即不還息甚至不還本）風險，往往會希望借款人強化信用（credit enhancement）。2011 年修正的銀行法第 12 條之一與新增第 12 條之二，當借款人有還款能力不足情況，借款人向銀行提出一般保證人以強化信用。

---

**知識補充站——財團法人金融聯合徵信中心**

成立：1975 年，前身為「銀行」聯合徵信中心

住址：臺北市重慶南路 1 段 2 號 16 樓

服務：提供個人、公司申請信用報告，另產業財務統計資訊

　　　金融機構查詢個人、公司信用資訊

小博士解說

### 什麼是「還款能力不足情況」？

上述提到銀行希望借款人強化信用，於是政府於 2011 年修正銀行法第 12 條之一與新增第 12 條之二。其中提到當借款人有還款能力不足情況，借款人向銀行提出一般保證人以強化信用。而所謂「還款能力不足情況」如下：

1. 借款人薪資收入條件不足；

2. 借款人有信用不良紀錄者；

3. 借款人年齡較大，致使可工作年限短於借款期限；

4. 借款人提供的擔保品不屬自己所有，例如先生是借款人，房子名義是太太的等。

表 15-5　就學貸款

| 條件 | 政策學貸 | 銀行學貸（以第一銀行「第 e 學苑貸」專案為例） |
| --- | --- | --- |
| 一、對象：家庭年所得 | 就學貸款是高中以上學生才可申辦。 | 20 歲以上、高中職以上學生（即有教育部學籍）。 |
| 1. 120 萬元以上，有二位就讀 | 同時有二名以上兄弟姐妹就讀高中以上學校者，也可申辦，但利息須自行負擔。 | |
| 2. 114～120 萬元 | 就學及（男生）服役期間的利息由學生負擔半額。 | |
| 3. 114 萬元以下 | 就學及服役期間的利息由政府負擔。 | |
| 二、利率 | 2.44%（註：主要是郵儲一年期定存機動利率，2017 年為 1.06%，再加 1.38 個百分點） | 約 3% |
| 三、金額 | 學雜費（以私立大學為例，每學期約 4.8 萬元，公立大學 3 萬元） | 核實撥款 |
| 四、資金用途 | 繳學雜費 | 學雜費（繳費單據上之款項）、住宿費、購買電腦及遊學 |
| 五、期限 | 最長 8 年 | 2 年 |

表 15-6　保證人相關執行規定

| 貸款種類 | 說明 |
| --- | --- |
| 一、信用貸款 | 對於銀行辦理就學貸款與留學貸款，考量其授信條件、借款契約條件及特性，屬政策性貸款，因此，這類貸款銀行可以向借款人要求徵求保證人。 |
| 二、抵押貸款 | 要是銀行已取得足額擔保時，銀行不能要借款人提供「一般保證人」。<br>對於足額擔保的自用住宅放款及消費性放款，借款人如果想要強化自身授信條件（例如：借款人還款能力不足），可主動向銀行提出保證人。銀行法所定保證契約有效期間最長為 15 年，如果保證人書面同意者，不在此限。至於銀行請求權的時效，則依照民法規定。 |

# 15-6　家庭信用卡融資需求

家庭長期缺錢，在理債角度，會借消費性貸款，中央銀行稱為「其他個人消費性貸款」（other consumer loans），金額 0.87 兆元，占消費者貸款 11%，是第二大項目。但如果是短期缺錢，往往會採取透支方式，主要便是「信用卡循環信用」（revolving credit for credit card）與現金卡；「現金卡」（cash card）的本質是「信用卡加上小額信用貸款」，即多了在授信額度內可以從提款機領款，即預借現金（cash advances），2005 年 2,156 億元，2008 年 868 億元，2016 年 276 億元。

## 一、2004～2006 年卡債風暴

信用卡循環利率最高 19.7%，因此銀行趨之若鶩，拚命衝開卡，2004 年起，信用卡循環信用餘額呆帳率 2.6%，銀行不以為意，仍大力衝發卡數，2005 年最高時發卡 4,549 萬張，平均一位成人約有 3 張卡，且信用卡循環信用餘額 4,947 億元，呆帳率約 10.41%，到 2006 年可說嚴重程度達最高點，史稱「卡債風暴」（credit card debit storm）。

## 二、2004 年 6 月起，金管會措施

2004 年 6 月起，金管會亡羊補牢，對銀行的信用卡業務作了較多規範，例如：

（一）開卡條件：必須有雙證件（身分證加健保卡等），以免假借遊民身分證來冒貸；另針對大學生持卡張數（3張）、額度（每張2萬元）的規範更嚴。

（二）信用額度：持卡人月薪的 22 倍為上限。

（三）每月最低還款金額：欠款餘額的一成。

（四）針對銀行信用卡業務訂出例外管理措施：由於時過境遷，本處不說明。

2016 年信用卡張數 4,070 萬張，有效卡 2,702 萬張，2013 年起，有效卡數年年減少 100 萬張；2017 年信用卡張數衰退。逾放比率（delinquency ratio）0.29%，十大銀行詳見表 15-7，其中刷卡金額最高的是國泰世華銀行 3,930 億元，市占率 16.37%，主因是取得好市多量販店發卡。

## 三、卡債協商

2005 年 12 月 15 日，金管會要求銀行推出「消費金融債務協商機制」，針對欠債 30 萬元以上（俗稱卡奴，credit card debitors）的 51 萬位債務人，進行卡債協商（card debt consultation）。

## 四、2010 年金管會措施

金管會希望信用卡回復支付工具本質，推出「長期使用循環信用持卡人轉換機制」，供信用卡持卡人選擇，把循環信用轉換為小額信貸或信用卡分期（3～12 期，利率約 10.8%，視個人信用而定，分成五級）還款。信用卡循環信用餘額呈萎縮趨勢，2005 年 4,947 億元，2016 年只剩 1,083 億元。

表 15-7　2016 年卡數前十大銀行　　　　　　　　　　單位：萬張

| 排名 | 銀行 | 流通 | 有效 | 排名 | 銀行 | 流通 | 有效 |
|---|---|---|---|---|---|---|---|
| 1 | 中信 | 598 | 385 | 6 | 台北富邦 | 239 | 175 |
| 2 | 國泰世華 | 589 | 417 | 7 | 聯邦 | 202 | 107 |
| 3 | 玉山 | 429 | 299 | 8 | 永豐 | 201 | 108 |
| 4 | 台新 | 377 | 264 | 9 | 遠東 | 179 | 110 |
| 5 | 花旗 | 288 | 244 | 10 | 第一 | 95 | 64 |

資料來源：金管會

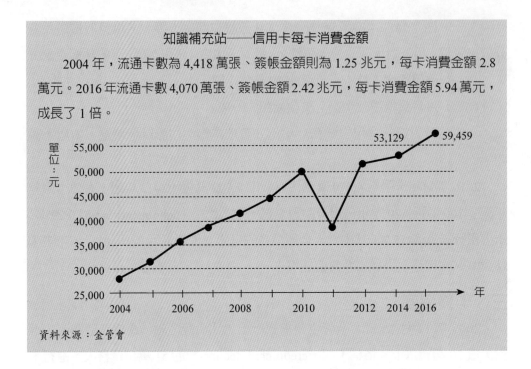

知識補充站——信用卡每卡消費金額

2004 年，流通卡數為 4,418 萬張、簽帳金額則為 1.25 兆元，每卡消費金額 2.8 萬元。2016 年流通卡數 4,070 萬張、簽帳金額 2.42 兆元，每卡消費金額 5.94 萬元，成長了 1 倍。

資料來源：金管會

# 15-7　信用卡的循環利率——兼論利率上限

1970 年代末，政府允許銀行自行決定存放款利率，稱為利率自由化，只剩民法對貸款利率仍有 20% 的限制，以免債權人藉「高利貸」剝削債務人。

## 一、爭論調降信用卡利率

銀行信用卡循環信用利率 19.7%，符合法令。2008 年上半年，媒體要求政府、銀行調低信用卡利率。原因還是卡債風暴的後遺症，尤其是少數銀行把債權賣給討債公司，討債公司暴力討債，例如七位黑衣漢當街攔下債務人，把汽車貸款的債務人用鋁製球棒海打一頓，把汽車開走，全部過程被路口監視器錄下，在電視上播出，可說慘不忍睹。

## 二、信用卡利率

使用信用卡循環額度的人，往往是無奈的（例如失業，所以借不到小額信貸），19.7% 的信用卡利率雖高，但至少還有上限。一旦利率被往下壓，一定供

不應求,銀行會採取信用分配,把邊際借款人排外,這些人只好被迫去向地下錢莊借,借款利率至少 300%,1 萬元,一年至少還 3 萬元。2015 年 9 月,立法院把信用卡、現金卡利率上限調為 15%。

## 三、不讓銀行巧借名目壓榨信用卡債務人

有些銀行巧借名目,想從信用卡循環信用餘額中多賺一些,俗稱「一頭牛剝幾層皮」。這問題媒體批評很久了,金管會從 2012 年 5 月起,要求銀行只能賺一次錢,詳見表 15-8 第三欄。

表 15-8　銀行信用卡業務的收入與成本

| 會計科目 | 說明 | 2012 年 5 月起對循環信用額度收費限制 |
|---|---|---|
| 一、營收 | | |
| 1. 循環信用利息 | 占 70～80% | 1. 不准利滾利<br>　每月應繳金額 4 項<br>　(1) 分期本金<br>　(2) 利息<br>　(3) 分期手續費<br>　(4) 當月新增金額 10% |
| 2. 年費 | 大部分信用卡都是免年費,「白金卡」以上才會有年費。 | |
| 3. 發卡行回饋金 | 運通、花旗等發卡行提供。 | 2. 不准有提前清償的罰款<br>　當持卡人提前清償分期款項時,銀行不得收取剩餘期數的利息。如果先前有約定「提前清償違約金」,必須「遞減」收費。 |
| 4. 外匯手續費 | 主要是持卡人在海外刷卡時才會碰到。 | |
| 二、成本 | | 3. 不准一頭牛剝二次皮 |
| 1. 代墊資金成本 | 商店一般在持卡人刷卡後三天內便會向銀行請款。 | 　分期還款手續費是一種一次性發生的作業費用,跟利息的性質不一樣,即不准分期還款時每期都收手續費。如果持卡人的分期款項逾期未清償時,銀行可依約定利率向持卡人收取遲延期間利息。 |
| 2. 倒帳費用(即呆帳) | | |
| 3. 促銷費用(廣告、紅利優惠) | | |
| 4. 聯名卡 | | |
| 5. 營運費用 | 主要是信用卡人員的薪資等。 | |

小博士解說

### 信用卡循環利率上限 15%

時：2015 年 9 月起

地：臺灣

人：立法院 2015 年 2 月 15 日

事：修正銀行法第 47 條之 1 第 2 項規定「信用卡之未償餘額循環信用利率上限 15%」。

# 討論問題

一、為什麼銀行很喜歡承作家庭的房屋貸款業務（提示：多年的呆帳率 0.19%）？

二、家庭跟上市公司在取得資金方面有何差別？

三、有些創業家宣稱以現金卡借 20 萬元取得創業資金，你的看法呢？

四、你買新汽車時，汽車公司提供的「零利率」48 期 60 萬元分期付款方式，背後利率多少？（提示 2.9%），比起你向銀行借，比較一下。

五、你的信用卡未償餘額，有何方式可享受較低的循環利率？

# 16

# 資金供給
## ——利率理論

## 16-1　資金供給——兼論預防動機

當市場有人需要資金這種金融商品，且願意付出令人接受的報酬，就會有人願意擔任資金供給者（capital providers）。

### 一、兩種貨幣需求本質上是資金供給

以家庭來說，把財富配置的實物資產與（國內）金融資產中，2014 年家庭淨資產 110（註：108.6）兆元中，有下列兩項跟貨幣總數有關。

（一）現金與活期性存款占 11.47%。

（二）定期存款及外匯存款占 13.81%。

家庭、公司把多餘資金存在定期存款（time deposit），存款利率低，但可保本，不用擔心存款本金不見了，構成銀行存款的兩大來源。這分屬下列兩項貨幣需求動機：一是預防動機（precautionary motive）貨幣需求；二是投資動機（speculative motive，speculative 直譯「投機」）貨幣需求。投資動機的貨幣需求的本意是，個體想賺銀行的利息錢，因此把錢存進銀行的定存。

### 二、預防動機的資金供給

我們把「預防動機的資金供給」拆成兩部分來詳細說明如下。

（一）預防動機：「積穀防飢」、「未雨綢繆」可說是預防動機的貼切描述，你一天現金支出如果是 200 元，但你皮夾可能帶 300 元，留 100 元以便不時之需。同樣的，由圖 16-1「投入」一欄中的第一項便可見，人們會留一些現金（M1A，現金加活存），以備「不時之需」。

（二）預防動機的資金供給：家庭、公司把「救急錢」（甚至救命錢）存在銀行，便成為銀行的存款。因此，我們說「預防動機的貨幣需求」，本質上是銀行存款的主要來源。

（三）交易、預防動機不受利率影響：基於交易、預防動機的存款，志不在賺利息，因此，這兩種動機的存款往往不受利率影響，這也就可看出，當實質利率負的時候，M2（甚至「準貨幣」）金額沒有多大變化。

---

小博士解說

### 預防動機存款

以 1,120 萬位上班族來說，一旦失業，平均需 6 個月才能找到工作，因此許多人都存了 6 個月「生活費」（例如 1 個月 5 萬元），以此例來說為 30 萬元，以免失業時向親友或銀行借錢。

---

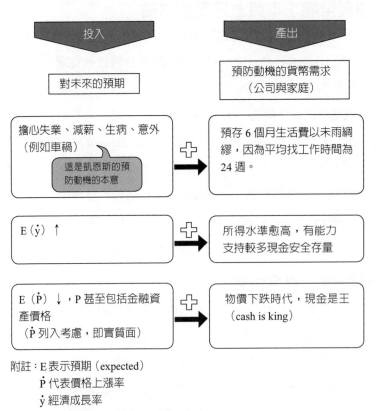

附註：E表示預期（expected）
　　　$\dot{P}$ 代表價格上漲率
　　　$\dot{y}$ 經濟成長率

**圖 16-1　影響預防動機的貨幣需求的因素**

知識補充站——預防喝西北風的救命錢

2008 年 9 月金融海嘯以來，失業率曾高達 6%（70 萬人失業），無薪假 30 萬人，許多家庭怕沒工作、沒收入，紛紛預留救命錢，以免有個萬一喝西北風。由於平均找工作期間為 6 個月（24 週），所以以「預防失業的安全資金」來說，計算方式如下。

月生活費 ×6 個月＝失業期間生活基金

實例：月生活費（一家四口）

5 萬元 ×6 個月＝30 萬元

# 16-2 資金的報酬——利率相關理論

你向別人借錢一般期間，除了本金外，為什麼還要「連本帶利」？這個人類悠久的行為，學者們也有近二百年的討論。由表 16-1 可見，看似有四學派解釋「利率相關理論」（說明為何會有利率），但歸為古典學派（舊、新）與凱恩斯學派兩類。在入門書中無須詳細說明理論的演進，因為理論愈新愈好，但由於凱恩斯太重要了，因此必須簡略說明。此外，表 16-1 也很適合用於準備大小考試。

## 一、古典理論中的忍慾說

放款者（lender）放款給借款人，放款者必須成為「Hold 住兄」或「Hold 住姊」，先 Hold 住「現在」想用於買債券（有債券報酬率）或消費的慾望。

## 二、凱恩斯的流動性偏好理論

套用凱恩斯的貨幣需求三個動機中的投資動機，其中流動性偏好理論（liquidity preference theory）主要觀點，即是債券是唯一的投資工具，現金有便利性（即變現力 100% 的特性），因此，人們在等待買入債券前會把資金放在現金。換句話說，債券的殖利率是現金的「機會成本」。

## 三、佛利曼的說法可說是投資學基礎

佛利曼在 1956 年出版《貨幣數量理論重述》一書，強調貨幣（M2）是個暫

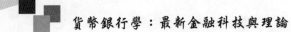

時貯藏所，用以支應兩大類資產：人力資產（主要是求學等以求上班賺錢）、人力以外資產（主要是債券、商品、股票）。這可說是投資學中資產配置的基礎。

## 四、托賓的資產選擇理論

托賓是凱恩斯學派的大老，其「資產選擇理論」（asset choice theory）或「資產組合理論」（assets portfolio theory），只是把凱恩斯的流動性偏好理論用投資學方式詮釋，經濟學者稱為賦予個體經濟學基礎。

表 16-1　從資金供給者來說明利率的成因——利率相關理論（theory of interest rate）

| 學派 | 古典學派（凱恩斯之前的學者） | 凱恩斯學派 | 貨幣數量學派（凱恩斯之後的古典學派等） | 凱恩斯學派 |
|---|---|---|---|---|
| 時間 | 19 世紀 | 1936 年 | 1956 年 | 1958 年 |
| 學者 | 詳見下述 | 凱恩斯（John Keynes） | 佛利曼（Milton Friedman） | 托賓（James Tobin, 1918～2002） |
| 著作 | 《經濟學原理》（龐巴衛克） | 《一般理論》 | 《貨幣數量理論重述》 | 《對資產性貨幣需求的分析》 |
| 學者主張 | 可貸資金理論（loadable funds theory）資金來源為家庭（儲蓄），資金需求來自企業：<br>1. 利息是忍慾的代價，即忍慾說（Abstinence theory），由英國辛尼爾（N. W. Senior, 1790～1864）提出<br>2. 利息是時間的偏好（Time preference theory），由奧地利龐巴衛克（Eugen von Bohn-Bawerk, 1851～1914）提出。 | 流動性偏好理論（Liquidity preference theory）緣自劍橋方程式：<br>1. 利息是資金所有人放棄資產變現力所希望收到的回報，資金所有人擁有現金的目的在於「隨時可用」（「用」主要指投資動機）。<br>2. 只有兩類資產：貨幣（指M1A）與債券（消費中的耐久品與機器設備跟債券完全替代。） | 主軸是「資產組合理論」，人們（甚至公司）在二大類五項資產中求取平衡。其中貨幣（M2的觀念）的用途在於做下列投資：<br>1. 人力資產：人力資產的報酬為「恆常所得」。<br>2. 人力以外資產：債券、商品（尤其是耐久品）、股票，以隱函數來說，上述五項資產可說是替代品。<br>至於「所得效果」中的「所得」指的是恆常所得。 | 資產選擇理論（或資產組合理論）<br>1. 無風險資產：貨幣<br>2. 有風險性資產：債券<br>此補充了凱恩斯三個貨幣需求動機中的投資動機的個體經濟基礎。 |
| 觀念 | 流量，可說是債券市場 | 存量（比較偏重貨幣市場） | 存量 | 存量 |

小博士解說

**什麼是變現力（liquidity）？**

變現力在經濟學中，尤其是凱恩斯的貨幣需求時，稱為流動性。在財務管理時稱為變現力，即把資產（包括商品）「在一天內變成現金的能力。」跟水是比重的標準物一樣，現金（通貨加支票存款）變現力 100%，定期存款須半途解約才能領到錢，週末假日領不到錢，所以變現力比較差，股票採取 t + 2 天交割，週一賣股票，週三才收到錢。

# 16-3　影響資金供給的因素——專論投資動機

資金提供者（此例為銀行存款人）考慮提供多少資金，站在資產組合理論的角度，家庭有閒錢 100 萬元、台積電有閒錢 5,400 億元，該把多少比重擺在定存，背後考量點都大同小異，本單元詳細說明。

## 一、資產分類

由圖 16-2 可見，資產分成三種超級分類，發展歷程如下。

（一）佛利曼 1956 年起的頭：在 Unit 16-2 表 16-1 第四欄中，佛利曼的資產組合理論，強調貨幣（主要是定存）是人們考量資產適當組合中的一項基本資產。

（二）資產超級分類：延續佛利曼的五類資產等學者的主張，財務管理學者葛萊爾（Robert J. Greer）把資產分成三個超級分類（super class），詳見圖 16-2 X 軸第一層。

（三）一年期定期存款利率的涵義無風險報酬率：2017 年，最低月薪 21,009 元，最低時薪 133 元，這可說是每位勞工想拿到的月薪的最低水準；低於此，絕大部分不會考慮。同樣的，在銀行存款有多種保障（例如存款保險公司）情況下，銀行存款的利息被人們稱為「無風險報酬率」，其中以存款金額市占率第一的臺灣銀行一年期定期存款利率作為代表，2017 年，約 1.04%（2011～2014 年皆相同）。這就是人們在進行資產配置時的參考指標，一如勞基法所訂的最低薪資。

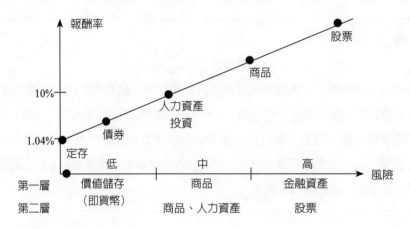

圖 16-2　資產的超級分類

## 二、商品價格的影響

在第一章中我們已介紹「名目」、「實質」的差別，人們關心的是「實質」（即裡子），在薪資方面是如此，在利率（例如存款）時也是如此。我們舉出著名的費雪方程式（Fisher equation，詳見第 262 頁），這背後涵義如下。

（一）當實質利率正的時候：這是正常情況，但是 2010、2011、2013、2014 年，幾乎只是微幅為正情況，以 2013 年為例，實質利率 0.57%。

$$1.36\% = 0.57\% + 0.79\%$$

（二）當實質利率負的時候：2004、2005、2008、2016 年，臺灣出現實質利率為負的情況，其中 2016 年情況如下：

$$1.04\% = (-0.36\%) + 1.4\%$$

2005 年經濟成長率正常（6.19%），一些人不甘願錢存銀行而「變薄了」，有些人轉投資股市，股價指數上漲 16.9%，此即資金行情與業績行情。2008 年，實質利率 −2.1%（物價上漲率 3.52%），但因景氣低迷（經濟成長率 0.73%），缺乏基本面支撐，股價指數下跌 17.46%，尋求保值的人，把錢轉往房地產，造成房價在 2008～2011 年上半年大漲，政府於 2011 年 6 月祭出奢侈稅，2010～2011 年六次提高重貼現率，都是為了恢復房價至合理水準。至於金融商品報酬率的影響（利率跟股票報酬率間關係），則詳見圖 16-3 說明。

利率跟股票報酬率間關係

　　除了定存以外，其他投資工具（房地產、債券、股票）都有跌價風險，因此稱為「風險性資產」（risky asset），而定存稱為「無風險資產」（risky-free asset）。「一分風險，一分報酬」，以股票來說，長期應該比定存利率多個 8 個百分點的報酬率，其公式如下：

$$\underset{\text{（股票報酬率）}}{R_s} = \underset{\text{（一年期定存利率）}}{R_d} + \underset{\text{（權益風險溢酬）}}{8\%}$$

　　當股利報酬率是定存利率的 3 倍，買股票縱使股價不漲，就會有一群人把定存解約，來買股息豐厚的績優股（俗稱定存概念股）。股價因此而上漲。

　　簡單的說，利率跟股票報酬率長期間呈現亦步亦趨關係，即股票漲多了，股利報酬率下滑，保守投資人售股轉存定存，股票價格跟著下跌。

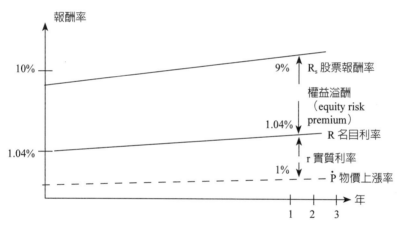

圖 16-3　利率跟物價上漲率、股票報酬率正常關係

# 16-4　存款種類

　　你在報紙上的金融行情表或銀行內的利率布告欄上，會看到當日存款利率，須稍作說明，你才會「略懂」（電影「赤壁」中諸葛亮的口頭禪）。

## 一、X 軸：身分

　　由圖 16-4 中 X 軸可見，存款利率依存款人身分可以二分，這背後牽涉到存款利率高低。

（一）公司（即營利性組織）：公司的各天期存款利率皆較低（比自然人），例如一年期定期存款利率 1.035%，比一年期定期儲蓄利率 1.07% 低 0.035 個百分點。

（二）自然人與非營利性組織：1950 年代，政府為了鼓勵國民儲蓄，所以自然人的存款利率比公司高，時至今日，因自然人定儲中途解約機率低，央行課徵的法定準備率較低，銀行樂於給予稍高利率。

（三）非營利性組織特例－政府：非營利性組織的特例是政府，其存款稱為政府存款（government deposits），但我們把它獨立出來，是因為政府存款主要經理銀行為中央銀行，商業銀行可辦理政府存款業務（例如代收稅費款，或代售公債），但是只是過路財神，收入後立即轉存央行。至於中央銀行等下撥部會、各級政府的經費存款，由各機關自行決定。

## 二、Y 軸：利率

在 Y 軸上，我們分成兩層來分類，說明如下。

### （一）第一層（大分類）──活期 vs. 定期

依存款期間是否固定，可分為下列兩種，一是活期存款（passbook deposits）；二是定期存款（time deposits）。由英文名詞可見，活期存款有存摺（passbook），定期存款只是一張定期存單。

### （二）第二層（中分類）──臺幣 vs. 外幣

依幣別區分，二分為下列兩種，以本國銀行為例。

1. 臺幣存款：2017 年 1 月，臺幣存款金額約 25.46 兆元，占存款 84.33%。

2. 外匯存款（foreign currency deposits）：開立外匯存款須單獨開戶，即跟臺幣存款的存摺不同，外匯存款金額約 4.72 兆元（約 1,573 億美元），占存款的 15.67%。外匯存款占存款 10% 左右，2013 年 2 月，隨著人民幣存款業務開放，1 年外匯定期存款增加 4,000 億元。因此外匯存款占存款比重首度突破 12%，突顯出臺幣存款利率低，人民「逐利」而轉存外匯存款，2017 年人民幣 3,100 億元，人民幣存款利率 1.75%。

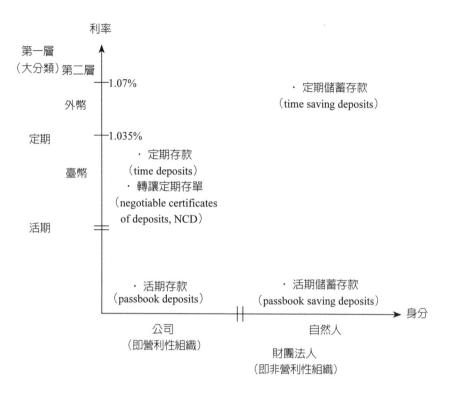

圖 16-4　存款的分類

知識補充站──臺幣存放款利率表（2017 年 8 月 4 日）

臺幣存放款利率　　　　　　　　　　　　　　　　　　　　　單位：年息 %

| 類別<br>銀行別 | 活期<br>存款 | 活期儲<br>蓄存款 | 定期存款 | | | | | | | 定期儲蓄存款 | | | 基準<br>利率 |
|---|---|---|---|---|---|---|---|---|---|---|---|---|---|
| | | | 1 個月 | 3 個月 | 6 個月 | 9 個月 | 1 年 | 2 年 | 3 年 | 1 年 | 2 年 | 3 年 | |
| 臺灣銀行 | 0.080 | 0.200 | 0.600 | 0.630 | 0.795 | 0.910 | 1.035 | 1.040 | 1.056 | 1.070 | 1.075 | 1.115 | 2.616 |
| 兆豐商銀 | 0.050 | 0.180 | 0.590 | 0.620 | 0.780 | 0.910 | 1.015 | 1.040 | 1.060 | 1.040 | 1.060 | 1.090 | 2.625 |
| 國泰世華 | 0.050 | 0.150 | 0.580 | 0.620 | 0.750 | 0.870 | 1.020 | 1.025 | 1.040 | 1.040 | 1.050 | 1.080 | 2.899 |
| 陽信商銀 | 0.030 | 0.120 | 0.600 | 0.630 | 0.795 | 0.910 | 1.035 | 1.040 | 1.065 | 1.075 | 1.080 | 1.120 | 2.650 |
| 日盛銀行 | 0.080 | 0.200 | 0.560 | 0.600 | 0.750 | 0.850 | 1.000 | 1.020 | 1.030 | 1.020 | 1.050 | 1.080 | 2.650 |
| 永豐商銀 | 0.070 | 0.150 | 0.580 | 0.630 | 0.740 | 0.880 | 1.010 | 1.020 | 1.030 | 1.080 | 1.090 | 1.100 | 3.158 |
| 滙豐（臺灣）商銀 | 0.020 | - | 0.500 | 0.560 | 0.690 | 0.810 | 0.920 | 1.000 | 1.000 | - | - | - | - |
| 星展（臺灣）商銀 | 0.070 | 0.120 | 0.560 | 0.660 | 0.770 | 0.770 | 1.015 | 1.015 | 1.015 | 1.040 | 1.040 | 1.040 | 4.294 |
| 瑞士銀行 | 0.010 | 0.010 | 0.165 | 0.185 | 0.245 | 0.255 | 0.265 | 0.080 | - | - | - | - | 2.900 |
| 新加坡華僑 | 0.010 | - | 0.010 | 0.020 | 0.030 | - | 0.050 | - | - | - | - | - | - |

資料來源：中央銀行

# 16-5　存款保險──如何挑選銀行去存款

　　存款保險（deposit insurance）是「存款」加「保險」兩個名詞的組合，所以可以逐字分析，以了解其性質。

## 一、從人身保險到存款保險

　　跟你碰到的人身保險（俗稱壽險）、產物保險（例如汽機車責任險）一樣，由圖 16-5 可見，要保人是「存款機構」（即銀行加郵局），由專業的中央存款保險公司擔任存款的保險公司。

## 二、美國情況

　　美國 1929～1933 年經濟大蕭條時，每年銀行倒 2,000 家，存款人血本無歸，4.4 萬人因為失業（一部分是企業領不到存款而倒閉）加血本無歸而自殺。存款人對銀行失去信心，為了重建存款人對銀行體系信心，美國政府於 1934 年成立「聯邦存款保險公司」（Federal Deposit Insurance Corporation, FDIC），並立法要求強制銀行投保。1985 年 4 月 20 日，臺灣政府成立中央存款保險公司。

## 三、臺灣的存款保險

　　站在存款人角度，最關心的是一旦銀行倒了，自己的存款有多少保障。存保公司對存款人的存款「保障額度」（簡稱保額）規定如下。

　　（一）每戶保障額度：為了減少「逆向選擇」、「道德風險」，因此存保公司對每家銀行每戶存款保險上限 300 萬元，主要是參考美國的最高 25 萬美元，中國大陸人民幣 50 萬元，是同樣考量。

　　（二）對存款人的涵義：存款戶要有風險意識，不要把所有雞蛋擺在同一個籃子，尤其是壞籃子。雖然存保公司屆今沒有理賠紀錄，也就是過去的財務危機銀行都被政府設法安全退場（大都由好銀行併購），因此，最好還是把錢存在好銀行。

小博士解說

### 利差交易（carry trade）

2013 年 2 月，開放銀行承辦人民幣存款，2015 年 5 月高點人民幣 3,382 億元，2017 年 7 月人民幣 3,092 億元（89% 在臺灣境內），許多是把定儲（定存）解約，轉存人民幣存款，其獲利來源如下。

· 賺利差：以一年期人民幣定存利率 3.8% 為例，比臺幣定存利率 1.04% 高。

· 人民幣匯兌利得：人民幣每年對美元升值 2%。但 2015 年 8 月以來，人民幣相對臺幣是貶值，存人民幣存款被匯兌損失吃掉利差。

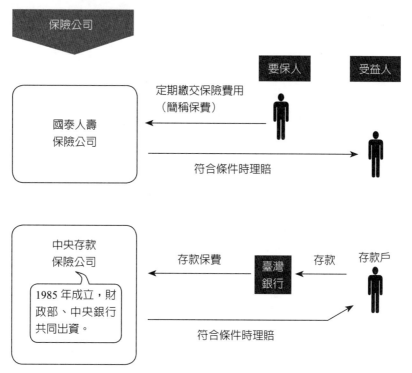

圖 16-5　人身保險與存款保險

知識補充站——存款保險保障範圍

由附表可見存款保險公司對「存款」保險的範圍。

**存款保險保障範圍**

| 項目 | 內容 |
|------|------|
| 保障項目 | ・支票存款<br>・活期存款<br>・定期存款<br>・依法律要求存入特定金融機構的轉存款<br>・其他經金管會核准承保的存款 |
| 保障額度 | 每一存款人在同一金融機構，存款本金及利息合計最高 300 萬元 |

註：表中存款不含國際金融業務分行（OBU）存款

資料來源：中央存保公司

# 16-6　存款保險公司的金融監理功能

## 一、投入（資訊來源）

1999 年 1 月 20 日，政府為全面保障存款人權益，要求銀行申請存款投保。依法，存保公司可以拒絕申請案。

（一）資料來源：由圖 16-6 可見，存保公司審核、核定保費費率資料以銀行提供為主，以存保公司赴該銀行檢查資料為輔。

（二）當銀行申報不實時：銀行提供的申報資料不實，或隱匿重要財務業務資訊，導致影響適用費率者，應依修正後費率補繳各期保費外，存保公司得依其影響程度把當期差別費率加計 0.01～0.04 個百分點。

## 二、轉換

由圖 16-6 中「轉換」一欄可見，由於保費費率是依銀行風險程度採取差別費率，因此存保公司參酌資本適足率再加上十七項指標，帶入風險差別費率評等系統，把銀行分成四級：由圖 16-6「產出」可見，第一～三級體質較好，占銀行九成；第四級銀行體質較差，占銀行一成。

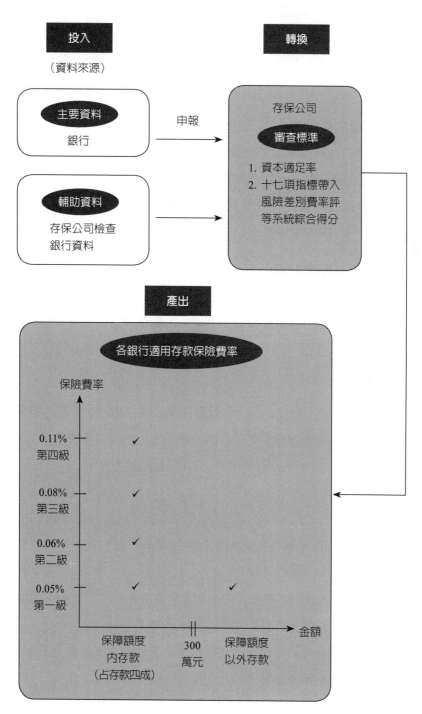

註：0.05% 實務上稱為「萬分之五」，餘類推。

圖 16-6　存款保險公司保費核定流程

### 三、產出：保險費率

由圖 16-6「產出」一欄可見，保險費率依存款保障額度（圖 16-6 下圖的 X 軸）二分法。

### （一）保險額度內保險費率

1. 保障額度內存款占四成：全體貨幣機構 35 兆元存款中，有些存款人的存款超過 300 萬元，在 300 萬元以內存款約占存款的四成。

2. 保額內存款保險費率：由圖 16-6 下圖可見，依銀行風險程度分成四級，保費費率從 0.05% 到 0.11%。

### （二）保障額度外保險費率

1. 保額外存款占六成：也就是有六成存款不受存保公司保障。

2. 保險費率：這部分存款保費費率 0.05%，是存保公司為了引導銀行穩健經營所收的保費。

### （三）協調的結果

2010 年 11 月 4 日，金管會銀行局召集存保公司、銀行，協調存款保險費率調整架構，核定「存款保險費率實施方案」修正案，2011 年實施。


# 討論問題

一、中央存款保險公司對銀行收取的存款保險費率極低，差別取價會促使銀行「聽話改善嗎」？

二、2017 年臺灣的 M2 約 42 兆元（其中中華郵政占 6 兆元），64% 是家庭的存款，你覺得交易、預防動機需要存這麼多錢嗎？

三、臺灣的軍公教勞保大都有破產的危機，為什麼許多上班族還不「自求多福」（買股票、股票型基金）呢？

四、家庭的「預防動機」的定期儲蓄只需六個月生活費即可（例如 5 萬元 ×6 個月＝30 萬元），為什麼？

五、利率跟股票報酬率間有何關係？

# 17

# 資金市場均衡

## 17-1 資金市場均衡

以果菜來說，我們平常接觸到的是傳統市場、現代商店（例如量販店），但是在產地、各縣市還有果菜批發市場。同樣的，由圖 17-1 可見，站在銀行角度，資金可分為兩個市場，一是存款市場；一是放款市場。

### 一、進貨成本：存款市場

在存款市場中，銀行扮演存款資金的「買方」，存款人（depositor）扮演存款資金的賣方。

（一）存款市場：存款市場跟水果市場的產地拍賣市場一樣，銀行從各地分行向家庭、公司吸收存款，也就是付存款利率「買進」（本質上是「借」，所以存款列在銀行資產負債表的負債項下）資金，詳見圖 17-1。大小金額存款積少成多，銀行才有錢讓授信科的員工去放款給借款人。

（二）存款利率——如同商品進貨，這是銀行買資金的原料成本：公司損益表中營業成本有原物料成本、直接人工成本、製造費用三大項，銀行是資金密集行業，存款利率是銀行向存款戶「買進」資金所支付的對價，所以存款利息是銀行的原物料成本，存款利率便是存款的單價或平均原料成本。如同放款有批發價、零售價，存款利率也有，有些銀行大額存款定期門檻為 300 萬元、有些為 1 億元。

（三）銀行吸收 32 兆元、利率 0.57%：由圖 17-1 可見，銀行吸收 32 兆元存款，活存、定存的加權平均利率 0.57%，這便是銀行的（負債）資金成本。

## 二、金融中介：銀行

存款進到銀行，經過銀行發揮「貨暢其流」功能，把資金大額、小額的「銷售出去」，成為銀行資產中的最主要項目：貸款。

## 三、銷貨收入：貸款市場

在貸款市場中，銀行扮演貸款資金的賣方（即放款人，lender），借款人扮演貸款資金的買方。

（一）貸款市場：對銀行來說，「貸款」是銀行的商品，是金融商品的一種，站在借款公司角度，企業用 1.92%（註：2009 年 3 月 1.93%）利率向銀行貸款，利息（利率乘上貸款餘額）就是企業資金（生產因素之一）的成本。家庭用 4% 利率向銀行貸款，用於消費、投資（例如買股票），這部分也是家庭的資金成本。

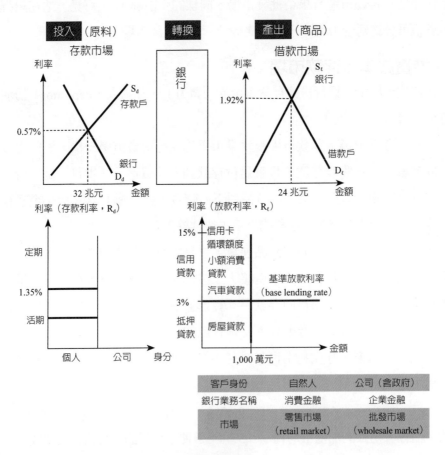

圖 17-1 資金市場中的存款市場與借款市場

（二）貸款利率──如同商品售價，這是銀行賣資金的客單價：利息（interest）是指在一定期間，債權人因為提供資金勞務所得到的報酬，常見的是平均每 100 元的本金所得到的利息便是債務人因使用資金勞務所支付的代價，其公式如下。

**貸款利率公式**

$$利率（\%）= \frac{利息（元）}{資金額度（元）} \times 100\%$$

---

**知識補充站──貸款利率的種類**

貸款利率可以依貸款對象、金額分成兩種價格如下。

1. 批發價：企業貸款金額比較大，所以俗稱企業金融業務為貸款批發業務（wholesale banking），由 17-1 圖可見，在一年期信用貸款情況下，針對償債信用（簡稱債信）最佳的客戶（例如債信評等 AAA 等級），銀行收的最低貸款利率稱為基準利率（base lending rate），其他債信較差者，其貸款利率只能往上加（俗稱加碼，例如加 0.5～4 個百分點）。

2. 零售價：家庭、個人貸款金額比較小，所以銀行把消費金融業務稱為零售業務（retail banking），貸款利率遠高於企業貸款利率。

---

## 四、放存款利率差

銀行放存款利率差（interest rates on deposits and loans of bank）

＝放款利率 – 存款利率

＝ 1.92% – 0.57% = 1.35%。

# 17-2　銀行放款的客戶

銀行主要銷售金融商品是「貸款」（本質是「資金租賃」），把銀行的借款客戶細分如下。

## 一、第一層（大分類）：自然人 vs. 法人

如同證券公司、電腦公司等皆是依客戶身分分為自然人、法人，同樣的，

銀行貸款依客戶身分及比重，分成三大類：個人（占 49%）、公司（占 45%）與政府機構（約占 6%），說明於下。圖 17-2 是依貸款利率由低往高說明。

（一）法人金融業務（占 51%）：有些銀行或金控（例如中信金）稱為法人金融業務，「法人」指的是依法律上成立的組織。

（二）消費金融業務（占 48.7%）：860 萬戶家庭積沙成塔，向銀行借款，占銀行放款 49%，2000 年以來，一直都高於民營公司借款。主因之一是產業外移，再加上政府規定「不准債留臺灣」（即在臺灣舉債匯給中國大陸的子公司用），因此 8.6 萬家臺商在中國大陸只好就地解決。如此一來，企業貸款金額就缺乏成長動力。

## 二、第二層：中分類

法人、自然人的借款還可再細分成幾個中分類，說明如下。

（一）法人金融業務中分類：法人依組織型態（詳見圖 17-2 中第二層），分成四類，但其中民間組織借款金額小，所以央行沒有單純統計；本單元討論其中三中類。

1. 政府（占 6.2%）：中央政府（指行政院）在限制範圍內可以向銀行借款，財政部扮演公司內財務部的角色，負責出面向銀行（主要是臺灣銀行）借款，這屬於狹義的政府負債的一部分。

2. 公營企業（占 2.1%）：公營企業（主要是台灣電力、中國石油、中國鋼鐵三家）向銀行借款，跟政府借款歸一類，這屬於廣義政府負債，即中央政府、地方政府與公營企業負債。

3. 民營公司借款（占 43%）：138 萬家公司向銀行借錢，占銀行放款 43.15%。

（二）消費金融業務中分類站在銀行角度，個人跟銀行打交道，銀行的處理方式不同，說明如下。

1. 在財富管理方面：在私人銀行業務（private banking），依存款戶的金額（300 萬元）二分為貴賓（VIP）與一般客戶；在各分行內的洽公位置有高檔、平民之別。

2. 在貸款方面：在貸款方面，雖然沒有空間派頭上差別，但在貸款利率有。

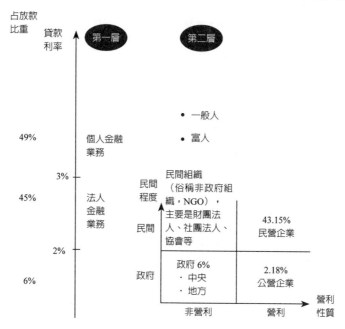

圖 17-2　借款人的分類與比重

---

**知識補充站──借款戶結構**

針對借款戶結構，還有一種分類方式。

1. 政府與公營企業合計 8.3%。

　隱含公營企業的負債由國庫擔保，屬於廣義政府債務之一。

2. 民營企業占 43%。

3. 個人等 49%。

---

# 17-3　放款種類 I：導論

　　銀行 55% 資產在放款，這是銀行的本業，也是銀行盈餘主要來源，針對放款客戶、產品、風險管理，銀行從幾個角度切入：借款人身分（people，詳見 Unit17-2）、債權保障（圖 17-3）。

## 一、X 軸：放款期間

放款依放款期間以一年期為分水嶺，可以分成兩中類，其比重略接近「80：20 原則」，即「中長期 vs. 短期」放款。

（一）短期放款與透支（占 27%）：一年以下的授信包括放款、透支、貼現與進口押匯四種方式，後兩者比重微小，因此可略而不顧。

（二）中長期放款（占 73%）：中長期放款就只有一種方式。

## 二、Y 軸：有擔保 vs. 無擔保—— 5P 中的債權保障

站在放款的債權保障（protection）角度，銀行把貸款依是否有抵押品（collateral），二分法分成下列兩種：

（一）有擔保放款（secured loans，占 67.62%）：有抵押品為基礎的放款（asset-based lending）占 67.62%，可見，授信原則 5P 中「擔保品」就占七成。

（二）無擔保放款（unsecured loans，占 32.38%）：無擔保放款的本質是信用貸款。

## 三、合著來看

將上文所述合著來看，放款期間跟抵押品是正相關的，說明如下。

（一）短期貸款以無擔保貸款為主：短期貸款情況下，借款人（公司或個人）的收入不致有大變動，因此「擔保 vs. 信用放款比例」是一比二，信用貸款是主流。

（二）中長期貸款以擔保貸款為主：中長期貸款中「擔保 vs. 信用放款」的比例是「三比一」，這是因為貸款期間愈長，借款人可能因有三長兩短以致無錢還債，抵押品卻是銀行最佳安心丸。

---

小博士解說

### 銀行法對銀行放款期間的規定

銀行法第 5 條規定如下。

「銀行依本法辦理授信，其期限在一年以內者為短期信用：一至七年者為中期信用；七年以上者為長期信用。」

---

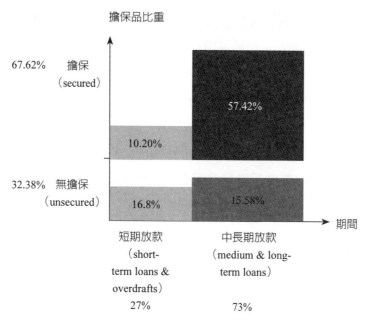

圖 17-3　全體銀行貸款依期間、抵押品分類（2017 年 1 月）

---

**知識補充站──房貸放款期間規定**

銀行法對住宅與企業用建築的規定，主要是銀行法第 38 條，條文如下。

「銀行對購買或建造住宅或企業用建築，得辦理中、長期放款，其最長期限不得超過 30 年。但對於無自用住宅者購買自用住宅的放款，不在此限。」

---

# 17-4　銀行放款組合

風險分散是降低營運風險的事前做法，至於提列呆帳準備，則是風險理財的方式，兩者可說是配套措施。

## 一、風險分散方式

在投資學中談到分散風險方式，依效果順序如下：區域分散（例如全球投資）、產業分散與時間分散（常見的是定時定額投資）。因此在表 17-1 第一列，我們依此順序標上風險分散方式；在第一欄中，依借款比重由高到低排列。

## 二、區域分散：銀行放款的地區分散主要有下列兩種方式

（一）國內 vs. 國外：由於臺幣長期呈升值趨勢（在匯率面來說，屬於強勢貨幣），比較少外國公司會來借臺幣資金（包括發行臺幣計價債券）。但是2011年起，外國企業主要是陸資企業、臺商企業，來臺借人民幣貸款，金額頗大。

（二）北部 vs. 其他：針對國內地區限制的，大都是房屋貸款，例如風險隔絕方式的有：山坡地（坡度超過35度且有土石流疑慮）、某些地方小套房不貸；至於風險分散方式，針對某些房價漲過高地區，降低貸款成數。

## 三、產業分散

（一）房屋及建築借款：根據銀行法第72條之2規定，商業銀行辦理住宅建築及企業建築放款的總額，不得超過放款時所收存款餘額及金融債券發售額加總的30%；但有下列例外情況。

1. 為鼓勵儲蓄協助購置自用住宅，經金管會核准辦理的購屋儲蓄放款。

2. 以中央銀行提撥的郵政儲金轉存款辦理的購屋放款。

3. 以行政院國家發展委員會中長期資金辦理的輔助人民自購住宅放款。

4. 以行政院開發基金管理委員會及行政院國家發展委員會中長期資金辦理之企業建築放款。

5. 受記代辦的獎勵投資興建國宅放款、國民住宅放款及輔助公教人員購置自用住宅放款。

金管會於必要時，得規定銀行辦理前項但書放款的最高額度。

（二）其他產業：法令未規定，但有些銀行會視狀況作出內部規定。

## 四、時間分散

時間分散是指針對同一借款人，逐批撥款，最常見的針對下列兩個產業，依建築進度所需資金逐批撥款，分為下列情況：一是建築業的建築貸款；二是電子業的建廠。

表 17-1　對企業放款的產業分布　　　　　　　　　　　單位：兆元

| 產業 | 2016 年 | 2017 年預估 | |
| --- | --- | --- | --- |
| 三級產業 | 占總產值比重（%）* | 貸款餘額 | 占比重（%） |
| 一、服務業 | 63.13 | 5.4751 | 51.39 |
| 1. 批發及零售業 | 15.82 | 1.4 | 13.15 |
| 2. 房地產業 | 8.09 | 1.659 | 15.57 |
| 3. 金融及保險業 | 6.54 | 0.7536 | 7.07 |
| 4. 公共行政及國防 | 6.39 | － | － |
| 5. 教育服務業 | 4.16 | － | － |
| 6. 運輸及倉儲業 | 3.29 | 0.757 | 7.1 |
| 7. 資訊及通訊傳播業 | 2.80 | 0.2695 | 2.53 |
| 8. 住宿及餐飲業 | 2.54 | 0.227 | 2.13 |
| 9. 其他 | | － | － |
| 二、工業 | 35.05 | 5.145 | 48.29 |
| 1. 礦業及土石採取業 | 4.87（含左 1、3、4、5） | | |
| 2. 製造業 | 30.18 | 4.41 | 41.38 |
| 3. 電力及燃氣供應業 | | 0.432 | 4.05 |
| 4. 用水供應及污染整治業 | | － | － |
| 5. 營造業 | | 0.303 | 2.84 |
| 三、農業 | 1.82 | － | 0.269 |
| 小計 | 100 | 10.655 兆元 | 100 |

* 資料來源：行政院主計總處，國民所得及經濟成長統計表；來自金融統計月報。

知識補充站—— 一國舉債比率

2009 年以來，「去槓桿化」（de-leverage）成為歐美顯學，從總體角度，舉債比率是指放款／GDP（有人用國民生產毛額，GNP），臺灣情況如下。

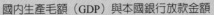

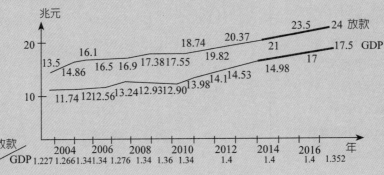
國內生產毛額（GDP）與本國銀行放款金額

# 17-5　放款種類 II ——產業集中與金額

在股票投資的「產業分散」，還可深化到持股分散；銀行放款的產業分散，其中方式之一可依借款金額區分。

## 一、依借款金額區分

中央銀行針對銀行放款統計，有依借款餘額區分，由表 17-2 第一欄可見，共分成六個級距。本單元搭配其他放款統計去推論。

## 二、放款金額跟借款人身分合併分析

第一、三欄合併來看，大抵可說，1,000 萬元以下（占借款 31.16%）的借款，大都是個人所借；再加上 1,000～5,000 萬元這一級距的一半歸類為個人。恰巧，這比重跟個人借款占借款比重 49% 相等。至於 5,000～10,000 萬元（占 6.5%）、1 億元以上（占 36.11%）借款，合計 42.61%，這些都是公司借款，再加上 1,000～5,000 萬元中的上半部（即 3,000～5,000 萬元）也可算，假設把其占款 10.37% 分成二半；共合計 53%。這跟公司（占借款 43.15%）、政府（占 6%）、公營事業（占 2.18%），合計占借款 51.43%，幾乎相等。

### 三、放款金額跟借款有無擔保品合併分析

放款金額跟借款是否有擔保品比較，即左 Y 軸、右 Y 軸比較，分成下列兩項。

（一）擔保借款占 67.62%：借款 1 億元以上（占 36.11%）、5,000～10,000 萬元（15%）、借款 1,000～5,000 萬元（占 20.74%），合計占借款 63.35%，跟擔保借款比重（67.62%）接近。

（二）信用借款占 32.38%：其他借款金額級距占借款 36.65%，跟信用借款比重（32.38%）接近。

---

小博士解說

**銀行法對銀行單一借款戶借款的限制**

銀行法第 33 條之 3，對銀行對單一借款戶的規定如下（本書稍作修改以便閱讀）。「金管會對於銀行就同一人、同一關係人或同一關係企業的授信或其他交易得予限制，其限額，由金管會定之。」

---

表 17-2　放款金額與期限　　　　　　　　　　　　2017.1　單位：%

| 放款金額（萬元） | 比重 | 放款期間 | 比重 |
|---|---|---|---|
| 10,000 以上 | 36.11 | 7 年以上 | 46.45 |
| 5,000～10,000 | 6.50 | 5～7 年 | 7.31 |
| 1,000～5,000 | 20.74 | 3～5 年 | 9.37 |
| 500～1,000 | 11.96 | 1～3 年 | 10.63 |
| 100～500 | 18.13 | 1 年以下 | 26.24 |
| 100 以下 | 6.56 | | |
| 小計 | 100 | | 100 |

---

知識補充站──銀行對關係企業、關係人放款規定

銀行法第 33 條，規範銀行對關係企業、關係人的放款，條文（本書稍作修正以便閱讀）如下。

「銀行對其持有實收資本總額 5% 以上的企業，或本行負責人（註：公司法中主要指董事）、職員或主要股東，或對跟本行負責人或辦理授信的職員有利害關係者為擔保授信，應有十足擔保，其條件不得優於其他同類授信對象。如果授信達金管會規定金額以上者，並應經三分之二以上董事之出席及出席董事四分之三以上同意。

前項授信限額、授信總餘額、授信條件及同類授信對象，由金管會洽商中央銀行定之。」

---

# 17-6　放款跟存款的期間調和

還記得在 Unit 3-1 中，我們曾說過在資金供需發揮著四種調和，這可從單一或全體銀行角度來分析，本單元以本國銀行的資產負債表來分析。

## 一、期間配合

人們最常碰到期間配合（duration match）的問題便是「有一件事（例如報告需要在六小時內完成）」，如果是中午知道這需求，你可能必須連作六小時，在六點前交卷。這情況下，你會有時間不夠用的壓力，但這只是短期現象，拉長來看，你的時間還是夠的。由表 17-3 可見，銀行放款年限中最多（眾數）的是 7 年以上的放款（六成是家庭房貸）。以加權平均年限來說，約 6 年。由表 17-3 右邊，銀行負債（72% 是存款人的存款）來說，其加權平均年限 1.44 年。

## 二、短錢長用

財務管理書中對資金運用最重要原則是「長錢短用」，相反的，最大禁忌是「短錢長用」，例如「1.44 年限的存款用於 6 年限的放款」。

對全體銀行來說，可說是犯了理財禁忌，之所以一直相安無事，原因有二。

（一）存款人對銀行的信任：前述曾說過，銀行是個「信任的行業」，一

且存款人對銀行失去信心，擠兌的結果，除非央行出手救急，否則任何一家銀行大都無法應付。

（二）屆期續存：由於銀行最長只能吸收 3 年期的存款，大部分民眾期滿會再續存，因此存款年限不能只看表面，而得看本質。

表 17-3　本國銀行存款與放款的期間　　　　　　　　　　2017 年 1 月

| 期間 | 本國銀行存款 | 金額 * | 全體銀行放款 |
|---|---|---|---|
| 7 年以上 | | | 10.94 |
| 5～7 年 | | | 1.748 |
| 3～5 年 | | | 2.20 |
| 1～3 年 | （一）定期儲蓄存款 | 7.93 | 2.5 |
| 1 年以下 | （二）定期存款 | 4.33 | 6.17 |
| | （三）外匯存款 | 4.72 | |
| 即期 | （一）M1B 活儲 | 9.2 | |
| | （二）M2 | | |
| | · 活期存款 | 3.48 | |
| | · 支票存款 | 0.39 | |
| 小計 | | 30.19 | 23.50 |

* 資料來源：金融統計月報。

## 17-7　銀行的流動（資產）管理

銀行「短錢長用」，一旦有存款人大筆領款，有可能周轉不靈。一旦出現破口，將可能引發所有存款人信心不足，紛紛提領存款，造成擠兌（bank run）。因此，銀行內外對銀行流動管理（liquidity management）有兩方面機制。

### 一、資產面防線

由表 17-4 可見，銀行流動管理共有兩道機制如下，都是央行維持銀行健全經營的方式。

（一）第一道防線——法定準備：法定準備的原始功能便是央行扣住一部分銀行的錢，一旦銀行可能周轉不靈，央行「拿銀行的錢去救銀行」，扮演最終放款者角色。平均法定準備率 5.61%。

　　（二）第二道防線——流動比率下限 10%（2011 年起）：央行、巴塞爾協定（詳見 Unit 26-1）對銀行要求的流動比率。

　　1. 流動準備（liquidity reserve）：流動準備是銀行爲了應付意外大筆提款，自己提列的準備金。由表 17-4 可見，流動準備是指銀行手上的短期有價證券（主要是央行發行的定存單），可快速「變換成現金」（簡稱變現），又有點利息可賺。

　　2. 法定流動比率（stationary liquidity ratio）：2011 年 10 月，法定流動比率下限由 7% 提高到 10%。這跟「財務管理」中的流動比率名詞一樣，但是定義不同，詳見表 17-4 左欄。

　　3. 實際流動準備：前述法定流動比率的霎間提高，對全體銀行毫無影響，因爲銀行爛頭寸多（即放存款比率約 73%），手上一缸子票券（8 兆元中約七成是央行定存單）。因此實際流動比率 30.8%，是法定流動比率的三倍。

## 二、負債管理之一

　　當第二道防線還是擋不住存款人提款「攻勢」，此時，銀行只好啓動負債管理機制，由表 17-4 右欄可見，銀行依缺錢期間長短、金額，依序採取下列舉債措施：金融業同業拆款、發行銀行定存單、提高利率衝高短天期存款。其中金融業拆款市場（interbank call-loan market）的主要用途有二，一是繳法定準備金用；二是因應存款人提款。每月拆款餘額約 3,000 億元。跟銀行同業借款只能「救急不救窮」，擋個一、三或十天。要是缺錢 30 天、10 億元，大抵會發行「轉讓定期存單」，給公司去買，要是金額大，就推出一個月定存優惠利率方案，多方吸收存款。

表 17-4　本國銀行資產負債表

2016 年 12 月
單位：兆元

| 資產 | 45.75 | 負債 | | | 42.38 |
|---|---|---|---|---|---|

| 資產 | | 負債 |
|---|---|---|
| 一、現金與有價證券 | | |
| 1. 法定準備（required reserve） | 2.031 | |
| 　(1) 準備金甲戶 | | |
| 　(2) 準備金乙戶 | | |
| 2. 庫存現金 | 0.1928 | |
| 流動準備（liquidity reserve） | | |
| 流動比率 $= \dfrac{流動準備}{存款} \geq 10\%$ | | |
| 流動準備指： | | |
| 1. 超額準備 | | |
| 2. 貨幣市場內有價證券（包括 | | |
| 　央行定期存單） | | |
| 二、放款 | 21.37 | |
| 三、證券投資 | 15.886 | |
| 　（portfolio investements） | | |
| 四、其他 | 1.27 | |

負債表內（天期表）：

| 天期 | 10 天內 | 10～30 天 | 30 天以上 |
|---|---|---|---|
| 金額 | 小 | 中 | 大 |
| 融資方式 | 金融業拆款市場（interbank call-loan market） | 發行定存單（NCD） | 提高利率吸收短天期定期存款 |

| 存款 | |
|---|---|
| ・ 應提準備的存款（或稱應提流動準備基礎） | 36.19 |
| ・ 不應提存款準備（主要指郵政儲金） | 6 |
| 淨值 | 3.37 |

資料來源：整理自「本國銀行營運績效季報」，2016 年第 4 季，第 1 頁。

**知識補充站——金融營業稅**

　　一般公司開發票，其中營業稅 5%，銀行賣「貸款」，也一樣。1998 年發生本土型金融風暴，銀行吃很多呆帳，財政部調降金融營業稅率為 2%，把省下的稅款讓銀行去打呆帳，以健全銀行經營。2014 年財政部恢復稅率到 5%。

## 討論問題

一、本書以「資金買賣業」來簡單說明銀行跟便利商店等零售業相近，你的看法呢？

二、舉個例說明「銀行放款基準利率」。

三、政府向銀行存款貸款金額為何很低？

四、臺灣為何不容易發生房市泡沫拖垮銀行業的情況？請以一家銀行的放款產業分散的規定來說明。

# 18

# 利率期限結構
## ——兼論利率風險結構

## 18-1 利率期限結構

鯊魚有兩百多個品種,同樣的,「利率」有多個面向,在第十四章中,我們已說明借款利率,第十六章中,說明存款利率。本章深入說明存款、借款利率都會碰到的利率期限結構,以及借款人比較常碰到的利率風險結構。

### 一、利率期限結構

當我們說「一年期定存利率」1.04% 時,立刻會聯想,有「一年」,那一定就有二年、三年,甚至有可能一個月、三個月等期限。由下面小博士解說可見,term 這個字指 time(時間),至於 structure 指結構,一般的結構指成分(即占 100% 中的比重),但此處「結構」指的是構造。

### 二、以定存利率為例

銀行的定存利率是報紙上每天都會出現的利率期限結構(term structure of interest rate),由圖 18-1 上圖可見,這是從一個月期到三年期定存利率,畫出來的利率曲線。

### 三、以公債為例

利率期限結構以公債為對象來討論,此時利率曲線改稱為收益率曲線(yield curve),實務上稱為殖利率曲線,詳見圖 18-1 下圖。由下面小博士解說可見,yield 這個字指收益、收益率,1930 年代譯為「殖利率」,不易望文生義。

小博士解說

利率期限結構（term structure of interest rate）

term：定期、time 的意思。

terms：條件，指貨幣定價方式，延伸到貿易條件（terms of trade）。

收益率曲線（yield curve）

yield：收益、收益率，1930 年代譯為「殖利率」，不易望文生義。

yield curve：收益率曲線，某一天（例如今天）的各天期（例如 1、2、3 年）債
券報酬率的連線。

**以臺灣銀行定期存款利率為例（2017 年 8 月）**

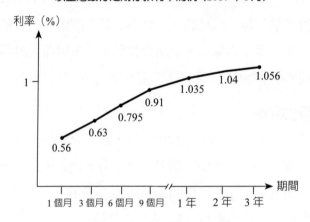

**公債的利率期限結構（2017 年 5 月）**

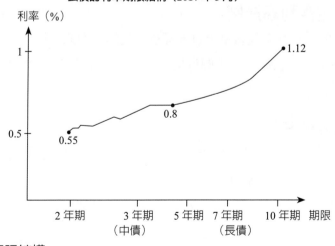

圖 18-1　利率期限結構

## 18-2 解釋利率期限結構的理論

解釋利率期限結構的說法有很多，由於貨銀、財務管理等課程都會碰到，因此本書必須討論。

### 一、「解釋」利率期限結構的理論

有些書此主題稱為「利率期限結構理論」，但我們以此為例，宜稱為「解釋利率期限結構的理論」。由表 18-1 可見，解釋利率期限結構的理論至少有三種，本表以短期、長期公債間的替代程度的高低來分類，如此就很容易了解。

### 二、預期理論

預期理論較適合從生活例子來說明，例如你去統一超商買飲料，第一瓶 20 元、第二瓶打八折 16 元，另一種方式是套裝，即一次買兩瓶 36 元。一旦套裝為 37 元，那顧客會選擇分別買兩瓶方式，這樣便宜 1 元。另一面情況（即套裝為 35 元）同理可推。在表中第三欄中，可見一次買二年期債券，跟今天買進一年期公債、一年後再買進一年期公債（即再投資）；兩種投資方式的報酬率必須一樣。簡單的說，已知道二年期公債利率、一年期公債利率，便可推算出（18-1）式中的第二年的一年期公債利率（即 $R_{t+1,1}$）。

### 三、期限偏好理論

這是由美國麻州理工大學講座教授、1985 年諾貝爾經濟學獎得主莫迪格安尼（Franco Modigliani, 1918～2003）和舒齊（Richard Sutch, 1942～），於 1966 年提出，莫迪格安尼是凱恩斯學派的大將，原因是麻州理工大學是凱恩斯學派的大本營，因為凱恩斯的粉絲、1970 年諾貝爾經濟學獎得主薩繆爾遜（P.A. Samuelson, 1915～2009）也在此任教。期限偏好理論（preferred habitats theory）立基於凱恩斯的變現力偏好理論（詳見 Unit 16-2），即資金提供者（投資人）喜歡短期公債，如果長期債券有「期限溢酬」（term premium）時，投資人才會撥一些錢來買長期公債。

### 四、市場區隔理論

「市場區隔」（segmented market）這個字很常見，跟行銷學中的市場區隔（market segment）的涵義是一樣的，套用俚語來說「海畔有逐臭之夫」、「鐘

鼎山林，人各有志」。壽險公司的資金可用期長，因此特別喜歡長期債券，公司的閒置資金可用期間短，所以比較中意票券；以致形成「井水不犯河水」的情況。舉例說明如下。

表 18-1　解釋利率期限結構的理論

| 長短期替代程度 | 理論 | 說明 |
|---|---|---|
| 100% ↑ | 預期理論（the expectation theory）<br><br>這跟理性預期學派無關 | 連續存二個一年期的定存，其報酬率等於一次存二年期定存，其公式如下。<br>$(1 + R_{t, 1}) \times (1 + R_{t+1, 1})$<br>$= (1 + R_2)^2 \cdots$（18-1）<br>R2 代表二年期（公債）利率<br>R1 代表一年期（公債）利率 |
| 50% | 期限偏好理論（preferred habitats theory）<br><br>由莫迪格安尼（Franco Modigli ani）與舒齊（Richard Sutch）1966年提出 | 這跟凱恩斯的貨幣需求三動機中的流動性偏好理論（liquidity preference theory）的主張相近。 |
| 0% | 市場區隔理論（segmented-market theory） | 短期資金 vs. 長期資金<br>↓<br>短期資金供給者喜歡短期債券的市場（即債券價格）風險較低。<br>長期資金供給者喜歡長期債券有穩定收入。 |

# 18-3　利率期限結構的成因

　　在 Unit 18-2 中，三種解釋利率期限結構的理論，說服力很有限。有時用直覺的、用常識來說明，比較易懂。以圖 18-2 可見，臺灣銀行的二年期定存利率比一年期定存利率高 0.005 個百分點，這包括四種風險溢酬。

## 一、物價上漲的風險

「物價上漲是十之八九的事」，即十年內就有九年有物價「上漲」，偶爾一年碰到物價下跌。因此，存款人對二年期的定存利率總有物價上漲的疑慮，銀行只好以物價上漲風險溢酬來彌補存款人。美國耶魯大學教授費雪（Irving Fisher, 1867～1947），在 1930 年的費雪方程式中，其中一項為物價上漲率是用預期物價上漲來帶進去的。

## 二、變現力溢酬

二年期存款，存款人的錢要鎖住二年，比一年期定存期間更長，套用凱恩斯的「流動性偏好理論」，銀行必須給予二年期定存一點「變現力溢酬」（liquidity premium），如此才能補償二年期定存存款人的變現力損失。

## 三、違約風險溢酬

隨著存款期間變長，夜長夢多，銀行倒閉風險增加，銀行也得多付一點違約風險溢酬（default risk premium）給存款人。

## 四、租稅溢酬

少數情況下，租稅也會影響利率期限結構，例如二年期定存每年認列利息收入，稅率「如果」高於一年期定存利率，那麼存款人會希望銀行多補償一些。

小博士解說

物價上漲溢酬

5、10 年期公債的殖利率為反映投資人對物價上漲風險所希望的補償。

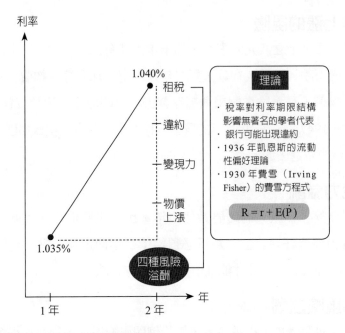

圖 18-2　利率期限結構四個風險溢酬

### 知識補充站——實質利率

　　由下表可見，在 11 年內，實質利率負的情況便占 4 年，其中有 1 年股價指數上漲。

| 項目＼年 | 2006 | 2007 | 2008 | 2009 | 2010 | 2011 | 2012 | 2013 | 2014 | 2015 | 2016 |
|---|---|---|---|---|---|---|---|---|---|---|---|
| 定存利率、物價上漲率 | | | | | | | | | | 單位：% | |
| (1) 一年期定存利率 | 2.2 | 2.62 | 1.42 | 0.89 | 1.13 | 1.36 | 1.36 | 1.36 | 1.36 | 1.21 | 1.04 |
| (2) 消費者物價上漲率 | 0.6 | 1.8 | 3.52 | 0.86 | 0.96 | 1.42 | 1.76 | 0.79 | 1.2 | 0.31 | 1.4 |
| (3) = (1) – (2) 實質利率 | 1.6 | 0.82 | -2.1 | 0.03 | 0.17 | -0.06 | -0.4 | 0.57 | 0.16 | 0.9 | -0.36 |
| (4) 股價年增率指數 | 12.31 | 24.3 | -17.46 | -8 | 23 | 25.9 | -8.28 | 11.85 | 11.1 | -10.8 | -2.18 |

# 18-4　利率曲線型態

　　今天臺股指數 10,500 點，一個月期的股價期貨指數 10,600 點，此稱為股價期指出現正價差 100 點，意謂看好未來一個月的股價指數，因此才有人願意比現貨多付 100 點價格來買進。這個期貨跟現貨價格間的價格走勢，常常是投資

人用於判斷股票、商品（尤其是石油、黃金）價格未來價格走勢的依據。

## 一、利率曲線三種型態

就跟人的眉毛一樣，有可能上翹、平的、下垂，同樣的，利率曲線有可能跟「三一律」所說的，呈現圖 18-3 三種型態：正斜率利率曲線、負斜率與平坦斜率。

## 二、景氣跟利率曲線型態

在 Unit 18-3 中說明利率期限結構的四種風險溢酬中最基本的是「物價」，一旦未來物價看跌，那麼長期利率可能低於短期利率，而呈現出圖 18-3 二的「負斜率利率曲線」的特例。圖 18-3 的優點便是把利率曲線的型態跟景氣結合在一起，而且是領先指標。一般人比較容易看到景氣與利率間的關係，由圖 18-4 可見，景氣好時，公司、家庭借款多，銀行提高定存利率，以多吸收資金，以供放款之用，2009 年景氣衰退，存款利率只剩 0.89%，可說很「微利」。2013 年以後，景氣近乎停滯，存款利率在 1.36%。

## 三、準確率八成

套用 1965～2012 年的美國經驗，公債殖利率，八次出現由正斜率轉為負斜率，七次中，最快五個月、最久二十一個月後，出現景氣衰退，即準確率 87.5%。美國聯準會（包括理事主席葉倫）都蠻相信這套說法的。

---

小博士解說

利率曲線型態

型態有三：

1. 正斜率：為正常情況，表示市場看好未來景氣。

2. 平坦：景氣衰退的警訊。

3. 負斜率：為例外情況，表示市場看壞未來景氣。

---

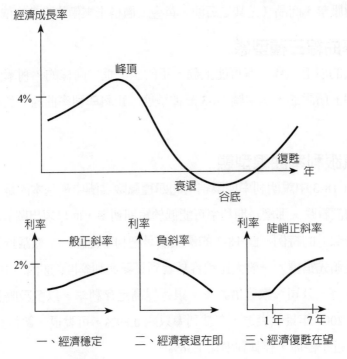

圖 18-3 　景氣跟利率曲線型態

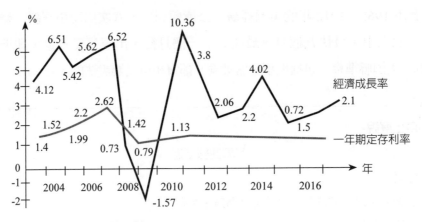

圖 18-4 　景氣跟利率曲線相關

# 18-5 利率曲線進階課程──利率曲線的移動

利率曲線呈現「正」、「負」斜率與平坦，以及其轉向，這是結構的改變，但也有像微整形般的小變動，稱為利率曲線的移動。由圖 18-5 可見，分成三種情況，依出現頻率高低說明。

## 一、平行移動，占 75% 情況

由圖 18-5 一可見，當中央銀行調高利率一碼（0.25 個百分點）時，以存款的利率期限結構來說，整條利率曲線由虛線向上平行移動（parallel shift）。至於央行調低利率時，利率曲線向下平行移動，不再以圖說明。

## 二、斜率改變，占 15% 情況

利率「曲線改變」（slope change）情況較少碰到，情況之一是外資臨時大幅匯出，以致瞬間短期資金吃緊，短天期利率往上翹很多，但長期利率只有稍微動一下，詳見圖 18-5 二。

## 三、扭曲，占 10% 情況

利率曲線扭曲或呈 S 型情況較少見，以圖 18-5 三來說，利率曲線呈 S 型形狀，短期利率下跌、中期利率上漲、長期利率下跌。

---

小博士解說

### 利率對壽險業保單責任準備金的影響

壽險公司收取保費，約三分之一用於銀行定存、買債券，但由於利率低，利息收入少，但是承諾給保戶的理財利率高，因此壽險公司遭受「利差損」，這是壽險公司 2005～2012 年損失的主因。

2013 年起，金管會保險局要求壽險公司全面調降保單責任準備金預定利率，下限由 1.25% 降到 0.75%，即同樣保費的理賠金額降低了，或者說想達到同一保額，保費費率提高了。

這是利率對保費影響最具體情況。

---

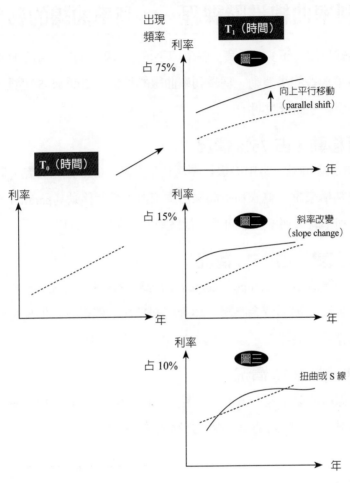

圖 18-5 利率曲線的移動

知識補充站——經濟學中的 $T_0$、$T_1$

$T_0$：本期，如果是「上一期」，指的是「去年」。

$T_1$：下一期，如果是「本期」，指的是「今年」。

# 18-6 利率的風險結構

「一分風險，一分報酬」這句俚語貼切的描寫利率風險結構（risk structure of interest rates），這個觀念可以由三個角度來了解。

## 一、風險結構

水果（例如蓮霧、草莓）依大小、賣相，一斤的售價天差地遠。同樣的，在同一天期時，各種債信的公債，殖利率也不相同。在 Unit 14-4 中，銀行把利率風險結構觀念，運用於決定不同債信等級的借款人的借款利率。

## 二、利率風險結構

由圖 18-6 可見利率風險結構，這是指同一個天期的債券，由於違約風險不同，因此其利率也不同。由圖 18-6 二可見，公債信用等級 AAA，沒有違約風險，以一年期公債為例，其利率 1%，可視為「無風險利率」（default-free rates）。一年期信用等級 A 的公司債殖利率 2%，因此，我們說 A 級公司債的違約風險溢酬為 1 個百分點（2%－1%）。也就是公司發行公司債，須以較高利率才能說服投資人多冒一些風險來買。同理，B 級公司債殖利率 6%，比公債殖利率高 5 個百分點。

## 三、利率「期間」vs. 風險結構

利率期間結構跟利率風險結構這兩個觀念宜以兩個圖來說明，才容易了解。

（一）利率期間結構：利率期間結構是指在今天，在看同一信用等級（例如公債）未來各天期的殖利率。

（二）利率風險結構：利率風險結構是站在今天去看，在同一天期（此例為一年期）各信用等級債券殖利率。

---

小博士解說

### 違約風險溢酬小辭典

違約風險溢酬（default risk premium）可將英文字拆成下列說明：default（倒帳）：主要是指債務人違約（違反債權契約上還息還本的條款）；risk（風險）：遭受已知機率的損失；premium（溢酬或溢價）：指超過面額，例如股票面額 10 元，12 元時溢價 2 元；default risk：違約風險；credit risk：信用風險。

default risk premium：違約風險溢酬＝ A 級公司債殖利率－AAA 級公債殖利率

---

**一、利率期間結構**

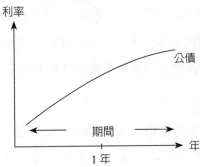

**二、利率風險結構**

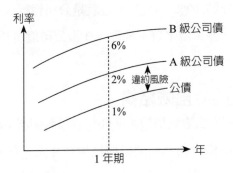

圖 18-6 利率期間與風險結構

# 討論問題

一、統一超商向供貨公司買進三角飯糰，再加碼出售，這跟銀行「吸收」存款、
「賣出」放款有何差別？

二、找一家銀行（例如華南銀行），說明多少金額以上的存款便是「大額」？銀
行的「態度」為何？

三、「基準放款利率」試以一家銀行的一筆公司貸款為例。

四、經濟成長率跟定存利率的關係為何？

五、試以一年一家公司為例，說明公司債的違約溢酬。

# 19

# 貨幣政策在投資之運用 I
## —— 貨幣政策導論

## 19-1 經濟政策目標與經濟政策

　　大部分電影在開場時，喜歡拉個廣角遠景，讓觀眾可以看到時空全景，再慢慢拉近，到近景，甚至到特寫。本單元內容在《經濟學》、《總體經濟學》中皆可能談過，學而時習之，本書再談一遍，加深記憶。

### 一、全景：經濟政策目標

　　一開始，我們從總體經濟角度，來看政府經濟目標，與經濟政策，詳見 Unit 19-1～19-2。依經濟兩方面區分經濟政策目標（economic policy objective）。

　　（一）實體面政策目標：實體面經濟以國民所得帳來舉例，包括國民所得的支出面（即商品市場）、所得面（即生產因素市場）。人民對政府的期望有二：經濟成長、分配平均。

　　（二）金融面政策目標：經濟金融面影響經濟實體面，而且經濟金融面也很重要，目標有二：金融穩定、銀行健全經營。

### 二、中央政府組織設計

　　針對同一經濟功能，政府為了區分責任，分為主管、協辦部會。

　　（一）主管部會：立法院為了監督各部會，往往對每個部會大都有單獨立法，以界定其位階（隸屬行政院）、成立宗旨（以中央銀行為例中央銀行法第二條）。

　　（二）協辦機關：主管部會之外的經濟業務都有相關部會，因此在主管部會擬定政策時，須要協調相關部會配合。

表 19-1　經濟目標與政策各大類中負責部會

| 政策 | 政策目標與實際績效 | 負責部會 | |
|---|---|---|---|
| | 一、實體面 | | |
| | （一）經濟成長 | | |
| 一、供給管理政策 | 1. 生產因素市場 | | |
| | (1) 自然資源 | | |
| | 　　土地 | 經濟部 | 工業局 |
| | 　　水、空氣 | 環保署 | 水利署 |
| | 　　電 | | 能源局 |
| | (2) 勞工 | 教育部與勞動部 | |
| | (3) 資本 | 金管會 | 銀行局 證期局 |
| | (4) 技術：科學園區 | 科技部 | 科管局 |
| | | 經濟部 | 技術處 智財局 |
| | (5) 企業家精神 | | 中企處 |
| 二、需求管理政策 | 2. 商品市場 依需求結構分成四項 | | |
| | (1) 消費 | 經濟部 | |
| | (2) 投資 | | 投資處 投審會 |
| （一）財政政策 　·公共支出政策 | (3) 政府支出 | 交通部 | |
| 　*貿易政策 | (4) 出進口 | 經濟部 | 國貿局 |
| 貨幣政策之匯率政策 | 3. 維持物價穩定 | | |
| （二）貨幣政策 | (1) 需求面 | 中央銀行 | |
| | (2) 供給面 | 公平交易委員會、農委會 | |
| | （二）分配平均 | | |
| 1. 財政政策 | 1. 財富分配 | 財政部 | 賦稅署 |
| 　租稅政策 | 2. 所得分配 | | |
| | 　·劫富 | 同上 | 同上 |
| *社會福利政策 | 　·濟貧 | 衛生福利部 | 社會救助及社工司 |
| | 二、金融面 | | |

### 三、經濟政策

政府為達到經濟政策目標，會採取各項政策，我們分成兩類。

（一）經濟政策：由財金相關部會提出的政策稱為經濟政策（economic policy）。

（二）其他政策：以分配平均此一經濟二大目標中的「所得分配平均」目標為例，其中「移轉性支出」是由衛生福利部去扮演「社會救助」功能，屬於社會福利政策。

### 四、經濟政策目標與經濟政策組合

（一）單一政策目標：政府會透過一套經濟政策（中國大陸俗稱「組合拳」）去達到一個經濟目標，很少單打獨鬥的。

（二）多個政策目標：一次想達到多個政策目標，更須要多個經濟政策組合。

# 19-2　實體面政策目標和經濟政策

實體面的經濟目標與政策，是政府協助人民達到經濟幸福程度（例如生活痛苦指數中的失業率、物價上漲率）的主要成分，本書第 19～24 章深入討論。

## 一、經濟政策目標

（一）經濟成長（俗稱效率）：這包括美國學者奧肯（Arthur Okun, 1928～1980）提出「生活痛苦指數」（misery index）中的兩項，也是紐西蘭經濟學者菲律浦（A. W. Phillips, 1914～1975）的「菲律浦曲線」（Phillips curves）的重點。

· 經濟成長率，透過奧肯定律（Okun law）背後連接到失業率；

· 物價穩定。

（二）分配平均：分配正義依流量（所得）、存量（財富）分成兩小類。

## 二、從一般均衡角度切入了解經濟

經濟學者習慣採用法國經濟學者華爾拉斯（Leon Walras, 1834～1910）的一般均衡來了解經濟實體面，本書以「投入－轉換－產出」架構呈現，詳見表 19-2。

‧投入面：生產因素市場；

‧轉換面：產業結構、公司生產函數；

‧產出面：商品市場。

這包括兩種最終產品：公司買的機器設備、家庭買的消費品。

## 三、經濟政策大分類

（一）供給面的供給管理政策：針對供給管理（supply management）的相關經濟政策稱為供給管理政策（supply management policy），常見的是針對產業結構的產業轉型、升級，例如 2015 年底中國大陸政府實施的減少供給的供給側改革（supply side reform）。

（二）需求面的需求管理政策：偏重經濟的需求面，去進行需求管理（demand management），相關的經濟政策稱為「需求管理政策」（demand management policy），主要分成財政、貨幣政策兩中類。

## 四、對執政黨來說，能用的政策全部派上場

在生活中，有時有些看似「魚與熊掌，不能兼得」的兩難抉擇，例如有些大人喜歡作弄小孩說：「你比較喜歡爸爸還是媽媽？」有點腦筋的小孩會回答：「兩個都喜歡。」同樣的，在經濟政策的措施中，站在政府角度，為了確保繼續執政，政府會把供給、需求管理政策用到極致，有些經濟學者主張貨幣政策「沒有」效，大都會被政治人物視為「書生之見」、「象牙塔中的人士」。

---

**生活痛苦指數（misery index）小檔案**

時：1970 年代

地：美國

人：奧肯（Arthur Okun, 1920～1980），美國耶魯大學經濟系教授，新凱恩斯學派，1964～1969 年擔任美國總統經濟顧問委員會主席

事：當生活痛苦指數大於 20%，表示經濟處於失靈狀況

| 生活痛苦指數 | | = | 物價上漲率 | + | 失業率 |
|---|---|---|---|---|---|
| | | | （削減消費能力） | | （剝奪個人消費能力） |
| 以 1980 年美國為例 | 20.6% | = | 13.5% | + | 7.1% |

---

表 19-2　經濟體系的兩個市場——一般均衡角度

| 投入 | 轉換 | 產出 |
|---|---|---|
| 生產因素市場 | | 商品市場 |
| 1.自然資源 | 供給面 | 需求面，即總產值的需求結構 |
| 2.勞工 | 1.產業結構 | 1.消費 |
| 3.資本 | 2.單一公司的生產函數 | 2.投資 |
| 4.技術 | | 3.政府支出 |
| 5.企業家精神 | | 4.出進口 |
| | 經濟政策（economic policy） | |
| 一、供給管理政策（supply management policy） | | 二、需求管理政策（demand management policy） |
| （一）所得政策（income policy）：例如針對薪資漲幅等設限 | | （一）財政政策（fiscal policy） |
| | （二）產業政策（industrial policy） | （二）貨幣政策（monetary policy） |
| （三）其他 | | （三）其他 |
| | | 1.價格管制 |
| | | 2.其他 |

# 19-3　金融面經濟政策目標

　　2008 年 9 月，美國發生金融海嘯，美國政府深刻體會達成金融面政策目標的重要性，在這方面的經濟政策越趨完備。

## 一、金融面經濟政策目標

　　政府在金融面的經濟政策目標有二。

　　（一）金融穩定：金融穩定中的「金融」主要指金融業（保險、銀行和證券暨期貨）、金融市場（外匯、股票、債券市場）和房地產市場。「穩定」指的是預防發生經濟泡沫；要是發生，要能消「風」，以免房市泡沫（housing bubble）、股市泡沫（stock market bubble）破裂，拖垮經濟。

　　（二）健全銀行經營：銀行主要功能有二：支付、資金供需，以後者來說，

一旦銀行全面性出問題，緊縮信用，會造成實體面經濟缺血，消費、投資等缺乏養分、氧氣，因而受限。

## 二、金融面經濟政策 I：針對金融穩定

（一）中央銀行的總體審慎政策，偏重管制：以三個常見的經濟泡沫中的房市泡沫、股市泡沫、商品泡沫來說，中央銀行採取類似「標靶治療」方式的總體審慎政策（macro prudential policy），其中較常見的是「選擇性」信用管制，針對選擇性的行業、地區、人等進行貸款金額、利率的管制。

（二）行政院金管會偏重監理：行政院金融監督管理委員會主要功能在針對金融業「監督管理」（supervision，簡稱監理），強調「預防重於治療」。

（三）風險理財：當銀行出現周轉不靈（主要是擠兌，bank runs），央行扮演緊急疏困的「最終貸款來源」（lender of last resort）角色。

## 三、金融面經濟政策 II：針對健全銀行經營

健全銀行經營主要方式是金管會對銀行業的監理，主要由兩個局負責。

（一）銀行局防災：銀行局針對銀行採取較嚴格的監理，主要是國際接軌的巴塞爾協定，另外每年的壓力測試。

（二）檢查局防弊：檢查局比較偏重金融業的犯罪預防。

---

美國陶德──法蘭克金融改革法案小檔案

（Dodd-Frank Wall Street Reform and Consumer Protection Act）

時：2010 年 7 月

地：美國

人：美國參議員陶德（Christopher J. Dodd）和眾議員法蘭克（Barney Frank）

事：簡稱「陶德─法蘭克法案」（Dodd-Frank Act），以避免 2007 年次貸風暴、2008 年金融海嘯再發生，在財政部設立。

1. 新設「金融穩定監督委員會」（FSOC），以執行金融監理，這是總體審慎監理的一環。聯準會、貨幣監理署長、消費者金融保護局、財政部下兩個交易委員會（證券、商品），聯邦存款保險公司、聯邦住房金融局（FIFA）等 10 位組成。

2. 新設「消費者金融保護局」（Consumer Financial Protection Bureau, CFPB），保護消費者免受銀行在信用卡、房貸業務的剝削。

---

3. 新設證管會信評辦公室（Office of Credit Ratings），以監督信評公司更準確提出信評。

表 19-3　金融面經濟政策目標與經濟政策

| 負責部會 | 投入：經濟政策 | 產出：政策目標 |
| --- | --- | --- |
| | | 一、實體經濟 |
| | | 二、金融面 |
| | | （一）金融穩定 |
| | | 1. 房屋市場 |
| 內政部營建署 | 住宅政策 | ・供給面 |
| 中央銀行業務局 | 總體審慎政策，其中較有名的是貨幣政策之選擇性信用管制 | ・需求面<br>利息、貸款成數，影響房屋的持有、交易成本 |
| 財政部賦稅署 | 財政政策之租稅政策 | 2. 股票市場 |
| 金管會證期局 | 證交所、櫃買中心對上市上櫃的規定等 | ・供給面 |
| 中央銀行業務局 | 貨幣政策之選擇性信用管制 | ・需求面 |
| 財政部賦稅署 | 證交稅等 | |
| 中央銀行外匯局 | * 匯率政策 | 3. 外匯市場 |
| | | 4. 其他 |
| | | （二）健全銀行經營 |
| 金管會 | 1. 監理（supervision） | 1. 壓力測試、巴塞爾檢查 |
| 中央銀行 | 2. 最後放款者<br>貨幣政策中最終貸款者 | 2. 對銀行等紓困（bail out） |

# 19-4　貨幣政策相關議題

許多手機通訊技術的發明，改變了人們的使用習慣，例如 2007 年 6 月蘋果公司 iPhone 觸控型手機，掀起智慧型手機把觸控螢幕列為標準配備。

## 一、經濟政策是「一定要的」

（一）有政府就會實施經濟政策：自有文字記載 3,000 多年以來，各國政府紛紛採取經濟政策以解決經濟問題。

（二）不須討論「貨幣政策無效」：由表 19-4 可見，古典學派系列一脈相承，近 100 年，主張貨幣政策無效，所以中央銀行宜中立，俗稱「中性貨幣政策」（neutral monetary policy）。

## 二、分析方式

貨幣銀行學是總體經濟學中的重要內容，分析方式大量採取經濟數學（圖形、函數、方程式等）。許多分析方式太艱深，容易「以文害義」，本書採取比較直覺的處理方式。在表 19-5 中第二欄，簡單說明幾個常見分析方法的典故。

表 19-4　本書針對貨幣政策課題的處理方式Ⅰ：政策有沒有用的爭論

| 項目 | 有些書處理方式 | 本書處理方式 |
|---|---|---|
| 一、經濟政策（尤其是貨幣政策）無效 | 新興古典學派（new classic school）又稱理性預期學派，認為貨幣政策短期無效，長期更無效。 | 各國政府紛採取貨幣政策拚經濟。 |
| 二、財政抑或貨幣政策孰較有效 | 例如凱恩斯說：財政政策有效，在低利率時貨幣政策無效（即流動性陷阱，liquidity trap）。 | 1. 量化寬鬆<br>縱使在「低」、「零」利率時，美日歐元區採取量化寬鬆<br>2. 利率的極致<br>2014、2015 年歐元區、日本央行對銀行採取負利率 |
| 三、學派 | 有關貨幣政策共有二大學派「系列」。 | |
| | 1. 古典學派「系列」這包括：<br>・古典學派<br>・重貨幣學派<br>・新興古典學派 | 1. 從 17 世紀至今至少 21 個學派，這在〈西洋經濟史〉中討論。 |
| | 2. 凱恩斯學派系列<br>・凱恩斯學派<br>・新凱恩斯學派 | 2. 1970 年以來雙邊融合：<br>尤其是新凱恩斯學派大量吸收古典學派系列的主張，包括：<br>・自然失業率，詳見 Unit 20-4<br>・中性利率，詳見 Unit 20-10 |

表 19-5　本書針對貨幣政策的處理方式 II：分析方式

| 項目 | 有些書處理方式 | 本書處理方式 |
|---|---|---|
| 一、圖形 | | |
| （一）總合需求（AD）、總合供給（AS）曲線 | 1. 總合供給曲線<br>(1) 古典學派的<br>(2) 凱恩斯學派<br>* 許多條 LM 曲線跟 IS 曲線交接點可衍生出總合需求曲線 | 偶爾採用總合供給、需求曲線，這是個經的家庭、公司的全體表示。 |
| （二）IS-LM 曲線 | 這是由英國經濟學者希克斯（John R. Hicks，1904～1985，1972 年諾貝爾經濟學獎兩位得主之一）1936 年所提出。<br>把 1936 年凱恩斯的《一般理論》一書重要主張畫成圖形，提供總體經濟分析基礎之一，即總產值、利率同時決定。 | 1. 許多總經教科書不使用 IS/LM 模型，其不能解釋物價、薪資是如何決定。<br>2. 本書於 Unit 22-7 以 IS、LM 曲線說明 2018 年美國情況（預估）。 |
| 二、函數 | 1. 貨幣需求函數<br>・名目<br>・實質 | 本書不處理。 |
| 三、貨幣基數、乘數 | 為了瞭解調整存款法定準備率的影響，1964 年，美國經濟學者 Karl Brunner 和 Allan H. Meltzer 提出的貨幣供給量方程式，包括下列兩項。 | 1. 美國哈佛大學經濟系教授林賽（L. Lindsay，曾任美國白宮經濟委員會主席）指出貨幣供給隱函數型，看似全部變數都包括，但什麼重點都沒抓到。 |
| | 1. 法定準備金<br>準備貨幣（reserve money）又稱貨幣基數（monetary base）、強力貨幣（high power money）<br>2. 計算貨幣乘數（money multiplier）和貨幣供給量。 | 2. 法定準備率<br>歐美等國對銀行須繳的存款法定準備金皆規定一最低比率（臺灣平均約 5.61%），即不以法定準備率為貨幣政策工具。 |

# 19-5　經濟政策有效與無效的爭辯——凱恩斯學派 PK 新古典學派

談到經濟政策，贊成那邊是凱恩斯學派，反對那邊最有名的是重貨幣數量學派（monetarisms），又稱芝加哥（大學）學派。

## 一、凱恩斯學派：經濟政策有效

1933～1960 年代凱恩斯學派一直是主流的經濟學思潮，凱恩斯學派主張政府應透過財政和貨幣政策介入國家經濟事務。

## 二、新古典學派：經濟政策沒效

佛利曼的經濟學理論成形的緣起，是來自他對美國大蕭條時期羅斯福總統採用凱恩斯經濟理論的質疑。簡單的說，經濟政策失靈的原因有二，說明如下。

（一）搬磚頭砸自己的腿：米爾頓·佛利曼與安娜·傑布森·舒華茲 1963年在《美國貨幣史，1867 至 1960 年》一書中，他們主張經濟大蕭條是因為聯準會的處置「失當」所致。為了結束股市的投機熱，聯準會愚蠢地在 1928 年調升利率，在 1929 年 10 月引發股市大崩盤。聯準會又讓 9,000 家銀行倒閉與緊縮貨幣供給。聯準會之所以如此，有部分原因是在於它認為應該允許體質疲弱的銀行倒閉。它同時也擔心低利率可能會導致外國人拋售美元，致使美元與黃金間的連動關係更為緊繃。不過，持平而論，佛利曼此書只是「看圖說話」，當時還沒有電腦可運用計量經濟學來驗證變數間的因果關係。

（二）政府常弄巧成拙：佛利曼認為「從政者就如一般人一樣，不是天使」，也就是從政者也有私心私利（例如連任），因此往往會採取錯誤的經濟政策。佛利曼則力主政府干預市場愈少愈好，一切應交由市場力量決定。

## 三、權衡 vs. 法則

以交通號誌燈的調整方式為例，凱恩斯學派比較像由交通警察來調整紅綠燈秒差，稱為權衡（discretion，來自「權衡」利弊得失），而新古典學派主張交給電腦設定，稱為「以法則代替權衡」（rule vs. discretion）。

| 學派 | 新凱恩斯學派<br>（New Keynesien） | 重貨幣學派<br>（moner tarism） | 新古典學派<br>（new classical school） |
|---|---|---|---|
| 當紅時期 | 1933～1960 年代 | 1970～1980 年代 | 1990 年代～2007 年 |
| 代表性學者 | 托賓<br>（James Tobin） | 佛利曼（Milton Friedmen） | 尤其是其支持理性預期學派盧卡斯（Robert Lucas Jr.） |

表 19-6　經濟政策有效與無效的學派

| 項目＼主張 | 經濟政策有效 | 經濟政策無效 |
|---|---|---|
| 一、年 | 1936 年起 | 1956 年起 |
| 二、學者 | 凱恩斯 | 佛利曼等 |
| 三、學派 | 凱恩斯學派 | 新古典學派 |
| 四、理念 | 市場有缺陷，即市場失靈。 market failure | 政府有缺陷，即政府失靈，因此必須尊重市場機制。 government failure |
| 五、主張 以貨幣政策為例 | 權衡（政策）（discretionary policy） | 以法則代替權衡 好而適當的總體經濟是把貨幣數量控制好，進而控制物價，以穩定經濟發展。 |

---

**佛利曼（Milton Friedman）小檔案**

出生：1912.7.31～2006.11.16，美國紐約州紐約市

曾任：芝加哥大學教授（1948～1977 年）

學歷：哥倫比亞大學經濟博士

著作：《美國貨幣史：1867～1960》（1963 年，與 A. Schwartz 合著）、《貨幣數量學說重述》等 24 本書

榮譽：1976 年諾貝爾經濟學獎得主；跟史蒂格勒開展了芝加哥經濟學派

---

**知識補充站──《美國貨幣史》的主要主張**

　　二位作者檢視美國歷史上貨幣供給跟經濟活動的關聯，結論如下：貨幣供給一向是經濟活動起伏的關鍵因素，經濟大蕭條源自於一場普通的金融風暴，然由於聯準會的政策管理失當，加以緊縮貨幣政策，進一步惡化了這場風暴，最終演變成無法收拾的大蕭條。依據這樣的看法，當遇到嚴重的金融風暴時，央行自需要扮演重要的角色來緩和經濟可能的風險。

# 19-6 經濟狀況與需求管理政策

「兵來將擋，水來土掩」這句俚語貼切形容人們會使用不同方式解決不同問題。同樣的，各國政府會針對各種經濟狀況（詳見圖 19-1）以各種經濟政策組合來解決。

## 一、經濟狀況

（一）經濟出問題，靠經濟政策來解決：2001 年以來，隨著經濟全球化（實體、金融面）程度越來越高，尤其是「美國打噴嚏，各國重感冒」。美國經濟常出包，政府以經濟政策解決問題，成為常態，甚至以「沒完沒了」來形容。臺灣也是如此。

（二）經濟狀況正常，經濟政策退場：當經濟處於「正常狀況」（圖 19-1 斜線部分），此時政府會回歸市場機制，經濟政策退場，此時俗稱「中性經濟政策」（neutral economic policy），尤其是「中性貨幣政策」（neutral monetary policy）。

## 二、需求管理政策主要功能：反景氣循環

政府透過經濟政策，讓「可見的手」干預景氣，主要功能是不要讓景氣「大起大落」，也就是「反景氣循環」（anticycle policy）。政府人士、經濟學者常用體溫來舉例。

## 三、狀況一：第一象限右上方

（一）經濟狀況：景氣過熱時，一如人體體溫過高。人體溫過高，人體會出汗，以水份降低人體表皮溫度。要是仍無法降溫，人們會吹電扇、吹冷氣方式來藉由外物來降溫。要是溫度過高，人常會中暑，重則要人命。

（二）經濟政策：一國景氣過熱時，政府有時會「插一手」，採取緊縮型經濟政策（contractionary economic policy）預先避免「過熱」，或是事後「亡羊補牢」的降溫。

## 四、狀況二：第三象限「景氣衰退，物價下跌」

（一）經濟狀況：景氣過冷時，一如人體失溫。人體失溫（核心溫度低於

28度）太久（4小時），心臟會停止跳動，甚至冷死。同樣的，在景氣衰退時，經濟成長為負的，物價下跌。

（二）經濟政策：政府採取寬鬆型經濟政策（easy economic policy），預先「加溫」或事後加溫。

## 五、狀況三：第二象限停滯型物價上漲

（一）經濟狀況：在第二象限的「景氣衰退、物價上漲」的停滯型物價上漲（stagflation）時，這是 1991 年起日本「失落二十年」的經濟特色，有時俗稱「日本病」（Japan disease）。

（二）經濟政策：政府依供需兩頭採取適配的經濟政策。

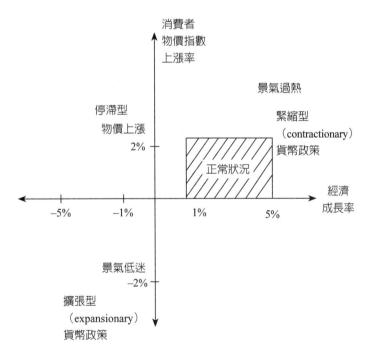

圖 19-1　景氣狀況與適配的貨幣政策

---

擴張型 vs. 緊縮型經濟政策英文小字典

expansionary vs. contractionary

expansion：這「字首」ex 有「從…向外」的意思，

expand：vt. 使擴張

expansion：n. 擴張

expansionary：adj. 擴張的

在經濟政策時，有時用 easy 一詞

contraction

「contra」字首，有「反對、抗」之意

contract：vt. 收縮

contraction：n. 收縮

contractionary：adj. 緊縮性

在經濟政策時，有時用 tight 一詞

· 供給面著手對付兩種原因造成的物價上漲

· 以颱風造成的蔬果價格上漲為例

  此時農委會釋出冷凍蔬菜，開放外國蔬果進口（解除進口配額）或降低進口關稅。

· 輸入型物價上漲

  針對物價上漲部分，從擴大供給「以量制價」，以進口原油、農產品（主要是黃豆、小麥、玉米，簡稱黃小玉）等價格上漲造成的物價上漲為例，主要是降低進口關稅。

· 需求面著手對抗景氣衰退

---

# 19-7　貨幣政策的相關角度

　　各國紛紛採取貨幣政策作為救經濟的「靈丹妙藥」，報刊對這方面的報導很多，尤其是全球經濟前三大國（美中日）、第一大經濟體歐元區（19 國）。由於各國國情不同，有必要作表以「執簡御繁」，一次把貨幣政策內容以常見（出現機率80%）、「不常見」（出現機率20%）來區分，詳見表 19-7 第一列。

## 一、貨幣政策目標明確程度

依據中央銀行對貨幣政策的目標是否有明白表示，分成兩種情況。

（一）明確（explicit）政策目標：在責任政治情況下，央行大抵會訂定明確的政策目標，以衡量政策是否有達到目標（以物價上漲率為例），以作為政策加碼或「退場」的依據，這是最常見情況。

（二）不明確（implicit）政策目標：少數情況下，央行不清楚說明想達到政策目標的數值。

## 二、貨幣政策目標

在各國中，中央銀行是獨立機構，國會往往會立法以設立央行的政策目標，在實體經濟方面，主要是大一經濟學中生活「痛苦指數」的兩個成分。

（一）物價上漲目標（inflation targeting；又稱通貨膨脹目標制，釘住通貨膨脹、物價上漲目標化）：打擊物價上漲往往是央行的天職，而且常見的以消費者物價指數上漲率 2% 為目標，要把物價上漲率控制在「溫和」（0～1.5%）區間內。

（二）以失業率目標（unemployment targeting）為例：美國聯準會選擇以失業率為兩個政策目標之一。

## 三、干預方式

以冷氣機來為身體降溫為例。

（一）人為判斷，俗稱權衡（discretion）：由人依自己的體感去決定什麼時候開冷氣機。在貨幣政策方面，央行覺得政策目標可變動，政策工具（例如利率等）跟政策目標間的關係複雜，不易以計量方程式精準掌握，所以須由央行理事會「因時」決定。

（二）回饋式法則（feedback rule）：這是把冷氣機溫度設定在 28 度，自動開機，常見的是泰勒法則（Taylor rule）。

## 四、干預工具

詳見第二十二～二十四章。

## 五、干預時機

（一）前控：英文古諺「及時的一針，勝過事後的九針」（a stitch in time saves nine）貼切形容大部分央行對於物價上漲率等政策目標，都是採取「前

控」，以免事情「積重難返」

（二）後控：這派的人主要是認為經濟太複雜，太早下手可能會誤判，最好是「時然後言，人不厭其言」。

---

**泰勒法則小檔案（Taylor rule）**

時：1998 年

地：美國加州

人：泰勒（John B. Taylor, 1946～），史丹佛大學經濟系教授

事：貨幣政策中以法則代替權衡中的法則之一

聯邦資金利率＝實質聯邦資金利率＋物價上漲率＋0.5 物價上漲缺口＋0.5 產出缺口

「實質」聯邦資金利率＝「充分就業」情況下 3%

物價上漲缺口＝$E(\dot{P}) - \bar{P}$，$\bar{P}$ 指物價上漲目標，例如 2%。

產出缺口＝$\dfrac{GDP - GDP_P}{GDP_P}$，p 指潛在

例如 4.25% = 3% + 2% + 0.5 (1.5% – 2%) + 0.5 (–1%)

---

表 19-7　央行貨幣政策的相關項目

| 項目 | 不常見 | 常見 |
|---|---|---|
| 一、目標 | | |
| 1. 明確程度 | 不明確（implicit） | 明確（explicit） |
| 2. 目標對象（whom） | 失業率，尤其是自然失業率（natural rate of unemployment） | 物價上漲率目標（inflation targeting）：物價上漲率 2% |
| ＊美國聯準會 | 鴿派 | 鷹派 |
| 二、干預方式（how） | 回饋式法則（feedback rule）貨幣數量回饋式法則盯住利率回饋式法則 | 人為判斷，俗稱「權衡」（discretion），權衡來自「權衡利弊得失」一詞 |
| 三、干預工具（which） | 盯住貨幣數量例如臺灣的央行，每年設定 M2 的目標成長區間（2.5～6.5%）。 | 盯住利率例如美國聯邦公開市場委員會（FOMC）盯住聯邦基金利率（federal fund rate）。 |
| 四、干預時機（when） | 事後因為經濟難預測。 | 提前主因是貨幣政策決策實施後有 6 個月傳遞過程，所以須預測 6 個月以後的目標對象的數值，未雨綢繆。 |

# 19-8　貨幣政策的目標：以物價上漲爲例

在 Unit 19-1 中，我們綱舉目張的說明政府「職有專司」的爲達成經濟目標而設立機構，提出「政策」。在本單元中，特別說明長久以來的央行的天職「維持物價穩定」。

## 一、維持物價穩定是中央銀行的天職

基於各部會的功能分工，維持物價穩定的重責大任大抵落在央行肩上，尤其是「需求牽引型」物價上漲的起因大抵是「太多資金追逐太少商品」（too much money chasing too few goods），透過央行緊縮銀根等，才能「降溫」。

## 二、物價上漲率目標制

既然要「維持物價穩定」，央行總應該有個目標，由「知識補充站」可見，以上漲 2% 爲「限」，源自於紐西蘭央行。後來約 25 國跟進，稱爲「物價上漲率目標制」（inflation targeting）。

## 三、物價上漲中「物價」的對象

以控制物價在溫和上漲（0～1.5%）爲例，這「物價」有兩個指標。

（一）消費者物價指數：「民之所欲，常在我心」，因此政治人士關心的生活痛苦指數中的「消費者物價指數」。

（二）核心消費者物價指數：食物、能源價格上漲造成的「成本推動型」的物價上漲，食物價格常受氣候因素（颱風等）影響，油價是全球因素。臺灣的央行認爲貨幣政策對緩減成本推動型物價上漲幾乎無效，所以不予因應；由此推論，臺灣央行較關心核心消費者物價指數。

（三）美國聯準會盯住的特殊物價指數：美國聯邦公開市場委員會盯住的是「個人消費支出」物價指數，詳見 Unit 20-6，這是消費者物價指數的變型。以 2016 年 9 月爲例，年增率 1.5%。原因有二。

・房價上漲推動房租上漲：2011 年 5 月以來，房價持續上漲。

・油價上漲：2015 年原油價格跌到一桶 40 美元的「基期效應」，2016 年上漲到 50 美元，汽油批發價每加侖 1.41 美元約上漲 46%。

表 19-8　物價指數政策目標的對象

| 項目 | 不常見 | 常見 |
|---|---|---|
| 1. 對象 | 核心消費者物價指數（core CPI） | 消費者物價指數（CPI） |
| 2. 特性 | 食物和能源價格剔除，趨勢性較平穩，以美國消費者物價指數成分為例：食物占 14.3%、能源占 15.3%，合計占 21.8%；另房屋支出占 32.9%。 | 易受食物、能源（油價、天然氣價格和電費）兩項價格影響，而呈季節性波動 |
| 3. 央行的可控制程度 | 核心消費者物價指數是央行較能夠控制的 | 民眾對物價感受是全面的，無法「鋸箭法」的說央行負責哪一塊，哪一塊不負責。 |
| 4. 國家 | 加拿大、澳大利亞 | 臺灣等 20 餘國 |
| 5. 以美國為例 | 個人消費支出核心消費者物價指數上漲率大抵 1.5% | 2016 年消費者物價指數上漲 0.2% |

中央銀行以物價上漲率 2% 為目標的典故

時：1990 年

地：紐西蘭

人：Donald Brash（1940～），紐西蘭準備銀行總裁（任期 1989～2003 年），之前曾任職奇異果管理局常務董事

事：其叔叔在 1971 年把賣果園的錢買了公債，但被物價上漲率侵蝕九成，因紐西蘭歷經 20 年「高物價上漲、低經濟成長」。

1989 年，Brash 在國會中推動「央行的職責在維持物價上漲率 2% 以內」的法案（準備銀行法第 9 條），以維持央行獨立。1990 年法案通過，公司在設定商品價格，勞資協商薪資時，皆以此為準。1988 年，物價上漲率 7.6%，1991 年以後降至 2% 以下，Brash 到許多國家演講，加拿大 1991 年跟進，後來瑞典、英國跟進，迄 2005 年 22 國。

# 19-9　2008年起，貨幣政策的極致

2016年8月25～27日，全球20幾國的央行總裁在美國懷俄明州傑克森洞（Jackson Hole）舉行會議，美國聯準會理事主席葉倫（Janet Yellen，1946～，任期2014年2月迄2018年1月，4年）說：「2008年以前，很難想像會有這麼多貨幣政策工具」她指的主要是負利率、量化寬鬆操作。

## 一、凱恩斯時的智慧

每次談到「貨幣政策無用武之地，財政政策有效」，以前的教科書都會把總體經濟之父凱恩斯的主張（詳見表19-9），以兩個觀念說明。

（一）流動性陷阱（liquidity trap）：簡單的說，利率極低情況下，央行、銀行降低一點利率，公司、家庭「無感」。

（二）投資陷阱（investment trap）：2008年8月，美國實施「零利率」、「量化寬鬆」，2014年歐元區負利率、2015年2月16日日本負利率政策以來，報刊已「見怪不怪」，很少再討論80年前凱恩斯的金玉良言。

## 二、以美國為例

詳見表19-10。

---

伏克爾原則小檔案（Volcker Rule）

時：2014年4月實施

地：美國

人：伏克爾（Paul Volcker, 1927～），曾任美國聯準會理事主席（1979～1987年）

事：這是1933年銀行法（The Banking Act，俗稱Glass-Steagall Act）的現代版，銀行內設「防火牆」，即銀行不能以吸收存款，用於「投資」（即自營交易、私募股權）、承銷（即投資銀行業務）。簡單的說把「銀行」跟「證券」業務分離。

---

表 19-9　凱恩斯的流動性、投資陷阱

| 對象 | 影響層面 | 問題 |
|------|----------|------|
| 1. 家庭 | 消費 | 流動性陷阱（liquidity trap）<br>此時利率極低（例如房屋貸款利率 1.7%），縱使央行引導利率下降，但已降無可降（因放存款利率差 1.4%）。<br>套用 IS-LM 模型的說法，LM 曲線近乎 L 型中的水平部分。 |
| 2. 公司 | 投資 | 投資陷阱（investment trap）<br>當公司對景氣不明時，傾向於保有現金（cash is king），減少投資。此時央行的降低利率，也無法刺激投資，套用「IS-LM」模型的說法，IS 曲線近乎垂直。 |

表 19-10　2008～2014 年美國聯準會的貨幣政策

| 年 | | | | | | | 貨幣政策工具 | 政策目標 |
|---|---|---|---|---|---|---|---|---|
| 2008 | 2009 | 2010 | 2011 | 2012 | 2013 | 2014 | | |
| | | | | | | | 紓困（bail out） | 提供資金給金融業（銀行、保險公司、證券公司）、汽車公司，以免其周轉不靈 |
| 聯邦基金政策利率 0～0.25% | | | | | | | 零利率 | 降低失業率 |
| QE1 | | QE2 | | QE3 | | | 量化寬鬆 | QE1 是為了解決銀行信用緊縮問題<br>QE2、QE3 是為降低失業率 |
| 17,000 億美元 | | 16,000 億美元 | | 16,300 億美元 | | | | |

# 19-10　資金寬鬆程度的衡量——以寬鬆型貨幣政策爲例

報刊常用「低（或零）利率」、「資金寬鬆」來形容美日或臺灣的資金狀

況，或央行「寬鬆型貨幣政策」的情況。由圖可見，本單元以圖 19-2 呈現「資金寬鬆」區域，常見以表 19-11 詳細說明。至於「資金緊縮」情況，同理可推，不再贅述。

## 一、價格類指標：利率

資金的價格（利率）可以顯現資金寬緊程度，利率高低有國內、國外兩個標準。

（一）國內比較：以貸款利率爲準，至少有二個比較基準。

·趨勢分析：以 10 年平均的貸款利率作爲「中性利率」，以 2006～2015 年爲例，3%，2016 年平均貸款利率 2.01%，低於長期平均值。

·跟企業的獲利率比較：站在財務槓桿角度，當公司權益報酬率 8% 以上，此時因有 ROE>$R_\ell$，會有很多公司願意貸款投資。

（二）跨國比較：資金是「逐利而居」的，跨國利率差距經常會吸引「套利交易」（carry trade）的「熱錢」（hot money）。

## 二、數量類指標

（一）以中央銀行的 M2 成長率目標區爲例：中央銀行的 M2 成長率有目標區間（2.5～6%），一旦超越，至少可說「資金供給太多」。

（二）以銀行放存款比率爲例：站在銀行角度，放存款比率低於 75%，此時銀行「錢」滿爲患，一方面會「委婉」拒收大額存款，一方面會削價衝貸款。以首次購屋貸款爲例，2016 年大型銀行 1.69%，創歷史低紀錄。

（三）國外分析角度：美國在分析資金氾濫，由表 19-11 下方可見，有二個對象：央行、民間（private sector，包括公司、家庭）。

圖 19-2　資金寬緊的判斷圖形

表 19-11　如何衡量貨幣寬鬆程度

| 政策工具 | 補充說明 |
| --- | --- |
| 一、價格類政策工具：利率 （一）國際比較 $R_{tw} > R_{us}$ | 臺灣一年期存款利率 1.04%，比美國 0.8% 還高，在全球工業國家中「相對」高，僅次於英、澳大利亞。 |
| （二）國內比較 1. $R_\ell < R_n$ 　$R_n$：中性利率 2. 絕對值 　$R_d < 2\%$ 尤其考慮實質利率時 | $R_n$ 是長期的銀行貸款利率，以美國來說，2016 年 3～3.5%，詳見 Unit 20-10。 |
| 二、數量類政策工具：貨幣數量 （一）中央銀行標準 $\dot{M}_2 >$ 目標 $\dot{M}_2 = 6\%$ | 股市常見的說法是 $\dot{M}_{1B} \geq \dot{M}_2$，即一直處於「黃金交叉」狀況，股市有資金行情。 |
| （二）銀行業 放存款比率 $= \dfrac{放款金額}{存款金額}$ $= \dfrac{24 \text{ 兆元}}{32 \text{ 兆元}} = 75\%$ | 1. 放存款比率，當此比率低於 75% 時，可用銀行「錢滿為患」來形容。 2. 放存款利率差 1.38%。 |
| （三）外國分析角度 1. 央行資產占總產值比重 $= \dfrac{央行資產}{一國總產值}$ 2. 公司、家庭「負債比」 (1) 家庭貸款占總產值比 $= \dfrac{家庭貸款}{總產值}$ (2) 家庭與企業貸款占總產值比 $= \dfrac{家庭與企業貸款}{總產值}$ | 以美國為例 主要在衡量在央行實施公開市場操作（逆買回），向銀行放出資金。 美國等長期水準 10～20% 主要在衡量低利率等，讓公司、家庭向銀行貸款，稱為「槓桿比率」提高。 2008 年第 3 季高點 85%，2017 年第 1 季 67%（家庭貸款 12.725 兆美元） 家庭與企業在美國合稱「民間部門」（private sector） |

# 19-11　貨幣政策的功過

最後，拉到特寫，聚焦到本書主題貨幣政策，詳見 Unit 19-5 起各章。

## 一、政策可行性分析——貨幣政策「被」推到前面

「黔驢技窮」這句成語貼切形容 21 世紀起，工業國家在經濟政策的困境，由於財政赤字已到公共債務法的上限，美國聯邦政府已瀕財政懸崖（fiscal cliff），再往前一步，即墜崖。一旦遇到景氣衰退，無法舉債以支持擴大公共支出。臺灣也一樣。貨幣政策不受此限，因此景氣衰退，貨幣政策成了各國政府救經濟最廉價的工具，2010 年來，越來越多經濟學者、媒體以「沒完沒了」（never ending）來形容「量化寬鬆」（QE）。

## 二、國內均衡 vs. 國外均衡的兩難

純以狹義貨幣政策來說，會出現「有一好，沒兩好」情況，甚至連美國也有這問題。

（一）顧此失彼的國內 vs. 國際收支均衡：由「知識補充站」可見，一國利率會影響匯率（其他情況不變下，升息會導致貨幣升值），國內或許均衡了，但國際收支卻失衡了。

（二）全球貨幣戰：利率影響匯率：這是「國際金融」課程的範圍，本書只能點到為止。2016 年 3 月，美國聯邦公開市場會議結論，基於「國際經濟和金融發展」考量，決定維持聯邦基金政策利率（0.25～0.5%）不變。背後原因是 2015 年 2 月 16 日，日本實施負利率，美國擔心升息會造成美元升值，不利美國出口等。

## 三、寬鬆型貨幣政策後遺症？

任何國家的央行實施寬鬆型貨幣政策（緊縮型貨幣政策同理可推），會經常遭遇到下列批評。

（一）吹起房市泡沫：由表 19-12 可見，個人理財專家最常的說法是房貸利率比房屋出租報酬率低，民眾貸款買房去出租，拿房租繳房貸利息還有剩，俗稱「租不如買」。這說法「對了一半」，低利率可能三五年，但房貸期間 20 年，其中會有「利率上漲風險」。

（二）吹起股市泡沫：限於篇幅，詳見表 19-12。

## 四、經濟政策績效評估

（一）很難驗證的「有」、「沒有」實施貨幣政策的差別：整型醫師喜歡用某人「整型前」、「整型後」的左右兩張照片，讓觀眾讚賞醫術「巧奪天工」。同樣的，有些央行會用自己研究報告印證自己的貨幣政策效果很好，但這難免有「老王賣瓜之嫌」。民眾的感受與總統的看法可能較貼近事實。

（二）英國雜誌《銀行家》的央行總裁評等：每年 9 月，《銀行家》雜誌會針對全球 40 位央行總裁，以經濟成長、物價穩定等為績效指標，把央行總裁打分數（A 到 F 級）。但該雜誌不公布評比方法。

表 19-12　寬鬆貨幣政策是否導致房市、股市泡沫正反方說法

| 批評：引發 | 貨幣政策 | 本書評論 |
|---|---|---|
| 一、房市泡沫 | $R_t$ ＜　房租報酬率<br>1.7%　　　3%<br>$R_t$ 指房屋貸款利率 | 1. 臺灣：央行總裁彭准南幾次談到「低利率不是房市上漲原因」<br>2. 實務：以 1985 年 9 月迄 1990 年房價大漲為例，房貸利率 7%，所以民眾預期房價大漲才是買房原因。 |
| 二、股市泡沫 | 1. $R_t$ ＜　股市殖利率<br>2.8%　　4%<br>$R_t$：以消費性貸款利率為例 | 1. 日本：2015 年 2 月 16 日實施負利率，但日經指數「紋風不動」，2016 年停留在 17,000 點附近。2017 年漲到 19,500 點，一部分受美股上漲、日圓貶值（115 日圓）影響。 |
| | 2. 量化寬鬆<br>央行「印鈔票」、「直升機撒錢」，給股市帶來資金行情 | 2. 美國：2009～2016 年，美股上漲 8 年，超越多頭 7 年的歷史經驗。2016 年，標普 500 指數本益比 26 倍，批評者認為低利率造成的，詳見 Unit 20-10 表 20-9。<br>3. 臺灣：臺灣低利率沒有吹熱股市，本益比 16 倍（全球第二低，僅次於香港）、日成交量 900 億元，原因是股市稅目太多。 |

知識補充站──不可能三位一體（impossible trinity）

時：1963 年

地：美國，研究期間 1950 年代

人：孟岱爾（Robert Mundell，1932～，1999 年諾貝爾經濟學獎得主）、

　　佛萊明（Marcus Fleming，1911～1976）

事：提出「IS-LM」模型的延伸版「IS-LM-BP」模型

在資金自由匯入匯出情況下，中央銀行無法兼顧「匯率穩定」和「貨幣政策自主」。

圖形克魯曼（Paul Krugman，1953～，2008 年諾貝爾經濟學獎得主）1999 年畫的。

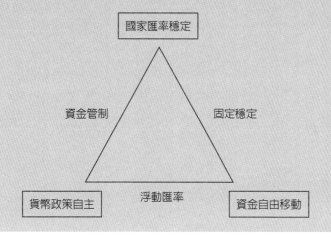

# 討論問題

一、日本等國中央銀行的貨幣政策目標是「恢復物價上漲」，這本意是什麼？

二、中央銀行的目標挑明的說，會有何優缺點？

三、為什麼美國聯準會 2015～2017 年還維持低利率呢？

四、為什麼美國聯準會不採取「回饋式法則」呢？

五、利率跟匯率如何互相影響？

# 貨幣政策在投資之運用 II
## ——美國貨幣政策

## 20-1　美國聯準會的政策目標發展進程

　　1955 年，套用當時流行語，隱喻「聯邦理事會的任務是在派對漸入佳境時，把潘趣酒杯拿走」（The duty of the Fed was to the punch bowl just as the party gets good.）——威廉‧馬丁（William M. Martin）美國聯準會理事主席（任期 1951.4.2〜1970.1.3）。

　　美國聯邦準備理事會貨幣政策對全球經濟有「牽一髮而動全身」的效果，尤其是對金融市場（匯市、股市、債市甚至黃金市場）、房屋市場，相關新聞每日出現，本書執簡御繁說明。美國是個自由經濟的國家，比較不喜歡採取中央集權方式處理經濟問題，因此有關聯準會的四個政策目標都是「不經一事，不長一智」，在「民氣可用」情況下，逐漸發展出來的。

### 一、第一個目標：金融穩定

　　美國自稱 1776 年建國，努力維持「地方分權」，一直金融問題不斷，迄 1913 年共有兩次在財金方面的中央集權。

　　（一）1893 年，財政部統一印鈔：各州無節制印鈔，以致人民對「州」鈔失去信心，1893 年由聯邦政府的財政部統一印鈔，這很重要。美元匯率、銀行監理皆由財政部負責，聯邦準備銀行、各州金融服務署也有金融監理功能。

　　（二）1913 年，聯邦準備法：在 1913 年以前，聯邦政府兩次想成立中央銀行，但各州政府大都不支持。在歷經多次金融風暴後，國會在 1913 年通過聯邦準備法，分 4 地區設立 12 家聯邦準備銀行（Federal Reserve Bank）與聯邦準備

理事會（Federal Reserve Board，簡稱 FRB）。聯準會 7 席理事，人選來自 12 個聯邦準備區（federal reserve district），且每區不得出任 2 席。理事大都擔任過 12 家聯邦準備銀行的總裁，即有地方經驗。理事會在貨幣政策工具的主要責任區為「法定準備率」的決定。

## 二、第二個目標：健全銀行經營

美國許多銀行是州級銀行，規模不大，所以單一銀行倒閉的衝擊不大。1929 年 10 月迄 1933 年的經濟大蕭條，銀行倒閉家數 9,000 家，最嚴重的是全面擠兌已到「全面風險」（systematic risk）階段。1933 年上任的小羅斯福總統因應措施。

（一）1933 年，成立聯邦存款保險公司（FDIC），讓存款戶存款安心。

（二）1935 年，通過銀行法（Banking Act of 1935）。為了因應全面的銀行擠兌等問題，國會通過法案把 12 家地區聯邦準備銀行的權力往聯準會集中，最巧妙的組織設計是聯邦公開市場委員會（FOMC），決定聯邦基金政策（有時譯為「基準」）利率。

## 三、第三個目標：擴大就業

詳見 Unit 20-4。

## 四、第四個目標：維持物價穩定

詳見 Unit 20-5。

---

### 美國聯準會沒有法定明確政策目標小檔案

1980 年代以來，國會一直想立法以規範聯準會的政策目標，主要還是就業率、物價上漲率等。但是都遭聯準會反對，以致國會未通過相關法案。例如 2015 年 11 月，有國會議員提出「聯準會監管及現代化法案」（Fed Oversight Reform and Modernization Act），基本內容是回饋式法則（即泰勒法則）。聯準會理事主席葉倫寫信給眾議院等黨鞭，把這提案擋了下來。

---

表 20-1　美國聯邦準備銀行的政策目標進程

| 年 ＼ 目標 | 時代背景 | 政府及國會的作為 |
|---|---|---|
| 1914 年<br>一、金融穩定 | 1857、1873、1884、1893、1907 年皆發生金融風暴 | 1913 年，國會通過聯邦準備法（Federal Reserve Act），設立聯邦準備銀行，1914 年總統簽署。 |
| 二、健全銀行經營<br>1929 年 10 月～1933 年 | 經濟大蕭條，估算如下：<br>· 經濟成長率 –40%（1933 年）<br>· 失業率 25%（1,400 萬人，1933 年），註：1948 年才有失業率數字<br>· 銀行倒閉 9,000 家 | 1933 年成立聯邦存款保險公司。1935 年制定銀行法，把許多權力由 12 家聯邦準備銀行向中央（即聯準會）集權。 |
| 1946 年 | 1945 年 8 月二次大戰結束，美軍退伍返鄉，大批失業。 | 國會通過就業法（Employment Act） |
| 1977 年 | 1973 年 10 月，第 4 次中東戰爭發生，以色列勝阿拉伯國家。石油輸出國組織採石油禁運以「經濟」制裁以色列及其合作國家（主要是美）原油價格 3 美元漲到 12 美元，迄 1974 年美國衰退 4.7%、歐洲 2.5%、日本 7%。 | 國會通過「聯邦準備系統改革法」，雙重使命「充分就業」、「物價穩定」。<br>1977 年 1 月，2 位眾議員福瑞、霍金斯提出充分就業與平衡成長法案（Full Employment and Balanced Growth Act），1978 年眾參議院通過，10 月總統頒布。此法案俗稱「韓福瑞－霍金斯法案」（Humphrey-Hawkins Act）。 |

# 20-2　貨幣政策目標之一：貨幣政策的「投入－轉換－產出」

日常生活中，人們比較關心的是政府在經濟實體面的政績。本章聚焦於央行四個政策目標中的「效率與公平」。本單元先以廣角鏡頭看全貌，再從圖 20-1 中由最終目標、跳回由左至右「政策工具－中間目標－傳遞過程」陸續在各單元中詳細說明。

## 一、投入：貨幣政策

貨幣政策（monetary policy）大抵包括三件內容。

（一）政策方向：政策方向是指踩油門的「寬鬆貨幣政策」，或是踩煞車（甚至開倒車）的緊縮性貨幣政策。至於貨幣政策退場時，大抵是在「經濟成長率 4%、物價上漲率 1.5% 以下」情況，這情況很少，約在 2005、2006 年，此時央行重貼現率 3%、一年期定存利率 2.62%。

（二）政策工具：政策工具依性質分成「價格」（利率）、數量、選擇性信用管制，大部分情況下，搭配使用，以求效果。

（三）政策幅度：政策幅度分成「漸進式」、「一步到位」（美國稱爲次火雞），九成以上都是「邊走邊瞧」的「漸進式」，以調降利率來說，大都是一季調降半碼（一碼是 0.25 個百分點），下一季再調半碼，連調數季。很少下狠藥的使出霹靂手段的一次到位，以免下手過重。

## 二、轉換

貨幣政策工具無法觸及到需求面進而立竿見影，必須像打撞球般，撞球桌壁及其他球，才能打到目標球去進洞。

（一）中間目標：撞球的目標桌壁或其他球，在貨幣政策便是中間目標，常見的是金融業拆款利率（美國稱爲聯邦基金利率），透過銀行業的極短期（隔夜到 10 天）才影響短中長期利率水準。

（二）傳遞過程：利率會影響「生產因素市場」中的「資本」、「商品市場」中的消費、投資。

## 三、產出

從貨幣工具啓動到最終目標達成，約須六個月。

（一）最終目標：許多公司訂定營收、淨利等短期目標（goal）或中長期目標（objectives），以此進行管理，稱爲目標管理（management by objectives, MBO）。政府在經濟施政、在政策目標上往往明示，例如經濟成長率 3% 以上、失業率 4% 以下、物價上漲率 2% 以下。

（二）政策目標跟施政績效比一比：央行會經常檢討貨幣政策是否有達到政策目標，央行使出渾身解術，離政策目標還有一段。央行總裁會說：貨幣政

策能力有其極限，需要其他政策配合。

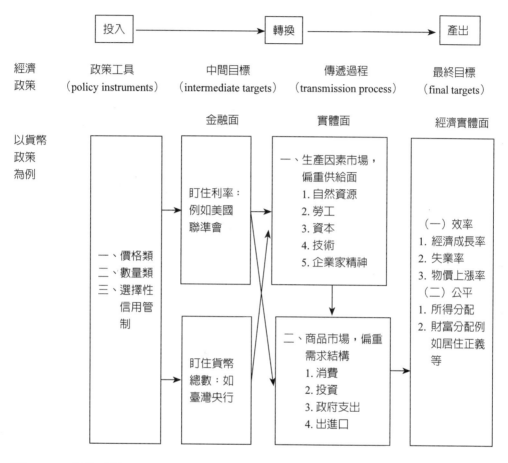

圖 20-1　貨幣政策的「投入－轉換－產出」

知識補充站——冷火雞（cold turkey）

　　原意：go（或 quit）。cold turkey 是指「立即」戒掉癮頭（或習慣），這是因為熟火雞是熟食，可以作為冷菜，立即可食。

　　引伸：在貨幣政策是指「一步到位」的調整，例如重貼現率由 5% 直接調為 1%。

## 20-3 貨幣政策目標之二：效率與公平的兩難——導論

以吃藥治病來比喻，吃藥可以治病，難免會傷身（主要是肝、胃、腎）。再以人體發高燒到39度以上，更是吃退燒藥，會「降溫」，但副作用是降低了免疫力，對於對抗細菌等就大打折扣。在經濟政策，尤其是實體面，也有台諺說：「有一好沒兩好」的兩難局面。

### 一、效率與公平的抉擇

實體面經濟目標有二：經濟成長（俗稱效率，efficiency）、分配公平（equality），為了成長，可能所得分配不均。以圖20-2來說，景氣過熱，失業率落在自然失業率（例如4.5%）之下、物價上漲率3%。於是政府採取緊縮性經濟政策，以央行負責的緊縮性貨幣政策來說，結果可能有二：

（一）軟著陸：套用飛機降低時順利稱為「軟著陸」（soft landing），最好情況下，是把物價上漲率控制在2%以下，且維持「高」經濟成長率。即圖20-2 $E_0$點到$E_1$點。

（二）硬著陸：當飛機著陸不順利，例如用機腹著陸，稱為「硬著陸」（hard landing），以貨幣政策來說，可能是央行「下藥過重」，經濟是降溫了，連帶也傷及成長動能。即圖中$E_0$到$E_2$點。

### 二、導出菲利普－奧肯曲線

經濟學的研究是在大拼圖上逐步發現新拼圖，逐步拼出全貌。由圖20-2可見菲利普－奧肯曲線的推論。

（一）1958年，菲利普曲線：菲利普以座標圖說明英國的失業率跟物價上漲率間的負斜率關係。

（二）1962年，奧肯定理：奧肯以座標圖方式說明美國的經濟成長率跟失業率間的負斜率關係。

（三）2013年，菲利普－奧肯曲線：為了分析「經濟成長率」跟「物價上漲率」間的抵換關係，麥朝成、伍忠賢（2013）在《中國大陸經濟》書中，導出「菲利普－奧肯」曲線（Phillip-Okun curve），為了節省篇幅，本書不贅敘。

改以三角型方式，說明三個變數間的關係。

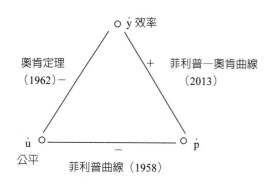
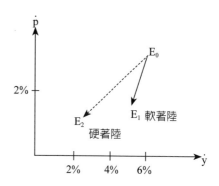

圖 20-2　效率與公平的抉擇

---

《效率與公平》一書小檔案（Equality and Efficiency: The Big Tradeoff）

時：1975 年

地：美國

人：奧肯

事：主要是 1962 年的奧肯定理

---

# 20-4　貨幣政策目標之三：充分就業

　　美國的證券分析師等喜歡把美國失業率跟標準普爾 500 指數線圖畫在一起，可說是「亦步亦趨」。由此角度來看，了解美國聯準會以「充分就業」爲政策目標，就有很實用方面的重要性。

## 一、國家的使命：使人民「免於貧困」

　　17、18 世紀的美國是由歐洲移民建立的，信仰以基督教爲主，充滿對「幸福」的追求，加上兩個時期的匱乏，加深政府的使命在使人民「免於恐懼」、「免於匱乏」等。

　　（一）美國感恩節的由來：1620 年 9 月，一批英國清教徒搭「五月花號」帆船到美國，在麻州居住，飢餓加上疾病，奪走一半人民生命。1621 年春天，一位原住民把火雞給移民吃。這是常見美國感恩節的由來，由此可見「免於匱

乏」的重要性。

（二）經濟大恐慌時代的陰影：1929 年 10 月迄 1933 年的經濟大蕭條，是全民普遍「過苦日子」，25% 的失業率（1,400 萬人失業）、4 萬人輕生。

## 二、二次立法，追求充分就業

由 Unit 20-1 的表 20-1 可見，政府 1946、1973 兩次通過法案，以「充分就業」為政府（含聯準會）施政目標。

## 三、以自然失業率為充分就業的標準

聯準會在實體經濟面第一個目標是「充分就業」（就業極大化），一般以自然失業率（natural rate of unemployment）為衡量指標。

（一）自然失業率的定義：在大一經濟學中有一章討論就業和失業，由小檔案可見其定義。其中的重點在於長期的潛在產出成長率的推估，由此得到「充分就業時的總產值」。

（二）自然失業率隨時間變動：自然失業率的兩個成分皆因時因地而改變，美國聯準銀行中有幾家分行提出相關數字，例如舊金山分行，下列兩年兩個數字，2012 年 5.6%；2015 年 6 月 7 日 5.1%；2017 年 3 月，失業率 4.5%。

（三）聯邦公開市場委員會的相關聲明

2014 年 1 月 28 日，聯邦公開市場委員會發表：「貨幣政策策略的長期目標聲明（statement），強調：「要判斷經濟是否趨近充分就業的判斷，須分析一系列數據，而且判斷充滿不確定性。」

## 四、相關就業標準

外界輔助失業率的指標常見有下列兩種類。

（一）投資的指標：經濟成長的源頭在於投資，2017 年第一季「建築」投資占「投資」27%，宣稱「房屋建築」占總產值 4%（另房屋以外占 12.5%），所以「新屋開工」（housing start）成為重要領先指標。

（二）就業的領先指標：由於失業率是景氣的落後指標，落後期間約 3～9 個月，因此，實務人士常參考的就業同時指標有表 20-2 其中兩項：「工商就業人數變化」（英文用詞為「非農業」，non-farm）、上週首次申請失業保險金人士。

表 20-2　美國勞動部每月公布就業數據

| 月、週數據 | 英文 |
|---|---|
| 一、月，每月第一週週五 | 由勞動統計局負責 |
| （一）就業報告 | employment report<br>調查 37.5 萬個家庭、6 萬家公司 |
| （二）就業情況報告 | |
| 　1. 人數 | employment situation report |
| 　・新增就業 | 調查美國 250 個地區 |
| 　・失業人數 | 註：這背後須考慮勞動參與率，一年約 230～280 萬人<br>工商業就業人數變化（changes in non-farm payroll，NFP）：占就業人數八成（即不含政府、公益團體） |
| 　2. 工時 | |
| 　・工時 | 這部分可判斷勞工就業人數增加有多少是「兼職」。 |
| 　・薪資 | 這部分可判斷勞工就業人數增加有多少是從事「低薪」、「基本工資」工作。<br>例如 2016 年 7 月薪資成長率 2.6% |
| 二、週，每週四公布 | |
| （一）就業 | |
| （二）失業 | initial jobless claims |
| 上週「首次申請失業保證金人數」 | 這人數約 21 萬人 |

---

**自然失業率小檔案（natural rate of unemployment）**

時：1969 年 12 月

地：美國

人：美國佛利曼（Milton Friedman, 1912～2006 年），1976 年美國諾貝爾經濟學獎得主

事：1. 自然失業率，本質上是長期失業率，
　　　＝摩擦性失業率＋結構性失業率
　　2. 此時總產值稱為自然總產值（natural output）

## 20-5 貨幣政策目標之四：維持物價穩定

在工業時代，由於機器產能大，隨著科技的進步，工業製品（中間品和最終產品）的價格比較呈下跌趨勢。

### 一、兩次石油危機讓人民體會維持物價穩定的重要性

（一）兩次石油危機，造成停滯型物價上漲：由表 20-3 可見，第一次石油危機，美國是重點災區，物價上漲率10% 以上。第二次石油危機更是雪上加霜。

（二）問題嚴重程度的衡量方式：生活痛苦指數。以美國經濟學者奧肯提出「生活痛苦指數」，以衡量「失業率」加「物價上漲率」給人民生活帶來痛苦程度，四任總統平均數字如下：詹森總統 6.77%，尼克森總統 10.57%，福特總統 16% 和卡特總統 16.26%。

### 二、1977 年國會先立法替行政部門解套

眼看著總統、聯準會對停滯性物價上漲一籌莫展，1977 年，國會兩次立法，以替總統、聯準會的作為找到法源。

（一）聯邦系統改革法：這法案把聯準會的政策目標由一項（充分就業）擴大到二項（包括維持物價穩定）。

（二）充分就業暨平衡成長法案：1977 年 1 月，兩位共和（當時執政黨）黨籍眾議員韓福瑞、霍金斯提出此法案，要求充分就業應兼顧物價穩定，這才是「平衡成長」。

### 三、伏克爾上場救援

伏克爾（P. Volcker，1927～，任期 1979～1987 年）擔任聯準會理事主席。他之前擔任聯準銀行紐約分行總裁，他是民主黨籍，但跟卡特總統不同調，選擇以「維持物價穩定」為第一政策目標。堅持「一段時間高利率」，1981 年 6 月，聯邦基金利率 20%。

引發各界強烈批判及抗議，甚至有農民以曳引機封鎖聯準會大樓的抗爭舉措。聯準會幾位理事的立場轉向，批評伏克爾此舉會使經濟蕭條病症惡化，或令物價上漲加劇。但在伏克爾的堅持下，美國經濟於 1982 年回復正常秩序，物價上漲率由 1980 年 3 月 14.8% 降至 1983 年的 3% 以下。

## 四、生活痛苦指數影響總統由誰擔任

兩次政黨輪替，印證「不能解決生活痛苦」問題的總統就無法連任。

（一）1980 年，雷根競爭總統時的「台詞」：1980 年，共和黨雷根競選總統之位，主打經濟牌：「你們（人民）的生活是否比 4 年前更好？」卡特總統在 51 個選區（50 州加華盛頓特區）僅贏 2 州的選舉人票，因拚經濟不力而無法連任。

（二）1992 年，民主黨「反其人之道」：1992 年，民主黨籍的阿肯色州長柯林頓，挑戰競選連任的老布希總統，在競選總部貼了標語：「笨蛋，問題在經濟」（It's the economy, stupid.）1991 年，老布希總統因打贏第一次伊拉克戰爭，民意支持度高達九成，但生活痛苦指數 12%，競選連任失利。

表 20-3　二次石油危機造成全球停滯性物價上漲

| 項目 | 第一次<br>The first oil crisis | 第二次<br>The second oil crisis |
|---|---|---|
| 一、期間 | 1973 年 10 月～1974 年 | 1979～1981 年，至少 3 年 |
| 二、原因 | 第四次中東戰爭，以色列打敗鄰國，石油輸出國家組織（OPEC，以沙烏地阿拉伯為主），採取石油禁運以制裁以色列與其盟國（主要是美國）。 | 伊拉克與伊朗間的兩伊戰事，兩國彼此轟炸對方油田。以致兩大產油國的石油只有少量能出口。 |
| 三、原油價格 | 一桶 3 美元漲到 12 美元 | 15 美元漲到 1981 年 2 月 39 美元 |
| 四、影響 | 對美國 | |
| 　1. 總產值 | − 4.7%<br>二次世界大戰後，美國最嚴重的不景氣 | − 3% |
| 　2. 物價上漲率 | 10% 以上 | 10% 以上 |

## 20-6　物價穩定的衡量

聯準會的二個政策目標之一是「維持物價上漲率在 2% 以下」。2016 年 7 月，美國兩項常見的消費者物價指數上漲率皆低。

　　‧消費者物價指數（同比）上漲 0.88%，過去 10 年平均值 1.8%；

　　‧核心消費者物價指數上漲 0.1%。

把時間拉長來看，2015 年由於原油價格一桶由 90 美元跌至 40 美元，農產品、礦產品等農工原料下跌，全球（包括美國）普遍處於低物價情況，甚至物價下跌機率還比物價上漲高。那麼，美國聯邦公開市場委員會的許多鷹派委員，皆宣稱美國已瀕臨物價上漲率 2% 的上限，委員會該升息以維持物價穩定。鷹派委員們看到什麼？

### 一、兩大類消費者物價指數

美國兩個部各自編製消費者物價指數。

（一）常見的消費者物價指數：各國的消費者物價指數都大同小異，食衣住行育樂其他等七項的成分的權重多久改一次，美國 2 年、臺灣 5 年。

（二）「個人消費支出」物價指數（PCE price index）：2002 年起，聯邦公開市場委員會採取此物價指數衍生的個人消費支出核心物價指數，作為衡量物價穩定的指標。由表 20-4 可見「個人消費支出」（personal consumption expenditure, PCE）不是真的衡量「個人」，而是衡量家庭、公益的家庭服務機構（例如遊民收容中心）。個人消費支出物價指數的重點在於「即時反應」，即「食衣住行育樂其他」中「成分」會因每個月變動，例如一項食品不賣了，下個月會變更一項。商務部經濟分析局編製此指數，便是看中其「即時性」。

### 二、兩個衍生的核心消費者物價指數

剔除物價指數中兩項「食物」、「能源」易隨季節波動的，得到兩項核心物價指數。

（一）常見的「核心消費者物價指數」（core CPI）：由表 20-4 可見，核心消費者物價指數有 20% 是「房租」（包括有屋人士的設算房租），這容易被房價上漲而拉高。2015 年起，美國房價高漲。

（二）「個人消費支出核心物價指數」（PCE core CPI，詳見圖 20-3）。

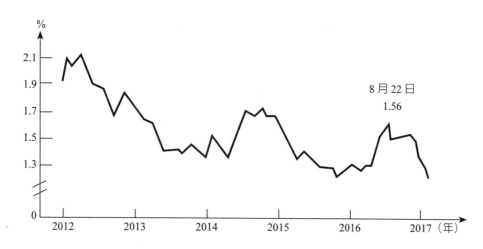

資料來源：彭博資訊、聯邦準備銀行聖路易分行

圖 20-3　美國個人消費支出核心物價指數

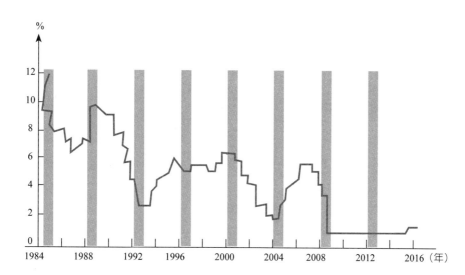

資料來源：湯森路透

圖 20-4　聯邦資金利率趨勢

（三）市場基礎的個人消費支出物價指數：由於美國有 65% 家庭住在自有房屋內，在計算「物價指數」時去「設算房租」（owners equilivilent rent）時，會因房價或外部房租拉高，而拉高整個房租的上漲幅度，但屋主本身不用支出房租。所以有機構計算「市場基礎」（market-based）物價指數。

表 20-4　美國對消費者物價指數的衡量

| 時效性 | 部分：核心消費者物價指數 | 全部：消費者物價指數 |
|---|---|---|
| 一、個人消費支出 | 編製部會：商務部經濟分析局（Bureau of Economic Analysis）<br>地區：主要是都市<br>調查對象：家庭、公益的家庭服務機構<br>時間：每月最後一天公布上月數字 | |
| （一）調查項目 | PCE core CPI | PCE price index<br>簡稱 PCE CPI |
| （二）比重（%）：以 2015 年 12 月為例 | | |
| 食 | | 12.9% |
| 衣 | | 3.8% |
| 住 | | 23.6% |
| 行 | | 10.4% |
| 育 | | 6.2%（教育）、22%（醫療） |
| 樂 | | 7.6% |
| 其他 | | 13.5% |
| 二、家庭消費<br>　　支出 | 編製部會：勞動部統計局（Bureau of Labor Statistics）<br>地區：主要是都市<br>調查對象：家庭<br>時間：每月 20 日公布上月數字 | |
| （一）比重調整 | 二年調整一次，所以二年內無法反映消費趨勢的改變。 | |
| （二）比重（%） | Core CPI | CPI |
| 食 | – | 15% |
| 衣 | × | 3.1% |
| 住 | 40% | 42% |
| 行 | – | 15.3% |
| 育 | 18% | 7.1%（教育）、8.4%（醫療） |
| 樂 | – | 5.7% |
| 其他 | – | 3.2% |

# 20-7　美國的聯邦公開市場委員會

美國聯準會的貨幣政策決策權在聯邦公開市場委員會，本單元說明其運作方式。

## 一、委員會成員結構

委員會由 12 席委員組成，其結構詳見表 20-5，美國學者等研究此委員會的權力結構，基於下列原因，認為此委員會的權力是掌握在聯準會手中。

（一）人數，七比五，聯準會勝出：12 位公開市場委員中，聯準會理事占 7 席，近六成。

（二）地區分行總裁：5 家聯準銀行中（由 11 家分行輪流），扣除保障席位紐約分行（占美國聯準銀行資產四成），包括 4 席地區分行總裁，其他 7 家分行總裁列席（可發言，但沒有投票權）。聯準會對各聯準銀行董事會提出的總裁人選有「否決權」。

## 二、委員會會議結果

委員會會議的結果分兩階段公布。

（一）1994 年起，會議聲明（FOMC Statement）：每次會議二天，一般在第二天下午兩點半，聯準會主席會宣布兩個內容。

‧有關利率，俗稱利率宣布（rate announcement）。

‧1999 年 5 月起，有關未來 1.5 個月的貨幣政策走勢的「前瞻指引」（forward guidance），2014 年 3 月，聯準會主席葉倫上任後，特別注重此，尤其是利率前瞻指引。例如2016 年時預告 2018 年底聯邦基金利率政策目標2.4%。1997 年紐西蘭準備銀行首先採取此做法，有些其他央行跟進。

這前瞻指引有幾個英文用法：forward guidance、policy directive、directive。

前瞻指引的內部用途：聯準銀行紐約分行「交易櫃檯」（open market window 或 desk）負責公開市場操作。負責的帳戶經理（account manager）須遵守此前瞻指引去運作。

（二）會議紀錄摘要（minutes）：在會後約 2 週，公布會議中各與會、列席委員的發言。

表 20-5　美國聯邦公開市場委員會的相關事宜

| 4W2H | 說明 | |
|---|---|---|
| 一、成員（who） | 聯準會 | 聯邦公開市場操作委員會 |
| | 7 位理事　　　　→ | 7 位 |
| | 聯邦準備　　　　　→ | 5 位，紐約分行總裁是保障名額， |
| | 紐約銀行總裁是保障名額 | 其他 7 家分行總裁「列席」（沒投 |
| | 銀行 12 家分行 | 票權，即 alternate member） |
| 　1. 資料 | 由幕僚準備 | |
| 　2. 其他 | | |
| 二、時間（when） | 1. 頻率 | |
| | 　依法一年至少 4 次，常見的是 1 年 8 次，平均 6 週就一次 | |
| | 2. 2、7 月 | |
| | 3. 每次會議 2 天 | |
| 三、地點（where） | 美國首都華盛頓特區，1981 年起 Eccles 大廈， | |
| 四、如何（how） | （一）價格類貨幣政策工具（稱為政策利率，有譯為基準利率） | |
| | 　　1. 聯邦基金利率「政策目標」（0.15～1%） | |
| | 　　　俗稱「利率目標」（interest rate targeting） | |
| | 　　2. 重貼現率 1% | |
| | 　　　一般來說，重貼現率高於聯邦基金利率 | |
| | （二）數量類貨幣政策工具 | |
| | 　　1. 買賣公債 | |
| | 　　2. 貨幣供給 | |
| | （三）外匯市場 | |
| | 　　須跟財政部協調 | |
| 五、結果（which） | （一）會議後，聯準會主席在記者會中說明。 | |
| | 　　1. 會議結論 | |
| | 　　2. 前瞻指引（forward guidance） | |
| | （二）20 天後公布會議紀錄摘要 | |

## 三、外界預測聯邦公開市場委員會的政策走向

外界至少透過下列兩方式，以預測委員會的政策走向。

（一）內容分析法以分析關心重點：最簡單分析聯邦公開市場委員會的關心重點，可從其會議記錄的內容來了解，以 2015 年迄今來說，分成三時期。

　·2005～2010 年房屋市場：2005 年起，委員會會議紀錄以房市（房價等）為主軸。

・2008～2013 年量化寬鬆：2008～2013 年，量化寬鬆期間，主要內容是量化寬鬆。

・2015～2016 年：2015 年起，委員會會議紀錄的用詞出現一個新名詞「中性利率」。

（二）利率預測：以聯邦基金利率期貨為例。

以 2017 年 5 月 3～4 日，聯邦公開市場委員會會議，聲明「偏重鷹派」。4 日，聯邦基金利率期貨市場反應如下：6 月時委員會宣布升息機率 94%（5 月 3 日會前 67%）。2017 年 6 月 14 日，委員會宣布調高聯邦基金政策利率區間一碼，至 1～1.25%。

---

**聯準基金政策利率的預測**

公開委員會每 6 週開會一次，外界有兩種以上方式預測下次委員會開會對聯邦基金利率調整的機率。芝加哥商品交易所（CME）交易的 30 天期聯邦基金利率期貨，可看出市場對公開市場委員會升息利率，以 2016 年 8 月 26 日，葉倫在懷俄明州傑克森洞（Jackson Hole）聯邦準備銀行堪薩斯分行舉辦年會演講後，預測 9、11、12 月升息機率全數上升，分別為 38%、43%、62%。

---

# 20-8　聯邦公開市場委員會中的鴿派、鷹派

聯邦公開市場委員會 12 位委員，再加上列席的 7 位聯邦準備銀行分行總裁，共 19 位。報刊常見這些人士的發言，媒體為了省事起見，把其分為鴿派（the Doves）、鷹派（the Hawks），本單元說明。

## 一、委員分法

鴿派、鷹派委員對政策目標、理論、架構、政策工具、溝通都有不同看法，重點在於對政策目標的差異。

（一）鴿派「以充分就業」優先：由表 20-6 可見，聯準會主席、理事傾向於把「充分就業」擺在第一優先。當充分就業目標達成，且有物價上漲率漸高之虞，鴿派會支持升息。

（二）鷹派「以維持物價穩定」優先：至於以維持物價穩定的「一邊」俗稱鷹派，把「物價上漲」比喻成野獸，由「老鷹」來制伏野獸。聯準會副主席費雪（Stanley Fischer）是鷹派，他學術地位高而且擔任過以色列中央銀行總裁（任期 2005～2013 年 6 月），影響力很大。

## 二、「鷹派」的名詞來源

1782 年，美國國會通過以白頭鷹作爲國徽，一爪握著箭，一爪握著象徵「和平」的橄欖枝，但頭朝向「和平」方向。至於「鷹派」、「鴿派」用詞來源詳見小檔案。

## 三、公開放話

（一）不成文慣例：共識。長期以來聯邦公開市場委員會有一個不成文的慣例，在形成貨幣政策前，最好能夠追求內部的共識，避免最後因爲與會官員的對立，而向市場釋放出不穩定的雜訊，一般爲了表示尊重「反對」聲音，所以縱使「全數」贊同，但往往會由一位委員投反對票。一旦與會官員陷入嚴重分歧時，最後的會議結論通常會維持先前的趨勢。例如 2016 年 6 月會議，決議聯邦基金政策利率不變（0.25～0.5%）。

（二）大鳴大放：聯邦理事、準備銀行總裁中的鷹派少對媒體發言，但2015 年以來例外，外界認爲這是聯邦公開市場委員會的分裂。

表 20-6　聯邦公開市場委員會中的鴿派和鷹派

| 項目 | 鷹派（the Hawks） | 鴿派（the Doves） |
|---|---|---|
| 一、政策目標順序 | 1. 維持物價穩定<br>2. 充分就業 | 1. 充分就業<br>2. 維持物價穩定 |
| 二、政策作為 | 調高利率以維持物價穩定 | 維持低利率以維持充分就業 |
| 三、代表人物 | | |
| （一）聯準會理事 | 副主席費雪（Stanley Fischer） | 主席葉倫（Janet Yellen） |
| （二）聯準銀行分行總裁 | 1. 有投票權<br>紐約分行杜德利（William Dudley）<br>2. 沒投票權<br>舊金山分行威廉斯（John Williams）<br>亞特蘭大分行洛克特（Dennis Lockhart） | 芝加哥分行 Daniel Tarullo<br>波士頓分行 Eric Rosenger |

---

**鴿派 vs. 鷹派小檔案**

· 文字來源：1810 年美國國會議員辯論是否對英作戰，分兩派主和、主戰。

· 鴿派：the Doves（dove 是 dive 的過去分詞），單一人時用 a dove

· 鷹派：the Hawks，一人時用 a hawk 一詞

---

# 20-9　美國聯邦公開市場操作

　　在臺灣，金融業者的財務部資金調度科人員每天盯著螢幕上「同業拆款利率」，央行業務局的公開市場操作，以了解極短期、短期的資金鬆緊情況。在美國，聯邦市場公開委員會是決策會議，由表 20-7 可見，整個過程。

## 一、投入：操作工具

　　由表 20-7 第一欄可見，公開市場委員會，透過聯準銀行紐約分行去執行公開市場操作。

## 二、轉換：操作目標：以量達到利率政策目標

　　由表 20-7 第二欄可見，紐約分行的公開市場櫃檯的帳戶經理透過買賣「合格票債」（主要是國庫券），來影響聯邦基金利率以達到政策利率。

## 三、產出：中間目標

　　聯邦基金利率是缺錢銀行及短期資金的「成本」，這一部分會反應在銀行的存款、放款利率。國內外利率差影響匯率，匯率影響進出口。

### * 美元利率對美元匯率的影響

　　在其他情況不變下，利率高會使該國貨幣升值，2016 年 8 月以後，由於預期聯邦公開市場委員會會升息，因此美元指數往上漲。

## 四、產出：政策目標達成率

　　銀行的貸款利率會影響消費（2017 年第 1 季占美國總產值 68.9%）、投資（占美國總產值 16.5%），合計占總產值 85.4%，進而確保政策目標（充分就業、維持物價穩定）的達成。

表 20-7　美國公開市場操作的過程

| 投入 | 轉換 | 產出 | |
|------|------|------|------|
| 操作工具 | 操作目標 | （一）中間目標 | （二）政策目標 |
| 1. 指導「方針」（directive）公開市場委員會會議結論中之一的「政策指引」 | 1. 聯邦基金利率（同業拆款利率） | 1. 銀行利率<br>・放款利率<br>　例如房貸利率、<br>　信用卡循環利率<br>・存款利率 | 1. 需求結構<br>・消費<br>・投資<br>・政府<br>・支出、公債利率<br>・出進口 |
| 2. 執行<br>・聯邦銀行紐約分行的「公開市場櫃檯」（open market desk）<br>・帳戶經理（account manager） | 2. 聯邦基金政策利率（federal funds rate policy rate）這是聯邦公開市場委員會決定的「利率目標」 | 2. 匯率 | 2. 產出<br>・就業<br>・物價水準 |
| 3. 公開市場操作買賣標的如下：<br>・國庫券<br>・資產抵押證券（MBS）<br>・其他 | — | — | — |

聯邦基金利率（federal fund rate）小檔案

・ 會員：聯邦準備銀行旗下的會員銀行

・ 期間：以「隔夜」（簡稱日拆）為主，貼現為輔

・ 利率：聯邦基金的日拆利率具有代表性，是聯準銀行貼現率和商業銀行優惠利率的重要參數，通常低於聯準銀行的貼現率，俗稱「央行基準利率」。

・ 美國聯邦公開市場操作委員會（FOMC）：2017 年 6 月 14 日聯邦基金政策利率區間提高一碼，1～1.25%。

・ 聯邦基金有效利率（federal funds effective rate）：一定期間交易量加權平均的聯邦基金利率。

---

美元指數小檔案（Dollar Index, USDI）

時：1973 年 3 月

地：美國紐約州紐約市

人：紐約棉花交易所（NYCE），1870 年成立

事：由 6 種貨幣加權平均

　　歐元、日圓、加幣、瑞士法郎、瑞典克郎、英鎊

---

# 20-10　中性利率

當聯邦公開市場委員會達成政策目標，此時，貨幣政策退場，完全回歸市場機制。其中，針對貨幣政策的聯邦基金利率究竟是高，還是低，有個參考指標即「中性利率」（neutral rate of interest）。

## 一、相關用詞

由表 20-8 可見，中性利率在觀念的發展有二階段進程。

（一）中性利率（neutral rate of interest）：1898 年瑞典經濟學者魏克賽爾（Knut Wicksell, 1851～1925）認為中性利率是指不會影響物價水準的銀行貸款利率。

（二）自然利率（neutral interest rate）：這是延用「自然」失業率的觀念，把貸款利率的長期（例如過去 10 年）平均值（例如 4%）稱為自然利率。

## 二、中性利率「低」的原因

中性利率是長期的貸款利率，2009 年以來，美國經濟邁入「低經濟成長，低物價上漲」的「新常態」（new normal）、新平庸（new mediocre）。連帶的，「中性利率」陷在非常低（3～3.5%）狀況如下。

（一）需求面

‧人口老化

‧儲蓄過剩

### （二）供給面

‧生產力成長緩慢，2006～2015 年生產力平均年成長 1.25%，只有 1965 年的一半。

‧產能過剩，工廠產能使用率低

## 三、聯邦公開市場委員會的態度

中性利率的水準限制聯邦公開市場委員會的聯邦基金利率的空間。

（一）聯邦基金利率「正常化」：聯邦基金利率是銀行即短期的「貸款」利率，以中性利率 3.5% 來說，那麼聯邦基金利率高正常水準 2.3 個百分點。以 2016 年 8 月，聯邦基金政策利率 0.25～0.5% 來說，離「正常」水準有很大距離。

（二）升息到 3%。

表 20-8　中性利率相關觀念

| 項目 | 說明 |
| --- | --- |
| 一、對象 | 貸款利率<br>因此，比較指標有 10 年期公債殖利率（2017 年約 2.43%） |
| 二、定義 | |
| 　1. 原始：<br>　　對物價不影響 | 1898 年，瑞典經濟學者維克賽爾（John G. Wicksell，1851～1926）在《利率和物價》書中提出此觀念，表示對物價水準沒影響的利率水準 |
| 　2. 衍生：<br>　　對經濟成長率不影響 | 後來延伸到對經濟成長率 |
| 　3. 政策涵義 | 當實際貸款利率低於中性利率，企業會借款用於投資 |
| 三、衡量方式 | |
| 　1. 泰勒法則（Taylor rule） | 例如 $R_t = 2\%$ + 長期物價上漲率 |
| 　2. 聯準銀行的相關數字 | 紐約分行常提出即時數字<br>2016 年 8 月 15 日聯邦準備銀行舊金山分行總裁威廉斯（John Williams）表示：「短期中性利率 3～3.5%（甚至更低）」（摘自經濟日報，2016 年 8 月 13 日，A6 版，任中原） |
| 四、對聯邦基金利率的涵義 | |
| 　（一）長期目標 | 聯邦基金利率「長期」、「正常水準」為 3% |
| 　（二）限制 | 2016 年 6 月 15 日葉倫的說法如下。<br>中性利率水準很低，接近「新常態」；<br>中性利率很低「限制」了聯邦基金利率調整的上限。 |

表 20-9　美國股利殖利率與利率間關係

| 年 | 2011 | 2012 | 2013 | 2014 | 2015 | 2016 | 2017 |
|---|---|---|---|---|---|---|---|
| (1) 標普 500 指數（元旦）* | 1,283 | 1,300 | 1,480 | 1,822 | 2,028 | 2,016 | 2,258 |
| (2) 標普 500 指數本益比（倍） | 16.3 | 14.87 | 17.03 | 18.15 | 20.02 | 22.18 | 24 |
| (3) 10 年期公債殖利率（%） | 3.39 | 1.97 | 1.91 | 2.86 | 1.88 | 2.09 | 2.43 |
| (4) 聯邦基金利率（%） | 0.17 | 0.08 | 0.14 | 0.07 | 0.11 | 0.34 | 0.25 |

*2008 年 1,379 點，2009 年 866 點

## 20-11　美國經濟狀況與貨幣政策 I：2001～2008 年

由在各種經濟狀況下，美國聯邦公開市場委員會的貨幣政策作為，可以預測該委員會的政策方向。限於篇幅，僅考慮2000年以來情況，分成兩單元說明。

### 一、2001～2005 年，股市泡沫破裂後，以充分就業為首要目標

（一）經濟狀況：2001 年 3 月，美國股市泡沫破裂，經濟成長率由 2000 年 4.1% 降至 2001 年 1.1%（臺灣 -2.17%）。

（二）聯邦公開市場委員會對策：委員會為了救經濟，把聯邦基金利率由 2000 年 6%，逐年調低，2002 年 2%、2003～2005 年 1%。經濟成長率緩增，2002 年 1.8%、2003 年 2.5%、2004 年 3.5%。

### 二、2005～2006 年 2 月，以維持物價穩定為第一目標

（一）經濟狀況：2003 年起，由於低利率，再加上經濟恢復正常，人民多買房地產。房市熱絡等因素，帶動就業，失業率跌破 5%。2005 年起油價升高，消費者物價成長率破 2%。

（二）貨幣政策：2005 年起，聯邦公開市場委員會逐漸拉高聯邦基金利率，2006、2007 年 5.25%，主要政策目標是維持物價穩定。

### 三、貨幣政策退場階段：2006 年 3 月迄 2008 年 9 月

（一）經濟狀況：房市持續熱絡，2005～2006 年房市泡沫成形。2007 年 1

月房市泡破破裂，7 月掀起次級房貸風暴。2007 年 3 月失業率低點 4.4%。

（二）貨幣政策：退場、中性貨幣政策

由表 20-10、圖 20-5 可見，此時貨幣政策退場。

---

**權益溢酬小檔案（equity risk premium）**

在美國，投資人常以 5 年（甚至 10 年）平均股價指數殖利率等計算「股票必要報酬率」，超過無風險報酬率稱為「權益溢酬」。

權益溢酬

＝ 股利殖利率 − 10 年期公債殖利率

以 2016 年為例：

＝ 4.2% − 2.2%

＝ 2%

顯示權益溢酬低於長期平均值，即股市本益比偏高。

---

表 20-10　美國經濟狀況與聯邦基金政策利率　　　　　　　　單位：%

| 項目 | 2006 | 2007 | 2008 | 2009 | 2010 | 2011 |
|---|---|---|---|---|---|---|
| 1. 經濟成長率 | 2.7 | 1.9 | −0.3 | −3.1 | 2.4 | 1.8 |
| 2. 人均總產值（美元） | 42,628 | 44,756 | 46,900 | 45,416 | 46,811 | 48,327 |
| 3. 失業率 | 4.6 | 4.6 | 5.8 | 9.3 | 9.6 | 8.6 |
| 4. 物價上漲率 | | | | | | |
| 　PCE | 2 | 4.2 | 3 | 1.8 | −0.5 | 0.8 |
| 　core CPI | 2005 最高 6.5 | 2.3 | 1.7 | 1.4 | 1 | 1.8 |
| 5. 聯邦基金政策利率 | 5 | 5 | 0.26 | 1 | 0.25 | 0.25 |
| 項目 | 2012 | 2013 | 2014 | 2015 | 2016 | 2017 |
| 1. 經濟成長率 | 2.8 | 2.2 | 2.4 | 2.4 | 1.6 | 2.3 |
| 2. 人均總產值（美元） | 50,000 | 53,000 | 54,630 | 55,710 | 57,436 | 58,957 |
| 3. 失業率 | 7.7 | 7 | 5.8 | 5 | 4.8 | 4.4 |
| 4. 物價上漲率 | | | | | | |
| 　PCE | 2 | 1.42 | 0.91 | 0.56 | 1.6 | 1.56 |
| 　core CPI | 1.6 | 1.3 | 1.4 | 1.4 | 1.6 | 1.56 |
| 5. 聯邦基金政策利率 | 0.25 | 0.25 | 0.25 | 0.25 | 0.5 | 1 |

上述 3. 4. 5. 數字為年底（12 月）值　2007 年 3 月失業率 4.4%

以 2010 年失業率為例，勞動人口 1.54 億人，1,478 萬人失業。

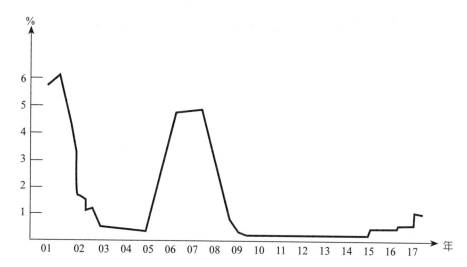

圖 20-5　美國聯邦資金政策利率（政策目標）

## 20-12　美國經濟狀況與貨幣政策Ⅱ：2009～2017年

　　2007 年 1 月起迄 2014 年，美國歷經跟 1929 年經濟大蕭條時的相似經濟狀況，政府主要仰賴聯邦準備銀行「穩定金融狀況」，救經濟（俗稱「搶救失業大作戰」），本單元說明。

### 一、2007 年 9 月～2014 年 8 月，以充分就業為首要目標

　　（一）經濟狀況：2007 年 1 月，房市泡沫破裂，7 月，次級房貸（sub-prime storm）發生，景氣開始走壞，2007 年經濟成長率 1.9%。2008 年 9 月 15 日，雷曼兄弟證券申請破產以致引發骨牌效應，掀起金融海嘯，經濟成長率降到 0.3%，2009 年 −3.1%，失業率由 2008 年 5.8% 攀升，2009 年 9.3%、2010 年 9.6%。

　　（二）貨幣政策：2007 年 9 月，委員會七次調降聯邦基金政策利率，到 2008 年 10 月降到 0～0.25%。2010 年 11 月 4 日～2011 年 6 月第二波量化寬鬆（QE2），是為了救失業率而來。2011 年失業率 8.6%，居高不下。2012 年 9 月，委員會實施第三波量化寬鬆（QE3），目標是把失業率降到 6.5% 以下。

## 二、2014 年 9 月迄 2017 年

（一）經濟狀況：2014 年經濟成長率 2.4%，失業率 5.8%；2015 年經濟成長率 2.4%，失業率 5%。

（二）貨幣政策：2014 年 9 月，失業率 5.9%，聯準會宣布 10 月起量化寬鬆政策退場，但始終持續滾期操作。2017 年 7 月 12 日，聯準會把聯邦基金目標利率上調至 1～25%；並且宣示縮減「資產負債表」（scales，簡稱縮表）。其可能影響詳見表 20-11。

表 20-11　美國聯準會縮表情境分析　　　　　　　　　　　　單位：兆美元

| 縮表幅度 | (1) 期初 | (2) 縮表金額 | (3) 期末 = (1) – (2) | 完成時間 * | 對聯邦基金利率影響 ** |
|---|---|---|---|---|---|
| 大幅度 | 4.5 | 2.1 | 2.4 | 2020 年第 1 季 | ↑ 0.77 個百分點 |
| 中幅度 | 4.5 | 1.6 | 2.9 | 2020 年第 3 季 | 0.59 個百分點 |
| 小幅度 | 4.5 | 1 | 3.5 | 2020 年第 1 季 | 0.4 個百分點 |

資料來源：美國聯邦準備銀行，2017.7.10

\* 假設 2018 年 1 月啟動縮表，量化寬鬆前（2008.8 聯準銀行資產 0.85 兆美元）

\*\* 此是本書根據 2017 年 5 月 11 日，聯邦準備銀行 2 位總體經濟研究員 Lee Smith 和 Troy Davig 的估計，每收縮 0.675 兆美元，利率上升 0.25 個百分點

註：2017 年 7 月聯邦基金利率 1.15%

## 三、量化寬鬆的規模暴增

（一）占總產值比重：以 2016 年全球總產值 76 兆美元為例，十國央行資產 21.4 兆美元，占總產值比率 28%，2008 年 9 月約 13.5%。

（二）債券殖利率走低：央行「放錢」結果，債券殖利率下降；股價指數上漲，詳見 Unit 20-10 表 20-9。

# 20-13 對聯準會的績效評估

聯邦準備銀行有自有財源，不須政府編列預算，再加上聯準會理事任期保障（每任4年）、差期選任（每2年選任一位），因此聯準會可維持「獨立性」。聯準會理事由總統提名，聯準會主席每半年須到國會備詢，聯準會受國會監督，尤有甚者，全民監督聯準會的施政績效。

## 一、聯準會依法行政

聯準會的決策仍須考量總統與國會。

（一）國會監督：聯準會的權力來自國會法案的授權，因此聯準會理事的總統提名，須國會通過。由小檔案可見，聯準會每年2、7月須提交經濟報告給國會，聯準會主席須到國會備詢，美國國會分成眾參兩院，因此聯準會主席分年到院備詢。

（二）奇數年，到眾議院備詢：出席金融服務委員會。

（三）偶數年，到參議院備詢：出席「銀行、住宅和都市事務委員會」。

（四）跟總統配合：聯準會有許多事項（例如對銀行監理和其他事務的立法），皆須要國會、總統的配合，因此一般來說，聯準會傾向於跟總統經濟政策一致。

## 二、聯準會的績效評估

聯準會的政策是否有效，關鍵之一在於家庭、公司是否對聯準會有信心。著名民意調查機構蓋洛普對近三任聯準會主席的信任程度越來越低，2002年，民眾對聯準會主席葛林斯班（Alan Greenspan, 1926～，任期1987年8月～2006年1月30日）的信任度每每超過70%。十餘年來，聯準會判斷常失準，民眾對聯準會主席信任度下滑，針對金融海嘯時聯準會的表現，聯準會的說法如表20-12。2016年4月蓋洛普調查顯示，38%的美國人對葉倫相當有信心，但35%信心薄弱或毫無信心。

小博士解說

### 聯準會 2、7 月向國會提交的二份文件

· 貨幣政策報告（monetary policy report）

　俗稱 Humphrey-Hawkins report

· 聯準會主席聽證會證詞

　俗稱 Humphrey-Hawkins testimony

以 2017 年 7 月為例，12 日葉倫到眾議院金融服務委員會備詢；13 日，到參議院銀行委員會備詢。

表 20-12　民眾對美國聯準會的批評和答覆

| 政策目標 | 民眾等批評 | 聯準會的說法 |
|---|---|---|
| 一、金融穩定 | 由於金融體系日益複雜，金融泡沫的威脅日增；聯準會無法消彌於無形 | 針對金融海嘯<br>柏南克認為金融環境太複雜，聯準會的電腦模型無法預測金融海嘯來臨 |
| 二、健全銀行經營 | 2008 年 9 月對銀行紓困，有許多錢跑到銀行「肥貓」口袋。所以 2011 年 9 月，美國才有「占領華爾街」等運動興起，以示對「1% 富人與 99% 窮人」的所得分配不均的抗議。 | 聯準會官員認為，聯準會因應危機的對策有助避免經濟大蕭條重演，功能超過紓困過程不公平的過失。 |
| 三、充分就業 | 2004 年美國國內<br>經濟成長與生產力長期減緩，使 2004 年來的復甦受限。對白人來講，美國經濟是好轉了，但非洲裔和拉丁裔美國人的失業率仍居高不下 | 低利率政策有用，否則物價上漲率會比 2016 年更低、失業率會更高。 |
| 四、維持物價穩定 | 1. 物價上漲<br>2. 物價下跌機率大且難解 | — |

## 20-14　失業種類與菲利普曲線 —— 以美國 2009～2017 年情況

時：1958 年

地：英國

人：威廉・菲利普（A. W. Phillips, 1914～1975），紐西蘭人，畢業於英國倫敦政治
　　經濟學院

事：在經濟季刊上〈1861～1957 年英國失業和貨幣工資變動率之間的關係〉的論文
　　中，提出「菲利普曲線」（Phillips Curve）。

　　菲利普曲線在 1960 年經加拿大經濟學者利普賽（R. G. Lipsey, 1928～）加以修
　　正，以勞動失場的失衡來解釋，詳見圖 20-6。由表 20-13 可見，失業可依勞工
　　「意願」（自願 vs. 被迫）與期間長短來分類。

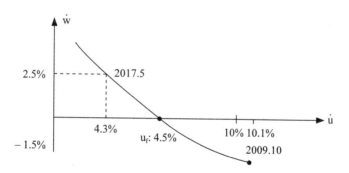

圖 20-6　美國 2009～2017 年菲利普曲線

X 軸：u̇（unemployment rate），失業率，有些書標示為 u。

Y 軸：ẇ（real wage change rate），實質薪資變動率。

$u_f$：充分就業情況下的失業率，由表 20-13 可見失業種類。

表 20-13　失業種類

| 勞工　＼　期間 | 短期（1～6 個月） | 中期（6 個月～1 年） | 長期（1 年以上） |
| --- | --- | --- | --- |
| 被迫 | 季節性<br>波動性 | 循環性失業<br>（cyclical） | 結構性失業<br>（structural） |
| 自願 | 摩擦性失業<br>（friction） | | |

充分就業（full employment）時失業率如下：

＝摩擦性失業率＋結構性失業率

以 2018 年（預估）美國為例，自然失業率大抵是 4.5%（或 4.75%）

＝ 2.385% ＋ 2.115%

以 2009 年 10 月，失業率 10.1%，是最高水準，平均薪資下跌 1.5% 是根據社會安全局所編的「全國平均薪資指數」（NAWI）計算。

以 2017 年 5 月為例，失業率 4.3% 是自 2001 年 5 月以來最低，薪資上漲 2.5%，2007 年 3 月失業率 4.4%。

## 為什麼失業率跟物價上漲率此消彼漲？

修正版菲利普曲線有個特色，也就是在「充分就業點」（例如失業率 4.5%）之下，要降低失業率（例如由 4.5% 降到 4.4%），物價就一定會上漲。

以「充分就業時失業率中占 53% 的摩擦性失業的人」（俗稱待業）來說，當年薪 40,000 美元可能嫌「不夠看」。公司訂單接不完或缺人，想徵到人就必須調薪，由 40,000 調到 42,000 美元，讓這些待業的人「心動不如馬上行動」。

由於待業人少，許多公司出高薪搶人，失業率下降 0.1 個百分點，全體薪資上漲率 2%。

### （一）物價上漲 2 個原因

物價上漲可分為 2 個原因

・需求牽引（demand pull）

・成本推動（cost push）

成本推動型物價上漲主要是生產因素中的二項造成。

· 自然資源中的原料（油價、農產品價格）、土地（反映在房租）。

· 勞工

以比例來說，勞工薪水上漲，公司往往會反映在商品售價上，即向前轉嫁（forward transfer）給消費者（消費品的情況）。

（二）一例一休制度對於臺灣物價的影響：薪資上漲推動物價上漲。比較典型例子是 2016 年 12 月 24 日，勞動部實施「一例一休」制度，許多公司無力負擔「高額」加班費。只好加薪多聘全職或兼職員工。偏偏 2017 年初臺灣失業率 3.8%，16 年來的低點，瀕臨充分就業。2017 年 1 月初，兩個機構的預測其對消費者物價影響如下：

· 行政院主計總處根據「產業關聯表」，推估消費者物價漲 0.3 個百分點，主要是服務業；

· 中華經濟研究院預估 0.2～0.4 個百分點。

### （三）中央銀行預估 2017 年消費者物價上漲率

$$E(\dot{P}_1) = E(\dot{P}_0) + 「一例一休」影響數$$
$$= 1.06\% + 0.3\%$$
$$= 1.36\%$$

0 代表第 0 期（指沒一例一休情況）

1 代表第 1 期，E 代表期望，$\dot{P}$ 代表物價上漲率

在 2017 年 1 月 4 日的行政院的記者會中，中央銀行總裁表示物價上漲率在「可接受範圍」（1.26%～1.46%）。

### （四）回到美國

2017 年美國失業率降到 4.4%，正低於充分就業時失業率，公司紛紛調高薪資「搶人」。

---

美國聯準會七位理事

有七位理事，任期分別如下。

主席：葉倫，任期到 2018 年元月 3 日，但理事任期到 2024 年。

金融監理副主席：2017 年 7 月 24 日川普提名奎爾斯（Randal Quarles）出任。

貨幣政策副主席：費雪，任期到 2018 年 6 月。

理事：鮑威爾，2028 年任滿。

理事：布蘭納德（女），2026 年任滿。

---

# 討論問題

一、二次石油危機為何會造成全球停滯型物價上漲？

二、為何本書花那麼多篇幅說明美國聯準會的貨幣政策的演進？

三、臺灣的中央銀行的公開市場操作由哪個局負責？請跟美國比較。

四、美國聯準會主席常是美國時代雜誌等票選年度全球十大最有權力的前五名
　　人士，為何？

五、由圖 20-7 中日美的民間負債（不含金融業）占總資產值比率，中國大陸的
　　問題嚴重嗎？

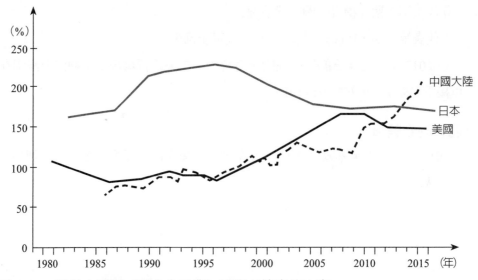

圖 20-7　日美中民間（不含金融業）債務占總產值比率

資料來源：三國政府網站

# 21

# 貨幣政策在投資之運用 III
## ——臺灣貨幣政策

## 21-1 貨幣政策目標

　　政府透過貨幣政策（monetary policy）想達到四項目標，因此設立中央銀行，這就成為央行的經濟政策功能。政府可透過政府支出、租稅等財政政策以達到經濟目標，第二種方法為貨幣政策，由中央銀行負責。

　　貨幣政策的目的依序有四，詳見表 21-1 說明。2006 年 2 月 6 日，美國新任聯邦準備理事會主席柏南克發表就任後的首次演說。他表示「國會所交託給我們的重大使命是維持價格穩定，促進產出與就業的最高長期成長，並建立一個穩定而有效率的金融環境使所有美國人能公平受益。」一般認為柏南克首重物價穩定。

### 一、目標一：金融穩定

　　金融穩定指的是確保銀行不會出現像 2007 年美國的次級房貸風暴或 2008 年 9 月的金融海嘯，簡單的說，央行採取措施預防發生股市泡沫、房市泡沫，否則泡沫經濟破裂，會使銀行業集體倒閉，有害經濟成長。

### 二、目標二：健全銀行經營

　　銀行提供資金給借款人，而且是家庭、公司重要的投資去路，影響廣大；因此政府應妥善管理銀行業，以維持銀行健全經營。

### 三、目標三：穩定物價

　　任何經濟政策有正反兩種方向，同樣存在加速與煞車兩種貨幣政策有其專

業。

（一）寬鬆貨幣政策：跌價（即利率下跌）、量增（例如 M2 增加），中央銀行採取此類的方式便稱為「寬鬆貨幣政策」，目的大抵為刺激景氣，即「反景氣循環」。

（二）緊縮性貨幣政策：在物價可能太高時，央行提高利率（例如調高重貼現率），或提高存款準備率，以替經濟降溫，讓物價維持在政府目標範圍（例如消費者的物價指數上漲 2% 以內），且經濟成長率 4% 左右，如同把飛機安穩著陸，此稱為軟著陸（soft landing）。

## 四、目標四：經濟成長目標

跟所有商品、其他因素市場不同，在整個借貸市場（或稱為廣義貨幣市場）中，由表 21-1 可見，在供需轉換機制中央行扮演調節角色。最重要的目的，在於表中最右邊，貸款戶（信用貨幣需求者）借了錢，企業拿去投資、家庭用於消費（如果把買房子也視為消費支出），那麼央行透過影響利率，便可以影響投資、消費意願，進而調節經濟景氣的冷暖。

> 知識補充站——金融不穩定假說（financial-instability hypothesis）
>
> 時間：1963 年
>
> 地：美國羅德島州布朗大學
>
> 人：明斯基（Hyman P. Minsky, 1919～1996），屬於凱恩斯學派，哈佛大學經濟博士
>
> 事：在一篇《它會再次發生嘛？》（它指大危機）論文中，金融（股市、房市）市場會有（過度）繁榮—破裂（泡沫）的五階段循環。所以需要央行等干預，以免積重難返。
>
> 推論：
>
> 1929 年 10 月～1933 年的美國大蕭條；
>
> 1991 年日本泡沫經濟破裂；
>
> 1997 年 7 月東南亞金融風暴中的泰國。

表 21-1　中央銀行的功能

| 央行目標 | 說明 |
| --- | --- |
| 一、金融穩定 | 1. 預防房市、股市泡沫<br>　→透過選擇性信用管制工具，以替房市（或股市）降溫，以免房市泡沫形成，或形成金融風暴（financial storm），甚至金融海嘯（financial tsunami）。<br>2. 國內<br>　→配合金管會銀行局，針對有擠兌之虞的銀行挹注資金，以免骨牌效應造成「系統性」（或全面性）的金融風暴。<br>3. 國際間<br>　→針對跨國的熱錢移動，透過資金管制（俗稱資本管制），以免大水沖倒龍王廟。 |
| 二、健全銀行經營 | 銀行對實體經濟運作影響甚大，因此必須藉由各種方式（例如法定準備率）以維持銀行健全經營。但主要由金管會銀行局負責，要求銀行遵守巴塞爾協定（2013 年，Basel III）。 |
| 三、穩定幣值 | 這可分為對外、對內兩方面。 |
| （一）對外幣值穩定<br>　〔匯率穩定〕 | 維持匯率穩定。 |
| （二）對內幣值穩定<br>　〔穩定物價〕 | 穩定物價俗稱「物價上漲目標化」，是中央銀行的天職，因為在刺激景氣方面，還有其他部會可負責，例如租稅政策由財政部負責，擴大政府支出往往由經濟部、交通部（例如造橋鋪路）負責。但是主要負責物價穩定的部會為中央銀行，因為中央銀行可以透過緊縮性貨幣政策來收縮消費、投資，以預防需求牽引型物價上漲。至於行政院公平會也有一些穩定物價的功能，主要是針對聯合漲價、意圖炒作（例如囤積居奇）物價。 |
| 四、經濟成長 | 中央銀行對經濟成長的功能在於「反景氣循環」，即預期景氣變差，便採取寬鬆性貨幣政策；當擔心景氣過熱，便採取緊縮性貨幣政策替經濟降溫，其可採取的政策有下列兩類：<br>1. 利率政策：這是狹義的貨幣政策，也是本章的重點。<br>2. 匯率政策：在固定、管理浮動匯率制度下，央行可以設定本國幣值低估，以達到「促進出口、壓抑進口」的目的。 |

## 21-2 利率讓央行有用武之地 —— 兼論貨幣政策傳遞過程

政府設立中央銀行，以執行貨幣政策，藉以達成經濟目標。其中央行有用武之地的前提是「央行可以操縱利率」，而這先從利率的重要性說起。

## 一、利率在經濟中的重要性

利率是重要的經濟因素，從消費、投資甚至匯率（匯率再影響出口、進口）無不受其影響。央行可以經由影響銀行的利率去影響總需求、總供給，進而影響經濟成長率（含失業率）、物價。

### （一）利率的雙重角色

1. 存款利率（interest rate of deposit, Rd）：以宏達電董事長王雪紅為例，她是臺灣女首富，存款 100 億元乘上存款利率 1.07%，存款利息收入 1.07 億元。

2. 貸款利率（interest rate of loan, Rl）：我家房屋貸款金額 1,000 萬元，乘上貸款利率 1.6%，一年就得繳 16 萬元的貸款利息。

### （二）利大於弊

國民所得組成中，薪資所得占 43%、利息所得占不到 10%。因此，在「降息創造工作機會的正面效益，遠大於降息讓民眾利息縮水的負面效益」思維下，儘管每回降息，媒體在定存人士的悲歌上大作文章，但是央行依然立場堅定，正因為其深信「降息的確可以刺激經濟」。

## 二、政府有著力之處

中央銀行存在的基本功能在於貨幣發行（央行有個發行局），印多少金額主要是「百分之百」的影子。

## 三、調降利率拚經濟

既然利率能影響消費、投資，因此中央銀行透過操縱利率來為景氣升溫與降溫。圖 21-1 是調降利率拚經濟的預期效果和傳遞過程。當一國面臨總需求不足、失業率攀升等問題時，央行常會採用擴張性貨幣政策（例如：降息、增加貨幣供給量），來刺激民眾消費、強化企業投資意願，進而增加就業機會。調

降利率，不見得有效，但是如果不做的話，結局會更慘。

降利率這招棋，在微利（存款利率 1% 以下）時，因已無下降空間，此時凱恩斯稱為「流動性陷阱」（liquidity trap），調降利率已無用武之地。

**表 21-2　調降利率的影響**

| 層面 | | 正面影響 | 負面影響 |
|---|---|---|---|
| 一、實體面中需求面 | C（消費） | 買耐久品、購屋靠分期付款，因利率降低，利息減少，因此家庭可能覺得「租（屋）不如買」，會增加購屋支出。 | 1. 退休人士靠存款利息過活，生活恐難以為繼。<br>2. 儲蓄險的保障收益率跟存款利率連動。 |
| | I（固定資本形成） | 負債金額（或負債比率 ＝ 負債／資產）較大的公司，受益於債息減少，因此淨利會增加，或是在同樣利息支出下多借一點錢，多投資。 | 壽險公司是以公債殖利率作為計算公式，算出明年責任準備金預定利率，例如 2012 年長年期從 2.25% 降到 1.75%；6 年期從 1.25% 降到 1%。 |
| | G（政府支出） | 同上 | |
| | X－M（出超） | 依據利率平價假說，臺幣存款利率下跌，美元存款不變，美元匯率升值，有利於臺灣出口、不利於進口。 | |
| 二、金融面 | ·股市　　↑<br>·匯市　　貶值<br>·貨幣供給↑ | 1. 上市公司因債息減少，每股盈餘上漲，股價跟著上升。<br>2. 證金機構調降證券融資利率。當國外利率不變時，調降臺幣利率，有助於使美元匯率升值。 | |

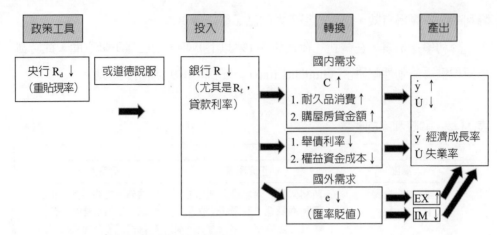

圖 21-1　調降利率拚經濟的傳遞過程

# 21-3　貨幣政策的主管部會 —— 中央銀行

政府因事設立專職部門，由圖21-2可見，針對貨幣政策（有狹義、廣義），設立中央銀行（central bank, CB）來負責。

## 一、中央銀行的名稱

（一）教科書的用詞：美日國家的利率、匯率政策由不同部會管理，因此美國教科書以「貨幣機構」、「貨幣當局」（monetary authority）來稱呼，但本書不如此處理，一律入鄉隨俗，在臺灣稱為中央銀行，因此逕稱為美國或日本中央銀行。

（二）臺灣：臺灣負責貨幣政策的部級單位是中央銀行，各國名稱略有差異，例如中國大陸人民銀行（即中國大陸央行）。

（三）美日：貨幣政策涵蓋狹義與廣義（外加匯率政策），美國基於歷史緣故，美鈔是由財政部印行，所以匯率政策由財政部負責；聯邦準備理事會（Fed）只負責狹義的貨幣政策。1945 年 8 月，二次世界大戰後，日本曾被美國占領，移植美國政府制度，所以日本的貨幣政策跟美國一樣由兩個部會負責。

## 二、貨幣政策決策機構

央行貨幣政策的決策大都採合議制，以免一人誤判；央行「理事會」，十一

到十五席理事，但比較有名的人物是央行總裁彭淮南。美國聯邦準備銀行的決策單位稱為聯邦準備理事會，理事會主席是葉倫，理事七名。中國大陸央行總裁的職稱是人民銀行「行長」。

## 三、央行對銀行業務的監理權力

至於銀行要是對央行貨幣政策遵循程度低，央行依序採取下列措施。

（一）約喝咖啡：請銀行業務負責主管（副總級）到央行進行約談，希望其「謹言慎行」（例如不要對外發布匯率預測）。

（二）針對當事人處罰：要是銀行「言者諄諄，聽者藐藐」，央行會行文透過金管會要求銀行撤換業務負責主管。

（三）針對該項事務處罰：要是銀行撤換業務主管後，仍然一意孤行，央行有很多處罰工具，例如暫停銀行外匯業務執照。到此階段，可用「敬酒不喝喝罰酒」來形容。

（四）銀行違規罰款：2011 年央行法第 38 條修正，明訂央行金檢時，要是金融機構有隱匿、拒絕金檢、毀損相關財務資料、回覆不實、財務資料不全者，央行將依「中央銀行法第 38 條」予以罰款 200～1,000 萬元。值得一提的是，這是央行把罰款納入央行法，也強化央行金融檢查威力。

---

知識補充站──美國聯準會的鴿派與鷹派

報刊中在分析美國聯準會的政策走向時，常以理事中「鴿派」、「鷹派」的人數來分析哪一方占優勢，但究竟什麼是鴿派呢？

◎鴿派：這是主張央行主要目標是維持「物價穩定」，主要是來自學界的理事。

◎鷹派：這些理事主張央行應刺激經濟成長，主要是來自地區聯邦銀行的理事。

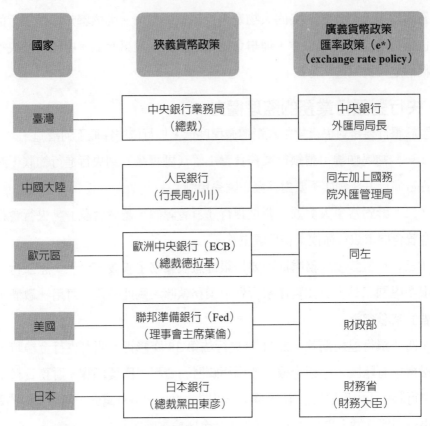

| 國家 | 狹義貨幣政策 | 廣義貨幣政策<br>匯率政策（e*）<br>（exchange rate policy） |
|------|------------|------------------------------------|
| 臺灣 | 中央銀行業務局<br>（總裁） | 中央銀行<br>外匯局局長 |
| 中國大陸 | 人民銀行<br>（行長周小川） | 同左加上國務<br>院外匯管理局 |
| 歐元區 | 歐洲中央銀行（ECB）<br>（總裁德拉基） | 同左 |
| 美國 | 聯邦準備銀行（Fed）<br>（理事會主席葉倫） | 財政部 |
| 日本 | 日本銀行<br>（總裁黑田東彥） | 財務省<br>（財務大臣） |

圖 21-2　相關國家貨幣政策的主管部會

# 21-4　中央銀行的功能與組織設計

以人類的臉功能來說，為了看東西，所以有眼，為了聞味道，所以有鼻子，為了聽聲音，所以有耳，嘴巴的功能是吃東西，皮膚的功能是感覺（冷熱）。同樣的，人造的組織，為了發揮所設定的功能，會設立相關的部門。因此功能與組織設計宜畫在一個圖表上對照來看。中央銀行有兩大類功能、六中類功能，底下一層一層說明之。

## 一、央行功能大分類：政策與業務功能

中央銀行有下列兩大類功能，說明如下。

（一）政策功能：政策功能是央行的經濟功能，至少有四項，在 Unit 21-1

中已詳細說明。

　　（二）業務功能：這是央行的基本功能，因此擺在表 21-3 的底部，就像金字塔一樣，最基本的功能是貨幣發行，由央行發行局負責，印鈔票的由「中央印製廠」負責，造硬幣的由「中央造幣廠」負責。

## 二、央行功能小分類

　　由表 21-3 第二欄可見央行功能的中分類，剛好兩大類旗下各有三中類，但表中有七中類，第一中類「貨幣政策的制定者」又是第一大類政策功能的角色總稱罷了！

## 三、功能與組織對照

　　各部會為了發揮其功能，會設立局處來負責，公司也一樣，因此功能與組織圖要畫在一個表上來看，就很有邏輯了。此外，任何一個部會一定有相同的後勤單位（人事、財務、會計、資訊、總務），這些就不用記了。以表 21-3 第三欄來說，央行的組織分成下列兩大層級。

　　（一）決策單位：央行理事會是貨幣政策的決策單位，這很像公司的董事會，不過，理事是由總統任命，央行總裁擔任理事會主席，類似公司董事會的董事長角色。實務上，匯率政策由央行總裁決定，即央行理事會只討論利率方面狹義貨幣政策。央行理監事會議在每季最後一個月（即 3、6、9、12 月）的最後一週舉行，很少開臨時會，每次開會前，報刊大都會做個問卷調查，詢問銀行、證券公司對央行是否會對利率調整的看法。

　　（二）執行單位：央行的政策執行單位（或稱業務單位）共有四局（發行局、國庫局、業務局、外匯局）一處（金融業務檢查處），業務單位的最高主管是總裁，類似公司的董事長兼總經理。

表 21-3　中央銀行的功能與組織設計

| 大分類 | 中分類 | 央行負責局處 |
|---|---|---|
| 一、貨幣政策 | 貨幣政策制定者 | 理事會 |
| （一）擴充版 | 銀行的監理者之一 | 金融業務檢查處 |
| （二）廣義貨幣政策狹義加匯率政策 | | |

| *業務 ⟶ | 外匯存底管理者 | 外匯局 |
|---|---|---|

（三）狹義貨幣政策
　　 1. 價格型　　　　　　　　　　　　　　　　　　　　　　業務局

| *業務 ⟶ | 銀行的銀行，扮演「最後放款者」 | |
|---|---|---|

　　 2. 數量型
　　 3. 信用型

-----------------------------------------------------------------

二、基本功能
| （一）維持支付系統的運作 | 類似清算銀行角色 | 業務局 |
|---|---|---|
| （二）國家財庫收付 | 政府的銀行 | 國庫局 |
| （三）貨幣發行 | 發行銀行 | 發行局 |

---

### 知識補充站──1913 年美國成立聯邦準備銀行

　　1907 年美國爆發銀行擠兌和破產潮，遲至 1913 年 12 月 23 日，美國總統威爾森威脅爭論不休的國會，除非通過聯邦準備法案，否則別想回家過耶誕節。當天稍晚，威爾森簽署了此一創立聯準會的法案。其原始功能單純地為需要資金周轉的銀行提供融資。這種被動式的任務型態隨著 1933 年 3 月 4 日羅斯福就任總統而改變，為了重建被大蕭條重創的經濟，羅斯福期待聯準會能夠主動一些，以其政策來主導全國信用環境。

　　1960 與 70 年代聯準會更為積極的尋求對經濟發揮影響力，聯準會認為透過利率的調整，可以讓美國達到充分就業的情況，於是不顧民間對物價上漲預期心理升高，而持續採行信用寬鬆政策。

　　1970 年代，因石油價格上漲，美國飽受物價上漲之苦，國會在 1977 年賦予聯準會兩項法定任務：維持物價穩定與充分就業。自此之後，其任務重心之一轉移到控制物價上漲。

# 21-5　貨幣政策工具

　　用筷子夾菜、用湯匙喝湯、用刀子切牛排，各種食具的功能在於方便我們吃不同的食物。同樣的，碰到不同問題、情況，中央銀行會選擇適用的貨幣政策工具（兩種以上稱為工具組合）。

## 一、分類

　　分類的作用在於執簡御繁，貨幣政策工具的分類可分兩層，說明如下。

　　（一）第一層（大分類）：由表 21-4 可見，貨幣政策工具可分為三大類。

1.「價」：價格類工具（或稱為價格管制）。

2.「量」：數量類工具（或稱為數量管制）。

3.「信用」：信用類工具，有些書用「品質」一詞，但央行不採用此名詞。

　　（二）第二層（中分類）：到了第二層、中分類的分類，三大類大抵可以細分為八中類。以價格類工具來說，可分兩中類：買斷交易（即重貼現）與央行貸款給銀行（即融通），「融通」又可分兩小類，詳見 Unit 22-2。

## 二、影響範圍

　　各種貨幣工具影響範圍大（價、量類工具）、小（信用類工具）不同，甚至生效速度也有快慢之別，這些都會影響貨幣政策工具的組合（即配套），以截長補短的達到貨幣政策目標。

### 三、適用時機

由名稱可見，其影響的對象不同。價格類工具主要想影響市場利率，數量類工具影響資金供給（俗稱印鈔票），信用類工具項一如標靶療法，只針對特定身體部位投藥，因此影響對象非常明確。各種工具間沒有優點、缺點之分，只有適用時機之別。

---

小博士解說

#### 宋鴻兵的《貨幣戰爭》

中國大陸人士宋鴻兵（1968～）2007 年來所寫的《貨幣戰爭》系列叢書（至少五本）有系統的分析全球銀行業，銀行人士對全球經濟的影響，例如美國獨立戰爭、南北戰爭、第一及第二次世界大戰、全球經濟大蕭條、石油危機，全都是國際銀行人士在幕後操控？為什麼華爾街創業投資公司會選中德國希特勒作為「投資」對象？

---

表 21-4　貨幣政策工具的分類

| 分類 | 貨幣政策工具 | 舉例說明 |
|---|---|---|
| 一、價：<br>價格類工具 | 1. 重貼現率<br>2. 融通<br>　(1) 擔保放款融通利率<br>　(2) 短期融通利率 | 自 2010 年 5 月以來，央行已五度調升重貼現率，由 1.25% 上升至 1.875%。央行總裁指出，調升利率有助抑制物價上漲預期心理，央行會運用一切貨幣工具，維持物價穩定。他暗示將增加央行定存單的發行量、持續沖銷市場游資，妥善控管貨幣數量。 |
| 二、量：<br>數量類工具 | 1. 法定準備率 | 銀行吸收 100 億元的定期存款（舉例），必須依 4% 的比率提存到央行。央行透過法定準備率（可視為汽車煞車）以控制銀行可貸資金數量。 |
| | 2. 公開市場操作（OMO）<br>3. 非典型數量類工具 | 央行業務局透過標售轉讓定期存單（NCD），以控制銀行體系的可貸資金數量於央行的貨幣供給目標範圍。 |
| 三、信用：<br>信用類工具 | 1. 信用管制<br>2. 間接管制<br>3. 直接管制 | 詳見 Unit 24-4 表 24-2 |

知識補充站 —— 中國大陸人民銀行行長

中國大陸的中央銀行稱為人民銀行，行長是周小川（1948～），2013 年 3 月，第五代領導人上臺，周小川留任（2002 年 12 月 28 日上任），足見周小川的貢獻卓著，媒體稱其為「人民幣先生」。

## 21-6　央行維持中性時的央行功能 —— 兼論貨幣數量學派

針對中央銀行應該維持多少的貨幣供給量，貨幣數量學派的看法一百年來，一以貫之，而且還影響許多國家央行（例如臺灣 M2 目標成長率 2.5～6.5%、中國大陸 8～13%）的每年 M2 成長率目標區。

### 一、貨幣數量學派

「貨幣數量學說」（the quantity theory of money）這個名詞採取自古典學派，探討貨幣數量如何影響商品總需求，進而影響物價和產出水準的一種學說。

（一）貨幣（money）：以通貨為主。

（二）數量（quantity）：數量指的是跟貨幣總數中相似觀念。

（三）學派（school）：這個字原意是指學校，例如重貨幣數量學派主要是芝加哥大學的一群志同道合經濟學者。

### 二、古典時代

凱恩斯把他之前的學者稱為古典「時代」，此時美英各有學者推出貨幣跟交易間的關係方程式。

（一）交易型 —— 交易方程式：由美國經濟學者費雪（Irving Fisher）的交易方程式，詳見圖 21-3 公式〈21-1〉，跟第三欄的劍橋方程式相比，從外觀來說，只有 T（交易數量）、Y（國民生產毛額中的產出量）的差別。

在圖 21-3「本書評論」中，還可看出細微差異，例如 M 是指 M1A 抑或 M2，即貨幣的範圍。在「推論」中可看出，在貨幣流通速度、交易數量固定情況下，增加貨幣一成會造成價格等幅度增加，因此物價上漲元凶是過多的貨幣供給。

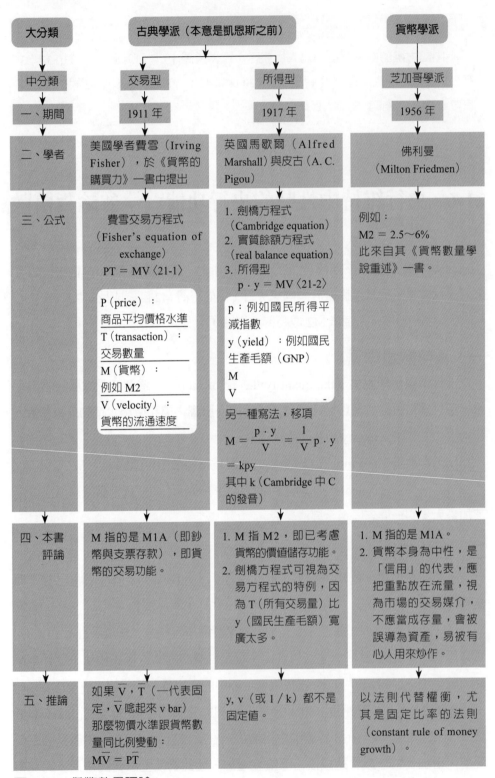

| 大分類 | 古典學派（本意是凱恩斯之前） | | 貨幣學派 |
|---|---|---|---|
| 中分類 | 交易型 | 所得型 | 芝加哥學派 |
| 一、期間 | 1911 年 | 1917 年 | 1956 年 |
| 二、學者 | 美國學者費雪（Irving Fisher），於《貨幣的購買力》一書中提出 | 英國馬歇爾（Alfred Marshall）與皮古（A. C. Pigou） | 佛利曼（Milton Friedmen） |
| 三、公式 | 費雪交易方程式（Fisher's equation of exchange）$PT = MV$〈21-1〉<br><br>P（price）：商品平均價格水準<br>T（transaction）：交易數量<br>M（貨幣）：例如 M2<br>V（velocity）：貨幣的流通速度 | 1. 劍橋方程式（Cambridge equation）<br>2. 實質餘額方程式（real balance equation）<br>3. 所得型 $p \cdot y = MV$〈21-2〉<br><br>p：例如國民所得平減指數<br>y（yield）：例如國民生產毛額（GNP）<br>M<br>V<br><br>另一種寫法，移項<br>$M = \dfrac{p \cdot y}{V} = \dfrac{1}{V} p \cdot y = kpy$<br>其中 k（Cambridge 中 C 的發音） | 例如：<br>$M2 = 2.5～6\%$<br>此來自其《貨幣數量學說重述》一書。 |
| 四、本書評論 | M 指的是 M1A（即鈔幣與支票存款），即貨幣的交易功能。 | 1. M 指 M2，即已考慮貨幣的價值儲存功能。<br>2. 劍橋方程式可視為交易方程式的特例，因為 T（所有交易量）比 y（國民生產毛額）寬廣太多。 | 1. M 指的是 M1A。<br>2. 貨幣本身為中性，是「信用」的代表，應把重點放在流量，視為市場的交易媒介，不應當成存量，會被誤導為資產，易被有心人用來炒作。 |
| 五、推論 | 如果 $\bar{V}$，$\bar{T}$（一代表固定，$\bar{V}$ 唸起來 v bar）那麼物價水準跟貨幣數量同比例變動：$M\bar{V} = P\bar{T}$ | y, v（或 1 / k）都不是固定值。 | 以法則代替權衡，尤其是固定比率的法則（constant rule of money growth）。 |

圖 21-3　貨幣數量理論

　　（二）國民所得型——劍橋方程式：1917年，英國劍橋大學的兩位經濟學者馬歇爾（Alfred Marshall, 1842～1924）、皮古（A. C. Pigou, 1877～1959）推出所得型方程式，由於兩人在劍橋大學任教，所以此方程式又稱劍橋方程式（Cambridge equation）。「長江後浪推前浪」，後面推出的理論一般涵蓋層面會比較廣，因此劍橋方程式使用率較高。

## 三、芝加哥學派

　　在1936年經歷過凱恩斯旋風後，古典學派勢衰，1956年，芝加哥（大學）學派佛利曼重振貨幣數量學派雄風，由圖21-3可見，佛利曼的主張跟交易方程式精神較接近。強調央行只須維持M1A於「一定」範圍成長率便可，以維持經濟正常運作。至於「一定範圍」的原因在於有些金融創新的興衰，會影響貨幣的使用程度。

# 討論問題

一、在停滯型物價上漲時，臺灣的央行先醫哪一邊？拼經濟還是維持物價穩定，試舉一年為例。（例如2016年）

二、為何中央銀行法第2條把「經濟成長」列為央行第「四」個目標？

三、原油價格狂飆，有人建議讓臺幣匯率升值，就可用較少的臺幣買同樣美元（例如100億美元），你的看法呢？

四、既有金管會，那中央銀行在維持銀行「健全經營」方面有何用武之地？

五、幾個交易方程式，到底哪一個比較「優」？

六、2018年2月，美國聯準會主席葉倫任期屆滿，2017年7月12日，報載白象經濟會議主席柯恩（Gary Cohn）七任。貨幣政策會有何變動？

# 22

# 貨幣政策在投資之運用 IV
## ——價格型貨幣政策

## 22-1　價格型貨幣政策工具

　　在討論中央銀行採取價格型貨幣政策工具，以影響銀行利率水準之前，有必要先說明銀行的負債管理。

### 一、銀行的負債管理

　　銀行的負債管理（debt management）主要目標有二：「價」、「量」，銀行希望存款資金成本控制在一定水準（例如存款利率 0.58%），另一方面，也希望存款量達一定目標（例如放存款比率 75%，當放款 750 億元時，存款至少要有 1,000 億元）。尤其是當銀行資金不足時，先會擴大負債資金來源，由圖 22-1 可見，依所需資金期間由極短到短期，依序為向同業借（即同業拆款市場）、向中央銀行短期融通（這是本章主軸），最後吸收短天期存款。

### 二、央行是銀行中的銀行

　　中央銀行的角色是「銀行的銀行」（bank of banks），白話的說，公司、家庭缺資金，向銀行借款；但如果全體銀行資金短期很緊，只好向央行去借。因此在所有銀行「公司」中，央行扮演銀行角色，或稱為「最後貸放者」（the lender of last resort）。由於央行有義務支援銀行，因此央行便利用此點，乘機以短期融通的工具作為央行價格類貨幣政策工具。

### 三、適用時機

　　價格類貨幣政策工具適用於「正常」利率水準（放款利率 2% 以上）與銀行

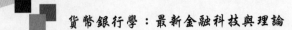
缺資金時，此時利率還有調整空間。

（一）寬鬆型貨幣政策：當想刺激景氣時，如圖 22-1 所示，央行降低重貼現率。

（二）緊縮型貨幣政策：當想給景氣降溫（例如經濟成長率由 5% 降為 4%，或物價由 3% 降至 2%），此時採取緊縮型貨幣政策。

## 四、價格類政策工具

銀行向央行融通的方式有重貼現（rediscount）和融通兩種，由 2017 年本國資產負債表可見，對「金融機構負債」中第一項「對中央銀行負債」（全部是「融通」）約 1,852 億元，占銀行總資產 0.007%，而且「融通」的目的也是為了繳法定準備金。

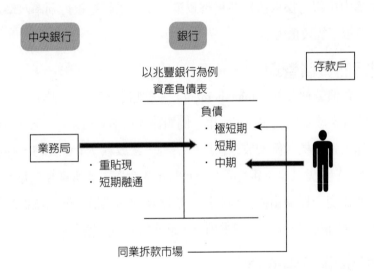

圖 22-1　銀行負債管理

知識補充站——美國銀行家數

　　1934 年起，美國聯邦存款公司（FDIC）開始統計銀行家數，在 1984 到 2011 年之間，美國有 1 萬家銀行（主要是一市一鎮的社區銀行，資產規模 1 億美元）退場，歸因於合併、整併或倒閉，而倒閉占了約 17%。迄 2013 年只剩 6,900 家。

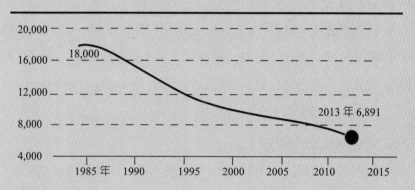

美國銀行家數

註：2013 年 9 月 30 日資料

資料來源：聯邦存款保險公司

# 22-2　央行對銀行的短期融通

　　在銀行正常營運期間，一旦缺錢，其中融資管道之一是向央行短期融通。

## 一、短期融通的用途

　　銀行向央行融資時已是「走投無路」，因為會讓央行「看破手腳」，也就是銀行的流動管理做得很差。因此，銀行只有到迫不得已時才會向央行融通，央行訂的融通時機也很狹窄，即「因存款人異常提領所致的緊急資金需求」。總的來說，從銀行、央行資產負債表來看，銀行向央行融通金額極低，2007 年只有 18 億元，2009 年起，由於銀行「錢滿為患」，甚至沒有成交。簡單的說，央行短期融通利率的增減，象徵意義為主，不足以影響銀行的資金成本。

## 二、融資方式

由圖 22-2 可見，如同銀行對客戶的短期融通方式，央行對銀行的融資方式有二，依利率水準，由低往高依序說明。

（一）票據買斷（即重貼現）：這是央行對某銀行做貼現，稱為「重貼現」，詳見 Unit 22-3。

（二）短期融通：融通（accommodation，又稱 facility，指資金借貸），依有無擔保品，分為「擔保（放款）融通」、「無擔保（放款）融通」兩種。央行這兩種融資方式的利率合稱「中央銀行利率」（central bank rates），這名詞較少用，在圖 22-2 中第二欄可見其名稱。

## 三、期限與合格抵押品

所有融資都是短期的，由圖 22-2 第四欄可見，針對融通、重貼現，央行都有期限上限，簡單的說，央行對銀行是「救急」，不是「救窮」。要是銀行長期缺錢，應該從負債、權益或資產管理面切入。銀行持合格票據向央行申請重貼現，或持合格抵押品向央行申請擔保融通，這兩種融資方式的共通處皆有「合格」一項性質，在圖 22-2，有明確定義。

## 四、美國的聯邦資金利率

在美國，12 個地區性聯邦準備銀行跟區內銀行，共同建立「聯邦資金市場（federal fund markets），比較像臺灣的金融同業拆款中心（1980 年 4 月成立）。其利率稱為聯邦資金利率（federal funds rate）。

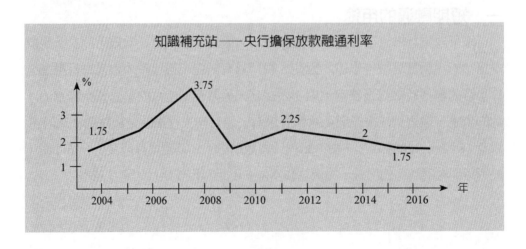

知識補充站——央行擔保放款融通利率

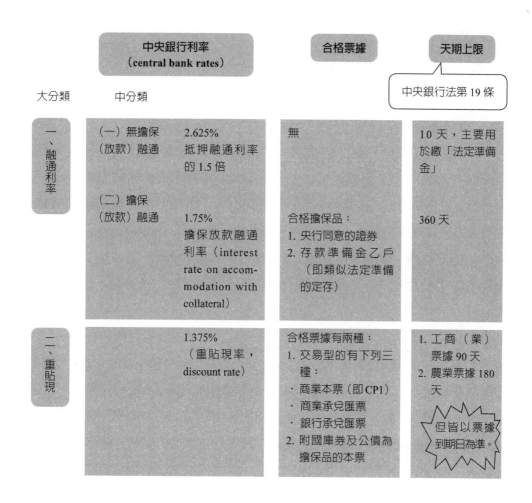

| | 中央銀行利率<br>（central bank rates） | 合格票據 | 天期上限 |
| --- | --- | --- | --- |

中央銀行法第 19 條

| 大分類 | 中分類 | | | |
| --- | --- | --- | --- | --- |
| 一、融通利率 | （一）無擔保（放款）融通 | 2.625%<br>抵押融通利率的 1.5 倍 | 無 | 10 天，主要用於繳「法定準備金」 |
| | （二）擔保（放款）融通 | 1.75%<br>擔保放款融通利率（interest rate on accommodation with collateral） | 合格擔保品：<br>1. 央行同意的證券<br>2. 存款準備金乙戶（即類似法定準備的定存） | 360 天 |
| 二、重貼現 | | 1.375%<br>（重貼現率，discount rate） | 合格票據有兩種：<br>1. 交易型的有下列三種：<br>・商業本票（即 CP1）<br>・商業承兌匯票<br>・銀行承兌匯票<br>2. 附國庫券及公債為擔保品的本票 | 1. 工商（業）票據 90 天<br>2. 農業票據 180 天<br>但皆以票據到期日為準。 |

圖 22-2　央行對銀行的二種融通方式

## 22-3　貼現

銀行拿合格票據向央行進行「重貼現」，以取得資金來應急。但問題來了，什麼是「票據貼現」，本單元回答這問題。

### 一、從英文名詞了解

票據「貼現」（discount）這個英文字是用生活用詞，這個字在商店的店面廣告中很常見，例如 20% discount，即減價二成，俗稱打八折。

## 二、從中文名詞了解

在票據方面，稱爲「貼現」，貼現是「貼換成現金」的簡稱，如同「通識」是「普通常識」的簡稱一樣。

## 三、票據貼現的計算公式

鎖匠靠一把萬能鑰匙可以打開99%的鎖，同樣的，筆者認爲本利和公式（圖22-3中的（22-1）式）可說是「財務管理」課程中的萬能鑰匙，絕大部分計算報酬率的公式都是源自此。當然也包括「貼現」，「貼現」在財務管理、貨幣銀行學中的「貨幣時間價值」此課題中，指的是「現值」（present value）。簡單的以（22-3）式下的數字例子來說，5月1日，台積電拿到一張6月1日到期聯發科技公司開立的支票，票面金額100萬元（可視爲本利和或終值，即（22-1）式中的 $P_1$）。

台積電缺錢，拿這張客戶開的支票（簡稱客票），賣給臺灣銀行，銀行以1.2%的貼現利率買斷此客票，扣掉1,019元利息錢，給台積電998,981元。對台積電來說，這張31天期支票等於打折賣給臺銀，所以用 discount 這個字。對銀行來說，臺灣銀行對台積電承作100萬元的客票貼現，這100萬元客票在票據到期收到款這一段期間，臺銀把其視爲台積電信用額度的使用。簡單的說，如果臺銀給台積電100億元的信用額度，這100萬元的貼現要從中扣除，即只剩下99.99億元信用額度可動用。

## 四、已知終值求現值

實務人士用（22-3）式來計算票據貼現金額，但本質上這只是把（22-2）式轉換處理罷了，以求方便計算。本質上是已知終值（或稱「未來值」）、利率、期間、求現值（現在的價值）問題。

本利和的公式

$$P_0\left(1 + R\frac{T}{365}\right) = P_1 \quad \cdots\cdots\cdots (22\text{-}1)$$

$P_0 =$ 本金

$R =$ 利率，折算成現值（present value）

$T =$ 期間

$P_1 =$ 本利和，在「財務管理」等課程，稱為「未來值」（final value，或「終值」）

由此可以推導出折現的公式，有下列兩種型式：

1. 除法

$$P_0 = \frac{P_1}{\left(1 + R\frac{T}{365}\right)} \quad \cdots\cdots\cdots (22\text{-}2)$$

2. 減法

$$P_1\left(1 - R\frac{T}{365}\right) = P_2 \quad \cdots\cdots\cdots (22\text{-}3)$$

數字例子：

$$100\ \text{萬元}\left(1 - 1.2\%\frac{31}{365}\right) = 998,981\ \text{元}$$

即折現利息 1,019 元

圖 22-3　遠期支票貼現的計算方式

## 22-4 重貼現

有了 Unit 22-3 貼現的基本知識後，再來看銀行向央行進行票據重貼現，就很簡單了。

### 一、「重」貼現的字面涵意

「貼現」跟「重貼現」又有一字之差，「重」是指「重複」的意思，也可說是第二次的意思。

### 二、重貼現的實例

在圖 22-4 即是客票貼現、重貼現的過程，說明如下。

（一）第一步：台積電向臺銀貼現。台積電公司缺錢，拿著客戶（例如聯發科）所開的一個月期支票（簡稱客票）100 萬元向臺銀竹科分行要求「貼換成現金」（簡稱貼現）。臺銀向台積電收 1.2% 的墊款利率，因此給台積電 998,981 元。

（二）第二步：臺銀向央行「重」貼現。假設臺銀手上沒現金，在央行重貼現率 1.875% 情況下，立刻拿著台積電拿來貼現的客戶支票，向銀行貼換成 981,595 元現金。這張聯發科所開立的支票第二次被用來貼現，因此稱為重貼現。由圖 22-4 可見，全臺蔬菜最大集散地雲林縣，其果菜市場有各縣市的果菜公司來批貨，以臺北市來說，菜販到濱江、西藏路批發市場批貨，回到各傳統市場去販售。同樣的，中央銀行、銀行、各地分行也跟上述一樣，可見就近取譬比較容易了解陌生的事情。

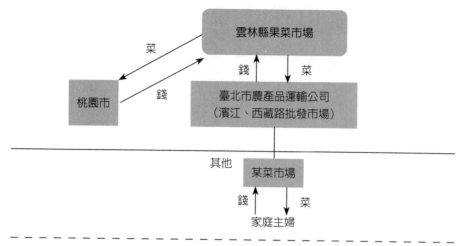

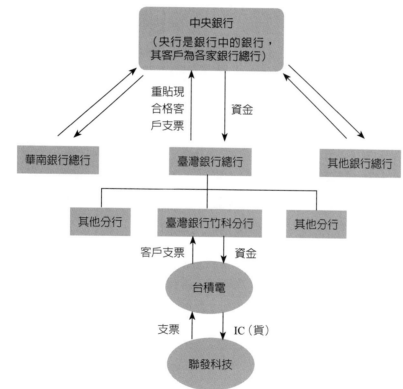

圖 22-4 中央銀行在銀行體系中的角色

# 22-5 央行重貼現率的適用時機

重貼現率有如經濟的油門與倒車檔，但如果碰到兩難情況時，比較容易看出孰重孰輕，而這可分成下列三種情況來分析。

## 一、景氣過熱時

由圖22-5上、下可見，央行重貼現率利率跟物價上漲、經濟成長皆正相關；簡單的說，央行使用重貼現率工具以作為「反景氣循環工具」。由圖 22-5 上圖可見，在十年內，只有九年重貼現率皆高於物價上漲率（只有 2008 年例外），維持正利率差的態度很明確。

## 二、停滯型物價上漲時

但是遇到「停滯性物價上漲」（stagflation）時，最容易判斷央行究竟以「降物價」、「拚經濟（成長率）」何者為重？2007 年時，物價上漲率 1.8%，瀕臨央行物價目標區（2% 以下），央行數次調高重貼率，由 2006 年 2.75% 至 3.375%，下重手以維持物價穩定。美國因 2007 年的次級房貸風暴以致經濟趨緩，2008 年 9 月又爆發金融海嘯，經濟雪上加霜，連帶拖累臺灣經濟成長率只剩 0.73%。但由於國際原油市場受人炒作，7 月時一桶原油價格狂飆至 145 美元，臺灣農產品（以卡路里為準）68% 靠進口（主要是美國），麵粉、沙拉油（黃豆、玉米提煉）價格大漲，臺灣遭遇輸入型物價上漲，達 3.52%。臺灣陷入「停滯性物價上漲」（deflation）窘境。

央行在 2008 年調降重貼現率，由 2003 年 3.375% 到 2%，看似「不顧物價，只拚經濟」，但這只是表面。根據央行的研究，緊縮型貨幣政策對成本推動型物價上漲的降溫，效果極有限，必須從擴大供給著手。

## 三、景氣衰退時

由圖 22-5(d) 可見，2008 年央行七次調降重貼現率到 2%，可見「拚經濟」是首要之處。2009 年時，故事再重演，只是經濟成長率 –1.57%，物價上漲率 –0.86%，央行調降重貼現率至 1.25%。

## 四、景氣「新平庸階段」

2015 年以後，臺灣經濟進入「新平庸」（new mediocre）狀況，央行又再調低重貼現率。

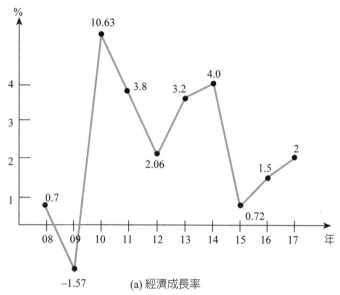

(a) 經濟成長率

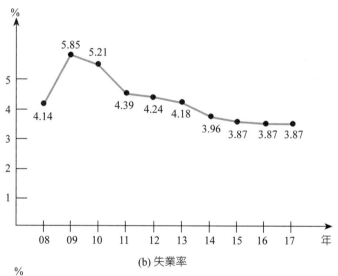

(b) 失業率

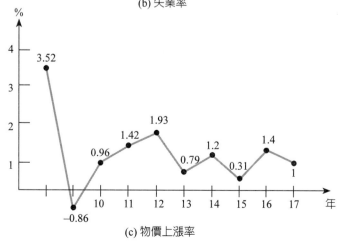

(c) 物價上漲率

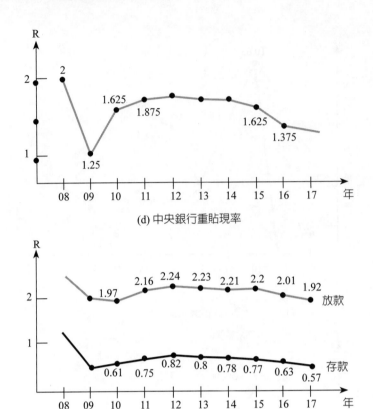

(d) 中央銀行重貼現率

(e) 放存款利率

圖 22-5　重貼現率的前因後果

# 22-6　歐日零利率政策

　　銀行付利息給存款戶，這是習以為常的，要是銀行對存款戶實施「負利率」（negative interest rate），存款戶到銀行存款還需付給銀行利息，這跟汽車停車場管理員向車主收費一樣。本單元說明六家央行實施負利率的二個動機。

## 一、歐洲四小國實施負利率

　　2012 年 7 月起，丹麥與瑞士率先採取負利率政策，旨在遏止本國貨幣兌歐元走升，隨後匈牙利加入。問你一個不是「腦筋急轉彎」的問題，外國資金為何還流入瑞士？那主要是看準「負利率」短期結束，瑞士法郎會升值，匯兌利得加「負利率」還有賺。

## 二、歐洲中央銀行實施負利率

（一）2015 年 12 月，第一次負利率政策

2014 年起，第二次歐債風暴發生，再加上歐元區經濟不佳，導致銀行對放款戒慎恐懼，唯恐造成呆帳，寧可把多餘現金放在歐洲中央銀行，至少可以生息。2015 年 12 月，歐洲央行對銀行存在央行的超額準備金實施負利率 0.3%，銀行要繳存款保管費給央行，逼得銀行領出去放款。

（二）2016 年 3 月 16 日，第二次負利率政策

因上波負利率力度不夠、配套措施不足，股市、債市等反應平平，2016 年 3 月 16 日，加碼，詳見表 22-1 第三欄。歐洲央行總裁德拉吉在德國法蘭克福市召開記者會表示，這次降息和擴大購買公債額度（200 億歐元），旨在阻止超低物價上漲率（2016 年預估 0.1%）影響整體經濟，也就是避免二輪效應（second-round effects）。（整理自經濟日報，2016 年 3 月 11 日，A11 版，尹德瀚）

## 三、日本銀行實施負利率

日本銀行跟進歐洲央行，2016 年 2 月 16 日實施負利率，詳見表 22-1 第三欄。

（一）日本銀行焦頭爛額

2016 年 3 月 7 日，日本首相安倍晉三在國會備詢時表示「負利率政策是日銀自行決定」，即跟負利率劃清界線。以往，安倍對日本銀行「消滅物價下跌」政策往往力挺。安倍不挺低利率原因很簡單，退休基金相關機構表示「無路可走」，證券人士表示「資金外移，對支撐股價指數無助」。（工商時報，2016 年 3 月 15 日，A8 版，吳慧珍）。

日本經濟問題出在需求不足，貨幣政策已證明無效，只能財政政策推動。

（二）日本的銀行業虧損

2016 年度，日本許多銀行虧損，主因來自放存款比率由 2006 年 87% 降至 78.1%。

## 四、臺灣不會實施：「他山之石，可以攻錯」

2015 年，臺灣經濟成長率 0.72%，2016 年 1.5%，許多人關心央行是否會採取「負利率」，央行表示不會。

（一）2016 年定存利率 1.04%，不是最低

2016 年一年期定存利率 1.04%，近期低點 2009 年 0.89%，那年經濟成長率 –1.81%，全球經濟成長率 –2%。2016 年，全球經濟成長率 2.6%。

　　（二）負實質利率

　　套入費雪方程式，定存利率 1.04%，物價上漲率 1.4%，實質利率 –0.36%，這問題 2014 年便如影隨形了。

表 22-1　歐元區與日本央行實施「負利率」

| 層面 | 歐元區 | 日本 |
|---|---|---|
| 一、央行對銀行的措施 | 2015 年 12 月，歐洲中央銀行對銀行存放在央行利率調為 –0.3%，2016 年 3 月 16 日，再調為 –0.4%，基準再融資利率 0%。 | 2016 年 2 月 16 日日本銀行對銀行存在央行的超額準備金實施「負利率」（–0.1%）。 |
| 二、影響 | | 三大銀行存款利率降到 0.001% 的空前低點。 |
| （一）銀行對存款戶、貸款戶 | 1. 存款：存款轉至美元等。<br>2. 放款：德拉吉認為歐元區放款成長率太低，降低貸款利率，有助於放款成長。 | 1. 利差交易又流行，借日圓存美元、澳幣、人民幣，賺利差。<br>2. 少數日本人買保險箱、收納櫃，把錢從銀行以萬元鈔方式領出，放在家中，俗稱「現金窖藏」（cash hoard）。 |
| （二）債券市場 | 1. 公債殖利率由正轉負。<br>2. 匯率：歐元兌美元從 1.2 逐漸到 1.17 美元。 | 1. 11 家貨幣市場基金停止接受新投資，把資金退還投資人，資金可能轉為銀行存款。<br>2. 約 70% 日本公債（註：15 年期以內）殖利率為零或負值，69% 交易商認為市場機能弱化。 |
| （三）股票市場 | 德、法股價指數上漲 | 這 2 個力量使銀行存款金額「不減反增」，日經指數在 16,000 點徘徊，民眾並未把定存轉入股市。2017 年指數 20,000 點，美股上漲、日圓貶值（115 日圓）帶動。 |
| （四）黃金市場 | 避險資金轉入美元、黃金，2015 年黃金一英兩 1,200 美元漲到 2016 年 1,350 美元。2017 年 1,250 美元。 | 同左 |

知識補充站──負利率政策利大於弊？

時：2016 年 4 月 11 日

地：美國華盛頓特區

人：國際貨幣基金（IMF）的貨幣與資本市場主任韋納斯（Jose Vinals）在研究報告中指出。

事：負利率政策的功與過

1. 好處：負利率成為貨幣政策中利率類的工具，得以協助提振需求與支撐物價穩定。

2. 缺點：一旦政策實施過久，對壽險公司、退休年金與儲蓄造成重創。股票市場過度風險遽升，導致金融市場出現泡沫化。

（整理自工商時報，2016 年 4 月 12 日，A7 版，蕭麗君）


## 22-7　貨幣政策的分析圖形 IS-LM 曲線──　　　以 2018 年美國聯準會縮減資產負債表為例

時間：1936 年

地：英國牛津大學的牛津計量經濟學會議

人：希克斯（John R. Hicks, 1904～1985）英國牛津大學經濟系教授，1972 年諾貝爾經濟學獎兩位得主之一。

事：在 1936 年，凱恩斯的《就業，利息和貨幣一般理論》書，主要是用文字說明，於是希克斯以 IS-SM 模型（IS-LM model）予以補充。

IS：investment-saving（I-S），代表「實體經濟市場（商品）」

LM：liquidity preference-money supply 的簡寫，代表「代幣（供需）」市場

　　由於 IS、LM 曲線的導出皆是由四象限座標圖，太複雜，本書省略。

　　以 2018 年起，美國聯準會縮減資產負債表為例說明，詳見圖 22-6。

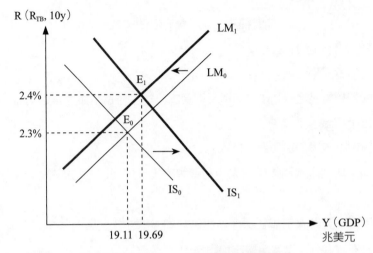

圖 22-6　IS-LM 曲線──以美國「為例」（數值皆本書舉例）

X 軸：Y（GDP）總產值，兆美元。

Y 軸：R，以 10 年期公債殖利率（R_{TB}, 10y）為代表，TB（treasury bond），政府公債 10y（10 year）

下標 0：0 期（即前期），此例 2017 年

下標 1：1 期（即本期），此例 2018 年

LM_0：類似「資金」供給曲線，往左「移動」（shift）到 LM_1，表示「資金」供給減少。

IS_0：類似「資金」需求，往「右」移動到 IS_1，表示美國公司等「投資」增加。

## 如何判斷 IS、LM 曲線的移動方向？

　　在大一經濟學中，考慮供給（S）、需求（D）曲線移動（shift）時，只需講一邊（例如向右移動），另一邊同理可推。這樣「講得少，卻可以懂得多」（less is more）。

　　在 IS-LM 分析時，會比上述情況複雜許多，令很多學生丈二金剛摸不著腦袋。於是我們採取作表的方式讓你一目了然。

### 1. 簡單記憶法

　　我是這樣記的，而且只記一邊。

　　‧公司（含政府支出）多投資，IS 曲線往右移動；

　　‧中央銀行「印鈔票」（寬鬆貨幣政策），LM 曲線往右移動。

### 2. 貨幣市場 LM 曲線

　　表中針對貨幣市場的供需有兩種表示方式，為了簡單起見，表中只以名目

值〔以美國為例，$M^S$ 表示資金供給（存款）38 兆美元，$M^D$ 表示資金需求（放款）29 兆美元〕表中的符號可全部改為實質值 $\frac{M^S}{P}$、$\frac{M^D}{P}$，推論方式一樣，只是稍複雜。

表 22-2　IS-LM 曲線的向左、向右移動

| 市場＼曲線 | 曲線向左移動<br>（curve shift left） | 曲線向右移動<br>（curve shift right） |
|---|---|---|
| 一、商品市場 IS 曲線 | IS 曲線來自國民所得式（不考慮 X-M）<br>Y=C+I+G<br>S=Y-C=I+G | |
| 1. 只考慮「I」（或 G） | - | △ I（即公司自發性投資增加） |
| 2. 只考慮「S」 | △ S，家庭儲蓄增加，即「消費」減少 | - |
| 3. 同時考量 I、S | △ I＜△ S | △ I＞△ S<br>公司投資增加 100 億元<br>家庭儲蓄增加 80 億元 |
| 二、貨幣市場 LM 曲線 | 有兩種情況<br>1. 名目值 $M^S$、$M^D$<br>2. 實質值 $\frac{M^S}{P}$、$\frac{M^D}{P}$ | |
| 1. 只考慮 $M^S$ | - | △ $M^S$（即 $M^S$ 增加） |
| 2. 只考慮 $M^D$ | △ $M^D$（即 $M^D$ 增加） | - |
| 3. 同時考量 $M^S$、$M^D$ | △ $M^S$＜△ $M^D$ | 當△ $M^S$＞△ $M^D$<br>（貨幣供給增加 100 億元，貨幣需求增加 80 億元） |

# 討論問題

一、真的會有銀行向中央銀行進行「重貼現」業務去取得資金嗎？

二、真會有銀行向央行「短期融通」借錢嗎？

三、試舉一家公司的例子說明客戶支票「貼現」？

四、什麼是銀行「認可」的合格客戶支票？

五、銀行「負」利率是真的嗎？存款戶要付銀行利息錢才能存款嗎？

# 23 數量型貨幣政策工具

## 23-1　數量型貨幣政策適用時機

數量型貨幣政策比起價格型貨幣政策更具有兩大特色，即央行主動、可以不動利率水準。

### 一、數量型貨幣政策的功用

數量型貨幣政策有兩大功用，說明如下。

（一）衝著資金數量而來：許多情況下，央行收縮銀行閒置資金，目的是不動利率水準情況下，控制資金數量。

（二）以量制價：有些情況下，以量制價，收縮銀行資金到一定程度，會拉動利率往上走。

### 二、數量型貨幣政策工具的種類

數量型貨幣政策工具依據其影響幅度、期間大抵可分爲下列三種。

（一）長效型工具──法定準備率：央行可藉由法定準備率的調整，以影響銀行創造存款貨幣的能力，以進而達到控制資金供給量的目的。當央行提高法定準備率時，貨幣乘數將會變小，表示資金供給量會減少；反之，降低法定準備率會增加（貸款）供給量。

（二）短效性工具──公開市場操作：公開市場操作是指央行藉由在公開（註：公開的意思跟公開招標的公開一樣）市場買進（或賣出）票券的方式，以增加（或減少）銀行體系的存款準備金，可以達到提高（或降低）貨幣的供給量。「票券」包括政府發行或保證的債券、一般銀行發行的金融債券和承兌

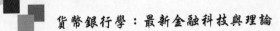

或保證的票據，以及央行發行的轉讓定期存單（即央行 NCD）、儲蓄券或短期債券。

（三）非傳統貨幣政策工具：中華郵政公司儲金約 6 兆元全部轉存央行，央行再提撥轉存其他銀行。所以央行手上資金雄厚，央行從 1999 迄 2006 年，央行提撥 1.5 兆元，以供低利房屋貸款之用，以刺激房地產景氣，進而以此作為帶動內需、景氣復甦的火車頭之一。跟「非」典型肺炎的命名一樣，由於低利房貸不屬於傳統貨幣政策工具，所以稱為非傳統貨幣政策工具。

## 三、適用時機

各種工具都有其適用狀況，詳見圖 23-1，以美容來舉例說明如下。

（一）公開市場操作：這比較像微整型，可以隨時做，且面積很小，以玻尿酸、肉毒桿菌等方式來說，有效期間短（6 個月），屆時還要再做才會維持效果。

（二）法定準備政策：這比較像手術型的整型，面積較大，手術費用較高，有效期較長。

---

### 知識補充站——中國大陸「錢荒」

2010 年 4 月起，中國大陸國務院等為了壓制房價狂飆，多管齊下，其中人民銀行對每年新增貸款金額上限大抵在人民幣 8.2 兆元，且法定準備金率 21%，以壓抑炒房資金。其負作用是銀行進行信用分配，中小企業較難獲得信用、貸款，稱為「錢荒」，2013 年 6 月起逐漸嚴重，銀行間拆款利率飆高到 8%，迄 2014 年，問題依然嚴重。

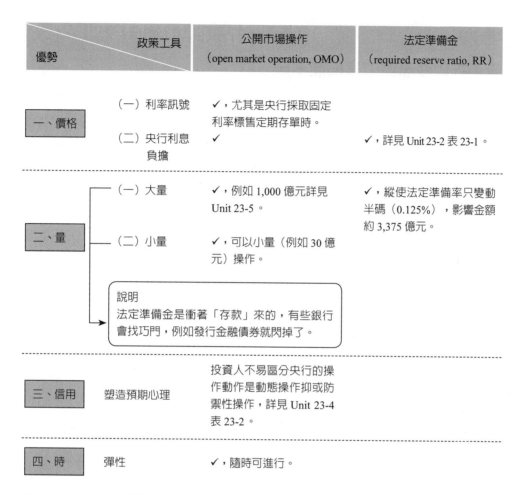

圖 23-1　兩種數量類貨幣政策適用時機

# 23-2　法定準備率

　　資金行情是股票市場主要動力之一，影響資金多寡的最主要貨幣政策便是法定準備金政策（reserve requirement policy）。

## 一、法定準備金政策

　　銀行在吸收存款後，針對其中一部分（平均約5.61%）依法強迫繳交給央行，此稱為繳交存款的法定準備金（required reserve或legal requirements），其流程詳見表23-1。央行扣住銀行存款的一部分，其目的至少有二，一是原始功能，即變相的存款保險、放款準備；一是其衍生功能，也就是貨幣政策工具。詳表

23-1中第二列「存準的功能」。

## 二、存款準備率工具備而不用

　　由於存準率效果太全面，不如公開市場操作在金額、期間、利率的彈性。所以 1990 年代，美國聯準會少用此工具，2001 年 10 月 4 日，臺灣央行也把各類存款準備率降到很低水準。中國大陸人民銀行為了管制資金水準，大型金融機構存款準備「金」率 16.5%（另中小金融機構 13%），仍高，2011 年 12 月 5 日，高點 21.5%。

## 三、存款準備率的運作細節

　　全臺灣及存款準備金繳交的人約 4,200 人，約占全臺人口 0.0178%，即銀行各分行會計、總行財務部，因此本書針對存款準備金的繳交細節只能點到為止，餘詳見表 23-1 說明。

## 四、存準率的效果

　　然而，以股市投資人 130 萬戶來說，則極關心存準率的升降，因為影響資金供給量（M2）甚大。下列是常見的分析方式。

存準率變動對資金供給的影響 = 存款 × 存準率變動 × 貨幣乘數

以 2017 年 1 月舉例，假設存準率平均提高 1 個百分點，對 M2 資金影響如下：

33.38 兆元 ×1%×11 倍 = 3.67 兆元。

---

**小博士解說**

存款準備金相關數字（以 2017 年 1 月為例）

| | |
|---|---|
| (1) 實際準備<br>（actual reserves） | 1.9315 兆元 |
| (2) 應提準備<br>（required reserves） | 1.873 兆元<br>存款 × 法定準備率<br>= 33.38 兆元 ×5.61% |
| (3) = (1) − (2)<br>超額準備<br>（excess reserves） | 0.0585 兆元 |

表 23-1　法定準備金的提列與功能

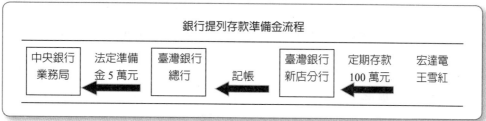

## 法定準備金

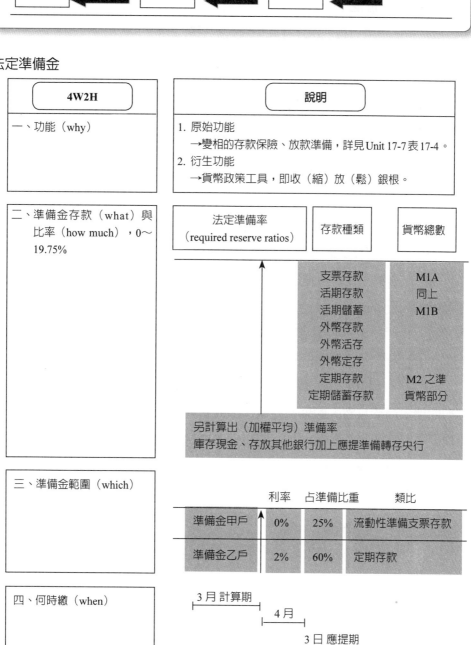

| 4W2H | 說明 |
|---|---|
| 一、功能（why） | 1. 原始功能<br>→變相的存款保險、放款準備，詳見Unit 17-7 表 17-4。<br>2. 衍生功能<br>→貨幣政策工具，即收（縮）放（鬆）銀根。 |

二、準備金存款（what）與比率（how much），0～19.75%

| 法定準備率<br>（required reserve ratios） | 存款種類 | 貨幣總數 |
|---|---|---|
| | 支票存款 | M1A |
| | 活期存款 | 同上 |
| | 活期儲蓄 | M1B |
| | 外幣存款 | |
| | 外幣活存 | |
| | 外幣定存 | |
| | 定期存款 | M2 之準 |
| | 定期儲蓄存款 | 貨幣部分 |

另計算出（加權平均）準備率
庫存現金、存放其他銀行加上應提準備轉存央行

三、準備金範圍（which）

| | 利率 | 占準備比重 | 類比 |
|---|---|---|---|
| 準備金甲戶 | 0% | 25% | 流動性準備支票存款 |
| 準備金乙戶 | 2% | 60% | 定期存款 |

四、何時繳（when）

3 月 計算期
4 月
3 日 應提期

## 23-3　法定準備率水準

法定準備率是最強力的貨幣政策工具，跟銀行對存款的分類方式一樣，央行對各類存款的法定準備率也不相同，本單元詳細說明。

### 一、法定準備率

法定準備率這名詞可以分解成下列基本字來了解。

（一）法定（required）：依央行發布的「銀行存款準備金及查核辦法」的規定，銀行的存款均受此規範。

（二）準備（reserve）：這個字在公司損益表上常見，主要是備抵呆帳準備。

（三）率（ratios）：「比率」，是二數相除的結果，尤其分子小於分母時。

### 二、法定準備率的水準

在 Unit 16-4 中曾說明存款分類方式，在圖 16-4 的基礎上，我們在 Y 軸標上存款準備率，由圖 23-2 你可以容易看出下列關係。

（一）活期存款高於定期存款：活期存款的性質是存款人隨時可以提款（包括全年無休的從自動提款機中領，每天最多 9 萬元），連銀行自己在做流動管理（詳見 Unit 10-9）時，針對活存都會自願的提列比較高比率的流動比率。同樣的，央行對銀行的要求也一樣，以公司活存最戲劇化，活存法定準備率 9.775%，而定存法定準備率只需 5%。

（二）一般存款高於儲蓄存款：同樣是一年期存款，公司的定期存款中途解約的機率高於自然人的儲蓄存款，因此定期存款的法定準備率（5%）高於定期儲蓄存款法定準備率（4%）。由 Unit23-2 可見，加權平均的法定準備率 5.61%。公司基於資金調度等理由，經常會中途解約，因此，縱使央行沒有法定準備率的規定，銀行針對定存也會提列較高的流動準備。

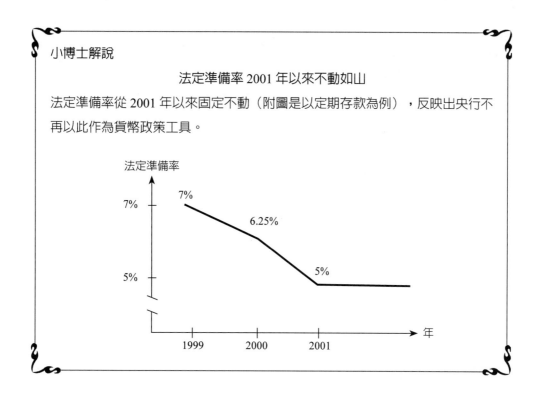

小博士解說

### 法定準備率 2001 年以來不動如山

法定準備率從 2001 年以來固定不動（附圖是以定期存款為例），反映出央行不再以此作為貨幣政策工具。

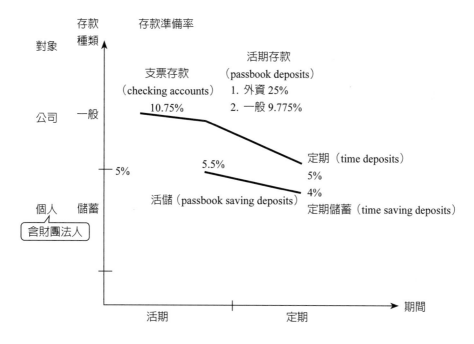

圖 23-2　法定準備率的水準

（2001 年 10 月 4 日迄今未改變）

知識補充站──人口老化減弱央行的影響力

2013年9月國際貨幣基金（IMF）發表報告指出，人口老化部分解釋近年來工業國家利率敏感度的改變，和央行貨幣政策有效性的降低，並對未來央行政策可能有幾點影響。

1. 在老年人口對經濟影響日增下，老年儲蓄者和固定收益證券投資人對物價上漲的厭惡，與年輕人向銀行貸款，是否影響央行壓抑物價上漲和物價上漲目標的優先順序。

2. 在受老年人影響日深的國家中，要是利率政策在老年社會比較無效，政府可能得加強利用財政與預算政策、法規或公開的政策指引，以便在對貨幣政策工具愈來愈不敏感的環境帶領經濟。

# 23-4 公開市場操作

公開市場操作（open market operation，但央行用 open market transaction）是央行微幅調整銀行資金的一種方式，常用於輔助存款準備金政策的不足。

## 一、公開市場操作的涵義

諾基亞的手機廣告詞「科技始終來自人性」，同樣的「專業來自生活」，大部分專有名詞借自生活用詞，以「公開市場操作」為例，可以拆解成下列三個名詞來了解。

（一）公開（open）：這字在此指「公開投標」，即央行公開標售轉讓定存單方式，所有銀行都可以來投標。

（二）市場（market）：央行標售轉讓定期存單，在票券市場進行。

（三）操作（operation）：operate 是動詞，在商業上是指「買賣股票」，operation 是名詞，是指（資金的）運用。

## 二、公開市場操作的功能

公開市場操作（屬中分類）依其目的可以分成兩小類，即防禦性操作與動態性操作（詳見表 23-2 說明），其中動態性操作才是有貨幣政策目的。

### 三、銀行關心的重點

人們關心央行公開市場操作的原因有二，說明如下。

（一）鬆緊的金額：2010 年 4 月起，央行每月幾乎進行一次大額的定期存單標售，期間有到期還本，但迄 2017 年 3 月，餘額 7.36 兆元，其威力如同 23%（即銀行存款金額 33.38 兆元）的存款準備率（詳見表 23-3）。

（二）利率：央行發行轉讓定期存單大都是價格標，即讓投標的銀行去定價，由最低利率者得標。但是如果票面利率已由央行訂定的，這是向銀行傳遞央行對利率水準的看法。

---

小博士解說

#### 中國大陸「外匯占款」

在中國大陸外匯匯入，人民銀行為了維持人民幣匯率穩定，透過白手套銀行買進外匯，釋出人民幣，這部分人民幣存款稱為「外匯占款」（Position for Forex Purchase）。

---

表 23-2　兩類公開市場操作

| 分類 | 防禦性操作 | 動態性操作 |
|---|---|---|
| 一、定義（目的） | 央行公開市場操作的操作是「消極的」、「防禦性的」，主要是抵銷外來因素，對銀行資金的干擾，例如台積電外匯收入轉成臺幣，存進臺灣銀行造成銀行現金、存款皆增加。 | 央行「積極」的想透過公開市場操作來改變銀行的超額準備甚至資金的運用方式，以控制資金供給。 |
| 二、實例 | 沖銷政策，詳見 Unit 23-5。 | 詳見 Unit 23-8。 |

## 23-5　防禦性公開市場操作──兼論沖銷政策

防禦性公開市場操作可說是央行業務局的例行公事，因為臺灣長期有「超額儲蓄」（指國民生產毛額減消費、投資、政府支出部分，簡單的說貿易出超部分），不能讓太多閒錢亂闖。

### 一、多餘資金的主要來源：外匯占款

宋代大儒朱熹有首名詩，末兩句：「問渠那得清如許，為有源頭泉水來」，臺灣的銀行資金源源不斷增加，由圖 23-3 可見，那是因為國際收支帳上三個科目中的經常帳、金融帳，從國外帶回美元。以出口為主的台積電為例，一年出口 300 億美元，必須兌換成臺幣 9,000 億元（假設一美元兌 30 元），才能付員工薪水等。這 9,000 億元存進銀行，中國大陸稱「外匯占款」（position for forex purebase），臺灣沒有特定名詞。

臺灣銀行接受台積電兌換，央行為了「維持匯率穩定」（其實是希望美元不要貶值），由外匯局出手向臺銀把這 300 億美元接手，給臺灣銀行 9,000 億元，交給台積電。

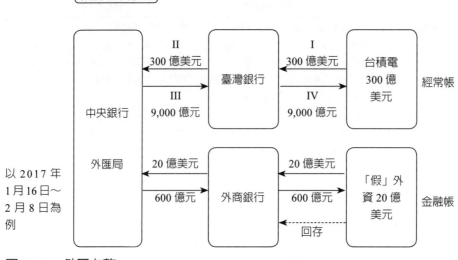

圖 23-3　外匯占款

## 二、沖銷政策

問題是如此一來，銀行手上多了 9,000 億元的存款，扣掉一成的各類準備金，還有 8,000 億元可以衝放款，以 2.85 倍的 M2 貨幣乘數來說，共可創造出 2.28 兆元存款，這是一筆巨款。爲了維持利率、金融（例如股市）穩定，央行被迫進行防禦性公開市場操作，由圖 23-4 沖銷政策流程可見，央行會發行定期存單，暫時凍結這 8,000 億元在央行，省得它在外亂竄。第三段舉實例說明。

## 三、防禦型公開市場操作實例

報紙上偶爾會報導有新聞性的防禦型公開市場操作，2017 年 4 月 20 日的就有特色：特色在於得標利率很低，創紀錄，央行標售 1,436 億元定存單，但來投標的有 3,000 多億元，可見閒置資金之多。

---

**緊縮型公開市場操作實例**

· 時間：2017 年 4 月 20 日

· 天期：28 天期

· 金額：1,436 億元

· 利率：申購利率 0.590%

---

**沖銷政策流程**

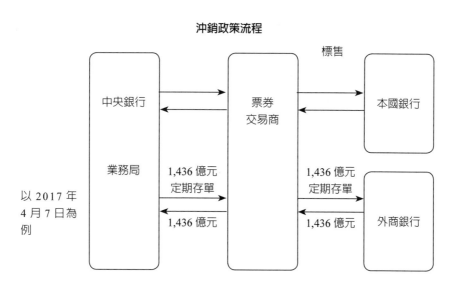

圖 23-4　沖銷政策

---

**沖銷政策小字典**

沖銷政策（sterilization policy）之沖銷（sterilization）英文字可拆成下列動詞及名詞來了解。

・sterilize：v.，使成不毛（土壤的）。

・sterilization：n.，使成不毛（之地），消毒。

---

# 23-6 公開市場操作的實施

公開市場操作的實務運作可分爲兩個市場，本單元詳細說明。

## 一、發行市場

這是央行業務局最常用的公開市場操作方式，主要工具是發行央行轉讓定期存單（簡稱定存單），又依金額大小分爲下列兩種方式。

（一）央行主動，以 1,000 億元的標售案爲主：由圖 23-5 可見，由央行業務局主動發起的標售定存單，由「（票券）交易商」負責，金融業皆可以來投標，但壽險公司資金可用期間較長，所以對短期定存單興趣較低。央行主動標售定存單的情況，大都以 364 天期（182 天期以內稱爲短天期）、標售金額大額爲主。

（二）銀行主動，以每日百億元以內爲主：票券市場、同業拆款市場規模小，銀行閒置資金規模大，央行業務局爲了給銀行閒置資金有條出路，每天開放窗口給銀行小金額申購短天期定單，以 2017 年 5 月 4 日爲例，364 天期的利率爲 0.49%，比 2017 年 12 月 5 日，下滑 0.1 個百分點。

## 二、票券流通市場

央行比較少透過票券流通市場以進行公開市場操作，依期間長短來分，可分爲兩種方式，以收縮性公開市場操作爲例說明如下。

（一）較長天期——買斷：例如央行業務局透過國際票券公司買進臺灣銀行手上 100 億元的公債。美國情況詳見 Unit 23-9。

（二）極短天期——附買回：例如央行業務局賣 20 億元的手上公債給國際票券公司，10 天後，央行向國票買回公債；這筆交易央行收縮 20 億元共 10 天。

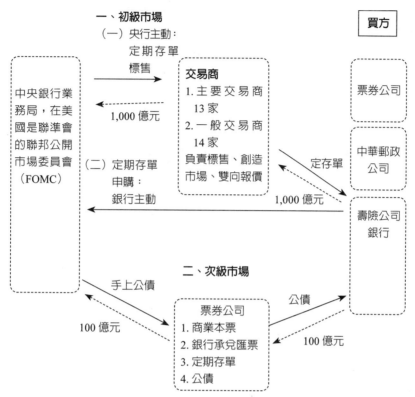

**圖 23-5　公開市場操作的運作——以收縮資金為例**

## 三、中央銀行公開市場的規模

　　由表 23-3 可見，2012 年來央行公開市場的兩個數字，

　　‧金額 6.6 兆元以上

　　簡單的說，央行把銀行手上 6.6 兆元存款「凍結」住。

　　‧比率 23% 以上

　　簡單的說，央行把銀行 23% 以上存款「收起來看管」。

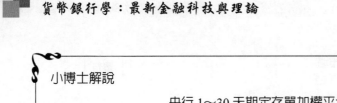

小博士解說

央行 1～30 天期定存單加權平均利率

表 23-3　中央銀行沖銷金額和比率　　　　　　　　　　　　　　單位：兆元

| 年 | 2012 | 2013 | 2014 | 2015 | 2016 | 2017.1 |
|---|---|---|---|---|---|---|
| (1)* 存款 | 25.587 | 27.101 | 28.748 | 30.594 | 31.736 | 31.668 |
| (2)** 央行轉讓定存單 | 6.642 | 6.843 | 7.106 | 7.545 | 7.587 | 7.303 |
| (3) = (2)/(1)（%） | 29.96 | 25.25 | 24.72 | 24.66 | 23.91 | 23.06 |

\* 資料來源：金融統計月報

## 23-7　美國聯準會量化寬鬆政策「遠因」──次貸風暴與金融海嘯

　　限於篇幅，本書聚焦於臺灣，但針對全球重大事件且臺灣較少見的情況，本書也會予以介紹。本章以三個單元，說明 21 世紀版「經濟大蕭條」與美國聯準會的金融穩定措施，本單元先說明「遠因」。

### 一、房市泡沫

　　由表 23-4 第二欄可見，股市不振再加上聯準會 2000 迄 2005 年採取低利率政策救經濟，促成投資資金轉向房地產。房價狂飆，又促使自住房買方進場，

以求固定住買價；以個人信用評分來說，低於 620 分的在 2007 年第 1 季占房貸戶 15%。以標準屋（50 坪透天厝）為例，從 20 萬美元漲到 80 萬美元，房價所得比 20 倍，遠超過人民的購買力，房市泡沫（housing bubble）成形。

## 二、次級房貸風暴

（一）房市泡沫破裂：如同電視上整人遊戲中的氣球逐漸加氣，終究有一天會爆裂。到了 2007 年 1 月，房價（指數）到頂，開始下滑，即房市泡沫破裂，這種現象經濟學者稱為明斯基時刻（Minsky Moment）。美國經濟學者明斯基（Hyman P. Minsky, 1919～1996）研究股市投資人興奮到失去理性，稱為「投機性的投資泡沫」，以致造成股市泡沫的原因。次貸風暴等證明明斯基的股市泡沫五階段的明見。

（二）次級房屋貸款風暴：房價下跌是由地區（例如舊金山市的西部）逐漸蔓延到全國，首當其衝的二胎房貸（美國稱為次級房屋貸款，sub-prime mortgage loan）違約層出不窮。承辦二手房貸的大都是金融公司，把貸款包裝，透過信用貸款證券化方式，以活化資產方式取得資金以承接新貸款。

## 三、金融海嘯

次級房貸風暴是房市泡沫破裂的風暴的前緣，主要暴風區在金融海嘯（Financial Tsunami）。2008 年中，美國銀行業遭受雙重打擊：一是房貸違約，一是銀行購買房貸證券變成壁紙。美國布希總統推動國會通過紓困法案，7,800 億美元救汽車公司（因整個產業勞工僱用量 260 萬人）、銀行與證券公司。9 月 15 日，第四大證券公司雷曼兄弟證券（Lehman Brother Securities）得不到紓困，宣布破產。引發骨牌效應（Domino effect），中小型銀行、證券公司紛紛倒閉，甚至蔓延到全球有房市泡沫的國家（主要是英國、冰島、愛爾蘭），甚至傷及無辜，全球金融海嘯形成，2009 年，全球經濟衰退 2%，臺灣經濟衰退 1.81%。

表 23-4　美國金融海嘯的前因後果

| 時間 | 2000 年 3 月 17 日 | 2007 年 1 月 | 2007 年 6 月 | 2008 年 9 月 15 日 |
|---|---|---|---|---|
| 背景 | 網路股泡沫，美國那斯達克指數從 5,048 點重挫至 1,200 點，拖累道瓊指數從 12,000 點至 7,000 點，造成負財富效果，消費大減，拖累經濟。 | 美國房市泡沫（housing bubble）破裂。 | 次級房貸風暴（subprime storm） | 金融海嘯（Financial Tsunami），因聯準會沒救雷曼兄弟證券，以致其倒閉引發骨牌效果。 |
| 聯準會政策 | 調降聯邦資金利率到 1%，藉以刺激家庭消費（買車買房）、企業投資。 | | 8 月，聯邦公開市場委員會開始調降聯邦資金利率。 | 依序採取三輪量化寬鬆政策（QE）。迄 2008 年底，左述利率降到 0.25%。 |
| 後遺症 | 因利率甚低，投資性買盤大舉進入房市，房價上漲又拉動自住性買盤。 | 2003～2006 年房市泡沫逐漸形成，聯準會逐漸調高聯邦資金利率。 | 1. 房貸呆帳金額 7 兆美元 <br> 2. 信貸呆帳金額 5 兆美元 <br> 合計損失 12 兆美元 <br> 2007 年美國總產值 14 兆美元 | 有此一說：造成 2010 年的需求牽引型物價上漲。<br><br> 本書認為這是農工原料上漲的成本推動型物價上漲。 |
| 貢獻 | 2002 年起美國景氣復甦。 | — | — | 詳見 Unit 23-9 圖 23-8「產出」欄。 |

---

**subprime 小檔案**

prime lending 用基準利率放款，以房貸來說，即第一順位房貸，俗稱一胎房貸。

subprime lending 是指以「次於」基準利率放款，以房貸來說第二順位房貸，俗稱二胎房貸。

知識補充站──資金過剩是全球普遍現象

2005 年美國聯準會主席柏南克初上任，他認為全球普遍面臨「儲蓄過剩」，尤其是經歷亞洲金融風暴（1997 年）之後的新興國家儲蓄過剩。儲蓄過剩可以從兩個簡單的指標看出，一是用政府公債（無風險資產）殖利率不斷走低，第二是全球經貿失衡不斷擴大，中國大陸、石油輸出組織成員國累積大量美元。

# 23-8　美國聯準會量化寬鬆政策「近因」

由圖 23-6 可見，美國房市泡沫破裂，2007 年起，房貸呆帳金額逐漸膨脹，2008 年 7 兆美元，占銀行放款的 30%、2008 年第 3 季家庭貸款（房貸占 73%）占總產值 85%。骨牌連環倒的順序是「（體質輕弱的）地區銀行到全國銀行（尤其是花旗、美國等五大銀行）。」貸款收不回來，存款又減少，貸款（尤其是信用卡刷卡）業務無以為繼。

## 一、信用緊縮

銀行開始出現資金緊絀問題，以 2008 年年底英國情況為例，說明如下。

（一）借款申請嚴格：缺乏現金的銀行，對放款申請審查嚴之又嚴（例如 20 年客戶借一萬英鎊徵信四周），只要有一點點小瑕疵就打回票，例如信用卡遲繳一次就列黑名單。民眾想向銀行貸款，簡直比登天還難。銀行急著把先前借貸出去的款項收回，許多銀行凍結放款業務。

（二）利率低，看得到但吃不到：美國聯準會把聯邦資金政策利率（Federal Fund Rate）降到零利率（0.25%），即變相鼓勵銀行向聯準銀行融通。同樣的，2009 年 1 月 8 日，英國央行（英格蘭銀行）把基本利率降到 1.5%，這是成立 315 年來的最低紀錄。

## 二、僵屍銀行

1980 年代，香港流行拍「暫時停止呼吸」這類的僵屍片，在第四臺中的國片頻道還經常看得到。當銀行逾期放款收不回來，又缺乏新存款，光應付存款人提款就要忙得焦頭爛額。此時，放款業務近乎停擺，一如僵屍般「有形但無

魂」。1990 年代，日本房市、股市泡沫破裂，許多銀行吃一缸子呆帳，動彈不得，僵屍銀行名稱由此而來。二十年後，這個問題又出現在英美兩國。

---

小博士解說

### 信用緊縮小辭典

信用緊縮（credit crunch）中的「crunch」是碾碎硬物所發出的嘎扎嘎扎聲，也指錢財突然不敷使用；credit crunch 是指企業向銀行借款有困難或是借貸成本墊高，市場資金水位明顯不足。信用緊縮也常用「credit squeeze」一詞。「liquidity squeeze」指的是流動資金緊張；「squeeze」是用力擠出或搾乾水分，資金從金融市場抽離，金融體系的資金水位就像被搾乾般乾涸。

---

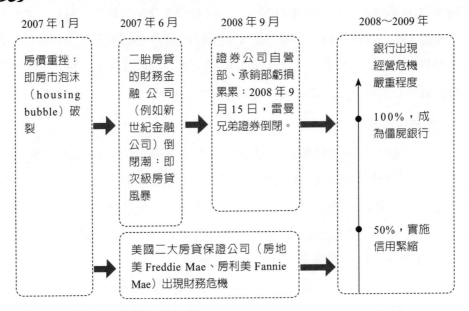

圖 23-6　房市泡沫破裂對銀行衝擊

---

| 僵屍銀行（zombie bank） |
|---|
| zombie：僵屍 |
| bank：銀行 |
| zombie bank：僵屍銀行是指每天有開門營運，但由於沒錢可做放款，所以如同行屍走肉一樣。 |

知識補充站 —— 2008 年「金融海嘯」是可以超越的

2014 年 2 月 21 日,美國聯準會公布 2008 年 9 月 16 日聯準會開會紀錄 1,800 頁,理事主席柏南克不對雷曼兄弟證券紓困,考量因素有二:道德風險與不致於引發全面性的問題。

## 23-9 美國聯準會的量化寬鬆操作 —— 兼論貨幣政策傳遞過程

在 Unit 23-4、23-5 中,在臺灣我們長久習慣看見央行透過公開市場收縮資金。在本單元中,美國聯準會採取買回公債的寬鬆性公開市場操作。針對央行放鬆銀根,俗稱「央行印鈔票」,在美國 2009 迄 2013 年,聯準會共採取三次寬鬆型公開市場操作,金額約 3.98 兆美元。

### 一、前提

從 1980 年代起,聯準會漸以公開市場操作作爲數量類貨幣政策工具,而法定準備率萎縮回原始功能(即 Unit 20-1 表 20-1 中 1914 年訂的功能,可視爲呆帳準備與流動性準備)。既然法定準備率已降無可降,那麼要想透過擴大資金供給量就只有公開市場操作一途。

### 二、寬鬆型公開市場操作

聯準會仿效日本央行(東京銀行)在「零利率情況下的量化寬鬆」貨幣政策,由表23-5可見,共採取三波的買回公債等,把資金注入給銀行、證券公司。

由圖 23-7 可見,三波量化寬鬆操作的規模。

1. 金額:聯邦準備銀行資產由 0.491 兆美元,經歷三波量化寬鬆,增加 3.98 兆美元,成長 8 倍。

2. 占總產值比重:以 2016 年來說,聯邦準備銀行資產 4.47 兆美元(詳見圖 23-7),約是美國總產值的 25%。

表 23-5　量化寬鬆公開市場操作

| | 2008 年 11 月～ 2010 年 3 月 | 2010 年 11 月 4 日～ 2011 年 6 月 | 2012 年 9 月～ 2014 年 10 月 |
|---|---|---|---|
| Q（quantitative）：數量 | | | E（easing）：寬鬆 |
| 期間 | 2008 年 11 月～ 2010 年 3 月 | 2010 年 11 月 4 日～ 2011 年 6 月 | 2012 年 9 月～ 2014 年 10 月 |
| 量化寬鬆 | QE1 | QE2 | QE3 |
| 目的 | 疏緩銀行的信用緊縮 | 振興景氣，以免二次衰退 | 維持景氣復甦力道，朝失業率 6.5% 目標邁進 |
| 金額（億美元） | 17,500 | 6,000 | 16,300 |
| 買回標的物 | ・公債 | ・公債 | ・抵押擔保債券（MBS） ・公債 |
| 標普 500 指數 | 漲 25% | 漲 11.72% | 漲 28% |

## 三、貨幣政策效果

　　量化寬鬆政策的風險在於聯邦準備銀行的資產過度集中在公債，至於其效果詳見圖 23-9 並說明如下。

　　（一）傳遞過程：由圖 23-8 可見，以第一波量化寬鬆操作來說，金額是第二波的二倍，效果較大，經由銀行、股票市場（股價上漲帶來正的財富效果）的恢復，使一部分正常。

　　（二）效果：以經濟產出來說，2009 年量化寬鬆政策對經濟成長率有 0.6～3 個百分點（不同機構的評分不一）貢獻，否則經濟成長率不只是 –2%。也就是有貨幣寬鬆操作使衰退幅度減緩。

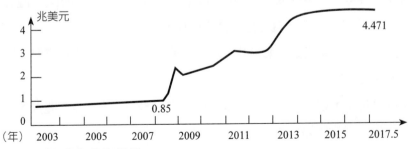

圖 23-7　美國聯準會資產規模

資料來源：美國聯準會、彭博資訊

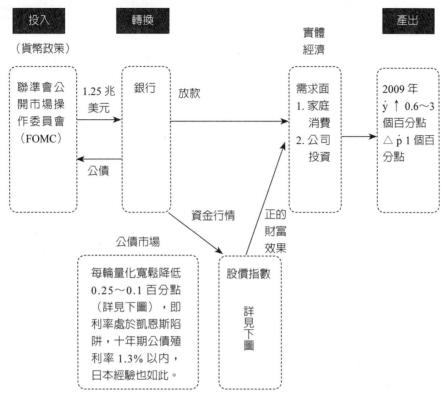

圖 23-8　美國聯準會量化寬鬆操作的效果

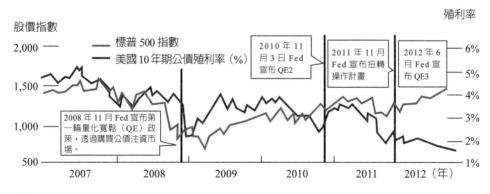

資料來源：FaceSet、紐約聯邦準備銀行

圖 23-9　量化寬鬆政策對股債市影響

小博士解說

　　中國大陸人民銀行中期借貸便利（medium-term lending facility, MLF）

時：推出時間 2014 年 9 月

地：中國大陸北京市

人：人民銀行

事：類似臺灣的中央銀行的「擔保放款融通利率」

　　主要針對下列兩種銀行

　　·部分政策銀行

　　·全國性商業銀行

　　銀行資金用途：對小微公司、三農（農業、農村、農民）重點領域、薄弱

　　環節的授信。以 2017 年 5 月 12 日為例。

　　　　6 個月期人民幣 665 億元，利率 3.05%

　　　　1 年期　人民幣 3,925 億元，利率 3.2%

至於短期流動性操作（short-term liquidity operations, SLO）比較像美國的

量化寬鬆，2013 年 1 月推出。

# 討論問題

一、每次中央銀行實施「量化寬鬆」操作，媒體稱為「印鈔票」，真的「印」嗎？

二、「直升機撒錢」跟「量化寬鬆操作」差別在哪？

三、臺灣的中央銀行為何不採取法定準備率來作貨幣政策工具？

四、中央銀行發行的轉讓定期存單利率 0.6% 很低，為什麼銀行搶標呢？

五、這問題太大了，美國量化寬鬆政策對美股的影響如何？

# 24

# 選擇性貨幣政策工具

## 24-1 信用管制政策工具導論

選擇性貨幣政策工具比較抽象，本章採取以實務方式來具體說明，如此才容易抓住抽象的專有名詞。

### 一、功能（適用時機）

選擇性貨幣政策用生活中的例子來說，它是針對特定市場（例如房地產、股票市場）或業務（例如消費性貸款），以「冤有頭，債有主」的針對式方式，類似醫療中的「標靶治療」，只針對特定地區、對象下貸款限制，套句俗語說，如此才不會濫殺無辜。

### 二、選擇性貨幣政策的步驟

政策往往有代價（例如公開市場操作時，發行央行定存單需支付利息，一年約700億元）、後遺症，因此央行的上上策是「不戰而屈人之兵」，由表24-1可見，央行循序漸進採取相關措施如下：

第一步驟：「動口」，即道德勸說，詳見24-3。

第二步驟：「動手」，即央行推出信用管制措施，詳見24-4、24-5。

第三步驟：「下重手」，採取直接管制，這比較少見。

### 三、信用管制類貨幣政策工具種類

由表24-1第一欄可見，有人把信用管制型貨幣政策分成三中類，每中類下有二、三個小類，誠如前段所說，我們認為這三中類是步驟，不是各自獨立的。

表 24-1　選擇性信用管制貨幣政策工具及適用步驟

| 政策步驟 | 說明 |
|---|---|
| **一、第一步：敬酒**<br>**貨幣政策：間接管制**<br>1. 道德勸說<br>　邀請銀行「喝咖啡」，宣示央行政策態度，勸說銀行配合（例如：調高利率）<br>2. 政策公布後<br>　加強金融檢查，透過查核文件與對違規處分，警示銀行配合政策。 | 國際禿鷹集團透過外商銀行下單衍生性商品，準備大賺臺幣升值的匯兌利得，此一集團除包含大型基金外，也有亞系主權基金加入。2010年 12 月 29 日，央行先發制人，準備來個正面對決；晚間，央行火速發出新聞稿表示「近期有少數外匯銀行大量拋匯⋯⋯經查資金來源均是特定外資匯入款」，並且約談兩家外商銀行主管，了解異常操作的原因。 |
| **二、第二步：罰酒**<br>**信用管制**<br>1. 房地產信用管制<br>　主要是針對房地產業，所以又稱選擇性信用管制，針對空地貸款等限縮貸款成數等條件。 | 2009 年起高房價問題成為民怨之首，為加強銀行管理房地產授信風險，央行自 2009 年 10 月起採行漸進措施，包括道德說服、加強統計資料蒐集分析、專案金融檢查，以及明文制定一致性規範，管理土地抵押貸款及特定地區的購屋貸款。<br>央行總裁強調，政府房價恢復合理價位政策，對中南部房價影響比較輕微，漲幅較高的地區會比較明顯。 |
| 2. 消費者信用管制（consumer credit control）<br>　針對消費性貸款的成數的限制。 | 2005 年起，由於發生卡債風暴，因此金管會銀行局規定個人信用卡額度上限是個人月薪的 22 倍，以月薪 3 萬元為例，即 66 萬元。 |
| 3. 保證金比率<br>　投資人投資股票、期貨、選擇權等信用交易時，限縮保證金成數。 | 針對股市投資人貸款做股票（即融資交易），針對融資成數（即保證金比率，margin requirement）予以設限，主管機構是金管會證期局。 |
| **三、第三步：下重手**<br>**直接管制**<br>1. 利率上限<br>2. 信用分配<br>3. （銀行）流動比率限制 | 直接管制是央行違背市場機制，干涉市場價格（利率）、數量（信用量）。例如民法規定貸款利率上限 20%，超越此便是高利貸，是違法的。 |

（一）間接管制：分成（事前、事後）道德勸說（moral persuasion）、金融專案檢查。

（二）選擇性信用管制（selected credit control）：依對象分為三小類，即房地產、消費者與股票投資人「信用管制」。

（三）直接管制：這分為三小類，利率上限（針對「價」）、信用分配（針對「量」）、銀行流動比率限制（針對「時」）。

---

小博士解說

**房價過高是貧富懸殊的主因之一**

房屋占家庭淨資產 40%，是最大項目，房價過高，最大受害者是「無殼蝸牛」，主要是兩種人，一是中低收入戶，一是年青人。年青人必須省吃儉用八年才能存夠頭期款，再花 15 年付清房貸，成為年輕人沉重負擔，「土地正義」問題嚴重。

---

# 24-2 房地產信用管制 —— 總統、行政院的考量

行政院在經濟面的兩大目標：經濟成長與所得分配，其中房價可說是影響所得分配最主要因素，主因是中產階級為過高房價所苦（詳見下列兩個指標），中低收入戶為高房租所苦。

## 一、高房價的兩個指標

房價高低是相對的，相對於人民的購買力，有下列兩個指標：

（一）房價所得比：以 2011 年底為例，全臺「房價所得比」7.29 倍，以中位數所得家庭來說，要不吃不喝 7.29 年才能買到一間房子，詳見圖 24-1。臺北市居民更累，房價所得比 15.18 倍。2016 年底，全國 9.32 倍，問題更嚴重。

（二）房貸負擔率：2011 年底，全臺房貸負擔率 33.8%，即賺 100 元，其中 33.8 元拿來繳房貸款的本息，「住」的支出也成為消費者物價指數中最重一項（比重占 31%）。2013 年，33.3% 並未改善。臺北市居民更累，房貸負擔率 47.8%，2012 年 47.6%，沒有改善。2010 年 3 月，行政院實施「健全房屋市場方案」，2010 年 3 月，中央銀行實施信用管制（詳見 24-4），2011 年 6 月，實施

購置住宅貸款和建築貸款餘額變化

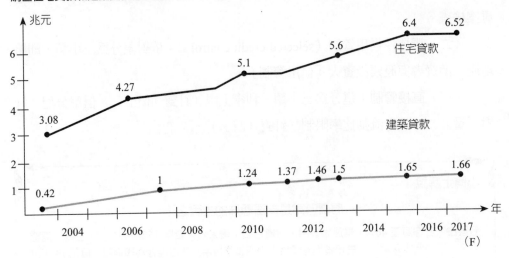

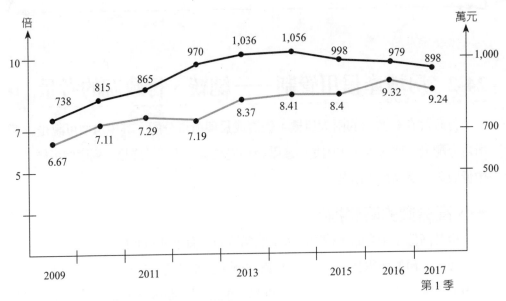

資料來源：內政部營建署「住宅資訊統計彙報」

圖 24-1　房地產市場狀況

「奢侈稅」，買屋一年內須針對售屋所得繳 15% 特種貨物稅，第二年內脫手稅率 10%。

## 二、住者有其屋是人民最基本要求之一

房子是人們遮風避雨之處，「有飯吃，有屋住，有病醫」是政府建構社會安全體系的三大項目。房價高（連帶房租高），會使八成以上的購屋者成為「屋奴」，被房貸壓得喘不過氣來，沒有更多錢享樂生活（吃得好、出國旅行）。尤有甚者，屋價高，只有少數富人有錢做房地產投資，透過「炒房」（註：在自由派經濟學者心中，沒有「炒」這件事）賺到更多錢，此造成「貧者愈貧，富者愈富」的財富分配惡化。

---

小博士解說

#### 合理房價

2013 年 12 月 4 日，立法院財委會開會，央行副總裁備詢，他表示臺北市合理房價約 800 萬元，計算方式如下。

$$年薪 \times 5 倍 = 合理房價$$
$$160 萬元 \times 5 倍 = 800 萬元$$

註：房價所得的 5 倍是聯合國的建議標準。

---

## 24-3 從道德說服到玩真的

2010 年 8 月 24 日，央行理監事會議，決議採取「針對性審慎措施」，本單元說明其前因與過程。

## 一、前因

2010 年初，有些民眾寫信給央行總裁，反映自己買入的中古屋，是賣方在 1～2 個月前才剛買進，然後在短短幾個月內，馬上加價賣出，吃了暗虧的新買方，對於投資客這種炒作行為深感不滿。央行總裁明察暗訪，了解房市投機客收購逾 200 戶中古屋，輾轉透過人頭戶貸款、房仲加盟店出售的炒作模式。

| 時間 | 貨幣政策工具 | 說明 |
|---|---|---|

| 2009 年 10 月 | 道德勸說 | 中央銀行提醒各銀行宜注意房屋貸款的風險管理，中央銀行要求銀行針對投資客，調降成數、調高利率及取消寬限期。 |
| 2010 年 | | |
| 3 月 | | |
| 4 月 12 日 | 1. 要求本國銀行提交「房貸雙周報」。<br>2. 希望第二棟房貸成數降至 6～6.5 成。 | |
| 4 月 21 日 | | 有銀行緊縮空地放款，放款後一年內須開工，否則收回融資。 |
| 4 月底 | | 對十幾家銀行，進行全面性的專案金檢，主要瞄準銀行給予投資客的寬限期、貸放成數以及利率加碼這三大部分。央行判讀到：銀行授信集中在房貸，新增房貸也很偏重於大臺北都會區，且這些區域的房價所得比和房貸負擔率，都遠高於其他地區。 |
| 6 月 24 日 | 理監事會決議「針對性審慎措施」，信用管制，號稱第二次實施選擇性信用管制，第一次是在 1989 年 3 月央行要求金融機構，停止辦理無擔保購地放款、無正常使用目的的都市空地貸款，並限制購地貸款與營建融資的額度。其中導火線是 1981 年 2 月臺北市南京東路中華航空公司旁邊土地，被天價標走，之後 2 年房地產市場快速飆漲。 | 有部分銀行不配合，所以乾脆一次把話說清楚，明確訂出一致性的規範，公布房地產信用管制措施，但不包括對建設公司的土建貸款，因為央行總裁認為，從需求面著手，反推到供給面也會受到影響，他允諾會緊盯銀行土建融資業務，留意有無異常。<br>彭淮南指出，銀行新承作房貸，偏重在臺北市及新北市 10 個區，有過度集中之虞，不利銀行風險管理，而大臺北都會區房價漲幅明顯，民眾購屋負擔較重，房價所得比及房貸負擔率遠高於其他地區。 |

7 月*

銀行配合央行政策

| | | 說明 | 銀行 |
|---|---|---|---|
| 1. | 房屋周轉率 | (1) 申貸的物件在兩個月內移轉，視為投資客，可能不予貸放或降低貸款成數。<br>(2) 過去一年貸款筆數過多者，成數降到五成。 | · 華南<br>· 第一<br>· 彰化 |
| 2. | 房屋成交價偏高 | 檢視成交價格，不得高於同區域成交價太多。 | · 華南 |
| 3. | 人頭戶 | (1) 注意借款人負債比，過高者視為人頭戶。<br>(2) 檢視擔保品及還款來源，對房屋仲介公司案件提高警覺。 | · 華南<br>· 合作金庫 |

銀行

| 7 月 2 日 | 央行總裁寫信給所有銀行董事長，要求嚴審投機客用人頭戶借款炒房。 |
|---|---|
| 7 月 8 日 | 要求民營銀行房貸不得以企業周轉金名義躲避查緝。 |
| 7 月 12 日 | 1. 彭淮南要求黃姓投資客「退出江湖」。<br>2. 房貸龍頭──土地銀行率先決定全面封殺人頭戶，一旦查出投機客用人頭戶借款，無論債信條件多好，都不會承作。 |

圖 24-2　2010 年第一波房地產信用管制進程

## 二、第一波房地產信用管制

由圖 24-2 可見，央行 2010 年 3～4 月時又想採取「道德說服」方式，來說服銀行「知所節制」。誰知，有些銀行把央行的話當耳邊風，於是央行只好「來眞的」，6 月 24 日理監事會議，推出第一波房地產信用管制，即央行要求銀行針對投資客，調降成數、調高利率及取消寬限期。後續的道德說服、金融專案檢查都有整套計畫，務求使命必達。

## 三、政策宣布後的金融檢查

金管會和央行、存款保險公司、農業部農金局等單位，有合作會議，就業務進行討論，以 2010 年 6 月的房貸信用管制爲例，承作房貸現況，加以研議因應之道。金管會啓動的專案金融檢查，即以房貸等相關業務作爲重點。銀行放款用途是否用於購屋，應該在相關報表眞實呈現，要是有違反相關規定，金管會依銀行法第 45-1 條、129 條未落實內稽內控，對銀行祭出 200～1,000 萬元的處分。

# 24-4　房地產信用管制

房地產信用管制（央行稱爲「針對性審愼措施」）對壓抑房屋炒作較有效果，主因是房價金額高，大部分投資客皆是高槓桿操作，只有一成款，向銀行借九成款。因此，央行認爲只要阻扼住金援，投機客就會因爲少了銀彈支援，火力會大打折扣。

## 一、第一波房地產信用管制

第一波房地產信用管制衝著臺北市、新北市十個區的投資客來的。新北市的十個區分別是板橋、三重、中和、永和、新莊、新店、土城、蘆洲、樹林和汐止。這是因爲臺北市、新北市這兩個地方房價高、漲得凶（詳見 24-2 圖 24-1 之臺北市、新北市房價走勢），因此臺北市房價所得比 15.4 倍，遠高於全臺的 9.3 倍；新北市「熱區」（尤其是十個區，例如新莊、中板橋的新板特區）也一樣。

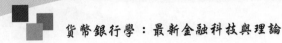

## 二、第二波房地產信用管制

第一波措施執行五個月，仍滅不了火，於是 2010 年 12 月底，央行理監事會議，決議針對新北市的「林淡三新」（林口、淡水、三峽、新莊），加大緊縮信用力道。比較大的措施是衝著建設公司（即新屋的供給端）來的。

## 三、第三波，下重手

2011 年上半年，媒體、在野黨大幅批評房價過高，馬英九總統 4 月站到第一線，推動「特別貨物稅條例」，6 月 1 日實施，針對第二屋，買入一年內銷售，依售價課 15%，買入一年以上、二年以內銷售，課徵 10% 稅率。

此舉才勉強把臺北都會區房價上漲趨勢壓住。

---

**知識補充站——央行建議「健全房市措施」**

2013 年 12 月，央行已體會不能單靠房地產信用管制，建議政府採取下列全面性措施。

1. 需求面：加強金融機構房地產貸款風險管理、課徵奢侈稅。
2. 供給面：新北市板橋區興建浮州合宜住宅擴大供給、延伸捷運線工程。
3. 制度面：推動房地產實價登錄制度、管理預售屋交易。

---

小博士解說

### 房地產信用管制退場

時：2016 年 3 月 25 日

地：臺灣

人：臺灣的中央銀行

事：央行理事會決議，解除房地產信用管制，但豪宅例外。2015 年 8 月 14 日是
　　第一次小幅度解禁（新北市 2 個區、桃園市 4 個區）。

表 24-2 中央銀行的房地產信用管制

| 時間 | | | 2010 年 6 月 24 日～11 月 | 2010 年 12 月 31 日 | 2012 年 6 月 21 日 | 2014 年 6 月 |
|---|---|---|---|---|---|---|
| 一、特定地區 | | | 臺北市和新北市十個區 | 新北市「林淡三新」（林口、淡水、三峽和新莊） | 1. 雙北 8,000 萬元以上<br>2. 雙北以外 5,000 萬元以上<br>2013 年全臺交易金額 2,030 億元 | 1. 臺北市、桃園市<br>2. 豪宅定義臺北市 7,000 萬元以上新北市 6,000 萬元以上其他某市 4,000 萬元以上 |
| 板橋、三重、中和、永和、新莊、新店、土城、蘆洲、樹林和汐止。 | | | | | | |
| 二、對象 | | | 自然人 | 自然人<br>法人 | 自然人<br>法人 | 同左 |
| 三、物件 | | | 第二棟住宅 | 第二棟住宅 | 豪宅 | 豪宅、第三屋 |
| 四、貸款 | （一）房屋貸款 | 1. 成數 | 7 成，嚴禁銀行利用修繕、周轉金等其他貸款名目，變相增加房貸貸款成數。 | 6 成，部分銀行已暫停受理整批型房貸。 | 6 成以下，餘同第一波 | ‧家庭第三屋，6 成以下<br>‧公司住宅，5 成以下 |
| | | 2. 貸款利率 | 6 月 8 日起，公股銀行 2% 以上。 | | （希望 2% 以上） | 省略 |
| | | 3. 寬限期 | 不准 | 不准 | 不准 | 不准 |
| | （二）建設公司的土地建築融資 <br> 簡稱土建融 | | 未限制 | 1. 未附興建計畫者，銀行不得受理貸款。<br>2. 貸款額度不得超過借款人取得成本，或銀行鑑價金額較低的 6.5 成，其中 1 成應待建設公司動工興建後才能撥款。<br>3. 不得另以周轉金或其他名目，額外增加貸款金額。 | 未限制 | 同左 |

# 24-5 銀行的房地產貸款業務

了解了法令、政策（央行的房地產信用管制與財政部的租稅政策）後，再來看銀行的房地產貸款業務，就容易一目了然了。由表 24-3 可見，依地區分成兩類，即央行政策熱區與一般地區。

## 一、配合政策

公股銀行在房地產貸款市場的市占率高達五成，公股銀行是央行政策的最佳擁護者。有這些勤王軍，政策已先成功一半。其中土地銀行是房貸的專業銀行，不受「房貸占貸款加金融債券金額三成」限制，放款金額 5,700 億元，比第二名合作金庫銀行多千億元。

## 二、風險考量

房價偏高，銀行基於風險管理考量，對房屋相關貸款審核愈趨謹慎，包括在央行鎖定的熱區外，詳見表 24-3 第三欄。

## 三、以價制量

第三個原因是房屋貸款上限（24 兆元的三成，即 6.9 兆元）所剩額度有限，因此逐漸採取升息方式，一則以價制量，一則也針對某些地區、借款人差別取價，以反映銀行的風險成本。

表 24-3　銀行針對房屋相關貸款的要求

| | 貸款種類 | 限制貸款情況 | 一般情況 |
|---|---|---|---|
| 一、房屋貸款 | （一）地區（where） | 臺北市、新北市十個區，詳見 Unit 24-4 表 24-2。 | 1. 土地銀行對房貸申請從嚴要求，例如座落地在山坡地等偏遠地區，申貸案可能不易過關。<br>2. 合作金庫銀行的分區分級制度，是把各區的房貸成數劃分為 6.5～8 成四級；之前除了財政部針對青年首購的優惠房貸專案，絕大多數案件最高只作到 7 成。 |

表 24-3（續）

| 貸款種類 | 限制貸款情況 | 一般情況 |
|---|---|---|
| （二）物件<br>1. 不貸 | | 有些銀行針對「15 坪以下小套房」不貸。 |
| 2. 限制貸款成數 | 詳見 Unit 24-4 表 24-2。 | 8 成，例如大型銀行對臺北市捷運附近，中小型銀行以房價 7 成為主。 |
| （三）針對買屋者 | 針對投資客 | 2012 年起，有些銀行把房貸申請案要送往總行審核的門檻降低，一般銀行分行經理權限 700 萬元。<br>土地銀行 對借款人的所得能力要求檢附更多文件，包括提示所得稅單、存款、租金收入等證明。 |
| （四）利率 | 在各銀行資金成本至少 0.6%、作業成本 0.4%，加上放款覆蓋率 1%，房貸利率都已經拉高至 2% 以上。 | 房貸第三名臺灣銀行受理房貸案件有三種估價方式，包括建築物本身的買價、附近地區的其他房屋每坪成交價，以及該申貸案本身的建物、土地分別估價，採取三者中最低者。即對擔保品價值從嚴把關。 |
| （五）稅率 | | 2011 年 6 月，財政部實施「特別貨物稅」（俗稱奢侈稅）。 |
| 二、建築貸款 建築融資，分成下列兩項：<br>1. 土地融資（簡稱土融） | 尤其是 2012 年 12 月政策鎖定的「林淡三新」這四地推案量大，而且短期急漲，被視為可能出現多殺多，甚至斷頭的高風險區段。 | 2013 年實施國際會計準則（IFRS）後，營建業的營收為全部完工法來認列獲利，跟銷售情形息息相關。<br>土融利率 2.9%，至於建融最高 3.5%，比起 2011 年行情高出 1 個百分點。 |
| 2. 建築融資（簡稱建融） | 部分銀行祭出房屋「銷售率」為附帶條件，土融撥款後，銷售率要超過 50%，銀行才會辦理後續建融撥款。避免建商以周轉金貸款，補足銀行不續撥的建築融資缺口，合作金庫銀行要求建商申請周轉金時，得先開設專款專用的信託帳戶。<br>以合作金庫銀行為例，以開立信託專戶、要求高比重的自備款，以及全面提高土建融利率來「以價制量」、降低對單一建設公司設定總貸款額度。 | |

## 24-6　房地產信用管制結果

　　貨幣政策的成果，需要經過一段傳遞過程，約半年，只要政策工具的劑量夠，效果出現只是時間早晚、效果高低罷了。2010 年 6 月以來的四波房地產信用管制「效果不彰」，2013 年 12 月，有些部長甚至認為房市泡沫破裂近在咫尺。有些人士在「房市泡沫十個指標」來分析，本書以表 24-4 說明。

### 一、投入：供給面

　　2015 年容積率設限，2014 年建築公司搶蓋，開工率大於銷售率。

### 二、轉換：需求面

　　把「需求面」放在「轉換」階段，可分為二種買方。

　　（一）臺灣自住客：過高房價已反映在 2013 年起的房屋移轉棟數減少，越來越多人「買不下手」，2016 年移轉棟數 24.5 萬戶，近年新低。

　　（二）投資客：這波投資客火力雄厚主因之一在於有可能是中國大陸的炒房團（新北市淡水區有些一坪 40 萬元建案是代表）。

### 三、產出面：空屋率是項指標

　　2025 年起臺灣人口開始衰退，日本 2009 年情況恐怕會在臺灣重演，2017 年空屋率已達 10.03%，接近聯合國 12% 的警戒線，尤其新北市、桃園市已觸標，由圖 24-1 可見房價在 2014 年第四季以後小幅下滑，但由於家庭所得中位數下滑更大，以致房價所得比在 2017 年漲到 8.39 倍，房價相對是高的。

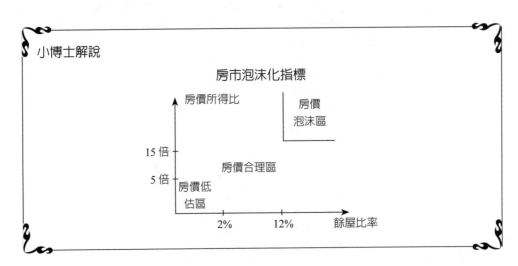

表 24-4　臺灣房市瀕臨房市泡沫邊緣

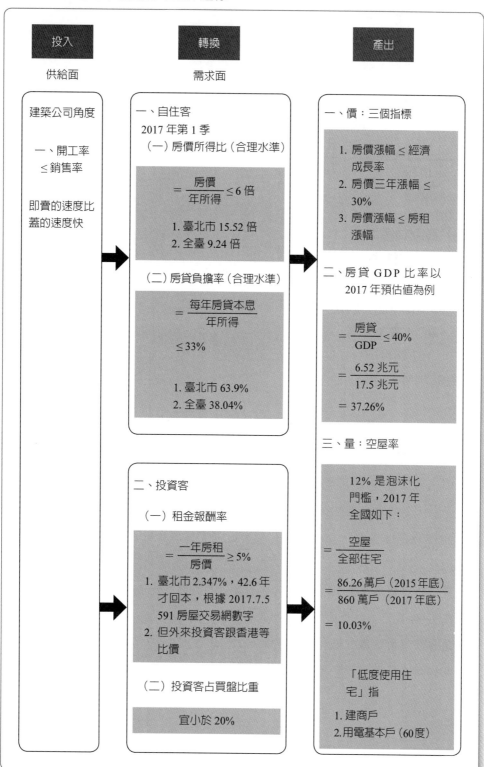

## （一）房價所得比：內政部營建署

$$= \frac{中位數住宅交易總價}{家庭可支配所得中位數}$$

房價：來自內政部營建署「實價登錄」

家庭所得：來自財政部資訊中心，家庭綜合所得稅申報，以上述 2017 年第
1 季計算，此數字為 2016 年申報 2015 年所得稅

$$= \frac{898 \ 萬元}{107 \ 萬元}$$

$$= 8.39 \ 倍$$

## （二）貸款負擔率

$$= \frac{年住宅貸款中位數還本息}{家庭可支配所得中位數}$$

年房貸還本息：假設貸款成數 7 成、貸款期間 20 年，平均還本息

$$= \frac{40.70 \ 萬元}{107 \ 萬元}$$

$$= 38.04\% \geq 30\%$$

# 討論問題

一、有人說，營建業、房仲業是臺灣的「火車頭」產業，所以政府不應「打
房」，你的看法呢？

二、2015 年第 4 季起，全臺房價走跌，選擇性信用管制、租稅政策哪個比較有
力？

三、臺北市房價所得比 15 倍以上，為什麼？（提示：臺北市家庭戶數 100 萬戶，
住宅 95 萬戶，缺乏大空地蓋新屋）

四、選擇性信用管制有很大漏洞可鑽嗎？

五、2014 年 6 月起，第四波選擇性信用管制只鎖定豪宅、第三屋，你的看法呢？

# 25

# 金融穩定

## 25-1 金融穩定的重要性

平常我們不會覺得空氣的重要性，直到沉入水中 40 秒，才會體會到「沒空氣，快死了」的感覺。在本單元中，我們把金融不穩定（financial instability）局限在最常見的銀行不穩定（banking instability），這是結果，前因後果請見圖 25-1。

### 一、原因

大部分銀行面臨財務困難（financial distress）甚至財務危機（financial crisis），主因大都來自資產市場（主要是房地產、股票市場）的泡沫破裂，借款人無力償還銀行貸款，銀行的呆帳一下子衝高。屋漏偏逢連夜雨，存款人擔心因銀行倒閉，蜂湧擠到銀行領出存款，便造成銀行擠兌（bank run，意為連銀行都要落跑了）。

### 二、從個別到全面、從地方到全國

以房市泡沫中的房價從高點下滑來說，往往歷時三年五載才會觸底，這對銀行經營的衝擊分成兩階段，說明如下。

（一）第一階段：個別銀行的不穩。銀行不穩一開始都只是個別銀行，而且是地區銀行，看似個案。

（二）第二階段：傳染病效果。以流行性感冒來舉例，有一定的地區傳染途徑，例如由臺北市往中南部蔓延。銀行擠兌也有地區性、銀行分群（例如都是針對信合社），此稱為傳染病效果（contagious effect）。

### 三、當銀行面臨系統性風險時

當大部分銀行都出現問題，此時銀行已出現「全面性風險」（comprehensive risk，譯爲全面性比系統性更易懂）。此時依財務問題嚴重性分爲「財務困難」、「財務危機」（留待 Unit 25-2 討論）；銀行爲了因應擠兌，因此緊縮信用（credit crunch），套句俗語便是「雨中收傘」，不僅新借款從嚴審核，而且對舊貸款，一旦有違約，就會要求借款人清償餘額。「銀行周轉不靈」對經濟成長很傷，家庭借不到錢消費、公司借不到錢去投資。中央銀行爲了避免此慘狀出現，此時只好扮演「最後借款者」（the lender of last resort），撥款救銀行。

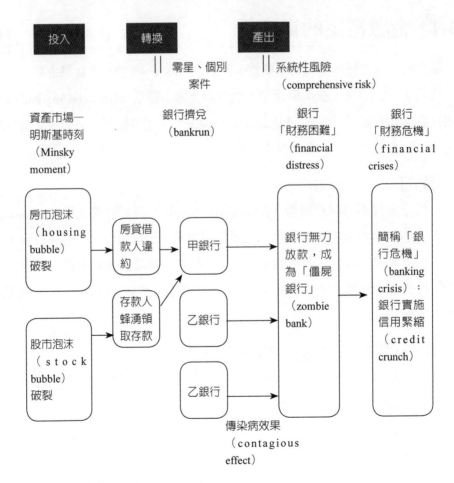

**圖 25-1　股市、房市崩盤對銀行業衝擊**

知識補充站——歷史上十大崩盤事件

| 時間 | 國家 | 事件 |
|------|------|------|
| 1637 年 2 月 | 荷蘭 | 鬱金香泡沫，價格 1 週內大跌 9 成。 |
| 1720 年 5 月 | 法國 | 密西西比泡沫，法國股市連跌 13 個月達 95% |
| 1720 年 9 月 | 英國 | 南海泡沫，專營英國、南美等地貿易的南海公司 1 個月暴跌近 9 成。 |
| 1869 年 9 月 24 日 | 美國 | 黑色星期五，金價崩跌，歷史高價逾 1 世紀未被超越。 |
| 1907 年 10 月 | 美國 | 銀行危機，道瓊 1 至 9 月下跌 24.4%。 |
| 1929 年 10 月 24 日 | 美國 | 股災，道瓊指數 5 日內跌掉 30%。 |
| 1987 年 10 月 19 日 | 美國 | 股災，道瓊指數單日暴跌 22.6%。 |
| 1997 年 10 月 27 日 | 全球 | 亞洲金融風暴，道瓊指數單日跌 554 點。 |
| 2008 年 9 月 29 日 | 全球 | 金融海嘯，道瓊指數單日大跌 778 點或 7%。 |
| 2010 年 5 月 6 日 | 美國 | 閃崩，道瓊指數盤中數分鐘內暴跌 1,000 點。 |

# 25-2　金融穩定的定義

1987 年 10 月，美國發生黑色十月股票市場災難，聯準會緊急伸出援手，自此，金融穩定逐漸變成顯學，本單元說明金融穩定的定義。

## 一、金融穩定的定義

人做身體健康檢查，當各項身體功能值都落在正常範圍，可以說人是健康的。同樣的，金融穩定（financial stability）也可以同樣比喻。換個角度來說，金融穩定的另一邊是金融不穩定，這是本單元的重點。學者們對金融不穩定的定義莫衷一是，本單元從實務角度切入，詳見表 25-1，底下詳細說明。

## 二、第一列（X 軸）：銀行財務問題嚴重性

我們依一般公司財務問題程度由淺到深分成兩級，說明如下。

（一）當銀行財務困難（financial distress）時：當銀行出現「周轉不靈」時，此時，銀行無力償付存款戶的領款；一旦消息傳開，存款戶蜂湧到銀行領款，俗稱「擠兌」。此時，央行往往會伸出援手，支援 300 億元現款到各分行。

表 25-1　銀行財務問題的程度

| 問題嚴重性<br>地理範圍 | 財務困難（financial distress） | 財務危機（financial crisis） |
|---|---|---|
| 一、全球 | 2007 年 8 月 7 日，美國銀行、公司的交易型商業本票發行金融大減，二者漸出現財務困難 | 帳上存款多的公司<br>1. 金融海嘯（financial tsunami）<br>→ 2008 年 9 月 15 日美國雷曼兄弟證券（Lehman Brothers）倒閉，引發骨牌效應。<br>2. 美國大蕭條<br>→ 1929 年 10 月迄 1933 年，銀行數千家倒閉。 |
| 二、洲内的區域<br>（一）政府<br>〔公債違約〕<br>（二）銀行 | 以希臘政府來說，發不出公務人員薪水，希臘的許多銀行缺乏資金，只能限制存戶每日領款金額 | 1. 歐債危機<br>→ 2009 年起，歐豬五國其公債有違約風險，可能退出歐元區。<br>2. 亞洲金融風暴<br>→ 1997 年 7 月 2 日，外資因擔心泰國、馬來西亞、印尼等無力償還外債，幣值重貶（以泰銖為例，1 比 26 迄年底 1 比 50）、股市重挫，後來由國際貨幣基金提供融資，渡過難關。 |
| 三、一國<br>（一）全面性<br>〔專有名詞為系統性風險，或銀行恐慌（banking panics）〕<br>（二）單一事件<br>〔俗稱個案〕 | 銀行出現財務問題，依涉及銀行家數分成兩中類：<br>1. 2006 年臺灣的卡債風暴，爆險金額約 7,000 億元，當年本國銀行虧損 74 億元。<br>2. 例如 2010 年，金管會以慶豐銀行淨值為負為由，派存款保險公司等接管，之後，再予以拍賣。 | 例如 2007 年 1 月，王又曾掏空案，中華商銀有擠兌（三天内存款被領走 320 億元），後遭金融重建基金（RTC）接管，之後拍賣，由香港滙豐銀行得標。 |

　　（二）當銀行財務危機（financial crisis）時：當銀行出現財務危機時，銀行財務問題惡化到無法償付員工薪水等。銀行虧損累累，淨值為負的，連繼續經

營下去都有問題。

### 三、第一欄（Y 軸）：依銀行問題的地理範圍

表 25-1 中第一欄（隱涵 Y 軸）中依地理範圍分成三級，由小到大爲一國、區域、全球。其中一國還可再細分爲地方、全國兩中分類。

（一）單一事件：單一銀行出問題，對央行來說，算「小 case」，緊急墊款 300 億元，三天內大抵可安定存款人人心。

（二）全面性風險：全面性風險情況在臺灣較少見，2008 年 9 月全球金融海嘯，臺灣銀行問題不大（例如買到雷曼兄弟證券公司發行連動債 250 億元）。行政院以「全額理賠」（存款保險公司只保 300 萬元）來安定人心，安然度過。

### 四、世界銀行的定義

世界銀行把銀行危機的地理範圍分成三個層級。

（一）全球間：像美國金融海嘯襲捲全球。

（二）區域間：像歐債風暴，主要集中在歐元區（19 國），尤其是債務國（歐豬五國）與債權國（德國）。

（三）兩國間：大部分是鄰國，一個是債權國，一國是債務國。

## 25-3　金融監理的部會

報刊上經常報導美中日歐臺等各國的金融監理部會的措施，金融監理部會的名稱令人目不暇給，本單元以美日中臺爲例說明。

### 一、大都由財政部分拆出來

大部分國家的部會都是隨時代演進而逐漸設立的，有關於金融業的「監督管理」（survalience，簡稱監理），大都如下發展。

（一）第一階段：財政部爲主。美國財政部 1793 年成立，聯邦準備銀行 1913 年成立，因此一開始金融業由財政部管理，下設一些「局」、「會」（署級單位）管理，詳見表 25-2。

表 25-2　金融監理部會獨立、集權程度

| 集權程度 ＼ 獨立程度 | 比較不獨立 | 獨立 |
|---|---|---|
| 一元 | 放在財政部<br>1. 例如美國各「局」各「會」<br>2. 例如日本財務省金融會 | 行政院成立金管會，「委員」由立法院通過 |
| 多元 | 中國大陸三會直屬於國務院<br>・銀監會<br>・證監會<br>・保監會 | 省略 |

　　（二）第二階段：獨立金融監理部會。由於財政部上有總統、國會議員等，常有政治力介入，以致出現「大事化小，小事化無」的監理問題。於是，1997年英國成立金融服務總署（financial service authroity, FSA，俗譯英國金融監理總署），首長任期，經費預算等皆獨立，這成為全球金融監理「獨立」、「統一」（俗稱一元監理）的典範。2013 年 4 月，該總署分拆成二，監理部分歸英格蘭銀行（央行），另金融行為總局（financial conduct authority），類似美國的消費者金融保護局。

　　（三）監理層級：各國依其地理範圍大小，以銀行為例，至少分成兩種級距的監理。

　　・小國一級制：以臺灣為例。臺灣的行政院金管會審核銀行的營業執照，在各地區也沒有設立分區的銀行局「分局」。

　　・大國二級制：以美國為例。以美國來說，依銀行的營業地區二分法，單州經營的向各州金融服務廳申請營業執照；全國性商業銀行向財政部相關局申請，且須地區性聯邦準備銀行會簽。

## 二、一元化 vs. 多元化監理

　　針對金融業監理機構的事權是否統一，分成兩種情況。

　　（一）一元化監理占 90% 以上：美國財政部、日本財務省金融廳、臺灣行政院金管會都有權管理金融業，設「局」管理各金融「行」業，上面有部會首長「綜攬全局」。字斟句酌的說，金管會管不到農業金融，但農漁會信用部的

資產占銀行體系不到 1%，且金管會透過每月的金監會議，邀相關機構參加，所以符合一元化監理。

（二）多元化監理占 10% 以內，以中國大陸為例：中國大陸由於人口多（近 14 億人），業務量大，所以 1990 年代，成立人民銀行、金融業的主管機構時，是各自以「副部級」的「會」級單位設立，詳見表 25-3，簡稱一行三會。但金融業常有跨業政策、問題等，國務院一直在研究「一行三會」的組織整合，至少有二個方向「一行」或「一行一會」，即把「三會」整合成一大「會」。2017 年 7 月 14～15 日，五年一次的全國金融會議中，設立國務院金融穩定發展委員會，以協調「一行三會」的金融監理業務。

表 25-3　美臺中的政府金融監理機構

| 行業 | 銀行 | 證券暨期貨業 | 保險業 |
|---|---|---|---|
| 一、目標：在金融穩定方面 | 1. 預防房地產泡沫 | 1. 預防股票市場泡沫<br>2. 預防商品市場泡沫 | 1. 保險業的經營健全 |
| 二、國家<br>（一）美國<br>金融穩定監理委員會（FSOC） | 財政部<br>1. 通貨監理局<br>2. 儲蓄機構監理局<br>3. 信用合作社管理局<br>4. 消費者金融保護局 | 財政部<br>1. 證券管理會（SEC）<br>2. 商品期貨交易委員會（CFTC） | 財政部<br>1. 聯邦保險辦公室<br>2. 各州政府保險局 |
| （二）臺灣：<br>行政院金管會，下設右述三個業務局，一個檢查局 | 1. 銀行局，主管銀行、信用合作社<br>2. 農委會農業金融局，下設農業金庫，以管理農、漁會信用部 | 證券暨期貨局（簡稱證期局） | 保險局 |
| （三）中國大陸 | 銀行監理委員會（簡稱銀監會） | 證券監理委員會（簡稱證監會） | 保險監理委員會（簡稱保監會） |

# 25-4　美國維持金融穩定的部會與政策

「美國打噴嚏、全球重感冒」，這句順口溜貼切說明為什麼外國人（包括

臺灣）必須了解美國政府維持金融穩定的監理措施是否有效，因為一旦失效，如同「海嘯」般，會掀起一波「金融海嘯」，2008 年 9 月已經發生一次，歐債風暴 2009、2011 年各一次。美國對金融穩定的政策往往成為其他國家的楷模，基於這二個原因，有必要了解。

## 一、交叉火網以確保金融穩定

陸軍一個班在兵力部署時，會形成交叉火網，即單兵的射擊區範圍重疊，以免有空隙，讓敵軍有縫可鑽。同樣的，各國在維持金融穩定時，金融監理機構、中央銀行會專業分工，甚至相關機構（例如存款保險公司）形成「金融監理網路」，沒什麼「魚與熊掌不能兼得」這種事。

## 二、健全銀行經營的相關法規

請見表 25-4。2017 年，美國川普總統為了拼經濟，提出「金融選擇法」（Choice Act），俗稱金融法規鬆綁，詳見第 26 章章末。

表 25-4　全球迄臺灣對健全銀行經營的法規

| 地理範圍 | 說明 |
|---|---|
| 一、全球 | 在瑞士巴賽爾市的「銀行管理暨監督委員會」，1975 年起開始推動「巴賽爾協定」（Basel Concord）。 |
| 二、美國 | 2010 年 7 月〈陶德－法蘭克法案〉（Dodd-Frank Act） |
| 三、臺灣 | |
| （一）中央銀行 | 檢察處針對銀行遵循貨幣政策、外匯管制條例等項目 |
| （二）行政院金管會 | 1. 採取巴賽爾協定，且有外加限制<br>2. 銀行呆帳率目標 |
| （三）其他 | 1. 對於開戶、交易申請須有雙證件<br>2. 對於消費者信貸的上限規定月薪的 22 倍 |

## 三、從個體到總體監理政策

以 2008 年 9 月為分水嶺，美國聯準會對維持金融穩定採取監理措施，套用經濟學中的「個體」、「總體」的用詞，詳見表 25-5。

（一）個體審慎監理政策：以 2008 年 9 月以前，採取針對「個別」金融業、

「個別」銀行的監理，稱為「個體審慎政策」（micro prudential policy）。2016年8月19日，美國紐約州金融服務署（department of financial service, DFS）處罰臺灣兆豐銀行紐約分行1.8億美元罰款，這是針對單一地區型銀行，州金融監理機關的個體審慎政策的例子。

（二）總體審慎監理政策：2008年9月，雷曼兄弟證券申請破產，透過骨牌效果（domino effect），變成「全面性風險」（systematic risk），甚至外傳到全球，成為金融海嘯（financial tsunami），直至1929年10月～1933年的「大蕭條」（Great Depression）。2010年11月20國集團（G20）領袖峰會中，各成員國對總體審慎政策（macro prudential policy）有共識，主要指以審慎工具示範「全面」〔俗稱系統性風險，以降低金融危機發生頻率和程度。2016年起，中國大陸稱為宏觀審慎「評估」（assessment）又稱宏觀審慎管理框架。〕

表 25-5　美國維護金融穩定的個體與總體審慎政策

| 政策對象 | 個體審慎政策<br>（micro prudential） | 總體審慎政策<br>（macro prudential） |
|---|---|---|
| 一、金融監理機關<br>（一）財政部 | 針對特定銀行，採取「有病治病」的例外管理。<br>1. 例如在「壓力測試」下，不合格的銀行進行重點輔導。<br>2. 針對在「巴塞爾協定」下，不合格的銀行重點輔導。 | 針對33家大型「銀行」實施全面管理（註：壓力測試、巴塞爾協定），以避免發生一家大型銀行出問題，透過傳染病模式，釀成骨牌效應（domino effect），即演變成「全面風險」（systematic risk）。 |
| （二）各州金融服務署 | 類似上述做法 | 針對州金融服務廳授予執照的「地方」銀行管理 |
| 二、中央銀行<br>（一）針對預防房市泡沫 | | 選擇性信用管制<br>1. 房屋貸款成效（loan-to-value） |
| （二）針對預防股票市場泡沫 | 1. 由證管會監督各證交所，針對各股有警示制度，以避免人為炒作<br>2. 有融資、融券（借）券相關定<br>3. 針對各證券公司的監理 | 信用交易的保證金比率（margin requirement） |
| （三）預防商品市場泡沫 | 由財政部商品期貨交易委員會監督各商品、期貨交易所，監理對象包括上述三項 | |

## 25-5　金融穩定政策與金融監理制度——兼論銀行的主管機構

既然金融穩定跟實體面經濟穩定（主要是指景氣循環）一樣重要，政府會設立主管部會來負責金融政策。

### 一、金融政策

金融政策（financial policy）的定義並不明確，本書粗分爲狹義、廣義兩種定義。狹義主要指金融穩定政策（financial stability policy），本書採取此定義，具體的說便是銀行穩定。因此本單元第二、三段說明金融穩定的負責部會，可以解讀爲銀行業的主管機構。廣義則包括金融穩定政策、貨幣政策（信用及匯率政策）與支付系統政策（包括存款保險政策）。

### 二、金融監督管理

由於金融業的主管部會甚多，因此 1990 年代，許多國家逐漸合併相關部會的二級單位，成立金融監督管理（financial sector supervision）部會，典範是 1997 年英國的金融服務總署。

### 三、行政主管機關

由圖 25-2 可見，金融業的主管機構是行政院金管會，說明如下。

（一）參考：參考英國的金融服務總署（Financial Services Authority, FSA）。

（二）2004 年 7 月成立：爲了因應金融機構同業合併、異業整合後的管控需要，政府在 2004 年 7 月 1 日成立「行政院金融監督管理委員會」，落實金融監理機關一元化的政策。

（三）組織設計：由於法令對金融業經營採取分業，因此金管會的業務組織設計，把金融業分成三部分，設立三個局，並搭配檢查局。聚焦的說，銀行業的行政主管機構是金管會銀行局。至於金管會檢查局則偏重金融業的違反法令檢查，因此檢查局局長大都由地檢署主任檢查官調任；一些金檢官員也都由檢察官調任。

### 四、業務主管機關

在 2004 年 7 月，金管會成立之後，成爲銀行業的業務主管單位，但依法

令，央行對銀行相關業務仍有監督、檢查之權。央行金融業務檢查處功能大減，聚焦於針對貨幣政策的專案檢查與研究，例如 2010、2011 年，央行對臺北市、新北市實施選擇性信用管制，金檢處負責到各銀行檢查銀行遵循程度。

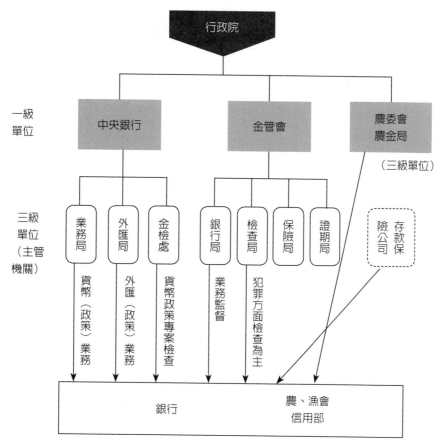

圖 25-2　銀行的主管機關

中國大陸人民銀行成立金融科技委員會

時：2017 年 5 月 15 日

地：中國大陸北京市

人：中國大陸人民銀行

成立目的：加強金融科技工作的研究規劃和統籌協調

具體措施：‧強化管理金融科技應用實踐

　　　　　‧利用大數據、人工智慧、雲端計算等技術以豐富金融監理手段

　　　　　‧提升跨行業、跨市場交叉性金融風險的甄別、防範和化解能力

## 25-6　金融穩定的架構

　　為了「維持金融穩定」（或銀行不出現全面財務困難），歷經金融海嘯後，各國政府的金融穩定架構（詳見表25-6），由事後處理（銀行大到不能倒），轉向事前預防（即銀行大到無法救，too-big-to-save）。由於銀行大到連國家都缺錢救，因此政府想方設法讓大銀行健全經營。

### 一、事前預防：建立金融安全網

　　在建立金融安全網（government financial safety net）方面，共有兩個部會負責，另加上存款保險公司。

　　（一）央行的存款準備制：存款準備金兼有流動性管理（超額準備）、貸款準備（指法定準備）性質。

　　（二）金管會的金融監理：金管會對銀行穩定依重要程度訂定三項措施。

　　1. 銀行分業經營，詳見 Unit 25-5。

　　2. 針對銀行授信的規範。

　　3. 巴塞爾協定之遵循，詳見 Unit 26-2～26-8。

### 二、事中解決

　　當銀行財務問題出現時，此時政府三部會全員總動員，三管齊下救銀行。

　　（一）中央銀行：央行提供特別融通資金給問題銀行，如同替問題銀行繳保釋金（bail），因此稱為紓困（bail-out），2008年金融海嘯時，這字成為美國最紅關鍵字。

　　（二）金管會：金管會能做的包括「立即糾正措施」（prompt corrective action），例如要求問題銀行立即現金增資以恢復資本適足率水準。

　　（三）財政部：財政部可能組成「金融重建基金」（resolution trust fund, RTC），處理問題銀行。

### 三、事後處理

　　當銀行出現財務危機時，此時進入「風險理財」，可分為三個對象。

　　（一）銀行倒閉時：針對存款戶。當銀行倒閉時，存款保險公司針對存款戶一戶賠付300萬元。

　　（二）針對壞銀行：這部分包括整個銀行與呆帳兩大類。針對整個銀行方

表 25-6　金融穩定機制

| 第一層 | 一、事前（預防） | 二、事中（解決） | 三、事後（處理） |
|---|---|---|---|
| 一、主題 | 金融監理（financial supervision） | 最後融通者（the lender of last resort） | 風險理財（risk financing） |
| 二、主管機關 | 央行、金管會 | 中央銀行特別融通 | |
| 三、機制 | （一）央行的存款準備制<br>1. 法定準備（即法定準備）<br>→存款法定準備率 5.75～19.75%<br>2. 自由準備（或超額準備）<br>（二）建構金融安全網（financial safety net）<br>1. 分業經營：即銀行跟證券業（尤指承銷自營）。<br>2. 證券投資限制：淨值二成內。<br>（三）針對放款管理<br>1. 放存款比率＜0.9<br><br>針對放款沒有明文規定<br><br>2. 授信不過度集中<br>　(1) 產業上限<br>　①房地產<br><br>· 房貸與建築占貸款三成以內，即 24 兆元 ×30%＝7.2 兆元，房貸 6.52 兆元加建築貸款 1.6 兆元。今計 8.12 兆元，略大於 7.2 兆元，但土地銀行不受此限。<br><br>　②其他行業<br>　(2) 單一集團、公司限制<br>　(3) 關係人放款限制<br>（四）巴塞爾協定之遵循<br>1. 損益表方面<br>　· 呆帳準備<br>2. 資產負債表<br>　· 流動性準備<br>　· 槓桿率<br>　· 資金適足率 | （一）臺灣<br>以 2007 年 1 月初的中華銀行擠兌危機來說，財政部宣布接管。<br><br><br><br><br><br>（二）美國<br>1. 聯準會的紓困（bail-out），稱為「問題資產救助計畫」（troubled asset rescued plan TARP），共 7,000 億美元。<br>2. 投資入股<br>→例如財政部對花旗集團、美國銀行投資入股。<br>3. 接管<br>→例如法國的國有化政策。 | 以臺灣為例<br>（一）針對存款戶由存款保險公司負責，一銀行一戶賠付 300 萬元。<br><br><br><br><br><br>（二）針對壞銀行（bad bank）<br><br>1. 針對整個銀行<br>(1) 當有「金融重建基金」時 2001 年 7 月～2011 年，政府設立金融重建基金以承接問題銀行<br>(2) 當沒有「金融重建基金」時，由金管會指定好銀行（例如臺銀）接管，之後再標售。<br><br>2. 針對呆帳（non-performing loan, NPL）<br><br>由資產管理公司（asset management co, AMC）以三成價格買下。 |

面，當政府設有「金融重建基金」時，以承接問題銀行；當沒有「金融重建基金」時，由金管會指定好銀行接管，之後再標售。針對壞銀行（bad bank）的不良資產（non-performing loan, NPL），由金融資產服務公司扮演法院以外的第三者，專門接受銀行或資產管理公司（asset management company, AMC）委託，處理、重組與拍賣「呆帳」（主要指房地產抵押品部分）。

# 25-7　銀行分業經營——美國的經驗

臺灣金融業管理大都向美國取經，因此在說明臺灣情況前，宜先說明美國。

## 一、美國經驗

美國是個資本主義國家，強調尊重市場機制，政府干預市場，大都是亡羊補牢的「不經一事，不長一智」。

（一）1933～1999 年 10 月，分業經營：由表 25-8 可見，1929 年 10 月迄 1933 年美國大蕭條，銀行身兼商業銀行與綜合券商（尤其是投資銀行業務），身受雙重打擊。銀行不堪虧損，倒閉三分之一以上。信用緊縮的結果，更使經濟雪上加霜。國會、總統通過 1933 年銀行法案，拆開商業銀行與綜合券商，建立防火牆（fire wall），俗稱「格拉斯—史帝格勒牆」（Glass-Steagall wall）。

表 25-7　臺灣銀行的自由化進程

| 年 | 2000.11～12 月 | 2001.11.1 |
|---|---|---|
| 一、背景 | 歷經十年的銀行間強烈競爭，有些銀行走偏鋒，以致 2000 年時，呆帳率 5.34%，資產報酬率 0.47%、權益報酬率 6.051%，但最慘是 2002 年，稅前淨利 −1,046 億元，權益報酬率 −6.93%。 | 2002 年 1 月，臺灣加入世貿組織，2007 年對外開放金融業。 |
| 二、法源 | 1. 修改銀行法放寬轉投資規定。<br>2. 2000 年 12 月，立法院通過金融機構合併法。 | 金融控股公司法 |
| 三、內容 | 1. 強制銀行加入存款保險。<br>2. 在資本額 40% 範圍內，允許銀行以轉投資其他金融業。 | 金融業可以採取控股公司方式，聯屬經營所有金融業。2002 年起，16 家金控公司陸續成立。 |

（二）1999 年 11 月起，合業經營：金融業百貨公司化經營是大勢所趨，業者想方設法突圍，美國國會在業者遊說之下，只好於 1999 年 11 月通過「1999 年金融服務（業）現代法案」，允許成立金融控股公司（financial holding companies），旗下子公司分別從事銀行、證券與保險業務。

## 二、臺灣經驗

由於有美國前車之鑑，因此臺灣一開始時，對金融業採取分業經營，分兩階段自由化，詳見表 25-7。

表 25-8　美國對銀行跨業經營的法令

| | 1914 年 | 1933 年 | 1999 年 11 月 |
|---|---|---|---|
| 一、法源 | 聯邦準備法（Federal Reserve Act） | 格拉斯—史帝格勒法案（Glass-Steagall Act）或稱 1933 年銀行法案（Banking Act of 1933） | 葛蘭姆—李奇—布萊雷法案（Gramm-Leach-Bliley Act of 1999）或稱「1999 年金融服務現代化法案」（The Financial Service Modernization Act of 1999） |
| 二、背景 | 1907 年美國發生第五次大的銀行恐慌，政府痛下決定，國會通過「聯邦準備法」（Federal Reserve Act），設立聯準會和 12 家區域型聯邦準備銀行。 | 1929～1932 年美國經濟大蕭條，銀行倒閉三分之一以上。 | 金融業想方設法突破格拉斯—史帝格勒法的圍籬。 |
| 三、內容 | 賦予聯邦準備銀行向銀行收取存款準備金權利。 | 1. 在 1933 年以前，銀行同時可做銀行、證券承銷；在此法案之後，二者分業經營（以公司型態作為防火牆，fire wall），其上可設金融控股公司（Bank Holding Company, BHC）。<br>2. 1933 年設立聯邦存款保險公司（Federal Deposit Insurance Company, FDIC）且國家級銀行須投保。 | 透過控股公司方式，可以從事銀行、證券與保險業務。 |

（一）同業併購與轉投資：2000 年 11、12 月，立法院依序通過銀行法修正案，12 月的金融機購合併法，讓金融同業可以吃下同業，以讓虧損公司有退場機制，也可減少政府維持金融穩定的壓力。

（二）綜合經營：美國金融業綜合經營後，整整兩年，臺灣也實施金融控股公司法，詳見 Unit 25-9。

# 25-8　金融業分業經營專論──防火巷與防火牆

在金融業分業經營依 2001 年金控公司設立前後可以分為兩階段，本單元詳細說明，在此之前，先說明圖 25-3 的兩個名詞。

## 一、防火巷 vs. 防火牆

專業始終來自生活，貨銀許多名詞借用生活用詞，就近取譬的以求易懂。

（一）防火巷（fire alley）：兩棟公寓間會留防火巷，以阻隔大火蔓延。

（二）防火牆（fire wall）：一間建物（例如百貨公司、停車場）內會有活動防火牆，一旦火災警示，防火閘門自動啟動，以阻隔火勢蔓延。

## 二、2000 年金控公司設立之前：防火巷

由圖 25-4 可見，金融防火巷的設計是採取兩套防火巷設計，說明如下。

（一）名義上防火巷：兩家公司。首先是銀行、證券公司各自成立公司，讓外人從外觀上便可一眼看出這是兩家公司，主要是防止證券公司自營部、承銷部包銷以致重大虧損，侵害到銀行存款人權益。

（二）實質上防火巷：持股比率限制。分項營業執照外，也卡死銀行轉投資（註：轉投資占權益 40% 以內）證券公司的比重，以免透過過大持股比率危害到銀行，而且轉投資金額在計算巴塞爾協定的資本適足率時，要從資本中扣除。

## 三、2001 年金控公司設立之後：防火牆

2001 年，政府開放金控公司設立，象徵著綜合銀行制（universal banking）時代的來臨，金控集團可提供客戶借款、股票承銷、保險三合一的一站購足服務，對金控公司來說，此稱為範疇經濟（economics of scope）。對金控公司來

說，旗下銀行、證券公司只是一個事業部，為了控制經營風險，金控公司會訂定內部規定，以規範旗下銀行、證券公司對同一集團客戶的授信、投資（包括股票包銷），以免「把所有雞蛋擺在同一籃子」。此內規甚至法令，稱為金融「防火牆」（fire wall）。

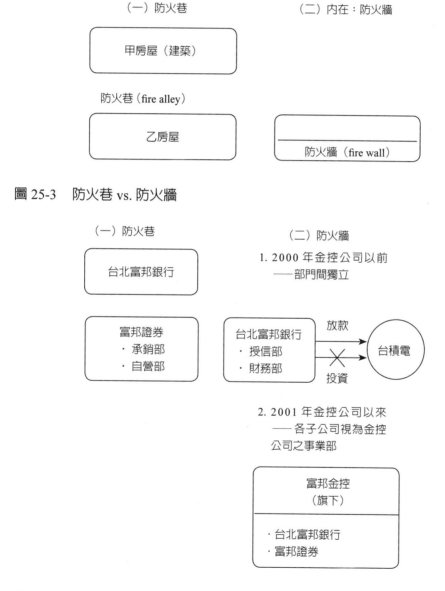

圖 25-3　防火巷 vs. 防火牆

圖 25-4　金融業防火巷 vs. 金融業防火牆

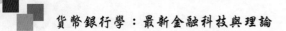 

依「金融控股公司法」第 4 條，金融控股公司的「子公司」是指對該金融業具「控制性持股」，這包括下列二種情況之一。

（一）形式控制：持股 25% 以上，「股」指普通股，即具有表決權。

（二）實質控制：指派董事會一半以上董事。

# 25-9　金融控股公司法與 16 家金控公司

客戶對金融商品的採購往往希望「一站購足」（one-stop shopping），就跟去百貨公司一樣，套用在銀行便稱綜合銀行或銀行百貨（公司）化經營。金融業深知此道理，想方設法突破金融業分業經營的法令限制，既然大勢所趨，由表 25-5 第四欄可見，美國在 1999 年採取金融控股公司方式來網開一面，臺灣於 2001 年跟進。

## 一、金融控股公司法

金控公司的立法與實施如下所述。

（一）立法通過：2001 年 6 月，立法院通過本法。

（二）開始執行：2001 年 11 月，本法開始執行。

（三）落日條款：2020 年此法告終，即本法是具有「落日條款」。

## 二、金控公司的分類

金融控股公司（簡稱金控）是轉投資的公司，不對外營業，但由於股票上市，投資人對其熟悉。而且旗下子公司對外營業時，金控成為家族品牌，旗下子公司反倒變成子品牌，因此，有必要詳細說明金控公司的性質，詳見表 25-9，底下詳細說明之。

（一）第一層（大類）：依產業分類，金控公司依其主要收入來源，可分為三類：壽險類（3 家）、銀行類（10 家）、證券等類（3 家，元大金、日盛金與國票金，國票金以票券業務為主），詳見表中第一欄。

（二）第二層次：依股權分類，金控公司依所有權歸屬，可以二分法分為公股、民營如下。

## 表 25-9　金融控股公司的行業分類

| 依產業分 | 大股東股權結構 | 合併報表資產規模 | 子公司 |
|---|---|---|---|

**一、壽險類（3 家）**

（2016 年 12 月）
（單位：兆元）

| | | | |
|---|---|---|---|
| 1. 國泰 | ・蔡萬霖家族持股 32.28% | 8.135 | ・國泰人壽<br>・國泰世華銀行<br>・國泰投信 |
| 2. 富邦 | ・蔡萬才家族持股 14.66% 以上<br>・臺北市政府公股 13% | 6.35 | ・富邦人壽<br>・富邦產險<br>・富邦證券<br>・富邦投信<br>・台北富邦銀行 |
| 3. 新光 | ・吳東進家族持股 18.16% | 3.1576 | ・新光人壽<br>・新光銀行 |

**二、銀行（10 家）**

| | | | |
|---|---|---|---|
| 1. 臺灣 | ・公股 100% | 5.107 | ・臺灣銀行 |
| 2. 合庫 | ・公股 26% | 3.341 | ・合庫銀行 |
| 3. 華南 | ・公股 31% | 2.55 | ・華南銀行 |
| 4. 兆豐 | ・公股 18% | 3.31 | ・兆豐銀行 |
| 5. 第一 | ・公股 16.28% | 2.541 | ・第一銀行 |
| 6. 中信 | ・外資 4.5%<br>・辜仲諒家族 | 4.839 | ・中信銀行 |
| 7. 台新 | ・新纖 1.23% | 1.577 | ・台新銀行 |
| 8. 玉山 | ・外資 17% | 1.880 | ・玉山銀行 |
| 9. 開發金 * | ・辜家 | 2.24 | ・凱基銀行、中壽 |
| 10. 永豐 | ・永豐餘集團 | 1.679 | ・永豐銀行 |

**三、證券（3 家）**

| | | | |
|---|---|---|---|
| 1. 日盛 | 日本新生銀行與港商 Capital Target 合計占 56.6% | 0.285 | ・日盛證券<br>・日盛銀行 |
| 2. 元大 | 尊爵投資等，主要是馬志玲家族人的公司等 | 2.162 | ・元大證券<br>・元大銀行 |
| 3. 國票 | | 0.256 | ・國際票券<br>・國票證券 |

\* 開發金控：2017 年 7 月，收購中國人壽

1. 公股：泛公股金控有五家，即臺灣、合庫、華南、兆豐、第一，除了臺灣以外，其他公股金控的公股只是最大股東，但股權不過四成。

2. 民營：民營金控依股權集中度還可二分為股權集中（15% 以上）與股權分散（15% 以下）兩類。股權集中是指壽險類金控，因其旗下壽險公司成立已久，創辦人家族持股比率高。股權分散則是指其餘民營金控公司的大股東家族持股都在 15% 以下，可說已經相對分散；根據 2016 年的年報顯示，玉山金前十大股東個別持股都未超過 4%，是所有金控中股權最為分散的一家，也是管理者主導程度最高的一家。

（三）第三層次：依資產規模分類，依資產規模（例如 3 兆元以上算大型，1～3 兆元中型，1 兆元以下小型）分成大中小型三類。大型的壽險類三家、公股金控四家，中型有中信金等六家。小型則有玉山等三家。

# 25-10 影子銀行

在金融整理時，最怕掛一漏萬，也就是有「化外之民」、「漏網之魚」。從 2011 年起，隨著中國大陸的影子銀行，地方政府貸款問題嚴重，躍上檯面；甚至 2013 年 9 月 5 日，二十國集團（G20）在俄羅斯舉行高峰會，9 月 4 日歐盟提案，予以規範。

## 一、緣起

2007 年美國太平洋投資管理公司（PIMCO）執行董事麥卡利（Paul McCulley）提出「影子銀行」（shadow bank 或 shadow banking）一詞。小的「影子銀行」用以形容那些名稱上沒有銀行之名，即不能同時承作「存款、放款」業務，但卻有銀行之實的公司。由圖 25-5 可見，美中兩國對影子銀行的對象略有不同，且缺乏統一定義，說明如下。

（一）美國：美國 2007 年 6 月的次級房貸公司倒閉（稱為次級房貸風暴），延伸到 2008 年銀行、證券公司虧損，9 月 15 日雷曼兄弟證券公司因得不到政府紓困資金而倒閉，掀起全球金融海嘯。絕大部分是影子銀行惹的禍，由圖 25-5 可見美國的影子銀行範圍。

　　（二）中國大陸：中國大陸的影子銀行中金額最大的竟然是「銀行的影子」，其他項目金額不大，詳見圖 25-5。銀行的影子有二，一是銀行下設的融資租賃公司，這不算在銀行授信資產上；一是「理財商品」。理財商品比較像臺灣的銀行「指定用途信託」，美其名把錢拿去買投信公司（或稱基金公司）的基金，報酬率比存款利率高；但本質上是銀行存款。2013 年 6 月 14 日，銀行監理委員會啓用「全國銀行業理財登記訊息系統」，要求把 2011 年以來的理財商品全上網登記，進而進行管理。

　　2017 年 3 月，中國大陸兩會期間，國務院報告中把影子銀行問題列爲四項金融風險之一。4 月 10 日，銀監會發布「關於銀行業風險防控工作的指導意見」，提出 10 大重點領域。針對銀行「監管套利、空轉套利、關聯套利」專項治理。

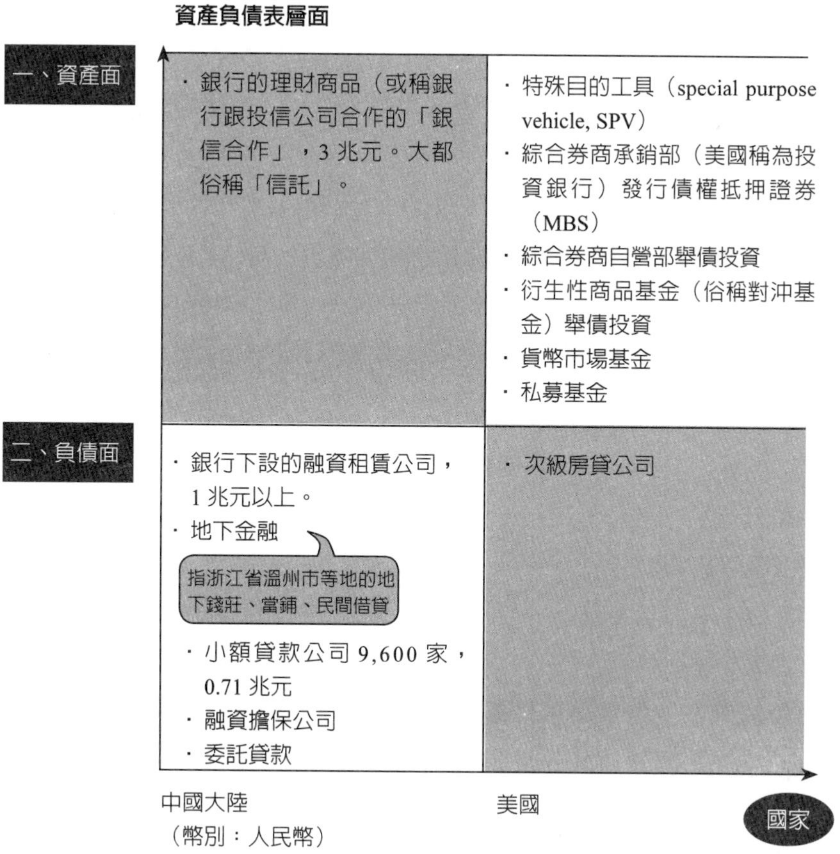

**資產負債表層面**

| 一、資產面 | ・銀行的理財商品（或稱銀行跟投信公司合作的「銀信合作」，3 兆元。大都俗稱「信託」。 | ・特殊目的工具（special purpose vehicle, SPV）<br>・綜合券商承銷部（美國稱為投資銀行）發行債權抵押證券（MBS）<br>・綜合券商自營部舉債投資<br>・衍生性商品基金（俗稱對沖基金）舉債投資<br>・貨幣市場基金<br>・私募基金 |
| 二、負債面 | ・銀行下設的融資租賃公司，1 兆元以上。<br>・地下金融<br>（指浙江省溫州市等地的地下錢莊、當鋪、民間借貸）<br>・小額貸款公司 9,600 家，0.71 兆元<br>・融資擔保公司<br>・委託貸款 | ・次級房貸公司 |

中國大陸　　　　　　　　美國　　　　　　　國家
（幣別：人民幣）

圖 25-5　中美兩國的影子銀行的範圍

## 二、全球

（一）金額大：以 2016 年為例，粗估金額 82 兆美元，比全球股票總市值 67 兆美元還高；美國占 37%、歐元區 31%、中國大陸 10%。

（二）不受監理：大部分工業國家基於金融穩定的考量，會設立專責部會負責金融業監理，尤其某銀行業。但是影子銀行不是銀行卻有銀行授信之實，各國往往疏於管理。

（三）資訊不透明：由於缺乏甚至沒有金融監理機構予以監督管理，所以影子銀行業者資訊往往不透明，以美國為例，衍生性商品基金（hedge fund，俗譯對沖基金）往往是私下募集，財政部、聯準會皆不管，這些公司往往一個月才發布一次基金淨值。

2017 年第一季，中國大陸人民銀行季度評估時，把影子銀行之一的「表外理財」納入廣義信貸範圍，以合理引導金融機構加強對表外業務風險的管理。

---

**知識補充站──歐盟執委會對「影子銀行」的定義**

2012 年 3 月，歐盟執行委員會（European Commission）的綠皮書中，把「影子銀行」定義為「在銀行體系以外，涉及以下任何一項活動的公司：例如收受跟存款性質類似的資金、進行期限且／或流動性轉換、進行信用風險移轉，及使用直接或間接財務槓桿等；且／或涉及包括證券化、證券化貸款及附買回交易等活動的公司，這些活動是作為銀行以外公司的重要資金來源。

---

**美國聯準會監管委員會**

時：2010 年

地：美國華盛頓特區

人：鮑威爾（Jerome Powell），2017 年 4 月 8 日擔任委員會主席，之前擔任聯準會理事。

事：聯準會旗下「監督與管理委員會」（Committee on Supervision and Regulation）是 2010 年依據「陶德─法蘭克金融改革法」（Dodd-Frank Act）新設的部門，監管委員會的職權包括：負責擬定銀行監管規則、監督華爾街並頒佈強制執行令。

# 25-11 中國大陸政府「金融維持穩定」措施

　　2008～2015 年 9 月、2016 年 8 月迄 2017 年，中國大陸上海證券交易所指數（簡稱上證指數）各在 2,200、3,300 點附近，本益比 16 倍，殖利率 6%，為何漲不上去，這要從政府的金融穩定措施切入。

　　1. 2010 年 4 月開始「打房」

　　2010 年 4 月國務院推出八條措施（簡稱國八條）以壓抑房價，由圖 25-6 可見，房價上漲力道有來自政策推力（城鎮化目標）、資金「拉力」，這二道力量強過政府的打房力道。由圖 25-6 中「轉換」可見，房市泡沫逐漸成形。

　　2. 2017 年 3 月起，一行三會的金融維持穩定措施

　　一旦房市泡沫破裂，美國 2007 年次貸風暴、2008 年 9 月金融海嘯可能會在中國大陸上演。尤其上海證券所中銀行類股占市值 50%、許多國營企業淨利中很大比重來自營業外收入（房租、出售房地產所得），股市可能會崩盤。

　　2017 年 3 月，共產黨中央、國務院要求一行三會實施嚴格金融監理以維持金融穩定。

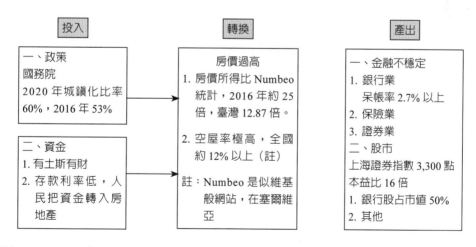

圖 25-6　2017 年 1 月中國大陸政府加強監理金融業的背景

註：對空屋率常引用 2014 年 6 月西南財經大學發布的空屋 10 億平方公尺、4,900 萬戶，2015 年 4 月 28 日國際貨幣基金數字 5,000 萬戶，大抵來自此。

知識補充站——中國大陸政府加強監理金融業

時：2017 年 4 月 25 日

地：中國大陸北京市

人：中共中央政治局總書記習近平

事：在中央政治局第 41 次學習中，習近平表示：「金融安全是國家安全的重要組成部分，是經濟平穩健康發展的重要基礎，維護金融安全，是關係經濟社會發展全局的一件帶有策略性、根本性的大事。要加快形成促進房地產市場穩定發展的長效機制，高度重視防控金融風險，加強監管協調，加強金融服務實體經濟，加大懲處違規違法行為力度。」

# 討論問題

一、美國對銀行業管得太鬆，發生什麼後遺症？

二、臺灣對銀行業管得鬆還是緊？

三、臺灣的銀行對海外暴險，問題嚴不嚴重？

四、2020 年起，金融控股公司真的會走進歷史嗎？

五、銀行兼營證券承銷商，你的看法呢？

六、2017 年 3 月起，中國大陸國務院銀行監理委員會大幅「管理」銀行業經營，表 25-10 是相關指標，請分析銀監會在想什麼？

表 25-10　中國大陸銀行主要經營指標

| 項　目 | 2015 年 12 月 | 2016 年 12 月 |
|---|---|---|
| 不良貸款餘額（億元） | 12,744 | 15,122 |
| 不良貸款率（%） | 1.67 | 1.74 |
| 貸款損失準備（億元） | 23,089 | 26,676 |
| 備抵呆帳覆蓋率（%） | 181.18 | 176.40 |
| 資產利潤率（%） | 1.10 | 0.98 |
| 資本適足率（%） | 13.45 | 13.28 |
| 核心資本適足率（%） | 10.91 | 10.75 |

資料來源：中國大陸銀監會

# 金融穩定專論
## ——巴塞爾協定遵循

## 26-1　銀行經營健全程度的衡量

　　站在中央銀行、金管會、農委會金融局存款保險公司等「金融監理機構」的角度，必須隨時監測金融業（本書只討論銀行業）的經營健全狀況，這可分為兩種時間狀況。

### 一、經營績效

　　中央銀行金融業務檢查處每季編製「本國銀行經營績效季報」，在表 26-1 中我們把這 5 類 27 個指標先鳥瞰。

　　1. 上市公司財務 6 大類 22 個指標

　　就近取譬，由上市公司在年報中必備的「財務分析」6 大類 22 個指標來看，銀行的 5 類 27 個指標，大同小異。

　　2. 銀行經營績效

　　銀行主要財務及營運比率，可依資產負債表來分類，詳見表 26-1。

　　其中銀行業特殊指標有：第 1 類資金適足率、第 2 類資產（主要指放款）品質和第 5 類利率敏感性。

### 二、壓力測試

　　這跟公司每年 12 月編製翌年的營運計畫一樣，在情境分析時分為「樂觀」、「可能」、「悲觀」情況，金管會銀行局對各銀行每年 4 月進行的壓力測試，是在「悲觀」情況下，細分為「輕微」和「嚴重」情境。

表 26-1　以資產負債表把銀行「主要」財務及營運比率分類

| 資產負債表 | |
|---|---|
| 資產 | 負債 |
| 第 4 類：流動性，6 小類 | |
| ・放款 | ・存款 |
| 第 2 類：資產品質，2 小類詳見 Unit 26-3 | 第 5 類：利率敏感性，2 小類 |
| 第 6 類：主要業務年成長率，4 小類 | 業主權益<br>第 1 類（簡稱資金適足性），5 小類<br>詳見 Unit 26-3<br>　　　　　26-4<br>　　　　　26-5<br>　　　　　26-6 |
| 第 3 類：獲利能力，7 小類 | |

# 26-2　巴塞爾協定

　　本章以一章篇幅詳細且易懂方式說明巴塞爾協定（Basel Capital Concord Accord 與 Concord 通用），在本單元中，先以說故事方式說明國際清算銀行（詳見 Unit 26-4 小檔案）與巴塞爾協定的時代背景。

## 一、巴塞爾協定緣起

　　1970～1980 年代，美國直接融資大幅興起，再加上銀行經營愈趨自由，美國銀行業利潤愈來愈薄，邊際銀行（類似臺灣信合社的儲蓄貸款機構）紛紛倒閉。在全球負責中央銀行間清算的國際清算銀行（Bank of International Settlement, BIS），董事會決議於行址瑞士巴塞爾市（Basel）開會，從 1988 年 7 月起，實施巴塞爾協定第一版（Basel I，唸成 Basel One），2013 年實施巴塞爾協定第三版（Basel III）。第一版巴塞爾協定只有 30 頁，第二版巴塞爾協定長達 347 頁，於 2010 年定案的第三版巴塞爾協定本文有 616 頁！

```
                        ┌──────────┐
                        │  三大支柱  │
                        └────┬─────┘
        ┌────────────────────┼────────────────────┐
```

| 第一支柱：最低資金需求<br>（minimum capital requirements） | 第二支柱：監理審查<br>（supervisory review） | 第三支柱：市場紀律<br>（market discipline） |
|---|---|---|
| 一、信用風險（credit risk）<br>　（一）標準法<br>　（二）內部評等基準法<br>　　　1.內部評等基礎法<br>　　　2.內部評等進階法<br>　（三）資產證券化架構<br>二、作業風險（operational risk）<br>　1.基本指標法<br>　2.標準法<br>　3.進階衡量法（AMA）<br>三、市場風險（market risk）<br>　1.市場評分法<br>　2.模型評分法<br>　3.獨立價格確認 | 一、監理審查的重要性<br>二、監理審查的四大基本原則<br>　1.銀行應針對其風險內容，訂定整體資金適足性評估程序及維持適當資金的策略。<br>　2.監理機關應審查及評估銀行資金適足性衡量策略及遵循法定資金比率的能力。當評估結果不滿意時，應採取適當監理措施。<br>　3.監理機關應使銀行於最低法定資金比率營運，並維持高於最低水準的資金。<br>　4.監理機關應及早干預，以避免銀行資金低於支撐風險所需之最低水準，並於銀行資金無法維持或恢復時，採取導正措施。<br>三、監理審查程序的特定議題（含銀行財報的利率風險、信用險及作業風險等議題等2項）<br>四、監理審查流程的其他觀點（含監理透明度及可靠性、強化跨國溝通與合作等2項）<br>五、證券化之監理審查流程（含風險移轉的重要性、市場創新、隱含支持條款、殘餘風險、瞻回條款及提前攤還等5項） | 一、總體考量（包含揭露要求、指導原則、完成適當資訊揭露規定的方法、跟會計揭露的互動關係、重要性、頻率、專有資訊與機密資訊等7項）<br>二、公開揭露要求<br>　（一）一般性揭露原則<br>　（二）適用的範圍<br>　　　1.定性揭露<br>　　　2.定量揭露<br>　（三）資金<br>　　　1.定性揭露<br>　　　2.定量揭露<br>　（四）風險暴險與評估<br>　　　1.定性揭露的一般要求<br>　　　2.信用風險的定性及定量揭露<br>　　　3.市場風險的定性及定量揭露<br>　　　4.作業風險的定性及定量揭露<br>　　　5.權益風險的定性及定量揭露<br>　　　6.銀行財報中的利率風險的定性及定量揭露 |

**圖 26-1　巴塞爾協定第二版的三支支柱**

資料來源：金管會銀行局網站（http://www.banking.gov.tw）下載「銀行自有資本之計算與自有資本標準之國際通則：修正版架構」予以修正。

## 二、三大支柱

巴塞爾協定跟電腦軟體一樣，平均八年推出新版，主要架構在 2007 年元旦實施的巴塞爾協定第二版中訂定，以「鼎」為例，先有三隻腿，稱為三大支柱（three pillars）。

（一）風險控制：包括信用風險（credit risk）、市場風險（market risk）、作業風險（operational risk），其中四項財務指標的限制，詳見 Unit 26-3。

（二）金融監理機構（supervisory review process）：詳見 Unit 25-3。

（三）市場紀律（market discipline）：市場紀律範圍很廣，包括同業公會扮演「自我管理組織」（self-regulated organization, SRO）功能。

## 三、臺灣遵守協定

臺灣不是國際清算銀行的會員，但為了跟國際接軌，因此遵守其協定。2009 年 6 月 1 日，金管會訂定「銀行資本適足性及資本等級管理辦法」修正案，以要求銀行必須申報其資金適足性，金管會可以審核其資金等級，訂出資金適足性管理的四個等級（詳見 Unit 26-3 表 26-2 之兆豐銀行的巴塞爾協定遵從情況），作為監理衡量銀行與退出市場機制的標準。

# 26-3 巴塞爾協定的第一支柱──最低資金比率要求

巴塞爾協定第一支柱主軸是「最低資金」，以適當足夠（adequate）資金來因應三個風險：信用、市場與作業風險。

## 一、風險管理五中類手段中的「損失控制」

許多公車在汽車設計、製造時，便在行車電腦等處內建，讓時速最快在 50 公里內，即在市區內永遠都處於限速之內。一般汽車的防撞係數大抵在 50 公里以內的情境下。

同樣的道理，對銀行設定「最低資金比率要求」，便是要求銀行「有多少錢，辦多少事」。一般來說，這是事前的防範，期盼銀行能「自我節制」。

## 二、資金適足率的二大類、五中類指標

由表 26-2 可見，資金適足率的 5 個指標分成 2 大類。

1. 全部資產、負債和權益

2. 部分資產（即占銀行資產 55% 的放款）

銀行的放款是銀行最主要的風險性資產，依風險等級分 4 級，把各銀行的放款計算出「風險性資產」。由表 26-2 下半部可見，有 3 個指標皆以風險性資產為分母，再依「分子」的範圍由「大」到「小」排列，分成 3 中類。

## 三、本國銀行與兆豐銀行

表 26-2 第三、四欄是 2016 年本國銀行、兆豐銀行情況，皆遠大於「及格」。

表 26-2　銀行資金適足率的 5 個指標　　　　　　　　　　2016 年　單位：%

| 二大類五中類 | 公式 | 本國銀行 | 兆豐銀行 |
|---|---|---|---|
| 一、全部 | | | |
| 1. 負債權益倍數 | $\dfrac{負債}{權益}$ | 12.57 | 10.49 |
| 2. 自有資金比率 | $\dfrac{權益}{資產}$ | 7.56 | 8.7 |
| 二、部分資產——風險性資產 | | | |
| 1. 資產適足率（capital adequacy ratio） | $\dfrac{自有資金}{風險性資產}$ | 13.33 | 14.33 |
| 2. 第一類資金適足率（tier one capital adequacy ratio） | $\dfrac{第一類資金}{風險性資產}$ | 10.97 | 12.57 |
| 3. 普通股適足率 | $\dfrac{普通股}{風險性資產}$ | 10.5 | 12.57 |

小博士解說

### 巴塞爾協定（Basel Concord）

1975 年 12 月，十國央行總裁組成的銀行管理及監督委員會（The Committee on Banking Regulations and Supervisory Proactive）於瑞士巴塞爾市，簽署有關銀行的海外分行合作監理協定，稱為巴塞爾協定，其要點如下。

1. 監理銀行海外分行，是地主國與母國的共同責任。
2. 流動性監理，主要為地主國的責任。
3. 償債能力監理，主要為母國責任。
4. 兩國央行合作，包括資料移轉。
5. 地主國允許母國央行進行檢查或代理檢查。

# 26-4 資金適足率 I ——分子：自有資金的分類

　　依據國際清算銀行規定，銀行資金必須達風險性資產的 8%。金管會因應第三版巴塞爾協定，逐步要求跟銀行提高第一類資金，繼銀行登陸設子行第一類資金須達 8% 後，2011 年 5 月再要求保險、證券等金融業跨業合作的銀行，第一類資金須達 8%，資金適足率則須達 10% 以上。這些規定中的交集便是把「資金分級」，而從資產負債表最容易看懂三類資金的性質。

　　「資金」分成第一、二、三類資金，由資產負債表上的科目來看，這是指資金可使用期間的長短，普通股可說是「無到期日的次次順位資金」。本單元以普通股為標準物，由濃到淡說明三類資金。

## 一、第一類資金：95% 像普通股

　　由表 26-3 可見，第一類資金（tier 1 capital）包括五項，又稱基礎資金，95% 是普通股，只有「無到期日非累積次順位債」（絕大部分銀行沒有發行）。

## 二、第二類資金：50% 像普通股

　　第二類資金（tier 2 capital）只有 50% 像普通股，包括下列兩項。

　　（一）轉換特別股中的「永續累積特別股」。

（二）（金融）債券中三項：其中「轉換金融債券」，當股價高於轉換價格時，投資人會轉成普通股。

表 26-3　銀行自有資金分類

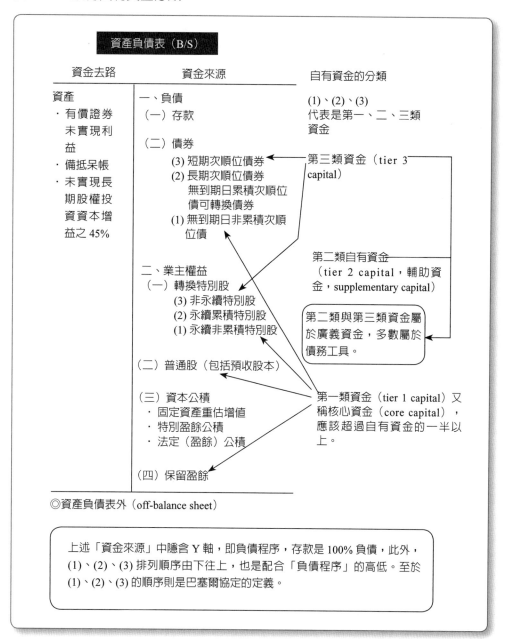

### 三、第三類自有資金：30% 像普通股

第三類資金（tier 3 capital）包括「短期信用債券」、「非永續特別股」，期間較短，其中特別股包括轉換特別股，當股價高於轉換價格時，投資人會轉成普通股。因此總的來說，第三類資金有三成像普通股。

---

**國際清算銀行小檔案**

關於國際清算銀行（Bank of International settlement, BIS）的簡介如下。

成立：1930 年 5 月，是全球最早的國際金融組織。

地址：瑞士巴塞爾市（Basel），巴塞爾市是瑞士第四大都市

成員：五十多個國家的中央銀行組成

功能：中央銀行支付體系等（即可視為各國中央銀行的清算銀行），每年至少開六次會。從 1988 年 7 月起，依序推動巴塞爾協定（Basel I、II、III）。

---

**小博士解說**

**資金適足率（capital adequacy ratio, CAR）**

這字一般譯為資「本」適足率，但 capital 有多個意義，必須看上下文才知道是那一個意思，在巴塞爾協定中 capital 指的是「資金」，八九不離十的說，指的是資產負債表中右邊扣除「存款負債」的部分。大有甚者，財務管理書中的「自有」資金指的是業主權益，即由股東出資。因此本書把巴塞爾協定的 capital 譯成「資金」，不譯成「自有資本」。

---

## 26-5  資金適足率 II ——分母：風險性資產

巴塞爾協定三支支柱（可視為第一層、大分類），其中第一支柱，還可再細分第二、三層。

### 一、第二層（中分類）

由表 26-4 可見，巴塞爾協定認為會造成銀行損失的資產有三項，其損失重要程度如下。

表 26-4 銀行風險性資產的範圍

| 第二層（中分類）：資產種類與風險 | 第三層（小分類） |
|---|---|

**一、現金** ➡️ 作業風險（operational risk）

假設 50 億元 ｜ 因內部控制等因素，造成員工偷竊等所造成的損失風險。

| (1)<br>風險權重 | (2)<br>貸款種類 | (3)<br>= (1)×(2) |
|---|---|---|
| 100% | 公司貸款 | |
| 50% | 房屋貸款 | |
| 20% | 對國際社會的銀行等 | |
| 10% | 地方政府貸款 | |
| 0% | 中央政府貸款 | |

包括央行發行貨幣

**二、股票、外匯等** ➡️ 市場風險（market risk）

假設 100 億元 ｜ 主要指股票類資產因股票價格下跌所帶來的風險。

⬇️ 數字例子

**三、放款** ➡️ 信用風險（credit risk）

1 兆元 ｜ 主要指放款中呆帳的風險。

| (1)<br>風險權重 | (2)<br>金額：億元 | (3)<br>= (1)×(2) |
|---|---|---|
| 100% | 3,000 | 3,000 |
| 50% | 5,000 | 2,500 |
| 20% | 1,000 | 200 |
| 10% | 0 | 0 |
| 0% | 1,000 | 0 |
| 小計 | | 5,700 |

（26-1）式
——資金適足率

$$= \frac{合格資金 - 轉投資}{信用風險資產 + 市場風險應提資金 \times 12.5 + 作業風險應提資金 \times 12.5}$$

$$= \frac{757.5}{5,700 + (100 \times 12.5) + (50 \times 12.5)}$$

$$= 10\% \geq 8\%$$

（一）風險種類：從資產負債表上「資產面」來看，三大資產有下列風險，即現金有作業風險（operational risk）、股票和外匯有市場風險（market risk）、放款有信用風險（credit risk）。

（二）風險程度：這三項資產所面臨的損失機率各不相同，因此必須分別計算，市場風險、作業風險太專業，本書不討論。

## 二、第三層（小分類）

銀行資產中有 55% 是放款，針對各類貸款，其信用風險不同，因此宜賦予不同風險權重。

（一）貸款種類：由表 26-4 第二欄可見，依借款人身分（政府、家庭、公司）把貸款分類。

（二）風險權重：其中中央政府貸款（包括中央銀行發行貨幣）視為零風險；反之，公司貸款視為最高風險。這只是舉例說明，實際規定更細，但道理是一樣的。背後假設中央政府是不會的，而公司壽命是有限的。

（三）放款類風險性資產：表 26-4 第二欄中上表中 (1)×(2) 得到 (3)，即放款類風險性資產金額，也就是說，放款金額是依風險程度予以調整（risk-base）。以一家放款金額1兆元的大型銀行為例，其放款類風險性資產 5,700 億元。

## 三、資金適足率的具體例子

在表 26-4 第一欄下半部，我們把相關數字帶入（26-1）式計算，即：

資金適足率 =（合格資金－轉投資）/

（信用風險資產＋市場風險應提資金 ×12.5＋作業風險應提資金 12.5）

其中分母中三項數字如下。

信用風險資產 5,700 億元來自表 26-4 第二欄中的計算、市場風險應提資金的基礎 100 億元（股票資產）、作業風險應提資金的基礎 50 億元（現金）。

分子：「合格資金－轉投資」為 757.5 億元

該銀行資金適足率 10%，大於規定標準 8%。

## 26-6　資金適足率的用途

資金適足率（capital adequacy ratio, CAR）是信用風險管理的核心，本單元說明其功能。

### 一、資金適足率

資金適足率此一規範的進程如下，先由國際清算銀行提出。

（一）同意：1988 年 5 月，美國聯準會同意。

（二）實施：1988 年 7 月，宣布實施。

（三）標準：1992 年底，銀行必須達到標準。

臺灣修定銀行法第 44 條第 2 項，把資金適足率納入法律規範，詳見「知識補充站」。

### 二、殊途同歸

1/10 跟 10 有什麼關係？1/10 是 10 的倒數。同樣的，由表 26-5 上的兩個數字可看出 8%、12.5 倍的關係，8% 是 12.5 倍的倒數。

金管會銀行局對票券金融公司的業務有許多限制，常見的是以其淨值（即業主權益）倍數來作限制，由表 26-5 第三欄可見，以淨值 100 億元為例，其票券保證金額上限為 1,250 億元，才符合 12.5 倍的限制。這是銀行業資金適足率觀念的應用，只是票券業的自有資金僅限於業主權益（勉強可用第一類資金來形容，詳見 Unit 26-4）。由此可見，天下沒那麼多學問，許多都只是換個說法罷了。

### 三、資金適足率的用途

資金適足率 10% 的意義不大，一旦銀行的借款全部槓龜，10%、20%，甚至 80% 的資金都無法因應存款人的擠兌。因為銀行的經營不在於股東出了多少股本，而在於存款人的信任。然而資金適足率最大的作用在於風險管理，即「有那麼的腸胃才能吃麻辣火鍋」。例如資金適足率恰巧 8% 的銀行，如果想新接 100 億元的公司借款，就必須在「自有資金」（分子）加把勁，否則資金適足率一定會小於 8%。金管會藉此讓銀行「自求多福」。銀行資金適足率已從 2010 年底的 11.97% 提升到 2016 年底的 13.33%，呆帳覆蓋率也提升至 52.8%，顯示

風險承擔力增加。

## 四、回復基本

2017 年銀行 45.75 兆元資產，淨值約占 7.97%，本質上銀行還是「以別人錢」（other people money, OPM）來作生意的行業。

---

**銀行法對資金適足率的規定**

銀行法第 44 條針對資金適足率的規定如下（註：本書稍作修改以便閱讀。）

「銀行資金與風險性資產的比率，不得低於 8%；必要時，金管會得參照國際標準提高比率。銀行經金管會規定應編製合併報表時，其合併後的資金與風險性資產比率，亦同。資金與風險性資產的範圍及計算方法，由金管會定之。金管會於必要時，得對銀行的風險性資產予以限制。凡實際比率低於規定標準的銀行，金管會得限制其分配盈餘並為其他必要處置或限制；其辦法，由金管會定之。」

---

表 26-5　資金適足率跟保證倍數系出同門

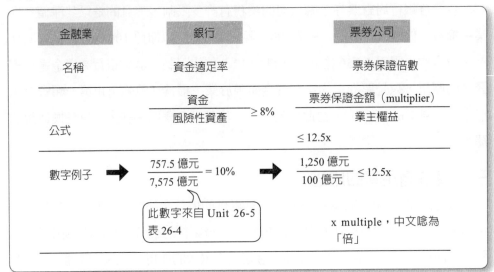

# 26-7　巴塞爾協定與金管會的要求

　　第三版的巴塞爾協定從 2013 年開始實施，針對資金適足率新增兩項指標：緩衝資金、普通股適足率。臺灣金管會針對其中兩指標的階段門檻略為提高，稱為「銀行財務健全」標準。

## 一、四項資金適足率比率

　　把四個適足率公式放在一起（表中第二欄），會發現四者大同小異。

　　（一）分母相同：四個公式的分母皆相同，即「風險性資產」，詳見 Unit 26-5。

　　（二）分子略有不同：四個公式的分子略有不同，名稱相近，只是依銀行自有資金可用期間長度來區分。

## 二、罰則

　　法令首重落實，一旦違規，大都有罰則，以資金適足率為例，金管會依銀行法第 44 條第 2 款，訂出罰則，詳見圖 26-2。

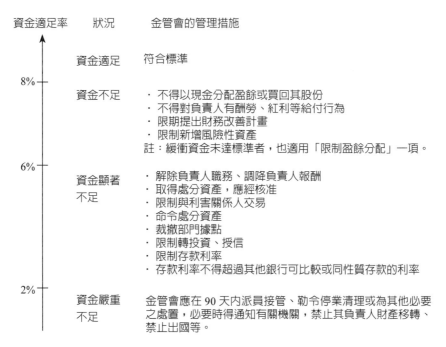

圖 26-2　各資金適足率情況下的政策

# 26-8　銀行資產品質——呆帳覆蓋率

銀行的八成資產在兩類資產上：放款（約占 58%，詳見 Unit 4-4）、金融資產（約占 23%），這兩類資產的品質往往不像土地等那樣「實在」。所以必須衡量其品質，由表 26-6 可見分成兩中類。

## 一、放款資產品質的衡量

1. 逾期放款比率 0.5% 以下

2. 備抵呆帳率

銀行的「放款及貼現」業務，必須依規定提撥一定比率（約 1.11%）的「備抵呆帳」，如同汽車的備胎一樣。

一般公司針對「應收帳款」、「應收票據」也有這項。

備抵呆帳率俗稱呆帳「覆蓋率」（coverage ratio），「覆蓋率」，這個詞很生活化，你拿件雨衣蓋機車以免機車淋雨，最好全面（覆蓋率 100%）蓋住。

## 二、金融資產品質的衡量

由表可見，銀行自行評估（金融）資產可能遭受損失（主要是市場風險），以損失 70.74 億元來說，有 100 億元的「各項準備」等著。

表 26-6　銀行的資產品質　　　　　　　　　　　　　　　　　　2016 年

| 二中類三項指標 | 公式 | 本國銀行 | 兆豐銀行 |
|---|---|---|---|
| 一、放款 | | | |
| 1. 逾放比率（non-performing loan ratio） | $\dfrac{\text{逾期放款}}{\text{放款}}$ | 0.27% | 0.09% |
| 2. 備抵呆帳率俗稱呆帳覆蓋率（bad loan coverage ratio） | $\dfrac{\text{備抵呆帳}}{\text{逾期放款}}$ | 528% | 1,614% |
| 二、金融資產 | | | |
| 金融資產備抵損失 | $\dfrac{\text{自行評估資產可能遭受損失}}{\text{各項準備}}$ | 70.74% | － |

## 26-9　銀行的壓力測試

在金融海嘯之後，各國金管會等對銀行進行壓力測試，以預先了解在最糟糕的經濟情況下，有多少銀行無法通過測試？問題何在？需要如何處理？

### 一、「壓力測試」名詞的緣起

壓力測試來自於 1950～1980 年代美蘇冷戰時期，美國國防部常假設一定的、最嚴重的戰爭狀況出現，以測試美軍的因應能力，找出缺點改進。亞洲金融（1997 年 7 月）危機之後，許多全球銀行也都採用壓力測試，估算萬一國際金融市場惡化時，其弱點所在，以加強改善。

### 二、美國的銀行壓力測試

時：2017 年 6 月 22 日，公布壓力測試結果

地：美國華盛頓特區

人：美國聯邦準備理事會

事：針對資產 500 億美元以上的銀行須進行壓力測試。

1. 大型銀行（資產 2,500 億美元以上）約 34 家，占美國本國銀行業總資產 80% 以上。

2. 中型銀行（資產 500～2,500 億美元），不須符合「定性」部分，2017 年 1 月 30 日的規定。

二種壓力測試

1. 〈多德─佛蘭克法案〉要求的，2010 年起實施，測試結果 6 月 23 日公布，一類資金適足率及格標準 5%。

2. 「全面資本分析和審查」（CCAR）測試結果 6 月 29 日後公布。

表 26-7　2017 年美國的銀行壓力測試的情境

| 情境 | 基本 | 不利 | 嚴重不利 |
|------|------|------|---------|
| 1. 經濟成長率 | | | 負 |
| 2. 失業率 | | | 10% 以上 |
| 3. 公債殖利率 | | | 負 |
| 4. 利率 | | | 負 |
| 5. 股市 | | | 跌 50% 以上 |

## 三、臺灣的銀行壓力測試

2010 年起，金管會銀行局、中央銀行針對本國銀行進行壓力測試，以 2015 年情況來舉例說明，測試是在 2016 年 4 月底完成，7 月 19 日公布，詳見表 26-8。2016 年全部銀行高分通過。2017 年銀行局法規制度組並未進行壓力測試。

## 四、國家壓力測試

針對國家級的金融危機，有些信用評等公司也針對國家進行壓力測試，大都於每年 5 月公布結果。

（一）瑞士洛桑市國際管理學院：瑞士洛桑市國際管理學院（IMD，俗譯洛桑管理學院）公布全世界競爭力評估時，也一併公布各國「競爭力壓力測試」，這項測試的目的在分析哪一個國家具備更好的條件渡過全球金融危機，並可能在近期內改善其國際競爭優勢。

（二）標準普爾信評公司：標準普爾公司公布其評等結果，以政府債務、金融體系為主要衡量要素，推算至未來三年的亞洲各國可能狀況。

知識補充站—— 2016 年 10 月銀行的房貸壓力測試

　　2016 年 10 月，幾家公股銀行董事長赴立法院報告，美國量化寬鬆（QE）退場及升息對房貸影響的壓力測試，以臺灣、土地、兆豐銀為例，內部評估，房貸平均利率分 2.06%、2.11%、2.25%，土地及兆豐銀行平均房貨金額占擔保品的價值 35% 及 56%，因此內部評估即使央行升息引發房價下跌四成以內，在銀行所能承受的安全範圍內。

表 26-8　2016 年臺灣的銀行壓力測試

測試時間：2016 年 4 月時依 2015 年底數字進行壓力測試。
公布時間：2016 年 7 月 19 日，金管會發布銀行壓力測試結果是「37 家銀行全數過關」。

| 項目　　　程度 | 輕微壓力情境 | 較嚴重情境（悲觀） | |
|---|---|---|---|
| 一、經濟狀況 | 註：這是 2010 年進行壓力測試時的規定，仿美國出題項目，2010 年起由金管會銀行局統一設定壓力情境，即情況假設。 | | |
| （一）經濟成長率 | 1% | −2.5% | |
| （二）失業率 | 6% | 7.5% | |
| （三）房價下跌幅度 | −12% | −21% | |
| （四）放存款利率差 | 1.2% | 1% | |
| （五）市場風險：臺股下跌 | −15% | −30% | |
| 二、銀行 | | | |
| 資金健全程度 | | | 最低標準 |
| 槓桿比率 | 5.63% | 5.03% | 3% |
| 資金適足率 | 11.68% | 10.58% | 8.625% |
| 第一類資金適足率 | 9.83% | 8.78% | 6.625% |
| 普通股權益比 | 9.55% | 8.5% | 5.125% |

資料來源：金管會

### 美國鬆綁金融法規

時：2017 年 2 月 3 日

地：美國華盛頓特區

人：美國總統川普

事：川普總統提出「金融選擇法」（Choice Act）草案，打算鬆綁表中一些金融法令，以讓銀行經營更靈活。

### 金融選擇法（草案，報載內容）

| 項目 | 說明 |
|------|------|
| 一、針對〈陶德—法蘭克法案〉 | 1. 縮小消費者金融保護局的權力。<br>2. 其他 |
| 二、放寬自營商貿易 | 伏克爾法則（Volcker rule，詳見 Unit 19-9）之部分解禁，該法則是從〈陶一法〉法案衍生，2015 年 7 月實施，比較限制銀行的「自營商交易」，白話的說，銀行不要跨足證券公司自營商部分 |
| 三、針對巴塞爾協定 | 主要是針對「資金適足率」，預期會減少銀行的資本額等，如此一來銀行可減資，每股盈餘上升，股價上升。 |

# 討論問題

一、臺灣金管會對銀行監理要求水準比巴塞爾協定如何？

二、臺灣股價跌五成，銀行挺得住嗎？

三、臺灣房價跌三成，銀行（例如土地銀行）挺得住嗎？

四、臺灣金管會對銀行壓力測試，你覺得有效程度如何？

五、壓力測試沒過關，銀行該怎麼辦？

國家圖書館出版品預行編目資料

貨幣銀行學：最新金融科技與理論／葉秋南，
麥朝成，伍忠賢合著. －－初版. －－臺北市：
五南，2017.09
　面；　公分
ISBN 978-957-11-9165-2（平裝）
1.貨幣銀行學
561　　　　　　　　　　106006157

1MCF

# 貨幣銀行學：最新金融科技與理論

作　　者 ─ 葉秋南、麥朝成、伍忠賢

發 行 人 ─ 楊榮川

總 經 理 ─ 楊士清

主　　編 ─ 侯家嵐

責任編輯 ─ 劉祐融

文字編輯 ─ 侯蕙珍、鐘秀雲、許宸瑞

封面設計 ─ 盧盈良

出 版 者 ─ 五南圖書出版股份有限公司

地　　址：106台北市大安區和平東路二段339號4樓

電　　話：(02)2705-5066　　傳　　真：(02)2706-6100

網　　址：http://www.wunan.com.tw

電子郵件：wunan@wunan.com.tw

劃撥帳號：01068953

戶　　名：五南圖書出版股份有限公司

法律顧問　林勝安律師事務所　林勝安律師

出版日期　2017年 9 月初版一刷

定　　價　新臺幣580元

※版權所有·欲利用本書內容，必須徵求本公司同意※